Harm von Seggern

Geschichte der Burgundischen Niederlande

Verlag W. Kohlhammer

Dieses Werk einschließlich aller seiner Teile ist urheberrechtlich geschützt. Jede Verwendung außerhalb der engen Grenzen des Urheberrechts ist ohne Zustimmung des Verlags unzulässig und strafbar. Das gilt insbesondere für Vervielfältigungen, Übersetzungen, Mikroverfilmungen und für die Einspeicherung und Verarbeitung in elektronischen Systemen.

Titelbild: Vorlage Wikipedia/Unknown
Das Titelbild zeigt einen Ausschnitt aus einer Illustration einer etwa 1453 angefertigten Prachthandschrift mit Privilegien der flämischen Städte, besonders Gents (Wien ÖNB, cod. 2583, fol. 349v). Links ist der gerüstete Philipp der Gute zu Pferd zu sehen mit einem erhobenen Schwert in der Hand, ihm gegenüber knien die Genter in einfacher Kleidung und in bittender Demutshaltung; zum Genter Krieg 1447-1453 siehe Kap. 3.4.

1. Auflage 2018

Alle Rechte vorbehalten
© W. Kohlhammer GmbH, Stuttgart
Gesamtherstellung: W. Kohlhammer GmbH, Stuttgart

Print:
ISBN 978-3-17-019616-2

E-Book-Formate:
pdf: ISBN 978-3-17-025916-4
epub: ISBN 978-3-17-025917-1
mobi: ISBN 978-3-17-025918-8

Für den Inhalt abgedruckter oder verlinkter Websites ist ausschließlich der jeweilige Betreiber verantwortlich. Die W. Kohlhammer GmbH hat keinen Einfluss auf die verknüpften Seiten und übernimmt hierfür keinerlei Haftung.

Vorwort

Endlich kann ich hiermit die »Geschichte der Burgundischen Niederlande« vorlegen, an der ich mit größeren Unterbrechungen lange gearbeitet habe, und deren Fertigstellung sich durch Phasen der Stagnation immer wieder verzögerte. Anderes drängte unentwegt mit Macht dazwischen – es bleibt mir nur, vielmals um Nachsicht zu bitten, an erster Stelle den Verlag, sodann die Familie und nicht zuletzt all die interessierten Kollegen, die das Projekt lange Zeit mit freundlichem Interesse begleiteten. Entstanden ist das Werk in den Nebenstunden, die mir Arbeit, Beruf und Familie ließen, den Rauhnächten der letzten Jahre, den vorlesungsfreien Zeiten im Sommer, den Wochenenden.

Sinn und Zweck dieser Darstellung ist es, deutsche Leser mit der jüngeren belgischen, niederländischen und luxemburgischen Geschichtsschreibung vertraut zu machen, für die die Burgundische Zeit eine entscheidende Phase der Nationalgeschichte darstellt. Im 15. Jahrhundert lösten die Herzöge ihr Länderkonglomerat aus den übergeordneten Herrschaftsverbänden des französischen und des römisch-deutschen Königreichs – die Alten Niederlande entwickelten sich zu einer selbständigen Einheit, ein Vorgang, der im Westfälischen Frieden 1648 anerkannt wurde. Im Innern ihres Länderkonglomerats setzten die Herzöge eine Zentralisierung der Macht durch. Das Jahr 1477, der Schlachten-Tod Karls des Kühnen, bildete hierbei keinen Endpunkt, sondern der einmal eingeschlagene Weg blieb trotz der Krisenjahre 1482–1493/94 erhalten. Als Ende dieser Darstellung ist der Frieden von Cambrai 1529 gewählt worden, der sich allein aus den habsburgisch-französischen Auseinandersetzungen der 1520er Jahre verstehen lässt, und mit dem Flandern lehnsrechtlich aus Frankreich gelöst wurde.

Was nun vorliegt, ist die deutlich gekürzte Fassung des Texts, der in der ersten Version etwa 450 Seiten umfasste. Entfallen sind Passagen über die Gegner der Herzöge, über die Entscheidungsfindung, über die politischen Gruppen an den Höfen und in den Städten, den sog. Parteien, den Unter- und Mittelschichten in Stadt und Land, die einen Burgundisierungsprozess mitmachten (und erlitten, wenn sie in eine der vielen kriegerischen Auseinandersetzungen hineingerieten). Hof, Städte, Kirchen, Ständeversammlungen, auch die ländliche Bevölkerung waren keine homogenen Gebilde, sondern in unterschiedliche Interessens- und Klientelgruppen verteilt. Die Gefolgschaft des Landesherrn war nur eine von vielen Gruppen, und nicht immer war die Unterstützung des Fürsten die erste und nächst gelegene Wahl der untergeordneten Herrschaftsträger. Deren Handlungsspielräume aufzuzeigen hätte den Rahmen gesprengt. Verloren gegangen ist ein landesgeschichtlicher Überblick über die Vorgeschichte der niederen Lande, desgleichen mussten Hinweise auf Quellen aus der überreichen Überlieferung, insbesondere, was die Kommunikation mithilfe von Gesandten und Boten betraf, dran glauben, wie die Wiedergabe von einzelnen Zeremonien, in denen sich Rechts- und Herrschaftsverhältnisse ausdrückten, auch Ausführungen über die personelle Zusammensetzung vom Ratsgremien, und nicht zuletzt biographische Skizzen der am Rande erwähnten Akteure. Herausgekommen ist letztlich eine überblicksartige Darstellung der Hauptaktionsfelder der burgundischen Herzöge und ihrer direkten Nachfolger, nicht mehr, aber auch nicht weniger.

Zum Schluss bleibt mir nur, meinen tief empfundenen Dank auszusprechen, zunächst und besonders Herrn Prof. Dr. Werner Paravicini, meinem akademischen Lehrer in Kiel, für die kritische Durchsicht der ersten, langen Fassung und das Aufspüren von Inkorrektem und Unvollkommenen, sodann meiner Frau Dr. Jessica von Seggern, die ebenfalls die erste Fassung las und korrigierte, und nicht zuletzt an den Verlag für seine Geduld mit dem säumigen Autor, insbesondere an Herrn Dr. Daniel Kuhn für das Anfertigen des Registers, und an Frau Hanna Laux für die umsichtige Endredaktion. Möge das Buch freundliche Aufnahme finden in den Kreisen interessierter Leserinnen und Leser.

Kiel, November 2017   H.v.S.

Inhaltsverzeichnis

Vorwort		**5**
1	**Einleitung**	**11**
1.1	Ausgangspunkt: Moderne Literatur	12
1.2	Ausgangspunkt: Die niederen Lande	17
2	**Der Auftakt: Philipp der Kühne und Johann ohne Furcht als burgundisch-flämische Herzöge**	**27**
2.1	Philipp der Kühne vor dem Erwerb des Herzogtums Burgund	27
2.2	Philipp der Kühne als Herzog Burgunds 1363–1380	31
2.3	Genter Krieg 1379–1385	34
2.4	Die Herrschaft Philipps des Kühnen 1380/1384–1404	39
2.5	Johann ohne Furcht 1404–1407 und die beginnende Parteiung zwischen Bourguignons und Armagnacs	45
2.6	Die Folgen des Attentats von 1407: ein Kampf um Paris	51
3	**Der Ausbau: Philipp der Gute 1419–1467**	**71**
3.1	Der junge Philipp der Gute und das englische Frankreich	71
3.2	Ausschaltung Jakobäas von Bayern und die Übernahme der Fürstentümer im Reich	76
3.3	Der Frieden von Arras 1435 und der Wechsel der burgundischen Niederlande zu Frankreich	83
3.4	Die Einnahme Luxemburgs und der Genter Krieg	96
3.5	Kreuzzugspläne und der Bruch mit dem Thronfolger 1454–1464	104
3.6	Karls frühe Jahre: die antifranzösische Politik 1465–1467	113

4 Die Festigung: Karl der Kühne 1467–1477 — 120

4.1 Der Tod Philipps des Guten und die Niederwerfung Gents und Lüttichs — 120
4.2 Die Außenpolitik Karls des Kühnen 1469–1473 — 127
4.3 Das Trierer Treffen – die Königskrone in Händen — 135
4.4 Karl der Kühne und die Niederlage vor Neuss — 140
4.5 Karl überspannt den Bogen: die »Burgunderkriege« — 150
4.6 Das Ende Karls: die Schlacht von Nancy 1477 — 161

5 Die Umformung der burgundischen Niederlande: der Aufstieg der Habsburger 1477–1530 — 164

5.1 Die burgundische Erbfolge und der Übergang an die Habsburger — 164
5.2 Die große Krise 1482–1489: Parteiung zwischen Fürst und Ständen — 182
5.3 Albrecht von Sachsen als Generalstatthalter der burgundischen Niederlande und die Revolte Philipp von Kleves 1488–1492 — 198
5.4 Philipp der Schöne 1493/94–1500 und die unbestrittene Herrschaft der Habsburger — 215
5.5 Die Niederlande als habsburgisches Nebenland seit 1500 — 222
5.6 Die Niederlande nach dem Tod Philipps des Schönen — 231

6 Der Gewinn Flanderns im Damenfrieden von Cambrai 1529: Schlusspunkt der Geschichte der burgundischen Niederlande — 242

7 Resümee und Ausblick — 250

8 Literaturverzeichnis — 259

8.1 Gesamtdarstellungen, Landesgeschichten — 259
8.2 Biographische Studien — 261
8.3 Institutionen — 265
8.4 Hof, Hofkultur — 269
8.5 Stadt, Bürgerkultur, Aufstände — 272
8.6 Wirtschaftliche Entwicklung — 276
8.7 Kirche allgemein, Luther in den Niederlanden — 278

Inhaltsverzeichnis

9 Abbildungsverzeichnis _____ **280**

10 Register _____ **281**
   10.1 Personenregister   281
   10.2 Ortsregister   287

1 Einleitung

Für heutige Menschen mag es befremdlich erscheinen, die Niederlande als »burgundisch« zu bezeichnen. Doch für das 15. und 16. Jahrhundert ist diese Verknüpfung sinnvoll und geboten. Die Benennung beruht darauf, dass der Name Burgund von dem im Osten Frankreichs gelegenen Herzogtum Burgund sowie der sich weiter östlich anschließenden Freigrafschaft Burgund, die zum Heiligen Römischen Reich gehörte, auf Flandern und die vielen Fürstentümer im Nordwesten des Reichs übertragen wurde. Für diesen Raum war im Hochmittelalter die Bezeichnung Nieder-Lothringen üblich geworden. Mit Blick auf die vielen in diesem weiten Gebiet entstandenen Herrschaften sprach man später von den niederen Landen bzw. Niederlanden. Grund für die Benennung als burgundisch war die dynastische Vereinigung der Territorien in Händen der Herzöge von Burgund, einer Nebenlinie der französischen Königsfamilie Valois. Ab etwa 1420 wurden Flandern und die benachbarten Fürstentümer zum bevorzugten Aufenthaltsort und Aktionsfeld der regierenden Fürsten. Das Bemerkenswerte ist, dass diese Übertragung derart wirkmächtig war, dass sie auch nach dem Herrschaftswechsel von den Valois-Burgundern zu den Habsburgern erhalten blieb. Im 16. Jahrhundert bürgerte es sich im politischen Sprachgebrauch ein, von Burgund zu sprechen, wenn man die Niederlande meinte, so beispielsweise beim 1512 geschaffenen Burgundischen Reichskreis.

Die Geschichte der burgundischen Niederlande ist ein Musterfall für eine zunächst rein dynastisch gebildete Landesherrschaft, die auf mehrere bereits »fertige« Fürstentümer gleichsam aufgesetzt wurde, wobei die Eigenheiten eines jedes dieser Fürstentümer gewahrt wurden. Allmählich erst, nämlich unter Karl dem Kühnen, begann eine Politik der Länder übergreifenden Vereinheitlichung, die auf die einzelnen Territorien und ihre Traditionen wenig Rücksicht nahm.

Die Geschichte der burgundischen Niederlande kurz und bündig zu beschreiben ist keine leichte Sache, zumal sie kein Anfang und kein Ende hat, es sei denn, man legt die Lebens- bzw. Regierungsdaten der Herzöge als Grenze fest. Das erste Kapitel behandelt die Politik der beiden ersten Herzöge Philipps des Kühnen und Johanns ohne Furcht, die zu weiten Teilen auf das französische Königtum ausgerichtet war. Beide hielten sich nur selten im eigentlichen Burgund auf, und die niederländischen Teile ihres Herrschaftsgebietes zogen nur phasenweise ihre Aufmerksamkeit auf sich. Im letzten Kapitel wird die Nachgeschichte der burgundischen Niederlande unter den Habsburgern seit 1494 gerafft präsentiert. Die Darstellung endet mit dem für das Lehnswesen wichtigen sog. Damenfrieden von Cambrai 1529, da mit ihm die Grafschaft Flandern aus Frankreich herausgelöst und dem Reich übertragen wurde.

Im Mittelpunkt stehen die Regentschaften der machtvollen Herzöge Philipp der Gute (1419–1467) und Karl der Kühne (1467–1477). Hierzu gehört auch die Fortführung der Politik unter Maria und Maximilian (1477–1482) und die für die Landesherrschaft schweren Krisenjahre unter Maximilians von den Ständen bestrittener Alleinherrschaft (1482–1492). Bemerkenswerterweise führten die erbitterten Kämpfe zwischen Ständen und Fürst nicht zu einem Auseinanderbrechen des Länderkonglomerats. Die Einheit der Niederlande blieb gewahrt, da die Stände sie mittrugen, die Ländereinheit also nicht mehr nur von der Person des Fürsten abhing.

An den Anfang werden zwei Ausgangspunkte gesetzt, von denen der erste der modernen Forschung, der zweite der Vorgeschichte der verschiedenen Territorien gilt.

1.1 Ausgangspunkt: Moderne Literatur

Ausgangspunkt einer jeden Beschäftigung mit der Geschichte der burgundischen Niederlande sind die vier Bücher Richard Vaughans über die Herzöge Philipp den Kühnen, Johann ohne Furcht, Philipp den Guten und Karl den Kühnen. Es handelt sich bei ihnen nicht um Biographien im engeren Sinne, sondern um Darstellungen ihrer Machtpolitik im Hinblick auf die Verdichtung der Herzogsherrschaft zu einem, wenn man so will, Staat. Die Wertschätzung, die die moderne Forschung Vaughans Büchern entgegenbringt, wird daraus ersichtlich, dass sie Jahrzehnte nach ihrem ersten Erscheinen mit einem die jüngere Forschung resümierenden Vorwort und einer Ergänzungsbibliographie versehen wieder aufgelegt wurden.

Walter Prevenier und Wim Blockmans haben in mehreren Gesamtdarstellungen die Ergebnisse der in den 1970er und 1980er Jahren betriebenen sozio-ökonomischen Geschichtsforschung gebündelt. Als eine solche Gesamtdarstellung ist das 1986 erschienene, großmächtige und fulminant bebilderte Werk *Die Burgundischen Niederlande* zu nennen (1986, auch ndl., frz. und engl.). In der jüngsten Vergangenheit erfuhr die früher etwas stiefmütterlich behandelte Zeit nach 1477 mehr und mehr Aufmerksamkeit. So legte 2003 Jean-Marie Cauchies eine Biographie Philipps des Schönen vor mit einem bezeichnenden Untertitel, der diesen auch in Kastilien herrschenden Habsburger-Sohn als burgundischen Herzog reklamiert (*Philippe le Beau. Le dernier duc de Bourgogne*). Die Herrschaft Maximilians (1477–1494) hat bisher keine umfassende Gesamtwürdigung gefunden, näher untersucht wurde die gemeinsame Regierung von Maria und Maximilian 1477–1482 von Jelle Haemers: *For the Common Good* (2009), und die Auseinandersetzung zwischen Maximilian und den Ständen Flanderns 1482–1488, ebenfalls von Jelle Haemers: *De strijd om het regentschap over Filips de Schone* (2014). Für die Zeit Maximilians ist man daneben auf die entsprechenden Abschnitte in Hermann Wiesfleckers mächtiger Maximilian-Biographie angewiesen.

Neben den bereits genannten Werken von Prevenier und Blockmans hat die ältere und populäre Darstellung von Joseph Calmette über die *Großen Herzöge von Burgund* (im frz. Original 1949, in dt. Übersetzung zuletzt 1996) weite Verbreitung gefunden. Sowohl biographisch als auch sachthematisch ausgerichtet ist der detaillierte und faktengeschichtlich gehaltene Überblick von Bertrand Schnerb über den *L'état bourguignon* (1999). Nicht zu vergessen sind die einschlägigen Beiträge in der *Algemenen Geschiedenis der Nederlanden* aus den 1950er Jahren und der sozial- und wirtschaftsgeschichtlich ausgerichteten *(Nieuwe) Algemene Geschiedenis der Nederlanden* aus den 1980er Jahren. Als jüngeres Handbuch ist noch zu verweisen auf die 2010 erschienene Darstellung von Wim Blockmans: *Metropolen aan de Nordzee*, in welchem vor allem die Rolle der Städte als entscheidend in den Vordergrund gestellt wird. Von Robert Stein erschien 2014 die bisher jüngste Gesamtschau der Beziehungen zwischen den Herzögen und den Land- bzw. Generalständen, die bis in die 1480er Jahre reicht.

Die Erforschung der burgundischen Niederlande wird durch einen überbordenden Reichtum der Quellen geradezu behindert, wie Werner Paravicini in einem Aufsatz mit dem Titel *Embarras de la richesse* mit vielen Beispielen ausführt. Als Überblick über das Schriftgut der landesherrlichen Kanzleien, der Gerichtshöfe und der Rechenkammer dient das Werk von Robert-Henri Bautier und Janine Sornay: *Les sources de l'histoire économique et sociale du Moyen Âge* (1984 und 2001). Insbesondere sind vor allem die Rechnungen der herrschaftlichen Amtsträger und der Städte zu nennen, von Adligen sind vergleichsweise wenige überliefert.

Die spätmittelalterlichen Niederlande sind berühmt für ihre Städte, von denen man im Allgemeinen an die drei größten in Flandern denkt: Brügge, Gent und Ypern mit ihren jeweils ungefähr 40 000–60 000 Einwohnern. Sie kennen eine reiche Historiographie, die hier nicht weiter ausgebreitet werden kann. Als Beispiel eines umfassenden Handbuchs sei lediglich auf Jan van Houtte: *Geschiedenis van Brugge* (1982) hingewiesen. Festzuhalten bleibt, dass die Städte trotz ihrer Größe und politischen Bedeutung unter der Botmäßigkeit des Stadtherrn blieben, obwohl es nicht an Versuchen gefehlt hat, diese abzuschütteln, wie man insbesondere an Gent sehen kann. Dieser Stadt haftet der Ruf an, besonders rebellisch gewesen zu sein, so Johan Decavele (Hg.): *Ghent. In Defence of a Rebellious City* (1989), und Marc Boone: *Gent en de Bourgondische hertogen* (1990), und ferner Marc Boone: *Geld en macht. Gentse stadsfinanciën en Bourgondische staatsvorming* (1990).

Überhaupt ist nicht zu vergessen, dass es neben den großen und mittelgroßen eine Fülle kleinerer, mindermächtiger Städte gab. In der Grafschaft Flandern ist zudem das Phänomen zu beobachten, dass die drei großen Städte ihr Umland derart dominierten, dass im Laufe des 14. Jahrhunderts sogenannte Quartiere entstanden, wozu noch die Brügger Freiheit (auch Freiamt, ndl. *Brugse Vrije*, frz. *Franc de Bruges*) zu zählen ist, die sich im 13. Jahrhundert aus der Brügger Burggrafschaft entwickelt hatte. Die großen Städte verhinderten das Wachsen konkurrierender Bürgerschaften in ihrer Nähe, so dass viele flämische Städte klein blieben und nur als verlängerte Werkbank für die Textilproduktion der großstädtischen Kaufleute dienten (siehe hierzu Peter Stabel: *Dwarfs amongs Giants*, 1997). Die großen Städte waren beileibe nicht zimperlich, wenn es um die Durchsetzung ihrer Interessen ging; ihre Beherrschung und gelegentliche Unterwerfung war keine geringe Herausforderung für die Herzöge.

Eine scharfe Trennung zwischen Städten und Adel zu ziehen ist nicht möglich: Adlige wohnten in den Städten, reiche Kaufleute erwarben größeren Landbesitz mit den dazu gehörigen Herrschaftsrechten, zudem gab es zwischen beiden Kreisen immer wieder Heiratsverbindungen. Für den Adel in einzelnen Landschaften sei nur auf die jüngeren Studien zur Grafschaft Holland von Antheun Janse: *Ridderschap in Holland* (2001), für die Grafschaft Zeeland von Arie van Steensel: *Edelen in Zeeland* (2010) und zur Grafschaft Flandern von Fredrik Buylaert: *Eeuwen van ambitie, mit einem Repertorium van de Vlaamse adel, ca. 1350– ca. 1500* (beide 2010) verwiesen.

Der großgrundbesitzende Adel in den verschiedenen Ländern war es, der von den Herzögen an sich zu binden war. Der Hof mit seinen hohen Ämtern in der direkten Umgebung des Fürsten, die ehrenvollen Gesandtschaften zu fremden Herrschern, militärische Aufträge von nicht zu unterschätzenden Gefahren, Leitungspositionen an den Spitzen der fürstlichen Gerichts- und Verwaltungsgremien, für die höchste Schicht des Adels zudem die Mitgliedschaft im 1430 gegründeten Orden vom Goldenen Vlies, dieses alles waren Form der Integration neben dem traditionellen Lehnswesen, die der Unterordnung des in der Theorie eigentlich freien, unabhängigen adligen Herrn unter einen anderen, höherrangigen Herrn dienten.

In den vergangenen Jahren hat sich die sozial- und kulturgeschichtliche Forschung intensiv mit dem fürstlichen Hof beschäftigt, der für Teile der Forschung als die wichtigste Einrichtung bei der Entstehung der Landesherrschaft gilt, wobei der burgundische Hof wegen seiner vielfältigen Beziehungen in Westeuropa überdies als Vorbild gewirkt haben mag (Paravicini [Hg.]: *La cour de Bourgogne*, 2013; für das späte 15. und das 16. Jahrhundert die Beiträge in Gosman, MacDonald und Vanderjagt [Hg.]: *Princes and Princely Culture*, 2003, zum Hof der Grafen von Flandern im 13./14. Jahrhundert Vale: *Princely Court*, 2001).

Die heutigen Länder des spätmittelalterlichen burgundisch-niederländischen Raums, die (heutigen) Niederlande, Belgien, Frankreich und Luxemburg, kennen eine intensive Erforschung der Landes- und Ortsgeschichte sowie der Personengeschichte, die hier nicht im Detail auszubreiten ist. Im regen Austausch mit der anglo-amerikanischen Geschichtsschreibung hat sie in den vergangenen Jahren den Wandel von der Sozial- zur Kulturgeschichte mitgemacht und versucht nicht mehr, die Schichtung bzw. Gliederung der Gesellschaft zu bestimmen, sondern fragt nach Wahrnehmung und Deutung von Vorgängen, beispielsweise auch von Naturereignissen und Katastrophen, nach Selbstverständnis von Personen, nach gesellschaftlichen Leitvorstellungen, insgesamt Fragen, die bereits die frühere Geschichtswissenschaft bewegten, die in den letzten Jahren jedoch ein neues Gewicht erhielten, zumal man sich von den Urteilen der älteren, oftmals nationalgeschichtlich bestimmten Historiographie zu befreien sucht. Dieses alles hat auch Folgen für die Politik-, Macht- und Kriegsgeschichte. Sie darf und sollte man auch unter den Auspizien der modernen Kulturgeschichte betreiben, um herausarbeiten zu können, ob ein in der Rückschau so abstrakter Vorgang wie die Staatsentstehung überhaupt erfahrbar war. Dass dieses möglich war, zeigen die, modern gesprochen, Medien, die von den Herrschern genutzt wurden, und von denen neben den Botendiensten nur der Glockenschlag, der öffentliche Ausruf und der Aushang von Texten genannt seien (von Seggern: *Herrschermedien*, 2003).

1.2 Ausgangspunkt: Die niederen Lande

Im Folgenden werden die niederen Lande vor ihrer Einbindung in den burgundischen Herrschaftskomplex kurz skizziert, wobei von Nord nach Süd vorgegangen wird. Dieses hat zur Folge, dass das eigentliche Herzogtum Burgund am Ende behandelt wird.

Die niederen Lande waren seit dem 12./13. Jahrhundert eine der am dichtest bevölkerten Regionen West- und Mitteleuropas, lediglich Norditalien übertraf sie in dieser Hinsicht. In dem Küstenstreifen, der sich von Nordfrankreich bis nach Holland erstreckte und entlang der großen Flüsse, die im Maas- und Scheldedelta in die Nordsee mündeten, lebten bei aller Vorsicht, die man gegenüber Bevölkerungsangaben des Spätmittelalters haben muss, über 2 Millionen Menschen, im Laufe der frühen Neuzeit knapp 3 Millionen, der größte Teil davon in Flandern, Brabant und Holland. Diese drei Fürstentümer verfügten über einen relativ hohen Verstädterungsgrad von ca. 50 %. Auch die ländlichen Siedlungen in diesen drei Fürstentümern dürften relativ groß und dicht bevölkert gewesen sein. Entlang der großen Flüsse wie der Maas gab es größere Siedlungszentren weit ins Land hinein wie Maastricht und Lüttich. Einer der Gründe hierfür lag in den fruchtbaren Böden der Küstengegend sowie in dem Löß-Gürtel, der sich in Mittel- und Westeuropa vor der Mittelgebirgsschwelle erstreckt; Teile Brabants, des Hennegau, des Artois und der Pikardie galten als Kornkammern der Niederlande, wozu beispielsweise der Hespengau (frz. Hesbaye, ndl. Haspengouw) im Fürstbistum Lüttich zu rechnen ist. Da der Fernhandel im Hoch- und Spätmittelalter vorrangig mit (für heutige Verhältnisse) kleinen Schiffen entlang der Küste betrieben wurde und man weit die Flüsse hinauffuhr, um möglichst spät umzuladen, befanden sich die großen Hafen- und Handelsstädte relativ weit im Landesinneren. Dieses gilt auch für Hafenstädte Brügge, Gent, Antwerpen, Amsterdam. Daneben waren die durch Mittelgebirge geprägten Fürstentümer wie Luxemburg, Namur, das zu Brabant gehörende Limburg sowie das eigentliche Herzogtum Burgund und die Franche-Comté weniger stark verstädtert, in politischer Hinsicht blieb hier der großgrundbesitzende Adel stärker tonangebend. Städte und Märkte gab es zwar auch, doch waren sie deutlich kleiner und minder mächtig als die großen flämischen und brabantischen Zentren. Als weitere landschaftliche Zone sind die Gebiete mit leichten Sandböden zu nennen, die es vor allem im nördlichen Brabant und in Geldern gibt. Im Mittelalter waren diese Böden zwar leicht zu bearbeiten, sie erlaubten aber keine großen Erträge, weswegen hier die ländliche Besiedlung weniger dicht war und es nur an besonders verkehrsgünstig gelegenen Stellen wie der Einmündung von Flüssen zur Bildung von größeren Siedlungen kam, die dafür aber eine umso größere Bedeutung für ihr Um- und Hinterland hatten.

Friesland kann zurückgeführt werden auf die bereits in römischer Zeit an der Nordseeküste siedelnden Friesen. Das von ihnen bewohnte Gebiet war wesentlich größer als das spätere oder heutige Friesland in den Niederlanden und Deutschland. Im Verlauf des 14. Jahrhunderts entwickelten sich die Landschaften auseinander. Zwischen Weser und Ems bildete sich Ost-Friesland. Zwischen der Ems und der Lauwers konnte die Stadt Groningen mit ihrem Umland so etwas wie einen Stadtstaat bilden. Weiter westlich schloss sich West-Friesland an, auch Friesland-bewesten-Lauwers genannt.

Entlang eines langen Dünengürtels an der Nordseeküste mit anschließenden waldreichen Geestlandschaften entstand zu Beginn des 10. Jahrhunderts innerhalb des friesischen Siedlungsgebiets eine Landschaft, deren Name *Holland* sich vom Waldreichtum ableitete (ndl. Houtland, direkt übersetzt: Holzland), zu Beginn des 12. Jahrhunderts wird die Benennung auf eine Grafschaft bezogen, zu der drei Landschaften gehörten, im Norden das *Kennemerland*, dessen Grenzen zu *Friesland* nicht genau bekannt sind, in der Mitte das *Rijnland*, und weiter nordöstlich das *Waterland* mit der späteren Großstadt Amsterdam. Grafen (aber noch ohne den Zusatz Holland) gab es seit dem späten 9. Jahrhundert, deren Stellung sich wohl aus der Normannenabwehr erklärt. Kulturelles Zentrum war im Hochmittelalter vor allem das Kloster Egmond. Ab dem 13. Jahrhundert rückte mehr und mehr 's-Gravenhage (oder kurz Den Haag) als Residenz in den Vordergrund, erhielt jedoch kein Stadtrecht. Zwei Dynastiewechsel bestimmten das politische

Geschick der Grafschaft. Als erstes folgten 1296 nach der Ermordung des letzten Grafen aus holländischem Haus die Hennegauer Grafen aus der Families Avesnes, und nach deren Ende 1347 eine Nebenlinie der Wittelsbacher, die eigentlich Herzöge von Bayern waren. Über die zweite Erbfolge entstand eine Spaltung innerhalb des holländischen Adels und der städtischen Führungsschichten, die für rund 150 Jahre die Innenpolitik Hollands bestimmen sollte.

Für das sich durch Ebbe und Flut ständig ändernde Insel- und Halbinselgebiet im Delta von Maas und Schelde bürgerte sich um 1200 die Bezeichnung *Zeeland* ein. Seit 1323 war Zeeland als Landschaft mit Flandern politisch verbunden, Zeeland behielt allerdings seine eigene Adels- und Städtevertretung. Der jahrhundertlange Streit um die Herrschaft in Zeeland und dessen Zugehörigkeit zu Flandern und Holland erklärt zudem die verwaltungsmäßige Zweiteilung Zeelands in Beoosten-Schelde mit Zierikzee als Hauptort und Bewesten-Schelde mit Middelburg als Hauptort. Naheliegenderweise kannte Zeeland eine bedeutende Schifffahrt, die der Kaufmannschaft einiger Städte zu ansehnlichem Reichtum verhalf. Überdies gab es auf den größeren Inseln einige Adelsfamilien, die einen Teil des ertragreichen Grund und Bodens in ihren Händen vereinigten, was ihnen eine sozial-informell so gut wie unangefochtene Herrschaftsstellung verschaffte.

Von allen Fürstentümern des erweiterten niederlothringisch-niederrheinischen Raums hat die Grafschaft *Flandern* besonders früh, d. h. im 10. Jahrhundert, die Entwicklung zu einer Landesherrschaft durchgemacht. Nach einem Diktum Heinrich Sproembergs (1889–1966) war im Vergleich zu den deutschen Territorien »in Flandern alles anders«, was die Entstehung der Landesherrschaft betraf. Sie setzte sehr früh (im 9./10. Jahrhundert) ein und führte zu einer machtvollen Stellung der Grafen. Ihren Namen hat die Grafschaft von einem erst im 8. Jahrhundert erwähnten kleinen Gau erhalten, der um den Ort Brügge lag.

Als Folge der Schwäche der Könige im Westfrankenreich erhielten die Grafen, die eigentlich Lehnsmannen des westfränkisch, späteren französischen Königs waren, auch Teile des Reichs in Händen (sog. Reichsflandern, die östlich der Schelde gelegenen Teile um die Stadt Aalst, frz. Alost), wodurch sie zugleich Lehnsmannen des römisch-deutschen Königs wurden. Unter Graf Dietrich (1128–1168) und dessen Sohn Philipp (1168–1191) erlebte die Grafschaft in wirtschaftlicher und allgemein gesellschaftlicher Hinsicht eine Blüte. In einigen Städten wie Gent, Ypern, Arras oder Saint-Omer (weniger in Brügge) begann eine im großen Stil betriebene Tuchproduktion, die auf der Weiterverarbeitung einheimischer Schafwolle, in zunehmenden Maße auch auf der Einfuhr von Wolle aus England beruhte. Bis ins 13. Jahrhundert hinein exportierten flämische Kaufleute sie nicht nur in die direkt benachbarten Länder, sondern bis nach Süd- und Osteuropa. Insbesondere unter dem zweiten dieser Grafen, Philipp von Elsaß, wurde die Grafschaft zu einer entwicklungsmäßig den anderen Fürstentümern und selbst den Königtümern voranschreitenden Herrschaft ausgebaut. Um die Mitte des 13. Jahrhunderts setzten die großen Städte durch, dass mit den Schöffen Flanderns (*scabini Flandriae*) ein neues Gerichtsorgan geschaffen wurde, das eigentlich zur Klärung von Fragen dienen sollte, die aus dem dichten Handel zwischen den Städten entstanden, tatsächlich aber so etwas ein landesweit tätiges Gericht darstellte, das der gräflichen Rechtsprechung Konkurrenz machte. Faktisch handelte es sich um eine in Europa sehr frühe Form der Ständevertretung.

Zu Flandern gehörte seit dem 10. Jahrhundert auch die ältere Landschaft *Artois* mit Arras (ndl. Atrecht) als wirtschaftlichem Mittelpunkt. Im 12. Jahrhundert war Arras einer der bedeutendsten Zentren der Tuchherstellung. 1180 kam das Artois als Mitgift für die Nichte des flämischen Grafen, die den französischen König Philipp II. Augustus heiratete, zum Kronbesitz. Ludwig VIII. gab das Land 1237 als Apanage für seinen Sohn Robert aus und erhob sie dabei zur Grafschaft. Bis 1362 bildete diese ein eigenes Territorium, danach kam das Artois wieder an die Grafschaft Flandern.

Das Herzogtum *Brabant* entstand erst gegen Ende des 12. Jahrhunderts aus der Grafschaft Löwen. 1106 konnte Graf Gottfried I. von Löwen (ndl. Leuven, frz. Louvain) den Titel des Herzogs von Nieder-Lothringen erwerben, einem der alten spätkarolingischen Teilreiche. Seit der Mitte des 12. Jahrhunderts wurden die Grafen von Löwen nach und nach als Herzöge von Brabant neu benannt, womit Bezug genommen wurde auf einen alten karolingischen Gau, zu dem u. a. die Grafschaft Ukkel (frz. Uccle) mit dem Hauptsitz Brüssel gehörte. Etwas später als in Flandern entstand auch in brabantischen Städten eine größere Tuchproduktion, die dazu führte, dass die Löwener Grafen als Herzöge von Niederlothringen sich gezwungen sahen, ihre Kaufleute auf den Fernverkehrsstraßen vor allem nach Osten Richtung Aachen und Köln zu schützen. 1288 konnte Johann I. dank der gewonnenen Schlacht von Worringen das Herzogtum Limburg erobern, dessen herrschende Familie ausgestorben war. Die relativ starke Stellung der Herzöge beruhte u. a. auf der Unterstützung der durch sie geförderten Städte, die sich seit der zweiten Hälfte des 13. Jahrhunderts zu kurzfristigen Bündnissen zusammenschlossen und als solche zur Landesbildung beitrugen.

Die selbstständige Herrschaft *Mecheln* und die Grafschaft *Namur* spielten eine eigene, wenn auch eher untergeordnete Rolle, waren aber innerhalb des Territorialverbandes der Burgundischen Niederlande immer wieder von Interesse.

Der *Hennegau* geht zurück auf eine alte karolingische Grafschaft, die ihren Sitz in Mons (ndl. Bergen) hatte. Im 10. Jahrhundert kam sie an das ostfränkische Reich. Seit Mitte des 11. Jahrhunderts gab es eine politische und dynastische Nähe zu den Grafen von Flandern. Wichtig für den Ausbau der fürstlichen Herrschaft und die Landesentwicklung war Graf Balduin V., der mit seinem Kanzler Giselbert von Mons für eine politische Absicherung beim Kaiser sorgte. Kurzzeitig stellten die Grafen sogar den Kaiser des Oströmischen Reichs, nachdem dieses 1204 von einem Kreuzfahrerheer eingenommen worden war. Die Hennegauer Landesherrschaft wurde im 13. Jahrhundert von einem Erbfolgestreit erschüttert, bei dem die Familie von Avesnes sich durchsetzen konnte.

Die Grafschaft bzw. ab 1354 das Herzogtum *Luxemburg* umfasste weite Teile des heutigen südöstlichen Belgiens und war damit deutlich größer als das heutige Großherzogtum. Die Grafschaft lässt sich zurückführen auf die Burg, die die Mitglieder der adligen Familie der Ardennen (wie die gleichnamige Waldlandschaft) in der zweiten Hälfte des 10. Jahrhunderts errichteten. Als Land war das Herzogtum stark von den Mittelgebirgen geprägt, die eine bedeutende Land- und Waldwirtschaft zuließen, weswegen der Adel gegenüber den Städten eine tonangebende Rolle ausüben konnte.

Die Grafschaft *Geldern* entstand ungefähr in der Mitte des 12. Jahrhunderts, als sich die Herren von Wassenberg nach dieser Burg nannten. Nacheinander konnten sie mehrere kleinere Herrschaften übernehmen, bis die Belehnung mit der Grafschaft eine deutliche Vergrößerung darstellte. Eine wichtige Einnahmequelle stellte der Rheinzoll von Lobith dar, der so viel abwarf, dass die Grafen ihren Einflussbereich im Laufe des Spätmittelalters nach Norden auf Kosten des Bistums Utrecht und nach Süden auf Kosten des alten Herzogtums Limburg, das ab 1288 zu Brabant gehörte, erweitern konnten.

Daneben gab es eine Reihe geistlicher Fürstentümer, auf die die burgundischen Herzöge ebenfalls Einfluss nahmen, insbesondere, indem sie auf mehr oder minder subtile Art und Weise dafür sorgten, dass ihnen genehme Kandidaten zum Bischof gewählt wurden, wie man am Beispiel des Bistums Utrecht sehen kann.

Durch die Stadt *Utrecht* floss der Alte bzw. Krumme Rhein (ndl. Kromme Rijn). Bereits im 7. Jahrhundert wurde in Utrecht ein Missionsbistum zur Bekehrung der Friesen gegründet. Die Diözese erstreckte sich im Prinzip auf das Gebiet der heutigen Niederlande nördlich der Waal bis auf Groningen mit seinem Umland, das sich im Hochmittelalter davon löste, und den östlichen Teil Gelderns. Erst im Verlauf des frühen 10. Jahrhunderts wurde der Bischofssitz wieder nach Utrecht zurückverlegt. 1060 kamen die Rechte eines Grafen hinzu, womit der Bischof weltlicher Herr und höchster Gerichtsherr über seine Besitzungen wurde. Mehrere schnell aufeinander folgende Bischofswechsel sorgten für Verluste von Ländereien und Rechten, zumal einige der Amtsinhaber ihre Familien auf Kosten der Kirche mit Ämtern und Gütern ausstatteten. Auch versuchte die Stadt Utrecht, die Macht ihres Stadtherrn einzuschränken, weswegen der Bischof sich ab 1448 oft in seiner Residenz Wijk bij Duurstede aufhielt. Das *Stift Utrecht* ist für seine frühe Bildung von Landständen bekannt. Bereits im 14. Jahrhundert entwickelte sich das Domkapitel zu einer um die sieben Stiftskirchen in Utrecht erweiterten Synode, der

Ausgangspunkt: Die niederen Lande

auch die Adligen und die Stadt Utrecht sowie die kleineren Städte angehörten. Die Stände durften sich aus eigenem Antrieb versammeln und bildeten wegen der außerordentlich häufigen Versammlungen eine tatsächliche Mitregierung bei der Herrschaft über das Land.

Kurz nach 700 wurde die an der Maas gelegene Stadt Lüttich zum Sitz des vormaligen Bischofs von Tonger(e)n. Das (Fürst-)Bistum *Lüttich* gehörte zum Heiligen Römischen Reich, seine Besitzungen zogen sich an dem Fluss Maas entlang und umfassten zahlreiche Städte, von denen neben dem Bischofssitz Lüttich vor allem Huy und Dinant zu nennen sind. Hinsichtlich der inneren Verhältnisse mussten die Fürstbischöfe seit 1316 ihre Herrschaft mit der Geistlichkeit, dem Adel und den durch den Maashandel reich gewordenen Städten teilen. Faktisch hatten die Stände damit eine starke Stellung erhalten, auch wenn es ihnen zunächst nicht gelang, den Bischof selbst aus der Stadt Lüttich zu vertreiben. Die Stadt Lüttich war wie die anderen Städte an der Maas (Dinant, Huy) für ihre Metallverarbeitung bekannt. Insbesondere in Lüttich gab es Spezialisten für die Waffenherstellung, wovon insbesondere das Gießen von Kanonen hervorzuheben ist.

Zwischen Flandern und Hennegau lag das Bistum *Tournai* (ndl. Doornik) mit der gleichnamigen, heute östlich der Metropol-Region Lille-Courtrai im Hennegau liegenden Stadt als Zentrum. Die an der Schelde gelegene Stadt war bereits im 12. Jahrhundert ein bedeutendes Handelszentrum und kannte später eine umfangreichere Tuchproduktion.

Heute im Norden Frankreichs liegt am Oberlauf der Schelde die Stadt *Cambrai* (ndl. Kamerijk), die Sitz des gleichnamigen Bistums und Zentrum des *Cambrésis* war, eines Gebiets ertragreicher Landwirtschaft. Cambrai erhielt seine Bedeutung als Zentralort für die Merowinger und die Karolinger. Durch die Bestimmung der Einflusssphären zwischen west- und ostfränkischem Reich im frühen 10. Jahrhundert geriet Cambrai in eine Grenzlage, war aber noch Teil des ostfränkischen Reichs. Kurz danach entstand um die Mitte des 10. Jahrhunderts ein neues Bistum, das 1007 endgültig bestätigt wurde und südlich Flanderns ein kleines Territorium zwischen dem Artois und Hennegau bildete. Beherrschende Macht in der Stadt und Umland blieb der Bischof, akzeptieren musste er hingegen, dass die Grafen von Flandern 1093 in Arras ein neues Bistum errichten ließen, was die Cambraiser Diözese deutlich verkleinerte.

Ein weiteres Bistum befand sich in *Thérouanne* (ndl. Terwaan), heute ein kleiner Ort im Norden Frankreichs mit ungefähr 1000 Einwohnern, der an der Leie (frz. Lys) gelegen ist. Wirtschaftlich befand sich die Stadt im Hintertreffen gegenüber den größeren Orten Flanderns. Von der Zerstörung durch Truppen Kaiser Karls V. 1553 erholte sich die Stadt nicht, der Ort verfiel in die Bedeutungslosigkeit.

Die Bezeichnung *Burgund* stammt letztlich von der spätantik-frühmittelalterlichen Siedlungsgruppe der Burgunder ab, die seit dem 5. Jahrhundert im Tal der Rhône und deren Nebenflüssen siedelten. Im Rahmen der sich lange, etwa von 840 bis 950 hinziehenden Auflösung des karolingischen Reichs entstanden in diesem Raum mehrere Herrschaftsgebiete, die den Namen Burgund führten: Erstens westlich der Saône im westfränkischen Reich das gegen Ende des 9. Jahrhunderts entstehende Herzogtum Burgund. Zweitens ein Königreich, das gegen Ende des 9. Jahrhunderts aus einem Teil des 855 geformten Mittelreichs Lothars entstand. Dieses Königreich wurde von den Nachfolgern um südliche Teile, sog. (Nieder-)Burgund, erweitert, ungefähr der heutigen Provence entsprechend. Und schließlich drittens der sich vom Königreich Burgund lösende Nordteil, gelegen östlich der Saône, der über mehrere Zwischenstufen an das ostfränkische Reich kam, und erst im 14. Jahrhundert als Franche-Comté oder Freigrafschaft Burgund bezeichnet wurde. Mehrmals konnten im Lauf des Hoch- und Spätmittelalters die Herzöge von Burgund über Eheschließungen auch die Freigrafschaft in ihren Besitz bringen, zudem erwarben sie Besitzungen und Rechte wie die wegen ihrer Salzproduktion äußerst ertragreiche Herrschaft Salins, die als Enklaven in der Freigrafschaft lagen.

Das *Herzogtum Burgund*, gelegen im westfränkischen Reich, die erste der genannten Herrschaften, erlebte unter den mächtigen Grafen von Autun seine eigene Entwicklung. Die Grafen dehnten gegen Ende des 9. Jahrhunderts ihren Machtbereich auf Kosten der benachbarten Grafschaften aus, für längere Zeit auch auf den Teil östlich der Saône. Erst im Lauf des

10. Jahrhunderts bürgerte sich für die Herrscher die Bezeichnung als Herzöge ein, womit kein Landgebiet, sondern eine Kompetenz über die Grafen gemeint war. In der Regel wurde das Gebiet als *Regnum* bezeichnet, was wohl als Unter-Königtum zu verstehen ist. Seit 1031 regierte im Herzogtum eine Nebenlinie der französischen Könige, die Robertiner, ununterbrochen bis ins 13. Jahrhundert, wobei sie über die Jahrzehnte und Jahrhunderte hinweg stets an der Seite der Könige standen. Während dieser Zeit gab es nur geringe Änderungen am Grundbesitz der herzoglichen Familie, das Herzogtum im engeren Sinn war im 12. Jahrhundert »fertig«. Als wichtigste Orte sind die Burgstädte Dijon, Beaune, Autun, Avallon, Semur und Châtillon-sur-Seine zu nennen.

Neben dem Herzogtum ist die zum Heiligen Römischen Reich gehörende *Freigrafschaft Burgund* zu nennen, die dritte der im Früh- und Hochmittelalter entstanden Herrschaften. Die Freigrafschaft hat ihre historischen Wurzeln in der Verselbständigung des nördlichen Teiles des frühmittelalterlichen Königreichs Burgunds im 10. Jahrhundert dadurch, dass eine Nebenlinie der burgundischen Königsfamilie, der Rudolfinger, sich eine eigene Machtstellung aufgebaut hatte. Dieses gelang, indem sie mehrere adlige Herrschaften in ihrer Hand vereinigte und so die Grafschaft Burgund bildete. Seit dem 13. Jahrhundert gab es eine enge dynastische Verbindung zwischen dem Herzogtum und der Freigrafschaft Burgund, eine klare Grenzziehung zwischen beiden Fürstentümern war nicht möglich.

Bereits im Laufe des 15. Jahrhunderts wurde es üblich, dieses Länderkonglomerat, das im Laufe des späten 14. und des 15. Jahrhunderts unter die Herrschaft der Valois-Herzöge von Burgund geriet und aus einem Nord- und einem Südteil bestand, kurz und bündig und der Einfachheit halber in seiner Gesamtheit zu benennen, und zwar nach dem formal höchstrangigen Titel, dem des Herzogs von Burgund. Da die Herzöge und mit ihnen der Hof sich ab etwa 1420 meistens in Flandern, Brabant oder Hennegau aufhielten und die Großstädte dieses Raums dank ihrer wirtschaftlichen Kraft besondere Anziehungspunkte darstellten, geschah dieses vom Norden aus. Ganz folgerichtig sprach man von den »diesseitigen Landen« (frz. pays par deça) und »jenseitigen Landen« (frz. pays par delà). Zu den ersteren gehörten neben den bereits genannten Flandern, Brabant und Hennegau auch Holland-Zeeland, Artois, Namur, Lüttich usw., während zu den jenseitigen Landen das Herzogtum und die Freigrafschaft Burgund gerechnet wurden, wozu die 1390 gekaufte Grafschaft Charolais als Apanage für den Thronfolger, die Grafschaften Mâcon und Auxerre, die Herrschaft Salins und einige andere kleinere Herrschaften gezählt wurden. Der Sprachgebrauch änderte sich, wenn Herzog und Hof doch einmal im Süden weilten.

2 Der Auftakt: Philipp der Kühne und Johann ohne Furcht als burgundisch-flämische Herzöge

2.1 Philipp der Kühne vor dem Erwerb des Herzogtums Burgund

Die Frage nach der Entstehung der burgundischen Niederlande führt in die Geschichte Frankreichs um die Mitte des 14. Jahrhunderts, die Zeit des entstehenden Hundertjährigen Kriegs und des die gesellschaftlichen und wirtschaftlichen Zustände bis ins Mark treffenden Pestzugs der Jahre 1347–1352. Zudem stellte der 1328 vollzogene Wechsel der Königsdynastie von den Kapetingern zu den Valois eine bedeutende Änderung in der Welt des französischen Hochadels dar.

Es war dies die politische Welt der Fürsten, in die Philipp der Kühne, der spätere Herzog von Burgund, am 17. Januar 1342 in Pontoise hinein geboren wurde. Er war der vierte Sohn Herzog Johanns von der Normandie, der wenige Jahre später (1350) König von Frankreich werden sollte (als Johann II. mit dem Beinamen der Gute), und dessen Ehefrau Bonne de Luxembourg (dt. Guda von Luxemburg). Damit war Philipp der Kühne einer der vielen Enkel König Philipps VI., des ersten Valois auf dem französischen Königsthron.

Über die frühen Jahre Philipps des Kühnen ist nicht viel bekannt. Am Hof seines Vaters wuchs Philipp der Kühne zusammen mit seinem älteren Bruder, dem Thronfolger Karl, auf, wo auch die anderen, ebenfalls älteren Brüder Ludwig und Johann sowie eine ganze Reihe weiterer adliger Kinder hinzukamen. So gehörte auch Philippe de Rouvres, der Enkel Herzogs Ottos IV. von Burgund, der Gemeinschaft an. Sie alle bildeten zusammen die *compagnie* des Thronfolgers Karl V. Sie erhielten eine weltliche Ausbildung, die die Kulturtechniken des Lesens, Schreibens und Rechnens umfasste sowie die ritterlich-militärischen Fähigkeiten, nämlich das Reiten, Jagen und das Waffenhandwerk.

Philipp der Kühne kam als Kind und Heranwachsender nicht nur in die Welt des Hofs, sondern mit der weiteren politischen Gesellschaft des Königreichs in Kontakt, die aus dem Hochadel, den Fürsten und Grafen, der dominierenden Großstadt Paris mit ihren Kaufleuten, den Hoflieferanten und Handwerkern, sodann den Ständen in den vielen Fürstentümern bestand. Innerhalb dieser Gesellschaft zählten die persönlichen Beziehungen zwischen den Adligen wohl mehr als der reine Besitz an Ländereien und Einkünften.

Als Philipp der Kühne geboren wurde, war sein Vater Johann (Titular-)Herzog der Normandie. Diese Funktion bekleidete er seit 1332. Der Titel war von König Philipp VI. eigens geschaffen worden, um eine Adelsrevolte in der Normandie zu besänftigen, bei der eine Gruppe des Adels sich als Verteidiger der alten normannischen Freiheiten verstand und insbesondere gegen die Einziehung von Steuern durch den französischen König ankämpfte.

Innerhalb der erst seit 1328 regierenden Dynastie der Valois kam es 1350 zu dem ersten Herrschaftswechsel. Nach dem Tod Philipps VI. bestieg dessen Sohn als Johann II. den Thron. Bei manchen spätmittelalterlichen Chronisten war er wenig gelitten, da er verantwortlich gemacht wurde für die erneute und unerwartete Niederlage gegen die Engländer, die die Franzosen 1356 bei der Schlacht von Poitiers einfuhren, und welche eine schwere Krisenzeit nach sich ziehen sollte: Nicht nur, dass die französischen Truppen vernichtend geschlagen wurden und der König höchstselbst in eine vierjährige Gefangenschaft geriet, sondern auch, dass in dem dadurch bedingten Machtvakuum soziale Unruhen, der Aufstand der Jacquerie, aufflackerten. Der erst 14jährige Philipp stand stets an der Seite seines Vaters, wich nicht von ihm und begab sich anders als seine drei Brüder mit in die englische Gefangenschaft. Die älteren Brüder Karl, Ludwig und Johann hatten sich zurückgezogen, als absehbar war, dass die Schlacht verloren gehen würde. Philipp soll für sein ritterliches Verhalten den Beinamen »der Kühne« erhalten haben. Immerhin vier Jahre dauerte die Gefangenschaft König Johanns, bei der er mit allen ihm zustehenden Ehren zunächst in Bordeaux, dann ab Mai 1357 in Windsor arretiert gewesen war. Er durfte an Hoffesten und Jagden teilnehmen, während sein ihn begleitender Sohn Philipp in die Kunst der Falknerei eingeführt wurde und gelegentlich mit dem »Schwarzen Prinzen«, dem Sohn Eduards III. von England, Schach spielte. Die Rückkehr des Königs nach Frankeich wurde erst möglich durch das Eingehen eines Friedensvertrags.

Um endlich aus der Gefangenschaft gelöst zu werden, willigte Johann II. in Bestimmungen ein, die für Frankreich ausgesprochen ungünstig waren. Eduard verzichtete zwar auf den französischen Thron, erhielt aber den deutlich erweiterten Südwestteil des Reichs, dazu Teile im Norden, die alle zusammen ungefähr ein Drittel von ganz Frankreich ausmachten. Im Gegenzug verzichtete Eduard auf mehrere von seinen Truppen besetzter Burgen und sah von einem Bündnis mit Flandern ab. Zudem musste Johann das enorme Lösegeld von 3 Millionen *écus* (Schilden, eine Goldwährung) leisten und mehrere Gefangene freilassen. 600 000 *écus* waren vorab zu zahlen, der Rest in sechs jährlichen Tranchen, die durch die Gestellung von Geiseln abgesichert wurden. Ratifiziert wurde der Vertrag erst am 24. Oktober 1361 in Calais, woraufhin endlich Johann II. entlassen wurde.

Philipp der Kühne wurde ebenfalls aus englischer Gefangenschaft entlassen. Als Dank für das Verbleiben an der Seite des Königs erhielt er bald darauf das zwar vergleichsweise kleine und unbedeutende Touraine als Lehen, wurde damit aber im Alter von 19 Jahren zu einem der *Pairs*, d. h. einer der bevorrechtigten Fürsten, und damit eine selbständige Figur der französischen Politik.

Noch während der Gefangenschaft bzw. kurz danach starben innerhalb von kurzer Zeit seine, Johanns II., zweite Frau Johanna von Boulogne und deren Sohn Philippe de Rouvres. Beide Todesfälle gaben Johann einen Anspruch auf die Erbschaft des Herzogtums Burgund, der Freigrafschaft Burgund und weiterer Fürstentümer.

Ohne lange zu zögern erklärte Johann II. im November 1361, dass das Herzogtum Burgund sowohl als heimgefallenes Lehen als auch als Erbe ihm und damit der Krone Frankreich zustünde. Bevor sich eine adlig-ständische Opposition formieren konnte, schuf Johann Tatsachen. Gleich am 30. November ließ er durch Jean de Melun Grafen von Tancarville die wichtigsten Orte des Landes besetzen.

Rasch setzte sich dieser durch, so dass der König nach nicht einmal vier Wochen bereits zu Mitte Dezember 1361 von Burgund Besitz ergreifen konnte. Als seinen Vertreter setzte Johann II. einen Gouverneur ein, wie man sie schon aus der Zeit der Minderjährigkeit von Philippe de Rouvres kannte. Als solchen bestimmte er im Januar 1362 Henri de Bar, den Herrn von Pierrefort, dem er als Marschall einen seiner engen Vertrauten aus der Zeit als Herzog der Normandie an die Seite stellte, den genannten Grafen von Tancarville, der ebenfalls 1356 bei Poitiers in englische Gefangenschaft geraten war.

Hinsichtlich der Freigrafschaft war die Sachlage komplexer, zumal Johann II. als Herzog über Eigenbesitz (Domänen) verfügte, daneben aber auch über Lehnsleute. Letztlich machte er es sich einfach, indem er trotz des unterschiedlichen Erbganges und der Zugehörigkeit der Grafschaft zum Heiligen Römischen Reich eine Urkunde Herzog Roberts II. (1272–1306), des Vaters von Herzog Otto IV., wiederholte, die bestimmte, dass das Herzogtum und die Freigrafschaft niemals getrennt werden sollten.

1363 änderte sich die Lage erneut, indem nun Philipp zum königlichen Vertreter von Burgund eingesetzt wurde, was im Februar 1364, als Johann II. wieder in England weilte, erweitert wurde zu einem Gebiet, das weit über Burgund hinausging und auch die Champagne, die Grafschaft Brie und eine ganze Reihe von weiteren *Bailliages* umfasste. Am 6. September 1363 wurde Philipp als jüngster Sohn des Königs – inzwischen 21 Jahre alt – formell als Herzog von Burgund belehnt mit der Bestimmung, dass dieses auch für seine direkten Nachkommen gelten sollte. Damit verbunden war die ehrenhafte Vorrangstellung als *Erster Pair von Frankreich*. Im Prinzip wurde Philipp Landesherr über das Herzogtum. Er hatte eine so gut wie unbegrenzte, fast königsgleiche Macht inne, nur war er dem König zur Lehnstreue und zum Homagium, dem Lehnseid, verpflichtet.

Allgemein bekannt gemacht wurde die Einsetzung erst mit dem Herrschaftswechsel im Königtum. Johann II. der Gute war am 8. April 1364 in London verstorben; er hatte sich Anfang Januar 1364 freiwillig in englische Gefangenschaft begeben, nachdem einige der französischen Geiseln, insbesondere

sein Sohn Herzog Ludwig von Anjou, die zur Absicherung der
ungeheuren Lösegeldsumme in Calais verblieben waren, sich
der Geiselung entzogen hatten, was einen Bruch des ritterlichen
Ehrenworts bedeutete. Der neue König Karl V. bestätigte am
2. Juni 1364 mit einer Urkunde die vom Vater verfügten Bestimmungen hinsichtlich Burgunds.

2.2 Philipp der Kühne als Herzog Burgunds 1363–1380

Philipp erhielt 1363 den Herzogstitel und war nach dem Tod
Johanns II. für den gesamten Südosten des Königreichs zuständig, der sich südlich an das Herzogtum anschloss.

In der Tat gestalteten sich die Beziehungen zur Freigrafschaft
Burgund, einem Lehen des Römischen Reichs, kompliziert.
Zwar hatte Kaiser Karl IV. ihm bereits zu Lebzeiten König Johanns II. 1362 die Ansprüche auf die Freigrafschaft zugesagt.
Dennoch war auf dem Erbweg die Freigrafschaft nach dem Tod
Philippe de Rouvres 1361 an die jüngere Schwester seiner Großmutter geraten. Seine Großtante Margaretha, die 1322 Ludwig
von Nevers Grafen von Flandern geheiratet hatte, verzichtete
nicht auf ihren Anspruch. Die Stände der Freigrafschaft, insbesondere Teile des Adels, bevorzugten die Nachfolge der Gräfin
Margaretha, die vermutlich als politisch schwächer eingeschätzt
wurde und deswegen dem Adel mehr Handlungsspielraum zu
gewähren versprach. Es entwickelte sich ein militärischer
Kampf um die Freigrafschaft, der erst im Sommer 1364 durch
einen vorläufigen, nach weiteren zwei Monaten endlich im September 1364 durch einen endgültigen Frieden beigelegt wurde;
die Freigrafschaft blieb in Margarethes Händen.

Eine der, wenn nicht sogar die wichtigste Dimension der
fürstlichen Machtpolitik stellte die Fortführung und Sicherung
der Dynastie dar. Im Zentrum der Überlegungen stand die Eheschließung mit einem Partner, der möglichst viel in die Ehe einbrachte, was den gemeinsamen Kindern vererbt werden konnte. In aller Regel wurden die Ehen im weiten Vorfeld von den
beteiligten Familien ausgehandelt, wobei geprüft wurde, ob

beide Seiten ungefähr gleichviel einbrachten. Auf die Wünsche der zu verheiratenden Kinder wurde dabei so gut wie keine Rücksicht genommen, es handelte sich um politische Ehen, die über eine ganze Reihe von Zwischenschritten bei der Eheanbahnung eingegangen wurden. Im Laufe des Spätmittelalters bildete sich ein regelrechtes Vertragswerk um die Ehe herum, dessen Sinn es war, offene Fragen und Probleme zu lösen wie beispielsweise die nach der Witwenversorgung, der Mitgift und Morgengabe, Ausrichtung des (meist) pompösen Fests sowie Absprachen über das Erbe.

Für Philipp den Kühnen standen Heiratspläne im Raum, die sein Vater Johann II. recht bald nach seiner Rückkehr aus der englischen Gefangenschaft geschmiedet hatte. Mehrere seit 1362 in Betracht genommene Heiratsprojekte mit südeuropäischen Königshäusern zerschlugen sich im Laufe der Jahre, bis der Blick nach Johanns II. Tod 1364 auf die Ebene unterhalb der Königtümer gerichtet wurde und auf die Witwe des 1361 jung verstorbenen Philippe de Rouvres fiel, auf Margarethe von Flandern.

Trotz der engen Verwandschaft genehmigte der Papst die Verehelichung, die er nur Jahre zuvor dem englischen Prinzen Edmund von Langley unter den gleichen Voraussetzungen aus politischen Gründen verboten hatte.

Seit 1365 förderte Karl V. von Frankreich intensiv die Eheverbindung zwischen seinem Bruder Philipp und Margarethe von Flandern, sah er hierin doch eine Möglichkeit, die dank der florierenden Tuchindustrie reiche Grafschaft Flandern als königliches Lehen näher an die Krone zu binden. Die Verhandlungen über den Heiratsvertrag zogen sich allerdings bis 1369 hin. Schließlich kam man im April diesen Jahres überein, dass Karl V. dem flämischen Grafen die Städte Lille, Douai und Orchies, die 1302 mit ihrem Umland von der Krone annektiert worden waren, und eine Zahlung von 200 000 Pfund Tournois übereignen sollte; an dieser Summe beteiligte sich Philipp der Kühne zur Hälfte. Karl V. behielt sich ein Rückkaufrecht an Lille, Douai und Orchies vor, doch wurde dieses durch eine gemeinsame Erklärung von Philipp und Margarethe später aufgehoben. Hierin liegt eine erste Distanzierung Philipps von den Interessen der französischen Krone.

Am 19. Juni 1369 wurde in Gent die Hochzeit feierlich begangen. Karl V. stellte seinem Bruder in großem Stil königliches Personal zur Verfügung (Musiker, Herolde, weiteres Gesinde), dazu Turnierpferde, Silbergeschirr, Juwelen, kurzum: alles, was man für ein überbordendes höfisches Fest brauchte, um die reichen Bürger und Adligen Flanderns zu beeindrucken, und zugleich öffnete der neue Schwiegersohn des Landesherrn seine Schatullen und ließ einen regelrechten Geschenkeregen über die flämischen Adligen und besonders über die Räte und Amtsträger des gräflichen Hofs niedergehen.

Jetzt, im Lebensalter von mittlerweile 28 bis weit in seine 30er Jahre, machte Philipp der Kühne sich mit den Regeln des militärischen Operierens vertraut und wurde in die Gepflogenheiten der internationalen Diplomatie eingeführt. In den Jahren 1370 bis 1372 nahm Philipp an mehreren Feldzügen zur Wiedereroberung des Poitou und Aquitaniens teil. 1373 marschierte Philipp in die Bretagne ein, als Johann von Lancaster seine berühmte *chevauchée*, einen schnellen Plünderungszug zu Pferd, vollführte und innerhalb von fünf Monaten von Calais nach Bordeaux gelangte. Philipp vermochte ihn immerhin von Paris fernzuhalten, weil er den Engländern in den Rücken hätte fallen können.

Wichtig war seine Tätigkeit als Leiter einer großen Gesandtschaft, die Karl V. 1375 nach England entsandte, um endlich einen Frieden zwischen England und Frankreich zu schließen, nachdem in den letzten Jahren mehrere Anläufe dazu gescheitert waren. Für den französischen König sprach dessen Bruder, für den englischen König dessen Sohn Johann von Gent Herzog von Lancaster. Ende März 1375 begannen die Verhandlungen in London und dauerten bis Ende Juni an. Sie wurden von einer ganzen Reihe Banketten und Turnieren begleitet. Allein, man konnte sich nicht weiter einigen als auf einen einjährigen Waffenstillstand, der bis zum 30. Juni 1376 reichte, und auf eine Verabredung für weitere Gespräche. Die Verhandlungen fanden ihr feierliches Ende durch ein pompöses Bankett, zu dem Philipp der Kühne am 1. Juli alle Teilnehmer einlud.

In der Tat traf man sich in geänderter Zusammensetzung mit einiger Verzögerung am 28. Dezember 1375 in Brügge. Wieder einigte man sich nur auf eine Verlängerung des Waffenstillstandes um etwas mehr als ein weiteres Jahr bis zum 1. April 1377. Diesen zwei Konferenzen schloss sich noch eine dritte, ebenfalls nicht zu einem Friedensvertrag führende an, an der Philipp aber nicht mehr beteiligt war. Die Positionen der beiden Könige waren nicht miteinander in Einklang zu bringen.

Seit seiner Eheschließung 1369 war Philipp sowohl im königlichen Auftrag als auch in eigenen Interessen ständig unterwegs. Beide Dimensionen sind nicht von einander zu trennen. Im Interesse des Königs lag es, dass sein Bruder den Osten und Norden Frankreichs im Sinne des Königs beeinflusste, und für Philipp war entscheidend, dass er seine Länder aufsuchte. Herrschaft meinte auch im späten 14. Jahrhundert in erster Linie die persönliche Herrschaft, der Fürst musste mindestens einmal im Jahr in seinem Gebiet nach dem Rechten sehen. Jedes Jahr (bis auf 1373) besuchte er einmal Flandern. Wegen dieser Verpflichtungen war Philipp der Kühne nicht mehr ständig am königlichen Hof präsent, weswegen er Vertraute brauchte, die ihn über die dortigen Vorgänge unterrichteten. Auf Bitten Philipps wurde bereits 1367 der Bailli von Dijon Hugues Aubriot zum königlichen *Prévôt* von Paris ernannt, also zum Vorsteher der Stadtregierung. Für das System der Vertrauten in der Fremde spricht auch, dass Philipp ab 1372 einen Residenten in Avignon beim Papst hatte. Derartige Kontaktleute waren wichtig, da sie je nach ihrem Zugang zu den führenden Kreisen Nachrichtenquellen von nicht zu unterschätzender Bedeutung waren.

2.3 Genter Krieg 1379–1385

Eine große Bewährungsprobe für Philipp stellte der Genter Krieg dar, der 1379 in Flandern ausbrach und sich eigentlich gegen die Herrschaft seines Schwiegervaters richtete. Man könnte meinen, dass es für Philipp keine Frage gewesen sein dürfte, auf welche Seite er sich schlug. Tatsächlich jedoch war seine Haltung schwankend. Er trat zunächst als Vermittler zwischen dem Grafen von Flandern und der Stadt Gent auf und schlug sich erst später ganz auf die Seite des Landesherrn.

Der Aufstand begann, als Anfang September 1379 im Streit um die Gerichtszuständigkeiten die Weber – die einen Großteil der Genter Bevölkerung stellten – den *Bailli*, d. h. den höchsten stadtherrlichen Amtsträger, ermordeten und die vor kurzem erbaute gräfliche Burg Wondelgem im Genter Umland zerstörten. Die Genter suchten sofort Unterstützung für ihre Sache bei den anderen Städten, doch das stadtadlig dominierte Brügge hielt zum Grafen und Ypern hatte sich den gräflichen Zentralisierungsbestrebungen gefügt. Lediglich aus den unteren Bevölkerungsschichten der eigenen Stadt kam der Genter Führung Unterstützung entgegen, so dass man nach einem Monat dazu übergehen konnte, die südlich Gents an der Schelde gelegene Stadt Oudenaarde, die offiziell zum Grafen hielt, zu belagern, einzukesseln und von der Nahrungsmittelzufuhr abzuschneiden. Der flämische Graf Ludwig von Male hielt sich zu dieser Zeit in Dendermonde auf, wo er ab dem 10. November von den Gentern bedrängt wurde. In dieser Situation erschien auf Bitten der Gräfin von Artois, Margarethe von Frankreich, am 12. November Philipp der Kühne in Tournai. Drei Tage später begann er mit direkten Gesprächen zwischen der Genter Armee und dem Grafen. Innerhalb von zwei Wochen konnte man sich auf einen Frieden einigen, der bemerkenswerterweise Auflagen für den flämischen Grafen beinhaltete: Einer der führenden Räte des Grafen wurde seines Amtes entsetzt, und es wurde eine Kommission der drei großen Städte eingesetzt, die die Einhaltung der Privilegien überwachen sollte.

Damit war der Frieden für ungefähr ein halbes Jahr gerettet, und Philipp der Kühne hatte sich bei seinen künftigen Untertanen überaus beliebt gemacht. Es blieb aber die Frage, ob der flämische Landesherr sich mit den ihm auferlegten Beschränkungen abfinden würde. Ludwig von Male vergewisserte sich zunächst des Rückhalts von Teilen des Adels in Stadt und Land, ehe er im Mai 1380 begann, einige Städte auf seine Seite zu ziehen, und sich dann daranmachte, Gent zu belagern, das er aber nicht erobern konnte, da es zu groß und militärisch zu stark war. Im November sah der Graf sich gezwungen, mit den Gentern Verhandlungen über einen Waffenstillstand aufzunehmen. Zumindest die Kampfhandlungen wurden eingestellt.

Im März 1381 flackerten die Unruhen wieder auf. Dieses Mal entsandte Philipp der Kühne mit Unterstützung der burgundischen Stände, die eine Zahlung von 60 000 *Francs* genehmigt hatten, ein größeres Kontingent, das am 23. Juli 1381 in Brügge eintreffen und dem Grafen helfen sollte. Die Belagerung Gents schlug abermals fehl. Stattdessen verlegte der Graf sich darauf, die Lebensmittelzufuhr über die Leie und die Schelde großräumig abzuschneiden. Begleitet wurde dieses alles durch Vermittlungsversuche und Verhandlungen, in die sich im August 1381 auch Philipp der Kühne und seine Frau Margarethe einschalteten.

Die Genter wiederum wehrten sich. Gut gerüstet konnten sie Züge unternehmen, die sie im Frühjahr 1382 bis nach Brabant führten, wo sie umfangreiche Getreidelieferungen der mit ihnen sympathisierenden Stadt Lüttich in Empfang nahmen und ungehindert heimbrachten. Militärisch war Gent nicht niederzuringen, konnte sich aber auch nicht wirklich aus der Umklammerung der gräflichen Verbände befreien, weswegen beide Seiten sich gezwungen sahen, im April 1382 erste Verhandlungen zu führen. Ihnen war keinerlei Erfolg beschieden. Auf beiden Seiten wuchs die Einsicht, dass man den Gegner ohne fremde Hilfe nicht würde besiegen können, weswegen man den französischen und den englischen König um Unterstützung bat. Der französische reagierte schneller und begann sofort mit den Rüstungen, während die Engländer erst 1383 aufmarschierten. Karl V. war 1380 verstorben und für den noch minderjährigen Karl VI. führte zu dieser Zeit, 1382, dessen Onkel Philipp der Kühne die Regierungsgeschäfte. Im Herbst diesen Jahres zog der König mit dem Herzog von Burgund und einer massiven Truppenmacht nach Flandern, wo man am 3. November ankam. Allein die Präsenz brachte Ypern dazu, sich am 21. November kampflos zu ergeben, woraufhin der Westen Flanderns nachzog, und die Truppen problemlos auf Brügge zuhalten konnten.

In dieser Situation ergriffen die Genter die Gelegenheit und rüsteten zum Kampf. Am 26. und 27. November trafen sich beide Heere zum direkten Treffen bei West-Rozebeke, ungefähr zehn Kilometer nordöstlich von Ypern. Der Sieg der Franzosen und der landesherrlichen Truppen war entscheidend, die

Genter und ihre Verbündeten verloren ein Großteil ihrer Mannschaften.

Unter diesem Eindruck und vermutlich auch des schlechten Wetters wegen brachen die Sieger die weitere Kampagne ab. Man entschied sich für Verhandlungen, die gleich in der ersten Dezemberhälfte in Courtrai (ndl. Kortrijk) einsetzten. Der einzige vorläufige Erfolg war, dass bis auf Gent ganz Flandern sich dem Grafen fügte und seine Landesherrschaft und damit die Lehnsoberherrschaft des französischen Königs anerkannte. Als Symbol der unbezwingbaren Macht, als Fanal, ließ Karl VI. den Verhandlungsort Courtrai abbrennen, als er am 18. Dezember die Stadt verließ. Gent sollte in Flandern keine Verbündeten mehr finden.

Die Antwort blieb nicht aus – auf Seiten Gents griffen die Engländer ins Geschehen ein, weil die lange Blockade Gents im Winter 1381/82 die Ausfuhr der englischen Wolle erheblich behindert hatte, der englischen Wirtschaft ein merklicher Schaden zugeführt worden war, zumal nach der Schlacht von West-Rozebeke das Embargo gegen das sich immer noch nicht fügende Gent erneut verhängt wurde. Verkauft wurde das Unternehmen der weiteren Öffentlichkeit als Kreuzzug zugunsten des in Rom weilenden Papstes Urban VI., der vor dem abtrünnigen Papst Clemens VII. in Avignon, zu dem die königlich gesonnenen Franzosen, also auch Philipp der Kühne und die landesherrliche Partei in Flandern, gehörten, zu schützen sei. Im Auftrag des Erzbischofs von Canterbury wurde die Landung in Flandern in den englischen Kirchen mit Predigten begleitet, an der Spitze der Truppen stand ein Bischof, nämlich Henry Despenser Bischof von Norwich. Am 17. Mai 1383 setzte man nach Calais über, von wo aus man recht bald einige kleinere Städte einnehmen und am 25. Mai einen Gegenangriff abwehren konnte. Anfang Juni befand sich die gesamte Kanalküste in englischer Hand, und die Genter entsandten eine Truppe, die bei der Belagerung Yperns helfen sollte. Doch die Einnahme dieser nach Brügge und Gent größten Stadt Flanderns scheiterte völlig.

Der Graf von Flandern blieb nach dem Scheitern seines im Mai geführten Gegenangriffs nicht untätig. Wieder wandte er sich an seinen Schwiegersohn Philipp den Kühnen, der sich wiederum beim König und im königlichen Rat für ihn verwandte, und der sich zugunsten des flämischen Grafen entschied. Schnell traf man von Süden kommend in Flandern ein, wo man auf mittlerweile demoralisierte Gegner traf, denen der erwartete schnelle Erfolg ausgeblieben war. Ein Städtchen nach dem anderen nahmen die Franzosen ein, schnitten so die vor Ypern liegenden Engländer vom Umland ab. Es dauerte nicht lang, und die Belagerungsarmee begann sich aufzulösen, Henry Despenser zog sich inkognito nach England zurück. Daraufhin schlossen am 26. Januar 1384 die Franzosen und die Engländer einen bis Ende August 1385 gültigen Waffenstillstandsvertrag, der auch die Befriedung Gents vorsah.

Im Winter wurden die Karten neu gemischt. Wenige Tage nach dem Abschluss des Waffenstillstandsvertrags, am 30. Januar 1384, verstarb der mittlerweile 54jährige Graf von Flandern Ludwig von Male in Saint-Omer, Ende Februar wurde er in einer prächtigen Zeremonie, bei der Philipp sich einmal mehr seinen Untertanen, den angereisten Adligen und Städtevertretern, als Fürst präsentieren konnte, in der Kirche St-Pierre in Lille beigesetzt. Diese Stadt war in den vergangenen Jahren dem Grafen treu ergeben geblieben und diente auch künftig als Residenz sowie als Sitz landesherrlicher Behörden.

Jetzt folgte auf Ludwig von Male sein 42jähriger Schwiegersohn als Landesherr nach, ganz Flandern wäre formell in seiner Hand gewesen – wenn nicht das Genter Problem ungelöst im Raum gestanden hätte. Dieses sollte noch zwei Jahre so bleiben, bis endlich die Grafschaft Flandern auch faktisch und ungestört mit dem Herzogtum Burgund in einer Hand vereinigt war. Vorerst erhielt Philipp nur von einer ganzen Reihe von Städten (eben nicht von allen) die Huldigung, denen er im Gegenzug die Privilegien bestätigte, die Großstädte Brügge und Ypern besuchte er persönlich.

Die Genter Position wurde vor allem dadurch geschwächt, dass sich im Laufe des Sommers 1384 innerhalb der Stadt eine Friedenspartei bildete, die einen Ausgleich mit dem Landesherrn suchte. Teile der städtischen Führungsschicht mochten die strikt feindliche Haltung nicht mehr mittragen. Erneut machte zudem der englische König Ansprüche geltend, weil der neue Graf von Flandern ihm, Richard II., als König von Frankreich bisher keinen Lehnseid geleistet habe. Deswegen setzte er wieder einen *ruwaard* (Regenten) ein, John Bourchier, der sich im Winter 1384/85 in Gent aufhielt und dank eines kleinen Kontingents die innerstädtische Friedenspartei unterdrücken konnte. Unter seiner Leitung drängten die Genter im Frühjahr 1385 die Blockade durch die landesherrlichen und verbündeten Truppen zurück.

Nachdem die Engländer aber keine Verstärkung sandten und der König und Herzog Philipp das direkte Genter Umland geplündert und zerstört hatten, war für den kommenden Winter abzusehen, dass die Genter sich nicht aus diesem Gebiet würden ernähren können. Daher sollten erneut Friedensverhandlungen aufgenommen werden.

Jetzt, nach dem dritten Feldzug innerhalb weniger Jahre, verließ auch Philipp der Kühne den Weg der harten Bekämpfung und gab sich konzilianter gegenüber Gent. Nach längeren Diskussionen konnte endlich am 18. Dezember 1385 der Frieden geschlossen werden. Die Genter Privilegien wurden vollständig bestätigt, im Gegenzug musste die Herrschaft Philipps des Kühnen als Stadtherr anerkannt werden, zudem durften Verbannte zurückkehren. Dem Fernhandel (vor allem von und nach England) wurde wieder Freiheit gewährt, und die Genter durften weiterhin dem römischen Papst Urban VI. zugehören, lediglich Bündnisse mit England blieben verboten.

Damit war Philipps Herrschaft in Flandern gesichert.

2.4 Die Herrschaft Philipps des Kühnen 1380/1384–1404

Am 16. September 1380 war König Karl V. von Frankreich im Alter von 42 Jahren verstorben. Ihm folgte sein mit elf Jahren minderjähriger Sohn Karl VI. nach. Zu Lebzeiten hatte der alte König noch seine Brüder zu Regenten bestimmt: Herzog Ludwig von Anjou sollte die Regentschaft über das Königreich übernehmen, Herzog Philipp von Burgund-Flandern und Herzog Johann von Bourbon die Fürsorge für den jungen König. Eine solche Regelung konnte nicht gut gehen. Uneinigkeiten brachen bereits bei den Feierlichkeiten zur Beisetzung Karls V. am 4. November 1380 aus. Letztlich einigten sich die Brüder darauf, dass Ludwig von Anjous Macht beschnitten und er nur Vorsitzender des königlichen Rats wurde. Scharfe Konkurrenten für Philipp blieben der andere Bruder Johann von Berry und der königliche Konnetabel Olivier de Clisson, zwischen denen jedoch Feindschaft herrschte, so dass sie sich nicht gegen ihn verbünden konnten. Philipp war nicht nur Mitglied des Regentschaftsrats, sondern außerdem noch königlicher Stellvertreter im Herzogtum Normandie, in Flandern und in der Pikardie, während Johann von Berry als Lieutenant-général die königliche Macht im Languedoc ausübte.

In den Jahren 1382–1388 kooperierte Philipp der Kühne weitgehend mit seinem Bruder Johann von Berry. Federführend beteiligt war Philipp bei der Eheschließung König Karls VI. mit Elisabeth von Bayern-Ingolstadt, die am 17. Juli 1385 in Amiens stattfand.

Philipp der Kühne verbrachte deshalb nach dem Tod Karls V. ungefähr die Hälfte des Jahres, eher mehr, in den königlichen Landen, und nicht in seinen eigenen Fürstentümern, die er von Paris aus regieren konnte, da er über vertrauenswürdige Amtsträger vor Ort verfügte. Zudem hatte Paris über die dort tätigen Kaufleute ausgezeichnete Nachrichtenverbindungen in alle Teile Frankreichs und darüber hinaus. In Paris verfügte er über einen Stadthof, den *hôtel d'Artois*, im Umland über den *hôtel de Conflans*.

Die Machtverhältnisse änderten sich, als Ende 1388 Karl VI. seine Mündigkeit erreichte und die Königsmacht in die eigenen Hände nahm. In Reims fand die feierliche Krönungszeremonie statt, der König herrschte nunmehr selbst. Dieses bedeutete, dass die drei Onkel ihre machtvolle Position räumen mussten. Stattdessen kamen die alten Räte Karls V. zum Zuge. Sie besetzten die wichtigsten Posten und bildeten so etwas wie eine verschworene Gemeinschaft. Bei dem Chronisten Jean Froissart taucht die Bezeichnung *Marmousets* für diese Gruppe auf, ein Spitz- oder Spottname, den die nunmehr von der Macht ausgeschlossenen Funktionäre im Munde führen mochten.

Die vormaligen Mitglieder des Regentschaftsrats waren nun auf ihre Hausgüter bzw. ihre Hausmacht zurückgeworfen oder

Die Herrschaft Philipps des Kühnen 1380/1384–1404

Die burgundischen Niederlande um 1384

auf die Ausübung untergeordneter (aber immer noch hochrangiger) königlicher Aufträge. Was die Hausmacht des Herzogs von Burgund angeht, so ist an erster Stelle eine doppelte dynastische Verbindung mit dem Haus Wittelsbach-Holland zu erwähnen. Sowohl der burgundisch-flämische Landesherr als auch sein direkter Nachbar Albrecht I. von Holland-Zeeland-Hennegau dürften sich genauestens im Blick gehabt haben. Die von ihnen eingegangene Doppelhochzeit, die am 12. April 1385 mit großem Pomp in der (formal neutralen) Bischofsstadt Cambrai gefeiert wurde, verdeutlicht, dass die beiden sich in ungefähr als gleichgewichtig und gleichrangig einschätzten. Philipps des Kühnen Sohn Johann ohne Furcht (13 Jahre alt) wurde mit Margarethe (22 Jahre alt), der Tochter Graf Albrechts I. vermählt, und Wilhelm (20 Jahre alt), der Sohn Albrechts I., heiratete Margarethe (10 Jahre alt), die Tochter Philipps des Kühnen.

Was Aufträge des Königs anging, so führte Philipp der Kühne bedeutende Gesandtschaften an, die ihn 1391 nach Italien und 1392 nach Amiens führten, wo es erneut um einen Frieden mit den Engländern gehen sollte. Zudem organisierte er eine ganze Reihe bedeutender höfischer Feste wie beispielsweise die Krönung Königin Elisabeths im Herbst 1389 oder die Hochzeitsfeier von Karls VI. Bruder Ludwig von Orléans mit Valentina Visconti, der Tochter Herzog Gian Galeazzo Viscontis von Mailand. Auch und gerade bei diesen Festen trat er in Konkurrenz zu den anderen Pairs von Frankreich auf.

Wenige Jahre später, 1392, sollte es wieder eine tiefgreifende Änderung der Verhältnisse geben. An einen heißen Augusttag dieses Jahres zeigten sich bei Karl VI., mittlerweile 24 Jahre alt, die ersten Anzeichen einer Geisteskrankheit. Unversehens litt er (und seine direkte Umgebung) unter extremen Wutausbrüchen. Immer wieder traten kurzfristige Schübe des Kontrollverlusts auf, weswegen es angeraten erschien, die Regierungsverantwortung in sichere Hände zu legen. Diese am Hof geführten Überlegungen führten binnen Kurzem dazu, dass erneut die Onkel als Regenten die Verantwortung übernahmen, einen Regentschaftsrat bildeten und ihrerseits die bisherigen, allein durch das Vertrauen des Königs legitimierten Berater, die Marmousets, ihrer Ämter entsetzten. Hierin äußert sich ein

Aspekt des Wesens der älteren Monarchie: Es handelte sich um eine Familienherrschaft, bei der in Zeiten der Krise die Angehörigen das Ruder übernahmen, nicht die engsten Vertrauten des Herrschers, die an der Spitze der Hofämter und Behörden standen. Deren Los hing vom Monarchen ab.

Die phasenweise auftretende Geisteskrankheit des Königs hatte Folgen. In den nächsten Jahren konnte Philipp der Kühne bis zu seinem Tod 1404 die Herrschaft in Frankreich faktisch gestalten. Hierin unterstützte ihn anfangs die Königin Elisabeth, die auf diese Weise ihren Dank zum Ausdruck brachte, dass er ihre Ehe mit dem König gestiftet hatte.

Trotz der Minderjährigkeit (1380–1388) und der zeitweiligen geistigen Abwesenheit des Königs (ab 1392) blieb das Königreich Frankreich auf der Bühne der europäischen Politik aktiv. Die Regenten pflegten die auswärtigen Beziehungen, da die Furcht vor dem Thronanspruch des englischen Königs stets im Hintergrund stand und man auf Bündnispartner angewiesen war. Dieses prägte das Agieren im 1378 entstandenen Großen Abendländischen Schisma, das daher rührte, dass die französischen Kardinäle und Bischöfe nicht mit der strengen Politik des neugewählten Papst Urbans VI. sowie der Verlegung der Kurie nach Rom einverstanden waren und stattdessen einen eigenen Kandidaten favorisierten. Das Schisma und der Hundertjährige Krieg bestimmten die politische Landkarte Europas: Frankreich, Schottland und die spanischen Könige optierten für Papst Clemens VII. in Avignon, England, Flandern und Teile Italiens sowie Deutschlands für Urban VI. in Rom. Die Auseinandersetzungen zwischen England und Frankreich konnten nun sogar mit den höheren Weihen eines Religionskampfs, als Kreuzzug, versehen werden. Philipp der Kühne war von der Kirchenspaltung (eine Form der Parteiung) in besonderem Maße betroffen. In dem Friedensvertrag von Tournai 1385 war festgelegt worden, dass die Stände Flanderns für Rom optieren durften, während Frankreich und Burgund Avignon unterstützen. Dieses erklärt, weswegen er alle Ansätze unterstützte, die dazu dienten, die Einheit der Papstkirche wiederherzustellen, was letztlich erst 1417 gelingen sollte.

Ruhig blieb es an der politischen Front zu England, wo dem 1377 verstorbenen Eduard III. sein 10jähriger Enkel Richard

II. auf dem Thron gefolgt war. Sowohl die englische als auch die französische Seite waren mittlerweile kampfesmüde. Dennoch war keine Seite zu Konzessionen an den Gegner bereit. Die Engländer bestanden auf den Besitz von Calais und der Rückgabe der unter Karl V. von den Franzosen rückgewonnenen Länder, die ihnen im Frieden von Brétigny zugesprochen waren. Seit 1384, dem Ende des sog. Kreuzzugs des Henry Despenser, bestand ein Waffenstillstand, der mehrmals bis 1405 verlängert wurde, weswegen immer wieder hochkarätige Gesandtschaften ausgetauscht wurden.

Die Jahre ab 1395 waren zunehmend von der Rivalität zwischen Philipp dem Kühnen und seinem Neffen Ludwig von Orléans geprägt, eine Feindschaft, die die Regierungsgeschäfte mehr und mehr belastete und die Entscheidungsfindung im Regentschaftsrat erschwerte. Gegensätzliche Interessen wurden letztlich auf vielen Feldern der Politik gepflegt, sei es, was die Abwehr der englischen Ansprüche anging, das Kirchenwesen, das Verhältnis zum Papst, die Beziehungen zu den Fürsten des Reichs, die Stellung gegenüber den Herzogen der Bretagne: Auf einem jeden dieser Felder vertraten die beiden Herzöge jeweils eine andere Position. Die Zeit spielte zugunsten des deutlich jüngeren Ludwigs, der im Laufe der Jahre immer erfahrener und mächtiger wurde, der folglich eine je länger desto ernstere Gefahr für die Stellung Philipps des Kühnen bedeutete. Diese Konstellation führte zu einer Schwächung, ja Spaltung bzw. Parteiung der »politischen Gesellschaft« unter Karl VI.

Im Jahr 1401 drohte die Feindschaft in offene Gewalt umzuschlagen: Im Dezember diesen Jahres sammelten beide Herzöge größere Kontingente ihrer Truppen in der Residenz Paris – nur durch die Vermittlung der Königin und der Herzöge von Berry und Bourbon konnte eine Fehde innerhalb der königlichen Familie verhindert werden, die wegen der großen Unterstützerschaft auf beiden Seiten weite Ausläufer in der französischen Gesellschaft gehabt hätte. Am 14. Januar 1402 versprachen beide Gegner, ihre Rüstungspläne zu beerdigen und Frieden zu halten. Der friedliche Zustand hielt knapp ein Vierteljahr. Im April nutzte Ludwig von Orléans die Abwesenheit Philipps des Kühnen und eine Phase geistiger Klarheit des Königs, um eine außerordentliche Kriegssteuer (*aides pour la guerre*) in der nördlichen, eigentlich von Philipp kontrollierten Hälfte des Königreichs zu verhängen. Nach Protesten wurde Ludwig gezwungen, hierauf zu verzichten. Im folgenden Jahr bootete Philipp wiederum Ludwig aus, als es darum ging, Vorkehrungen für den erwarteten Tod des Königs zu treffen (der dann doch nicht eintrat) und einen Regentschaftsrat einzusetzen: Für Ludwig sah er keinen Platz vor.

Aus der Ferne mögen diese Maßnahmen kleinlich erscheinen, für die Beteiligten waren es Züge in einem Spiel um die Macht, das sich in Rangfragen und Kompetenzen äußerte. Das Problem war, dass das Machtvakuum an der Spitze des Königtums nicht nur zu einer Spaltung des königlichen Rats und überhaupt des Hofes und damit weiter zu einer Spaltung des hohen Adels führte, sondern weitere Kreise zog. Untergeordnete Amtsträger in königlichen Diensten ließen sich ihre Parteihaltung honorieren. Dadurch wurden sie korrumpierbar. Selbst, wenn man als Bittsteller gerechtfertigte Anliegen durchbringen wollte, war es angeraten, sich zu der einen oder anderen Seite zu bekennen, denn nur dann würde die Sache befördert werden. Eine Zunahme der Korruption war allgemein feststellbar, auch bei niedrigeren Amtsträgern.

Allzulange dauerte die Rivalität nicht. Philipp der Kühne verstarb am 27. April 1404 im Alter von 62 Jahren in der Nähe von Brüssel.

Noch auf dem Totenbett hatte der Vater seinen Söhnen eine politische Erbschaft mit auf den Weg gegeben, indem er sie dem regierenden König Karl VI. die Treue schwören ließ – die politische Haltung war damit klar, die Zukunft vorgezeichnet.

2.5 Johann ohne Furcht 1404–1407 und die beginnende Parteiung zwischen Bourguignons und Armagnacs

Um es kurz zu machen: Johann ohne Furcht hat die Feindschaft gegen Ludwig von Orléans verinnerlicht. Sie sollte die ersten Jahre seiner Herrschaft prägen. Sie saß tief, fraß sich mehr und mehr ins Mark, schlug schließlich um in Hass.

Nach einigen Jahren ließ Johann ohne Furcht seinen Gegner 1407 in einer Aufsehen erregenden Nacht- und Nebelaktion ermorden.

Geboren worden war Johann ohne Furcht am 28. Mai 1371 in Rouvres, wo er auch aufwuchs. Nach dem Tod des Grafen von Flandern 1384 belehnte Philipp der Kühne seinen ältesten Sohn Johann mit der Grafschaft Nevers. Als Graf von Nevers wurde Johann langsam in die Politik eingeführt. Bereits zwei Jahre später wurde er am 12. April 1385 in der Doppelhochzeit von Cambrai mit Gräfin Margaretha von Holland-Zeeland-Hennegau verheiratet. In den folgenden Jahren hielten Johann und seine Frau sich an den Höfen des Vaters bzw. der Mutter auf, noch verfügten sie über keinen eigenen Haushalt.

Johann stand seinem Vater in Paris zur Seite und begleitete ihn mehrmals in den späten 1380er und 1390er Jahren auf dessen Feldzügen. Ansonsten verblieb er die meiste Zeit im Herzogtum Burgund.

Das wichtige Ereignis schlechthin war neben der Geburt von Johanns erstem Sohn Philipp (des späteren Philipps des Guten) im Jahr 1396 die Teilnahme am Kreuzzug gegen die ottomanischen Türken im selben Jahr, der mit der schweren Niederlage vor Nikopolis und Tod und Gefangenschaft vieler adliger Teilnehmer endete. Erst gegen die Zahlung hoher Lösegelder konnten die Überlebenden nach längerer, ungefähr eineinhalbjähriger Geiselhaft 1398 wieder in ihre Heimat zurückkehren. Erst jetzt, nach der Rückkunft vom Kreuzzug und der Gefangenschaft, die ihm großes Prestige vermittelt hatte, erhielt Johann ohne Furcht seinen eigenen Haushalt und damit seinen Hof, der finanziert wurde aus Einkünften, die sein Vater für ihn bestimmt hatte. Auch während der letzten Jahre Philipps des Kühnen blieb er im Schatten seines Vaters, hielt sich mit ihm für längere Phasen in Paris auf und unterstützte ihn, wodurch er praktisch in die Regentschaft des Königreichs, konkret in die Machtpolitik am königlichen Hof eingeführt wurde.

Nach dem Tod Phlipps des Kühnen ging das Erbe in formaler Hinsicht nicht direkt an Johann ohne Furcht. Zunächst wurde Philipps Frau Margarethe die Erbin der Gebiete, die sie seitens ihres Vaters Ludwig von Male mit in die Ehe gebracht hatte: die Grafschaften Flandern und Artois sowie die Freigrafschaft Burgund, die sie von ihrer Residenz in Arras aus regierte. Die Grafschaft Nevers gehörte Johann ohne Furcht bereits, so dass er beim Tod Philipps des Kühnen das benachbarte Herzogtum Burgund erbte. Die Grafschaft Rethel fiel an seinen jüngeren Bruder Anton, der auch als designierter Erbe des Herzogtums Brabant galt.

Diese Herrschaftsteilung wurde durch den nur ein Jahr nach ihrem Mann erfolgten Tod Margarethes im März 1405 verändert. Ihre Söhne Johann, Anton und Philipp wurden über die weitere Herrschaftsteilung einig, bei der alle Kinder zu bedenken waren: Johann ohne Furcht erbte von seiner Mutter Flandern und trat im Gegenzug die Grafschaft Nevers an seinen jüngeren Bruder Philipp ab. Johann übernahm zudem die Grafschaft Artois, allerdings mit der Auflage, dass Anton tatsächlich die Herrschaft in Brabant antreten sollte, wo er bisher nur als Regent amtierte. Der letzte Schritt zur Herrschaftsteilung bestand darin, dass Anton nach der Übernahme Brabants wiederum von der Grafschaft Rethel Abstand nahm und diese im Januar 1407 an den Jüngsten der drei, Philipp, abtrat, der nunmehr die Grafschaften Nevers und Rethel auf sich vereinigte. Weitere Teilungen gab es zwischen den Brüdern nicht. Der große Nutznießer aus diesem politischen Tausch war Johann ohne Furcht, der mit Burgund und Flandern die ertragreichsten Herrschaften auf sich vereinte

Johann ohne Furcht hielt sich, anders als sein Vater in seinen letzten Jahren, zu Beginn seiner Herrschaft mehrmals und für längere Zeiträume in Flandern auf, ungefähr 25 Prozent der ersten vier Jahre. Der Herrschaftswechsel schien gewisse Akzentverschiebungen erfordert zu haben, so dass zunächst die Regelung der Verhältnisse in der eigenen Hausmacht anstand, vor allem die Regelung der Einnahmen, ehe Johann sich wieder in die Geschäfte des Königtums einmischen konnte. Folglich hatte er in den ersten Jahren kaum Einfluss auf die Entscheidungsfindung im Regentschaftsrat.

Herrschaftswechsel stellten im Zeitalter der persönlichen Herrschaft Krisenzeiten dar. Wenn es auch in den ersten Jahren Johann ohne Furchts keine grundständige Feindschaft der großen flämischen Städte gegen ihren Landesherrn gab, so entstanden in den Monaten Juli und Dezember 1406 in Gent doch

Aufstände, die sich gegen die eigene Stadtobrigkeit richteten, das Verhältnis zum Stadtherrn aber nicht belasteten. Als Stadtherr setzte Johann ohne Furcht in Brügge durch, dass immerhin ein Siebtel der städtischen Einkünfte an ihn abzuführen waren. Nicht genug damit, zwang der Herzog die Stadt weiter dazu, diese Auflagen in zwei Urkunden förmlich anzuerkennen. Auch in Ypern wurde die dem Stadtherrn feindlich gesonnene Partei unterdrückt, die die Schwächephase direkt nach dem Tod des alten Herzogs genutzt hatte, um eine Erklärung zu verabschieden, in der die Rechte der Stadt festgehalten wurden.

Die vergleichsweise unspektakuläre und ruhige Durchsetzung der Herrschaft über die großen flämischen Städte bildete ein stabilisierendes Element von Johanns politischer Existenz. Sie sollte sich in seinem Ringen mit Ludwig von Orléans und der Bekämpfung dessen Unterstützer auszahlen. Zur Beruhigung der Lage in Flandern trug bei, dass Johann andauernde Verhandlungen mit dem König von England über Wirtschaftsfragen und Regressforderungen aufgenommen hatte.

Auch die südlichen Herrschaftsgebiete waren zu berücksichtigen. Johann ohne Furcht entsandte 1407 seinen ältesten Sohn Philipp, den Grafen von Charolais, in das Herzogtum Burgund, wo er sich in den folgenden zwei Jahren mit kürzeren Unterbrechungen aufhielt und in die Praxis des Herrschens eingeführt wurde. Die faktische Regierungstätigkeit lag in Händen des Rats und der Rechenkammer von Dijon, bezüglich der Freigrafschaft Burgund in denen des Gouverneurs Jean III. de Vergy Herrn von Fouvent. Schon bald nach Herrschaftsantritt hatte Johann ohne Furcht in dieser Region die Bestrebungen seines Vaters zur Erweiterung der Herrschaft fortgesetzt, indem er 1405 die als Enklave in der Freigrafschaft Burgund liegende Reichsstadt und den Erzbischofssitz Besançon für 500 *Francs* jährlich unter seinen Schutz nahm.

Neben der Sicherung der Landesherrschaft war das nächstwichtige Aktionsfeld, den Einfluss am Hof des französischen Königs zu wahren, die Interessen im Regentschaftsrat zu vertreten und soweit möglich die königlichen Einkünfte zugunsten der eigenen machtpolitischen Ziele einzusetzen. Am besten wäre dies zu bewerkstelligen gewesen, wenn Johann den zeitweise kranken König unter die eigene Kontrolle hätte bekommen können. Doch seine Position war weitaus schwächer als die seines Vaters. Die relative Schwäche von Johanns Stellung drückte sich darin aus, dass er im Gegensatz zu seinem Vater keine Pensionszahlungen aus den königlichen Kassen empfing, obwohl sie ihm eigentlich zugestanden hätten. Johann ohne Furcht war folglich auf die Einkünfte aus den eigenen Ländern angewiesen, deren Prosperität galt es zu schützen. Durch den Tod Philipps des Kühnen verschob sich das politische Gewicht zugunsten von Ludwig von Orléans, der nun die offene Unterstützung der Königin Elisabeth von Bayern und seines Onkels Johann von Berry erfuhr.

Ein weiteres Aktionsfeld ergab sich im Laufe der ersten Jahreshälfte 1405 in der Kirchenpolitik, als die Pariser Universität eine Gesandtschaft an Johann ohne Furcht schickte und ihn bat, den König zu veranlassen, sich im Kirchenschisma an einen der Prätendenten des Heiligen Stuhls, den in Rom amtierenden Innozenz VII., zu wenden. Außerdem wollte die Universität nur die in Rom ausgefertigten päpstlichen Bullen anerkennen, und ferner den avignonesischen Gegenpapst Benedikt XIII., der von Ludwig von Orléans gefördert wurde, nicht mehr aus ihren Einnahmen unterstützen. Weiter trug zur Festigung seiner Position bei, dass Johann ohne Furcht im Laufe der Zeit mehrere Bündnisse hatte eingehen können, so mit Graf Amadeus VIII. von Savoyen, Königin Elisabeth und Graf Wilhelm von Holland-Zeeland-Hennegau, letzteres auch zusammen mit seinem Bruder Anton Herzog von Brabant.

Nach den ersten Jahren der selbständigen Herrschaft sollte das Minus in Johanns Kassen beängstigende Ausmaße annehmen, und zugleich drängte sich immer mehr der Eindruck auf, dass die Gelder aus der königlichen Kasse in denen des verfeindeten Herzogs von Orléans verschwanden.

Die Situation wurde zudem dadurch bedrohlicher, dass im September 1406 in der Stadt Lüttich ein Aufstand gegen den Fürstbischof ausgebrochen war, der das Eingreifen Johann ohne Furchts erforderte, war der Fürstbischof doch sein Schwager und Verbündeter. Die Stadt gewann im Oktober 1407 sogar den Herzog von Geldern als Unterstützer, eine Verbindung, die eventuell von Ludwig von Orléans eingefädelt worden sein mochte.

Was genau der Anlass für das im Folgenden zu beschreibende Attentat war, bleibt unklar – bereits Zeitgenossen vermuteten, dass Ludwig von Orléans der Frau Johann ohne Furchts nachgestellt habe, ob mit oder ohne Erfolg bleibe dahingestellt; allgemein bekannt war, dass er vor den Frauen anderer Adliger nicht Halt machte.

Zudem steigerte sich die persönliche Feindschaft immer weiter, bis schließlich am 23. November 1407 der Herzog von Burgund seinen Gegner von gedungenen Burschen in einer von langer Hand vorbereiteten Aktion totschlagen ließ. Am Abend dieses Tages befand sich der Herzog von Orléans in kleiner Begleitung von drei Berittenen und zweien zu Fuß, die mit Fackeln die Straße beleuchteten, auf dem Heimweg, als sie von acht oder neun Bewaffneten mit Schwertern und Hellebarden niedergestreckt wurden. Der Herzog wurde vom Pferd gerissen, sein Schädel gespalten.

Gleich am nächsten Tag wurde durch den Prévôt von Paris eine Untersuchung eingeleitet, und tatsächlich gab es eine Augenzeugin, Jaquette, die Witwe des Schuhmachers Jean Griffart, die unter Eid eine detaillierte Aussage machen konnte, wie sie von einem Fenster in ihrer Wohnung an der Rue vieille du Temple das Geschehen, das von lauten Rufen begleitet worden war, hatte verfolgen können. Die Entscheidung in dieser Frage brachte die Befragung der Wasserträger ein paar Tage später. Einer von ihnen konnte Auskunft geben, dass sich ein Verdächtiger im Hôtel d'Artois aufhielt, wo er von den Schergen des Prévôts nur mit Zustimmung des Hausherrn, Johann ohne Furcht, verhaftet werden konnte. Diesen fand man am Hof des Herzogs von Berry, dem Hôtel de Nesle, wo er mit den anderen Fürsten im Rat saß. Hier, im Rat, muss er die Nerven verloren haben, denn in einer Gesprächspause offenbarte er sich im kleinen Kreis dem Herzog von Anjou. Das Geständnis schlug ein, die Nachricht davon verbreitete sich in Windeseile. Johann ohne Furcht entfernte sich gesetzten Schrittes aus der bestürzten Runde. Erst draußen beschleunigte er seine Flucht und verließ stehenden Fußes mit kleiner Entourage die Stadt Paris.

2.6 Die Folgen des Attentats von 1407: ein Kampf um Paris

Mit der Ermordung seines politischen Gegners war Johann ohne Furcht zu weit gegangen. Mit ihr hatte er sich fürs Erste ins politische Abseits manövriert.

Johann ohne Furchts Hauptaktionsfeld musste sich nun verlagern. Lüttich bot sich als neuer Aufenthaltsort an. In Paris blieb den Mördern Herzog Ludwigs nichts anderes übrig, als sich schleunigst aus dem Staub zu machen, am besten in die Länder des burgundischen Herzogs, also nach Flandern. Im Sommer 1408 erhielt der Chef der Mörderbande, Raoul d'Anquetonville, von Johann ohne Furcht eine lebenslange Pension in Höhe von 1200 *Francs* jährlich, die nach einer späteren Aussage Raoul d'Anquetonvilles jedoch nur einmal gezahlt worden war.

Im Prinzip war Johann ohne Furcht nicht mehr und nicht weniger als ein geständiger und flüchtiger Mörder. Doch an eine strafrechtliche Verfolgung war nicht zu denken. Die Tat führte zu einer Spaltung des Regentschaftsrats, zumal es öffentliche Beifallskundgebungen gab, die in das Kalkül zu ziehen waren. Einige, wie die Witwe Valentina Visconti, waren für eine Bestrafung, andere für eine Gnadengewährung. Immerhin konnte man sich auf eine förmliche Ausschließung Johanns vom Regentschaftsrat einigen. Johann ohne Furcht hingegen arbeitete an seiner Rehabilitation. Von Lille aus stand er in engem Kontakt mit einigen seiner hochrangigen Berater, die es noch in Paris aushielten, seinem Kanzler Jean de Saulx, dem Kammerherrn und Rat Pierre de la Viefville und dem Sekretär Jean de la Keythulle, so dass er über die Geschehnisse in Paris auf dem Laufenden gehalten wurde. Direkt nach seiner Flucht konferierte er mit seinen Brüdern Anton von Brabant und Philipp von Nevers sowie mit Abgeordneten der flämischen Stände. Johann ging es darum, die Stände und die benachbarten Fürsten auf seiner Seite zu wissen, zumindest ihre Neutralität in dieser Sache zu bewahren.

Zu ersten direkten Gesprächen mit französischen Großen kam es bereits gegen Ende Januar 1408 in Amiens, als die Herzöge von Anjou und von Berry, letzterer Mitglied des Regentschaftsrats, und der königliche Hofmeister Jean de Montagu mit Johann zusammentrafen. Kernpunkt der Argumentation war, dass Johann sich weigerte, den König höchstselbst um Gnade zu bitten, sondern darauf bestand, eine gerichtliche Verteidigungsmöglichkeit zu erhalten und das Attentat als gerechtfertigt darzustellen.

Die Gegenseite muss diese Haltung wohl akzeptiert haben, denn nicht lang darauf, schon Ende Februar 1408, konnte Johann einen feierlichen Einzug in Paris abhalten. Große Teile der Pariser Bürgerschaft begrüßten ihn, auch die einfache Einwohnerschaft war ihm wohlgesonnen. Doch was er brauchte, war die Akzeptanz des Adels und der politischen Führungsschicht, und die musste erst noch überzeugt werden. Es dauerte noch bis in den Mai 1408 ehe Johann und seine Begleiter Zugang zum königlichen Hof erhielten. Dann aber wurde in einer feierlichen Zeremonie der burgundische Herzog vom König empfangen, was allein schon ein bezeichnender Akt war. Nach einer Einführung hob der Theologe Jean Petit zu einer langen, vier Stunden dauernden, höchstgelehrten Rede an, die »klar bewies«, dass das Attentat gerechtfertigt war. Denn es habe sich um einen Tyrannenmord gehandelt. Ludwig von Orléans sei als ein solcher zu betrachten, denn sein Ziel sei es gewesen, selbst den Thron zu besteigen. Von Vaughan wurde diese Rede als ein *extraordinary document* bezeichnet, ein Höhepunkt von *political chicanery and theological casuistry in all history* (so Vaughan, *John the Fearless*, S. 70), kurzum: ein Meisterwerk der Propaganda. Erst nach der Veranstaltung wurden Kopien von dem Text, der *Justification du duc de Bourgogne*, angefertigt, die die burgundische Seite weit, auch über die Grenzen Frankreichs hinaus verbreitete.

Die Aktion zeitigte Erfolg: Gleich am nächsten Tag erhielt Herzog Johann die Gnade des Königs, indem anerkannt wurde, dass Johann den König vor einem Komplott Ludwigs von Orléans bewahrt habe. Karl VI. vergab die Ermordung seines Bruders, ja, er erklärte weiter, dass Johann unter seinem, des Königs, Schutz stünde, und dass jegliche weitere Verfolgung verboten sei.

Damit konnte sich die Gegenseite beileibe nicht abfinden. Die Witwe und die Kinder sowie die zahlreichen Sympathisanten und Parteigänger Herzog Ludwigs, darunter die Herzöge von Berry und von Bourbon, setzten alles daran, eine Widerlegung der Justification zu erstellen. Erst nach einem halben Jahr, am 11. September 1408, wurde diese auf einer besonderen Versammlung am königlichen Hof verlesen. Johann ohne Furcht befand sich zu dieser Zeit auf dem Weg in den Krieg gegen die Lütticher. Im Prinzip handelte es sich dabei um eine Gegendarstellung, verbunden mit weiteren Forderungen nach öffentlicher Genugtuung und Demütigung. Die Witwe sann offen nach Rache, aber am königlichen Hof war niemand stark genug, eine unverhohlen burgundfeindliche Politik durchzusetzen, selbst nachdem Johann ohne Furcht am 5. Juli 1408 Paris verlassen hatte, um seinen Schwager, den Elekten von Lüttich, zu unterstützen.

Im September 1406 war es im Fürstbistum Lüttich zur Etablierung einer Gegenregierung durch die Stände gekommen. Der von ihnen durchgesetzte Regent Henri de Perwez hatte während des Jahres 1407 fast das ganze Territorium bis auf die Burg und Kleinstadt Bouillon und das größere Maastricht unter seine Kontrolle bekommen. Gleichzeitig wurde ein Gegenbischof eingesetzt, der Bruder Henris, Thierry. Thierry de Perwez wandte sich an den avignonesischen Papst Benedikt XIII. mit der Bitte um Anerkennung, die dieser, selbst auf der Suche nach Unterstützern, auch gewährte.

Im Fürstbistum Lüttich wandte sich das Geschick gegen den Elekten Johann von Bayern, der in der zweiten Novemberhälfte 1407 in Maastricht von Truppen des Regenten Henri de Perwez eingeschlossen wurde – ein Vorgang, der eventuell die Mordpläne Johann ohne Furchts weiter angestachelt haben konnte. Ein erster, kleinerer Angriff zur Entlastung Maastrichts wurde im August 1408 gegen die Stadt Lüttich gerichtet, die Haupt des Aufstands war. Der größte Teil der Armee, zu der alle aktiven Parteigänger Johanns ohne Furcht beitrugen, verblieb in der Nähe des französischen Tournai (ndl. Doornik). Seine Gegner erwirkten in Paris, wo man über die Vorgänge gut informiert war, Briefe des Königs, die der Stadt Tournai jegliche Unterstützung des burgundischen Herzogs untersagten. Ihm selbst wurde der Befehl gegeben, den Feldzug abzublasen – ohne Erfolg. Am 20. September erreichte man, nachdem noch weitere Unterstützer eingetroffen waren, das Gebiet des Fürstbistums zwischen Montenaken und Tongern (frz. Tongres, ndl. Tongeren).

In der Nähe von Tongern, bei Othée, kam es am 23. September zur unerwarteten – die Lütticher hatten die Belagerung Maastrichts abgebrochen und waren in Eilmärschen herangezogen –, normalerweise gemiedenen direkten Auseinandersetzung, die mit einem klaren Sieg des burgundischen Herzogs und seiner Verbündeten endete. Johann ohne Furcht nahm, was eine Ausnahme war, persönlich am Kampf teil, was ihm den Beinamen »ohne Furcht« eintrug. Der Lütticher Mambour Henri de Perwez und der Gegenbischof Thierry de Perwez fielen in der Schlacht wie überhaupt viele der aufständischen Lütticher. Auf burgundischer Seite gab es nach allem, was man weiß, deutlich weniger Verluste. Der Sieg war brutal und nachhaltig, die Lütticher Aufstandsbewegung zerfiel (erst mal) ins Nichts.

Auf einem großen Fürstentag in Lüttich gegen Ende Oktober, auf dem die gesamte Verwandtschaft und der weite Unterstützerkreis des burgundischen Herzogs zusammengekommen waren, wurden die Verfassungsverhältnisse neu geordnet: Die Städte mussten ihre Privilegien abgeben, die Ausstellung neuer durfte nur mit Zustimmung der Herzöge von Burgund und von Brabant erfolgen, Zünfte und Bruderschaften wurden aufgehoben, dem Herzog von Burgund und dem Grafen von Holland-Zeeland-Hennegau wurde freies Durchzugsrecht gewährt und in Lütticher Landen sollte ihre Münzen gängige Währung werden. Zur Erinnerung an den Sieg sollte auf dem Schlachtfeld eine Kapelle mit einer Gruppe von sechs Priestern gestiftet werden, die aus den Einkünften des Fürstbischofs unterhalten werden sollte, und jährlich am 23. September sollte eine feierliche Messe zelebriert werden. Dazu kamen noch eine Strafsteuer in Höhe von 220 000 französischen *Francs*, von der die Hälfte an Herzog Johann ohne Furcht ging, und die Zerstörung der städtischen Befestigungsanlagen.

Im Sommer 1409 wurden die Bestimmungen abgemildert mit Ausnahme der einzuziehenden Strafsteuer, einige Privilegien wurden an die Städte zurückgegeben. 1417 widerrief der König des Heiligen Römischen Reichs Sigismund als Beschützer der Reichskirche auf dem Konstanzer Konzil die Strafbestimmungen von 1408, was auch eine Zurückweisung des burgundischen Herzogs bedeutete.

Abgesehen von den Einnahmen aus der Strafsteuer bedeutete der Vorgang für Johann ohne Furcht eine Steigerung seines Prestiges, seiner politischen Stellung und Festigung seiner militärischen Macht, konkret seines Netzwerks an Unterstützern. Sich im Affront gegen den burgundischen Herzog zu stellen, hätte bedeutet, sich mit einem mächtigen Gegner anzulegen, der notfalls zu einem kräftigen Gegenschlag auszuholen imstande war. Der Sieg von Othée war gleichsam ein politisches Pfund, mit dem er in den Folgejahren in den innerfranzösischen Verhältnissen wuchern konnte.

Beinahe schnurstracks begab sich Johann ohne Furcht noch im November 1408 wieder nach Paris. Trotz der *Justification* und der Gewährung der königlichen Gnade blieb die Lage dort immer noch ungeklärt. Während seiner Abwesenheit hatte es nicht an Versuchen gefehlt, seine Position zu untergraben. Zufälligerweise verstarb Valentina Visconti, die überlebende Frau Ludwigs von Orléans, im Dezember 1408, so dass eine der treibenden Kräfte auf der Gegenseite fehlte. Dieses wirkte sich günstig auf die anstehenden Verhandlungen aus, die im Winter in Tours mit der königlichen Familie geführt wurden. Ebenfalls günstig war, dass durch den Feldzug gegen die Lütticher Johann ohne Furcht nun ein Verbündeter von Graf Wilhelm von Holland-Zeeland-Hennegau war, der wie die französische Königin aus der Familie der bayerischen Herzöge stammte. Seine Tochter Jakobäa (Jacqueline) hatte gemäß den Absprachen von Compiègne 1406 Elisabeths Sohn Johann, Herzog von Touraine geheiratet. Wilhelm von Holland setzte sich bei der Königin zugunsten des burgundischen Herzogs ein. Letztlich führten die Verhandlungen im März 1409 zum Frieden bzw. Aussöhnung von Chartres.

Letztlich war es ein großer Erfolg für Johann ohne Furcht. Ungefähr ein Jahr nach der Verkündung der *Justification* am königlichen Hof war es zum ersten direkten Zusammentreffen mit der Gegenseite gekommen, die mit einer Bekräftigung des bestehenden Zustands endete. Es gab keine Racheaktion von Seiten der Geschädigten, keine Bestrafung des Täters, sondern es war ein sozialer Ausgleich gefunden worden, bei dem der Täter ungeschoren davonkam. Dieses wurde in der Pariser Bürgerschaft, gleichsam der hauptstädtischen Öffentlichkeit, die über die Vorgänge bei Hofe grob im Bilde war, als Sieg des burgundischen Herzogs verstanden, dessen Position komplett wiederhergestellt, ja, der jetzt zum neuen starken Mann am Hof und im Regentschaftsrat aufgestiegen war. Dort bildeten die mittlerweile gealterten Herzöge von Berry und Bourbon eine geschwächte Opposition.

Im Sommer 1409 gewann Johann ohne Furcht König Karl III. von Navarra Grafen von Nemours als Verbündeten, mit dem er ein außergewöhnliches Bündnis abschloss, denn Karl versprach ausdrücklich, ihm bei Auseinandersetzungen gegen die Söhne Ludwigs von Orléans', Karl von Orléans und dessen Brüder, beizustehen, während Johann ohne Furcht versprach, den König von Navarra in seinen Kriegen gegen den König von Kastilien oder den Grafen von Armagnac zu unterstützen. Erweitert wurde das Bündnis im September 1409, indem beide sich gegenseitig schworen, bezüglich der Regentschaft über Frankreich nichts ohne die Zustimmung des anderen zu unternehmen. Viele der königlichen Amtsträger wurden ihres Amtes entsetzt, einige unter fadenscheinigen Vorwürfen ins Gefängnis geworfen, selbst der Erzbischof von Sens konnte sich nur durch Flucht einer drohenden Arretierung entziehen. Nach dieser politischen Säuberung konnte am 11. November ein neues, erweitertes Bündnis abgeschlossen werden, dem nicht nur der König von Navarra, sondern auch die Königin Elisabeth und ihr Bruder Herzog Ludwig von Bayern, Graf Wilhelm von Holland-Zeeland-Hennegau und dessen Bruder, der Elekt Johann von Lüttich, und nicht zuletzt der jüngere Bruder Johann ohne Furchts, Anton von Burgund, angehörten. Neu war, dass damit Johann ohne Furcht in direkter Beziehung zur Königin stand, die anstelle ihres für immer längere Phasen verrückten Mannes zumindest dem Titel nach Frankreich regierte. Ende des Jahres wurde außerdem noch der Dauphin, der Thronfolger, unter die Aufsicht des burgundischen Herzogs gestellt, was faktisch bedeutete, dass der gesamte Haushalt des Zwölfjährigen mit Gefolgsleuten des Burgunders besetzt wurde. Gleichzeitig wurde die Titular-Herrschaft für den geistig abwesenden König nun in die Hände des Dauphins gelegt. Damit hatte Johann ohne Furcht das ganze königliche Frankreich in seiner Hand.

Hiergegen bildete sich Widerstand von Seiten einiger Hochadliger. Dabei exponierten sich nicht die langsam ins Greisenalter kommenden Herzöge von Berry und Bourbon, sondern die Mitglieder einer jüngeren Generation, Herzog Karl von Orléans und dessen Brüder sowie Graf Bernard VII. von Armagnac. Vom letzteren erhielt der nun entstehende politische Interessensverband seinen Namen, denn er war es, der zu einer der ersten Versammlungen der Interessierten am 15. April 1410 in Gien an der Loire einlud, wo man sich verabredete, eine Armee von insgesamt 9000 Mann aufzustellen. Johann musste von den Rüstungen Wind bekommen haben, denn er versuchte im Laufe des Sommers, den Herzog von Berry aus der Liga herauszulösen, und zugleich ließ er über die königliche Kanzlei Urkunden ausstellen, in denen die Bildung des Bündnisses und das Versammeln von Truppen verboten wurden. Gleichzeitig aber rüstete er selbst, und im September 1410 ließen die Orléanisten bzw. Armagnacs, wie man sie nun nannte (schon im 15. Jahrhundert eingedeutscht zu Armagnaken, daher auch »Armen Jacken«), eine Erklärung in Briefform verbreiten, in der sie darlegten, zugunsten des Königs und seines Reichs zu agieren. Noch kam es nicht zum direkten Schlagabtausch, aber die Spannungen nahmen zu.

Vorbereitende Rüstungen und Personalfragen wurden auf die Agenda gesetzt. Im April 1411 versammelten sich die armagnakischen Truppen im Norden Frankreichs, in der Pikardie zwischen Coucy und Soissons. Bald darauf forderte Karl von Orléans die Entfernung burgundisch gesonnener Räte aus den königlichen Ratkammern und Gerichtshöfen. Ungefähr gleichzeitig bat Johann ohne Furcht seine flämischen Untertanen sowie die verbündeten Herzöge von Lothringen, Brabant, Savoyen u. a. um Hilfe. Er wünschte im Gegenzug die Absetzung armagnakischer Räte. Der Herzog von Berry griff einmal mehr vermittelnd ein, so dass die sich nähernden Truppen zunächst nicht zum Einsatz kamen. Beide Seiten ließen die Propagandamaschinerie anlaufen und verbreiteten öffentliche Verlautbarungen, in denen die Feindschaft erklärt wird. Die Armagnaken legten am 14. Juli 1411 mit ihrer Darstellung an den König, dessen Räte und die *bonnes villes*, die Guten Städte, d. h. die größeren Städte, die in den Ständen vertreten waren, vor und stellten den Fehdebrief gegen Johann ohne Furcht aus. Damit war der entscheidende Schritt getan. Die Antwort ließ nicht lange auf sich warten, am 13. August 1411 erklärte Johann ohne Furcht von Douai aus ebenfalls die Fehde.

Zu diesem Zeitpunkt hatten die gewalttätigen Auseinandersetzungen, die ungefähr ein Jahr dauern sollte, allerdings schon begonnen. Douai wurde das Hauptquartier der Burgunder. Die seit dem Sommer 1411 Armagnaken genannten Gegner des burgundischen Herzogs setzten an zwei Zielen an, an dem burgundisch bestimmten Paris und – wie für Fehden typisch – an der wirtschaftlich wichtigsten Hausmacht, den Grafschaften Artois und Flandern und der benachbarten Pikardie. Johann ohne Furcht musste erst seine Truppen sammeln und belagerte dann das Städtchen Ham, wo er von den Armagnaken aufgehalten wurde. Nach Einnahme dieser Stadt ergaben sich nach und nach die anderen Städte an der Somme und stellten sich auf die Seite des burgundischen Herzogs. Karl von Orléans hingegen organisierte daraufhin von der Stadt Beaumont-sur-Oise aus einen Gegenzug, der ihn bis kurz vor Montdidier führen sollte, wo man sich Ende September direkt gegenüberstand. Eine Schlacht aber verweigerten beide Seiten. Wegen ausbleibender Verstärkungen musste Johann ohne Furcht sich zurückziehen und nach Arras begeben, während gleichzeitig bei den Armagnaken Uneinigkeit unter den Anführern herrschte, zumal in ihren Rücken die von den Burgundern gehaltenen Städte Paris, Senlis, Creil und Clermont lagen. Noch im Winter 1412/13 konnten die Burgunder weitere feindliche Städte einnehmen. Johann ohne Furcht beherrschte das Feld, und zudem konnte er den mittlerweile volljährigen Dauphin, der mit einer Tochter Johanns verheiratet war, als Verbündeten auf seine Seite ziehen.

Im Laufe des Jahres 1412 wandten sich auch die Armagnaken an den englischen König mit der Bitte um militärische Unterstützung, die dieser auch zusagte. Nun aber mischte sich der vor zwei Jahren neu gewählte Römische König Sigismund ein, der den englischen König davor warnte, beide Seiten zu unterstützen, da dieses den Krieg verlängern würde, und der sich selbst für Verhandlungen zur Verfügung stellte. Diese diplomatischen Vorhaltungen scheinen genützt zu haben, denn in der Tat arbeiteten der englische Hof und die Armagnaken im Mai 1412 das Konzept eines Friedensvertrages (Frieden von Bourges) aus. Durch die Gefangennahme einer Gesandtschaft Herzog Karls von Orléans fiel das Konzept in die Hände Johann ohne Furchts. Von seiner Seite aus wurde der Text nun benutzt, um die Armagnaken der Zusammenarbeit mit dem Feind zu bezichtigen, ja als Verräter und Feinde Frankreichs hinzustellen, was durch das Konzept ja bewiesen schien, so dass es ihm gelang, die allgemeine Mobilmachung der königlichen Truppen zu befehlen und das Kriegsbanner des Königs, die Oriflamme, zu hissen. Die Fehde schien sich nun zum Krieg auszuwachsen.

Im letzten Moment konnte durch mehrere Hochadlige ein Frieden vermittelt werden. Der am 12. August 1412 in Auxerre eingegangene Frieden bestand in einer Ratifizierung des Vertrags von Chartres von 1409 mit einer Bestätigung der dynastischen Verbindungen zwischen Burgund und Orléans. Beide Seiten versprachen, ihre Beziehungen zu den Engländern aufzuheben. In ganz Frankreich wurde der endlich erreichte Frieden verkündet.

Zunächst beherrschte Johann ohne Furcht weiterhin die politische Situation. In seiner Hand befanden sich die Größen des königlichen Hofs, die Hauptstadt Paris und die Spitzen der königlichen Verwaltung. Die einzige Bedrohung bildete der heranwachsende Dauphin, der mittlerweile 16jährige Herzog Ludwig von Guyenne. Dieser löste sich langsam aber sicher aus der Bevormundung durch den burgundischen Herzog und begann, eine selbständige politische Position einzunehmen. So entschlug der Dauphin im Frühjahr 1413 seinen Kanzler, den treu auf burgundischer Seite stehenden Jean de Nielles, seines Amtes – ein deutliches Zeichen, dass die Lage sich änderte.

Herzog Johann ohne Furchts dominierende Stellung in der Stadt Paris wurde im Frühsommer 1413 durch den Aufstand der Cabochiens zunächst gefördert, dann zunichtegemacht. Benannt wurde der am 28. April 1413 mit einem Zug vor die Bastille, dem königlichen Gefängnis in der Stadt, ausbrechende Aufstand nach einem der Anführer, Simon le Coustelier, der den Spitznamen Caboche hatte, von Beruf Abdecker in den städtischen Fleischhallen. Wie man aus einer größeren Weinschenkung des Jahres 1411 erkennen kann, dürfte der bereits zu dieser Zeit Herzog Johann verbunden gewesen sein, die genauen Beziehungen zwischen ihnen sind aber unklar. Es ist fraglich, ob es sich wirklich um einen Aufstand der unterdrückten Handwerker handelte, oder ob er nicht eher von führenden Kreisen angetrieben wurde, die Interesse an einer Machtübernahme in der Stadtverwaltung hatten. Die politische Zielrichtung kann man zudem daran erkennen, dass die Cabochiens ihre Wut an dem Herzog von Bar und dem neuen Kanzler des Dauphins ausließen, Jean de Vailly. Der Thronfolger wurde gezwungen, den alten, proburgundischen Kanzler Jean de Nielles wieder in sein Amt einzusetzen. Nach ungefähr vier Wochen kam es am 22. Mai 1413 zu einem zweiten Aufstand, der sich gegen die Königin Elisabeth richtete. Am 26. und 27. Mai wurde die sog. *Ordonnance Cabochienne* vom gelenkten König in einer feierlichen Zeremonie erlassen, eine außerordentlich umfangreiche Urkunde, die 258 Bestimmungen enthielt, von denen nur die ersten 96 am ersten Tag verlesen wurden.

Unter Rückgriff auf alte königliche Urkunden des 13. und 14. Jahrhunderts, die teilweise als Zitat wiedergegeben wurden – was auf gelehrte Verfasser bzw. Juristen schießen lässt –, wurden so gut wie alle Bereiche des öffentlichen Lebens angesprochen, sei es die Verwaltung der königlichen Domänen, der Steuererhebung, der Rechenkammern, des Hofs – insgesamt eigentlich keine typische Forderungen von unterständischen Schichten –, der Münzpolitik, aber auch der Armee und der Söldner sowie der Bettler und der Leprosen betreffend. Daher ist die *Ordonnance Cabochienne* eher als höfischer Text, und das heißt hier als pro-burgundischer Text, denn als Forderungskatalog der ausgebeuteten Unterschicht zu deuten. Überhaupt war es kein ›Klassenkampf der Unterschichten‹, sondern eine gelenkte Aktion im Rahmen der Parteiung, aus der man erkennen kann, dass die höfisch-hochadlige Parteiung sich in den unteren Kreisen der Gesellschaft fortsetzte, wo die Gegnerschaft nicht nur wahrgenommen, sondern auch mitgetragen wurde.

Die Cabochiens konnten sich nur im Laufe des Sommers halten, langsam verloren sie den Rückhalt in der Pariser Bevölkerung. Bereits Anfang August mussten die Anführer aus der Stadt fliehen, sie begaben sich zu Herzog Johann. Anschließend bestimmten die Armagnaken das öffentliche Leben in Paris.

Viel gravierender aber war für den burgundischen Herzog, dass der König im Sommer aus seiner Umnachtung erwachte und mit kleineren Aussetzern auch im Laufe des Sommers bei klarem Bewusstsein blieb. Karl VI. unterstützte gleichsam ›natürlich‹ seinen Sohn und damit die Armagnaken, die nun wieder Oberwasser erhielten. Gerüchte, dass Johann ermordet werden sollte, machten die Runde, oder schlimmer noch, dass er die Macht mit dem Dauphin teilen sollte, so dass Johann einer Entkleidung seiner Position mit einer Flucht zuvorkam: Am 23. August 1413 floh er aus Paris und begab sich nach Flandern.

In den vergangenen Jahren, seit etwa 1408, hatte er auf die massive Unterstützung der zahlreichen Handwerker in Paris zählen können, weswegen sich in der Forschung die Bezeichnung als »burgundisches Paris« oder als »burgundische Hauptstadt« findet. Ausschlaggebend für die gute Stimmung zugunsten des burgundischen Herzogs war nicht zuletzt die Austeilung burgundischen Weins an die Handwerker, insbesondere an die Schlachter, die auch als Viehhändler auftraten und überdies die Garküchen belieferten, folglich als, modern gesprochen, Multiplikatoren in der städtischen Gesellschaft fungierten. Johann ohne Furcht hatte sich in den vergangenen Jahren immer wieder für längere Phasen in Paris aufgehalten, so im Frühjahr/Frühsommer 1408, zeitweise im Winter 1408/09, dann wieder vom September 1409 bis November 1410. In Paris ließ er in diesen Jahren den Turm seines Stadthofs, dem *hôtel d'Artois*, errichten, der heute noch als einer der wenigen Überreste des Spätmittelalters in Paris existiert.

Die Armagnaken konnten ihren Einfluss auf den französischen König erhöhen, was mit einem Statusverlust Johanns einherging. Die Armagnaken bestimmten nun die Politik, sie kontrollierten den König. Als erstes wurde in einer Generalamnestie allen Gewalttätern Gnade gewährt. Die königlichen Erlasse, die unter der Ägide Johanns ohne Furcht gegen die Armagnaken publiziert worden waren, wurden aufgehoben, und auch die Ordonnance Cabochienne wurde ungültig gemacht und zerrissen. Weiter wurden die Parteigänger des burgundischen Herzogs ihrer Ämter entsetzt und durch eigene Gefolgsleute ersetzt. Im November 1413 wurde der Herzog von Burgund in einer königlichen Urkunde des Friedensbruchs und des widerrechtlichen Versammelns von Truppen angeklagt, allen königlichen Amtsträgern wurde die Unterstützung desselben untersagt. Ein dezidierter Affront war es, dass der Herzog von Anjou ebenfalls im November seine Frau Katharina, die Tochter Johanns ohne Furcht, seines Hauses verwies und gleichsam dem Schwiegervater wieder zurücküberstellte; die dynastische Verbindung wurde gekappt. Das Wichtigste aber bestand darin, dass jetzt der Prozess wegen der Ermordung Herzog Ludwigs von Orléans wiederaufgenommen wurde. Alles in allem ging es darum, den burgundischen Herzog und seine Leute möglichst weit aus der Regierung des Königreichs zu verdrängen.

Johann ohne Furcht, dem neben seiner Hausmacht einzelne Städte und Burgbesatzungen in der Normandie und der Pikardie zur Seite standen, reagierte zunächst wieder mit Briefen, indem er im Januar 1414 begann, drei Schreiben des Dauphins zu verbreiten, in denen dieser ihn um Hilfe gebeten hatte. Sinngemäß wurde in ihnen dargelegt, dass der Dauphin in Wirklichkeit Gefangener der Armagnaken sei, der dringend Unterstützung brauche, die er, Johann, als Schwiegervater schlecht verweigern könne. Ob es sich dabei um echte Schreiben oder um gut gemachte Fälschungen handelte, ist nicht ganz eindeutig zu klären, der Fälschungsverdacht lässt sich jedoch nicht leicht widerlegen.

Gegen Ende Januar 1414 brach Johann mit einem Trupp Bewaffneter von Flandern aus nach Paris auf, die durch Kontingente seines Bruders Philipp von Nevers und burgundische Kämpfer auf ca. 2000 Mann verstärkt wurden. Nach wenigen Tagen erschien er bereits vor den Toren von Paris, wo die überraschten Armagnaken mit Beratungen beschäftigt waren. Von den Vorbereitungen des burgundischen Herzogs hatte man zwar gewusst und die königlichen Lehnstruppen für Anfang Februar nach Montdidier bestellt, aber nun befand sich der Feind bereits in nächster Nähe, selbst die Vorstadt St. Denis, wo er immer noch über Unterstützer verfügte, hatte ihm die Tore geöffnet. In Paris aber blieben die Tore verschlossen, und zur Einnahme der Stadt reichten seine Truppen bei weitem nicht aus. Kampfhandlungen blieben aus, Johann ohne Furcht musste unverrichteter Dinge wieder abziehen, lediglich Soissons und Compiègne hatten, einzige nennenswerte Erfolge, auf seine Seiten gewechselt, und nach Paris konnte auf verschiedenen Wegen Propagandamaterial hineingeschmuggelt werden.

Es sollte noch bis zum April 1414 dauern, ehe die Armagnaken zum Gegenangriff übergingen mit dem Ziel, in den burgundischen Ländern eine Beschlagnahme und Veräußerung der Güter durchzuführen, und auch dann dauerte der Zug noch bis ungefähr Mitte Juli, ehe man endlich Arras, die Hauptstadt des Artois erreichte. Die Stimmung stand nicht zum Besten, führende Militärs schieden bereits im Vorfeld aus, und Teile des Adels in der königlichen Armee hielten mehr oder minder heimlich zu dem Burgunder. Auch wenn einige Städte sich ergaben, so konnte man als größere Gewinne nur die Einnahme der Städte Soissons, Compiègne und Bapaume im Norden verbuchen. Ziel war zunächst die Belagerung von Arras, an die man sich um die Mitte Juli machte. Bis zum frühen September hielt die Stadt durch, so dass die Belagerer sich gezwungen sahen, lieber einen Frieden auszuhandeln.

Am 4. September 1414 schloss man einen Frieden, der sich faktisch als ein Sieg Johanns erwies. Jegliche Parteiäußerungen wie das Führen von sichtbaren Zeichen an der Kleidung, das Singen von Liedern und überhaupt das Aussprechen der Parteibenennungen – alles, wenn man so will, mediale Formen der damaligen Öffentlichkeit – wurden verboten, die Stadt Arras wurde dem König geöffnet, dem burgundischen Herzog eine allgemeine Amnestie gewährt, und umgekehrt schwor der Herzog von Burgund, keinen der königlichen, sprich armagnakischen Amtsträger zu schädigen. Die Umsetzung des Vertrages zog sich über ein Jahr hin, weil beide Seiten ausgesprochen distanziert und dilatorisch mit dem Beschlossenen umgingen. Zwar wurde der Friede im März und April 1415 überall in Frankreich verkündet und seine Beachtung zur Pflicht gemacht, bloß die Hauptkontrahenten auf beiden Seiten verweigerten sich unverhohlen dem Ansinnen, den Bestimmungen nachzukommen.

In dieser innenpolitisch kniffligen Situation kam es zu einer Eskalation durch die Engländer. Der Nachfolger König Heinrichs IV., der 1413 an die Macht gekommene Heinrich V., plante eine Invasion Frankreichs. Wie sein Vater führte er Verhandlungen mit dem Herzog von Burgund, mit dem er wegen der engen wirtschaftlichen Beziehungen zu Flandern und der Verlängerungen der jeweils nur kurzfristigen Handelsverträge ohnehin in einem regen Austausch stand. Wahrscheinlich deswegen bevorzugte er die burgundische Seite. Bemerkenswerterweise führte Heinrich V. Doppelverhandlungen. Gleichzeitig stand er mit den Armagnaken und dem Dauphin in Verbindung. Für Heinrich V. war das ganz folgerichtig: Dem burgundischen Herzog versprach er Unterstützung und ein Bündnis, und dessen Gegner versuchte er in Sicherheit zu wiegen oder Zugeständnisse abzuringen. Nach dem Abschluss des Friedens von Arras brach Johann ohne Furcht die Verhandlungen aber ab, weil er kein Vertrauen zum englischen König hatte.

Als Heinrich V. tatsächlich im August/September 1415 mit einem großen Heer von ungefähr 12 000 Mann in der Normandie landete und nach längerer Belagerung am 22. September Harfleur einnehmen konnte, kam der burgundische Herzog ihm nicht zur Hilfe, ja nach allem, was bekannt ist, trug er sich mit der Absicht, die königliche Armee in ihrer Abwehr zu unterstützen. Die lange Belagerung Harfleurs, einer bedeutenden Hafenstadt an der Seine kurz vor ihrer Mündung in den Kanal, hatte den englischen Plan eines schnellen Raubzugs, einer *chevauchée*, nach Süden vereitelt, weswegen Heinrich V. einen Zug durch die Normandie nach dem nördlichen Calais anordnete, wo er keine Gegenwehr erwartete. Mit nur wenig Proviant und etwa einem Drittel der Armee zog er los. Auf französischer Seite hatte man mitbekommen, dass das englische Kontingent deutlich kleiner als das eigene war, das ca. 20 000 Mann zählte. Am 25. Oktober 1415 kam es zur Schlacht von Azincourt (engl. Agincourt), einem Dorf im Westen des Artois, die ein beeindruckender Sieg der Engländer über die zahlenmäßig weit überlegenen Franzosen bedeutete.

Der englische Sieg veränderte die politische Landkarte. Er bereitete die Besetzung der Normandie durch die Engländer in den Jahren 1417–1419 vor. Für die Geschichte Burgunds ist bedeutsam, dass weder Herzog Johann ohne Furcht noch sein Sohn Philipp von Charolais teilgenommen hatten; Johann war gar nicht angereist, und Philipp war mit seinem Kontingent in Aire im Artois liegengeblieben.

Für die innerfranzösische Auseinandersetzung verhieß die Niederlage nichts Gutes. Trotz der Zuschreibung des Verlustes an die Armagnaken kippte die Stimmung in Paris nicht zugunsten des burgundischen Herzogs, auch der königliche Hof blieb ihm weiter verschlossen.

Zunächst schien es eine Wende zugunsten der burgundischen Sache zu bedeuten, als am 18. Dezember 1415 der Dauphin, Herzog Ludwig von der Guyenne, nach kurzer, plötzlicher Krankheit verstarb. Da jedoch mit ihm ein wichtiges Element des Ausgleichs in der Parteiung weggefallen war, konnte der Aufstieg der Armagnaken nicht mehr gebremst werden. Deutliches Zeichen für deren Aufstieg war, dass Graf Bernard d'Armagnac bereits am 30. Dezember zum neuen Konnetabel von Frankreich ernannt wurde. Für Johann ohne Furcht standen damit die Zeichen auf Sturm. Ihm blieb nur eines, der Rückzug in die Gebiete seiner Hausmacht. Ende Januar 1416 verließ er die Marnegegend und zog nach Flandern. In den nächsten zwei Jahren sollte er von der Macht in Frankreich völlig ausgeschlossen bleiben, die Armagnaken bestimmten die politische Szene.

Der neue Dauphin, Herzog Johann von Touraine, war seit der Doppelhochzeit von Compiègne 1406 mit Jakobäa von Bayern verheiratet, einer Nichte Johann ohne Furchts. Gemeinsam plante man, den neuen Dauphin nach Paris zu führen, wofür man sich sogar die Unterstützung des englischen Königs sicherte.

Aus dem Zug des Dauphins nach Paris sollte nichts werden, denn zunächst war der armagnakische Widerstand am französischen Königshof immer noch zu stark. An der Spitze der Armagnaken stand seit dem 6. November 1416 der dritte Sohn Karls VI., der ebenfalls den Vornamen Karl trug. An diesem Tag war er von den tonangebenden armagnakischen Hofkreisen förmlich zum General-Statthalter des Königs ernannt worden.

Im Jahr 1417 sollte es zu zwei schnell aufeinander folgende Todesfällen kommen, die die politische Lage wieder einmal völlig veränderten: Der Dauphin verstarb am 4. April 1417, und wenige Wochen später, am 31. Mai 1417, verstarb Graf Wilhelm von Holland-Zeeland-Hennegau. Ungefähr zur gleichen Zeit, am 25. April, entsandte Johann ohne Furcht wie üblich zu Beginn einer Kampagne öffentliche Briefe an die Amtsträger in Frankreich, in denen die Armagnaken verschiedener Verbrechen bezichtigt werden, u. a. des Mordes an den beiden Thronfolgern kurz hintereinander, und des Paktierens mit den Engländern. Dem burgundischen Herzog bliebe, so die Schlussfolgerung, nichts anderes übrig als dem Treiben ein Ende zu bereiten.

Was folgte, war ein gleichzeitig mit der englischen Landung in der Normandie stattfindender relativ friedlicher Zug im August/September 1417, bei dem es Johann ohne Furcht gelang, eine Stadt nach der anderen zu überreden, auf seine Seite überzutreten. Dies wurde durch die in den meisten Städten existierende burgundische Partei erleichtert, sofern es ihr gelang, die dortigen Armagnaken an den Rand zu drängen. Nur einige leisteten Widerstand wie beispielsweise Chartres, das einen Monat belagert werden musste, oder Lyon. Am 17. September befanden sich die Truppen in Versailles kurz vor Paris.

Mehr noch: Anfang November 1417 gelang es den burgundischen Verbänden in Tours, die Königin Elisabeth aus den Händen ihrer armagnakischen Leibwache zu entwinden und zunächst nach Chartres, dann weiter nach Osten nach Troyes zu verbringen, wo Herzog Johann ohne Furcht und die Königin im Winter 1417/18 eine neue Regierung ausriefen gegen diejenige des neuen Dauphin Karl und der Armagnaken in Paris.

Da im November 1417 Paris von den Burgundern umzingelt war, konnte die armagnakische Regierung nicht mehr von der Hauptstadt aus auf die Städte und die königlichen Amtsträger in Frankreich zugreifen, so dass Schritt für Schritt die Gegenregierung von Troyes aus die Oberhand erhielt: Die Königin wandte sich am 11. November an die Städte mit der Forderung, ihr und dem Herzog von Burgund gehorsam zu sein, am 10. Januar 1418 setzte die Königin Johann ohne Furcht als Regenten Frankreichs ein, und schließlich wurden am 16. Februar in Troyes ein neues Parlament (höchstes Gericht) und eine neue Rechenkammer ausgerufen und zugleich die Pariser Institutionen für aufgelöst erklärt. Es versteht sich fast von selbst, dass die neuen Einrichtungen so gut wie durchgehend mit burgundischen Parteigängern besetzt wurden, und dass der burgundische Herzog wieder die Hand auf die königlichen Einnahmen legte. Insbesondere ein Großteil des Languedoc erkannte alsbald die Königin und den Herzog von Burgund als neuen Herrn an.

In Paris, das unter der festen Hand der Armagnaken und des Dauphins Karl lag, spitzte sich die Lage zu. Der Ring des Burgunders wurde im Frühjahr 1418 immer fester zugezogen. Von burgundischer Seite wurden am 23. Mai 1418 die Forderungen nach einer wirklichen Generalamnestie, Aufhebung der Konfiskationen und direktem Zugang zum König gestellt, was die Armagnaken umgekehrt auch für sich reklamierten. Während dieser Verhandlungen fiel die Stadt Paris in der Nacht vom 28. auf den 29. Mai in burgundische Hände.

Was nach der Einnahme einsetzte, lässt sich nur als politische Säuberung, quasi eine Nacht der langen Messer bezeichnen: Die Armagnaken, derer die Burgunder habhaft werden konnte, wurden nach kurzem Prozess hingerichtet, so der Graf von Armagnac, der Kanzler Frankreichs und viele andere hochrangige Adlige. Johann ohne Furcht war alles andere als zimperlich im Umgang mit seinen Gegnern, und viele der Armagnaken, die das Unheil hatten kommen sehen, hatten vorsichtshalber das Weite gesucht, ehe das Strafgericht auch über sie hereinbrechen konnte.

Als Zeichen des Sieges begann Johann ohne Furcht am 14. Juli 1418 einen triumphalen Einzug in Paris. Er ließ sich dabei von der Königin Elisabeth begleiten. Zugleich handelte es sich um eine militärische Machtdemonstration, denn der riesige Zug bestand aus über 4000 Bewaffneten, die in verschiedene Marschblöcke eingeteilt worden waren. Der Herzog und die Königin begaben sich zum Louvre, wo sie in einer Zeremonie vom König empfangen wurden. Johann ohne Furcht nahm seinen Stadthof Artois wieder in Besitz. Als Regent wurde Johann wieder Herr über die königlichen Finanzen, die er zum Teil für seine Zwecke als Regent Frankreichs einsetzen konnte.

Ein Wehmutstropfen blieb: Der Dauphin Karl verweigerte die Anerkennung des Herzogs von Burgund als Haupt der Regierung. Er hatte sich nach Bourges begeben, wo er eine Art Gegenregierung ausrief, im Prinzip Johann ohne Furchts Handlungen vom November 1417 nachahmend, indem er neben einem eigenen Parlament in Poitiers auch eine eigene Rechenkammer in Bourges ins Leben rief. Von Bourges aus befehdete er nicht nur den Herzog von Burgund, sondern auch dessen Parteigänger. Dabei wurde er von vielen in Frankreich unterstützt; die Spaltung des Königreichs ging ohne Unterbrechung in die nächste Runde. Einen weiteren Gefahrenherd bildete König Heinrich V. von England. Er vertrat mit Macht den Anspruch auf den französischen Königsthron. In den letzten Jahren hatte er die Normandie eingenommen, und nun setzte er alles daran, seinen Anspruch weiter zu verwirklichen.

Bewegung in die festgefahrene Situation kam, als die Engländer gegen Ende Juli 1419 das Städtchen Pontoise, gelegen an der Oise, durch eine Unachtsamkeit der städtischen Wache im Handstreich einnehmen konnten. Dieses löste in Paris eine öffentliche Panik aus, die wiederum Johann ohne Furcht veranlasste, den geisteskranken König und dessen Frau aus der Stadt zu holen und in die östlich von ihr gelegene Grafschaft Champagne in Sicherheit zu bringen. Gleichzeitig begann er mit Rüstungen für einen Truppenzug gegen die Engländer und eröffnete nun zum wiederholten Mal Verhandlungen mit dem Dauphin, um mit ihm einen für ihn, Johann ohne Furcht, günstigen Frieden zu schließen. Die Vorgespräche führten dazu, dass von der Seite des Dauphins die Idee eines weiteren direkten Treffens aufgebracht wurde, ein Ansinnen, dem der burgundische Herzog zunächst widerwillig gegenüberstand und zu dem er erst überredet werden musste.

So kam es, dass man sich am Sonntag, den 10. September 1419, auf quasi neutralem Grund traf, nämlich an der Mündung der Yonne in die Seine in Montereau (heute Montereau-Faut-Yonne), wo man sich auf einer größeren Brücke zu ungestörten Verhandlungen niederlassen konnte.

Der Dauphin Karl von Orléans ließ nach allem, was man weiß, in der Mitte der Brücke, wo man sich im kleinen Kreis mit den wichtigsten Beratern traf, die Seinen die versteckten Waffen aus den Kleidern ziehen und den burgundischen Herzog und dessen Begleiter erschlagen, nachdem dieser sich zur

Begrüßung des Königssohns hingekniet und von diesem anschließend erhoben worden war. Hilfe konnte nicht dazustoßen. Eigens hatte man vorher die Brücke durch Palisaden von beiden Seiten abgetrennt, damit man wirklich im kleinen Kreis, zehn Teilnehmer von jeder Partei, sprechen konnte, ohne dass von Land Störungen zu befürchten waren. Burgundischerseits wurde nach dem Erkennen der Lage Alarm ausgelöst, doch die sich an der Brücke sammelnden Bewaffneten wurden unter Beschuss genommen. Den Burgundern blieb nichts anderes übrig, als sich in das benachbarte Örtchen Bray-sur-Seine zurückzuziehen.

Der Dauphin verbreitete anschließend in brieflichen Erklärungen an die französischen Städte die Version, die Tat sei lediglich ein Akt der Notwehr gewesen, die Burgunder hätten angefangen, weil es zwischen ihm, dem Dauphin, und dem Herzog zu einem Streit gekommen sei. Anders als bei dem Mord an Ludwig von Orléans gab es in diesem Fall keine Untersuchung und auch keine Selbstbezichtigung, sondern eine nachträgliche legitimierende Äußerung einer Partei, die als Quelle nur mit allergrößter Vorsicht zu genießen ist. Letztlich dürfte es mit an Sicherheit grenzender Wahrscheinlichkeit schlicht und ergreifend ein geschickt geplantes und daher umso heimtückischeres Attentat gewesen sein, bei dem der Königssohn Karl wie seinerzeit Johann ohne Furcht bei der Ermordung Ludwig von Orléans sich nicht selbst die Hände schmutzig gemacht hatte, hingegen persönlich zugegen war. Die Täter wurden nicht zur Rechenschaft gezogen, sondern erfreuten sich in der Folge großer Zuwendungen des späteren Königs.

Für die Geschichte der Entstehung der burgundischen Niederlande ist als Ergebnis festzuhalten, dass das konsequente Festhalten an der Parteiung, die den modernen Betrachter so befremdet, zu einer machtpolitischen Selbständigkeit Burgund-Flanderns innerhalb des französischen Herrschaftsverbands geführt hatte, die auch von den anderen Großmächten Europas wie den Königen von England, des Römischen Reichs, Aragon, Kastilien, den großen norditalienischen Stadtrepubliken wie Venedig und Genua und nicht zuletzt den vielen Fürsten in direkter Nachbarschaft bemerkt wurde. Ein Indikator hierfür war, dass die Könige und Fürsten mit Johann ohne Furcht selbständig, also ohne Einbeziehung des übergeordneten Königs von Frankreich, Verträge schlossen. Insbesondere die Fürsten waren untereinander die schärfsten Konkurrenten im Kampf um Vorrang, Akzeptanz, Prestige und Ehre, und daher die gefährlichsten Gegner. Die Kämpfe innerhalb des französischen Herrschaftsverbandes waren letztlich eine Konsequenz des Machtvakuums, das durch die Geisteskrankheit des Königs entstanden war, und sie hatte Folgen, indem sie für eine weitere Schwächung Frankreichs sorgte, bei der der Herzog von Burgund sich auf die Verhältnisse seiner Hausmacht und die im Reich gelegenen Territorien konzentrierte. Damit einher ging die Lösung aus Frankreich.

3 Der Ausbau: Philipp der Gute 1419–1467

3.1 Der junge Philipp der Gute und das englische Frankreich

Die Ermordung Johann ohne Furchts hätte ein Ende für die Entstehung der burgundischen Niederlande bedeuten können, doch das Gegenteil sollte eintreten.

Denn die heimtückische Tat beendete die politische Lagerbildung in Frankreich in keiner Weise, sondern führte zu einer Verschiebung der machtpolitischen Gewichte zum deutlichen Nachteil des Thronfolgers. Ein großer Teil Frankreichs inklusive der Normandie blieb englisch besetzt, während der Dauphin auf seine Anhänger, die sich vor allem im Süden Frankreichs befanden, zählen konnte. Im Norden und Osten blieb die burgundische Partei tonangebend. Mit der Ermordung Johann ohne Furchts ging die Anführung der burgundischen Partei zunächst an die tatkräftige Frau des kranken Königs über, an Elisabeth von Bayern. Auch die burgundischen Herrschaftsgebiete fielen nicht einem Chaos anheim, da in Flandern und Artois Johanns einziger legitimer Sohn Philipp die Geschäfte führte, und im eigentlichen Herzogtum sowie der Freigrafschaft Burgund Johanns überlebende Ehefrau Margarethe von Bayern.

Philipp erfuhr am 14. September 1419 in Gent vom Mord und war derart schwer erschüttert, dass er einige Tage lang die Regierungsgeschäfte nicht führen konnte. In der zweiten Hälfte des Septembers 1419 und in den ersten Wochen des Oktobers absolvierte er sodann eine Reise durch die Grafschaft Flandern, wo er sich in den Städten als neuer Graf huldigen ließ. Vor der Einmischung in die Parteikämpfe im königlichen Frankreich stand die Absicherung der eigenen Herrschaftsgrundlage, wie es auch beim Regierungsantritt seines Vaters geschehen war.

Entscheidend für die folgenden etwa 15 Jahre sollte es werden, dass es zu einer burgundisch-englischen Annäherung kam, die mit Unterstützung des sich zu dieser Zeit in burgundischer Hand befindlichen französischen Königs im Vertrag von Troyes vom 21. Mai 1420 besiegelt wurde. So wurde festgelegt, dass der englische König Heinrich V. Katharina, die Tochter des französischen Königs, heiraten sollte, also die Schwester des Thronfolgers, und dass sie die Erbin des Königreichs sein sollte – der Dauphin wurde enterbt. Die Tat von Montereau führte also nicht nur zu einer Annäherung der beiden großen Gegner des Dauphins, sondern weiter noch zum Ausschluss von der Thronfolge und der Verdrängung ins politische Abseits. Nach dem Tod des Vaters König Karls VI. 1422 nahm er zwar den Titel eines Königs an, er musste jedoch bis 1429 warten, ehe er formell mit Salbung und Krönung in Reims und der dadurch gegebenen Anerkennung die Herrschaft antreten, den Vertrag von Troyes quasi ungeschehen machen konnte.

Das für die Entstehung der burgundischen Niederlande Entscheidende an der Zeit bis 1435 ist, dass der Herzog eine ganze Reihe von Fürstentümern erwerben konnte, die zum Heiligen Römischen Reich gehörten. Erst in dieser Phase wurde der Herrschaftskomplex so sehr erweitert, dass man ab dieser Zeit mit Fug und Recht von den burgundischen Niederlanden (im Plural) sprechen kann.

Im Alter von 15 Jahren, im September 1411, und somit nach damaliger Anschauung des flämischen Rechts mündig, verblieb Philipp zusammen mit dem landesherrlichen Rat in Gent und führte an Stelle seines Vaters, der in Paris im Kampf gegen die Armagnaken gebunden war, die Regierungsgeschäfte, d. h. er präsidierte den Rats- und Gerichtssitzungen, entschied über eingegangene Bittschriften, ließ Urkunden ausstellen und empfing gegebenenfalls Gesandtschaften. Dieses dauerte zwar nur ein Vierteljahr bis Dezember 1411, doch wurde Philipp auf diese Art und Weise in die Politik eingeführt. Derartige Vertretungen des eigentlichen Fürsten ruhten, wenn er selbst in Flandern anwesend war und persönlich die Herrschaft ausübte, weswegen es bis zum Sommer 1413 dauerte, ehe Philipp erneut eine solche Stellvertreterschaft übernehmen konnte.

Dass Philipp gerade in Flandern in die Regierungsgeschäfte eingeführt wurde, ist insofern von Bedeutung, als die Grafschaft Flandern wegen der mächtigen Textilindustrie und der Anwesenheit der fremden Kaufleute, insbesondere der Engländer, von großer wirtschaftlicher Bedeutung war. Johann ohne Furcht förderte den Handel, immer wieder verlängerte er die Handelsprivilegien der »Gäste«, wie die fremden Kaufleute in rechtlicher Hinsicht bezeichnet wurden. Trotz des feindschaftlichen Verhältnisses zwischen England und Frankreich schloss er mehrmals Verträge, die den englischen Kaufleuten sicheres Geleit und rechtlich geordnete Behandlung in Flandern zusicherten.

Die Ermordung seines Vaters zwang Philipp den Guten und den burgundischen Hof sowie die gesamte Führungsschicht dazu, das Heft in die Hand zu nehmen und gleichzeitig mit dem Herrschaftsantritt in den eigenen Ländern gute Beziehungen mit den anderen Fürsten aufzunehmen. An erster Stelle stand England. Im Winter 1419/20 wurden deshalb die Verhandlungen zwischen König Heinrich V. von England und Herzog Philipp weitergeführt, die schon unter der Ägide von Johann ohne Furcht eingesetzt hatten, als die ersten Überlegungen in Richtung eines Zusammenschlusses 1416 und erneut im Sommer 1419 geäußert wurden. Nach der Ermordung Johann ohne Furchts waren die Armagnaken so gut wie geächtet, weswegen der Herzog von Burgund der erste Ansprechpartner für die Engländer war, zumal sie, die Burgunder, am Königshof den Ton angaben, da der geisteskranke König sich in Hand des burgundischen Herzogs befand.

Es begann sich ein englisch-burgundisches Bündnis abzuzeichnen, bei dem einer der wichtigsten Fürsten Frankreichs die Seiten wechseln und zum Feind übergehen sollte. Dieser Seitenwechsel geschah aber nicht sofort, sondern zog sich über einen längeren Zeitraum hin. Der alles entscheidende Vertrag von Troyes wurde erst am 21. Mai 1420 ausgestellt. Dort wurde ein größeres Vertragswerk abgeschlossen, das aus mehreren Übereinkünften bestand. Zuvor war der Dauphin von der Thronfolge ausgeschlossen und des Majestätsverbrechens für schuldig befunden worden. Zugleich akzeptierte Karl VI. die Eheschließung seiner Tochter Katharina mit dem englischen

König, wodurch diesem als Schwiegersohn ermöglicht wurde, im Erbfall den französischen Thron einzunehmen. Philipp, der neue Herzog von Burgund, traf erst im Laufe des März in Troyes ein, nachdem er noch einige Widerstandsnester der Armagnaken ausgehoben hatte, und leistete seinen Lehnseid für das Herzogtum Burgund, die Grafschaft Flandern und das Artois in die Hände des Königs. Die Verhandlungen zogen sich noch weiter hin, ehe der englische König am 20. Mai 1420 seinen feierlichen Einzug in Troyes abhalten konnte. Am nächsten Tag, dem 21. Mai, wurde der endgültige Vertrag abgeschlossen, der die Bestimmungen der Vorverträge bestätigte. Der König von England behielt die Normandie und die anderen 1415 besetzten Gebiete. Letztlich dienten alle Bestimmungen dazu, den Frieden zwischen Frankreich und England zu erhalten.

Parallel dazu wurde ein englisch-burgundisches Bündnis geschlossen. Zugunsten des burgundischen Herzogs wurde noch festgelegt, dass ihm die Kriegskosten vom (neuen) französischen König erstattet werden sollten. Ein paar Jahre später, im Oktober 1422, wurde die Verbindung mit England noch enger geknüpft, da der an Heinrichs V. Stelle in den besetzten Gebieten Frankreichs agierender Regent, sein Bruder Johann Herzog von Bedford, die Schwester des burgundischen Herzogs, Anne, heiratete.

Heinrich V., der 1415 für die Engländer vor Azincourt einen glänzenden Sieg erfochten hatte, war um 1420 im Vergleich zu Philipp dem Guten wohl die politische stärkere Figur, vor allem dank des militärischen Renommees, den ihm der Sieg von Azincourt verschuf, und wohl auch, weil er die deutlich größere Armee aufstellen konnte. Im Sommer 1420 eroberten die Verbündeten die Städte Sens, Montereau und Melun, die den Dauphin unterstützten; diese drei Städte waren wichtig, weil sie auf der Verbindungslinie zwischen Paris und dem Herzogtum Burgund lagen, ihr Besitz sicherte die Kommunikation zwischen den Partnern. Sens konnte innerhalb einer Woche eingenommen werden. In Montereau wurde der Leichnam Johann ohne Furchts geborgen und von dort nach Dijon überführt. Melun hingegen leistete Widerstand, und die Belagerung zog sich immerhin 18 Wochen hin, ehe die Stadt sich fügte. In den folgenden Jahren gab es immer wieder Scharmützel und kleinere Auseinandersetzungen mit den Truppen des Dauphins, doch vermochten sie an der allgemeinen Lage nichts zu ändern. Selbst ein weiterer größerer Sieg über den Dauphin am 17. August 1424 bei Verneuil brachte keine Entscheidung. Philipp erfocht seinen ersten eigenen Sieg am 31. August 1421, als er bei Mons-en-Vimeu ein Kontingent des Dauphins vernichtend schlug. Bemerkenswerterweise hielt Philipp der Gute sich fern, als Heinrich V. ab Oktober 1421 bis zum Mai 1422 die Stadt Meaux belagerte. Im Sommer 1422 gab es eine englische Kampagne im Herzogtum Burgund zur Unterstützung Philipps des Guten, weil Truppen des Dauphins einzumarschieren drohten. 1423 schlugen Burgunder und Engländer gemeinsam ein Kontingent schottischer Söldner zurück, die im Auftrag des Dauphins einmal mehr Burgund bedrohten.

Heinrich V. starb überraschend im August 1422. Die Regentschaft über Frankreich wurde in der Folge nicht von seinem minderjährigen Sohn Heinrich VI., sondern nach Absprache mit Philipp dem Guten weiterhin von seinem Bruder Herzog Johann von Bedford ausgeübt.

Dadurch, dass Philipp von Burgund sich dem englischen König angeschlossen hatte, setzte er die Parteiung fort, die seit ein paar Jahren in Frankreich bestand, nun aber andere Formen angenommen hatte: Ein Teil Frankreichs inklusive der Hauptstadt Paris war von den Engländern besetzt, und dieses war noch durch Urkunden formal legitimiert worden. Damit war das sog. »englische Frankreich« geschaffen. Im Prinzip lag das Königreich Frankreich am Boden.

Diese politische Lage verschaffte Philipp die Rückenfreiheit, um seine Interessen auf einem anderen Aktionsfeld, in den nördlich und östlich an Flandern anschließenden niederen Landen mit umso größerem Nachdruck zu verfolgen.

3.2 Ausschaltung Jakobäas von Bayern und die Übernahme der Fürstentümer im Reich

Ab 1421 verbrachte Philipp der Gute einen Großteil der Zeit in seinen nördlichen Fürstentümern, wenn er auch immer wieder Abstecher nach Paris oder ins Feldlager seines englischen Verbündeten unternahm. In vermutlich richtiger Einschätzung der militärischen Kräfteverhältnisse mischte Philipp sich so gut wie nicht in die französischen Verhältnisse ein, sondern konzentrierte sich auf den Ausbau seiner landesherrlichen Stellung vor allem in Flandern und den angrenzenden Gebieten. Konkret ging es um die Eroberung der dynastisch seit 1299 zusammenhängenden Grafschaften Holland-Zeeland und Hennegau sowie der vergleichsweise kleinen Grafschaft Namur.

Die Geschichte des Erwerbs Namurs ist im Gegensatz zur anderen schnell erzählt. Im Grunde ging es darum, dass der letzte lebende Graf von Namur, Johann III., bereits hoffnungslos überschuldet war, als es zu Auseinandersetzungen mit dem benachbarten Fürstbistum Lüttich kam. Überdies war er erbenlos. In dieser Situation sandte ihm Philipp der Gute zu Beginn des Jahres 1421 eine Gesandtschaft und bot ihm an, ihm unter bestimmten Umständen finanziell unter die Arme zu greifen. Als Gegenleistung erwartete er nicht mehr und nicht weniger als die Übertragung der gesamten Grafschaft. Letztlich handelte es sich um einen einfachen Kauf, wobei Johann III. bis zu Ende seines Lebens das Land nutzen durfte, also faktisch im Besitz blieb. Immerhin zahlte Philipp der Gute hierfür die hohe Summe von 132 000 Kronen von denen 25 000 sofort fällig waren und der Rest in vier Tranchen zu zahlen war. Im Sommer 1421 wurde dieses von den aus diesem Anlass zum ersten Mal zusammenkommenden Ständen Namurs, unter denen besonders die Stadt Namur hervorragte, anerkannt. Dem Grafen wurde eine herzoglich-burgundische Regierungskommission an die Seite gestellt, die absicherte, dass er sich an die Abmachungen hielt, und die faktisch die Regierungsgeschäfte bestimmte. In dieser Form blieben die Verhältnisse einstweilen bestehen, bis Graf Johann III. 1429 verstarb und die Grafschaft gemäß den Vertragsbestimmungen auf Philipp den Guten überging.

Alles andere als einfach waren hingegen die Verhältnisse hinsichtlich der drei Grafschaften Holland-Zeeland-Hennegau. In den kommenden Jahren bis 1433 ging es Philipp dem Guten um die Ausschaltung einer fürstlichen Gegnerin, der 1401 in Den Haag geborenen Jakobäa (von Bayern-Holland), die das einzige legitime Kind Graf Wilhelms VI. von Holland-Zeeland-Hennegau war.

Der Grund für die folgenden, sich jahrelang hinziehenden Streitigkeiten lag letztlich bereits in der Doppelhochzeit von Cambrai 1385, als Wilhelm VI. von Holland-Zeeland-Hennegau die Schwester Johann ohne Furchts namens Margarethe geheiratet hatte (aus dieser Ehe ging Jakobäa hervor) und Johann ohne Furcht selbst die Schwester Wilhelms VI. ehelichte, die ebenfalls den Vornamen Margarethe trug (aus dieser Ehe stammte Philipp der Gute).

Die Besonderheit Jakobäas von Bayern-Holland war, dass sie eine eigenständige Politik führte und sich den von ihrer Familie beschlossenen dynastischen Plänen widersetzte und sich nicht scheute, als zumindest angehende Landesherrin eine eigene Gefolgschaft zu unterhalten und Krieg zu führen.

Innerhalb weniger Jahre kam es zu Veränderungen in der familiären Konstellation. Die Ermordung Johann ohne Furchts 1419 ist ausführlich dargestellt worden, aber bereits zwei Jahre vorher, 1417, waren sowohl der Vater Jakobäas, Wilhelm VI., verstorben als auch ihr erster Ehemann Herzog Johann von Touraine, der Sohn König Karls VI. von Frankreich, der für kurze Zeit als Thronfolger fungiert hatte, und mit dem sie seit der Doppelhochzeit von Compiègne 1406 verheiratet gewesen war.

Nach dem Tod ihres Ehemannes war es erneut Johann ohne Furcht, der 1418 die zweite Ehe Jakobäas einfädelte. Dieses Mal hatte sie den Sohn seines Bruders Anton namens Johann zu ehelichen, der nach dem Tod seines Vaters bei der Schlacht von Azincourt 1415 das Herzogtum Brabant geerbt hatte (als Herzog Johann IV.). Diese Ehe sollte sich jedoch als Fehlschlag für die dynastische Planung erweisen.

In der Grafschaft Hennegau konnte Jakobäa ohne große Probleme die Nachfolge ihres 1417 verstorbenen Vaters antreten. Anders war es hingegen in Holland und Zeeland, wo sie in die Auseinandersetzungen der einheimischen Adelsfraktionen der Hoeken und Kabeljauwen hineingeriet; nur die Hoeken unterstützen sie. Hinzu kam, dass der König des römisch-deutschen Reichs, seit 1410 Sigismund von Luxemburg, die Grafschaften als heimgefallenes Lehen betrachtete und sie an einen Verwandten Jakobäas, ihren Onkel Johann, wieder ausgab; Frauen galten im Heiligen Römischen Reich als nicht lehnsfähig. Johann war der jüngste Bruder Wilhelms VI., der eigentlich eine geistliche Laufbahn einschlagen sollte. Im Fürstbistum Lüttich war er zum Bischof gewählt worden, jedoch erkannten die Stände des Landes ihn nie an, da er nur die niederen Weihen hatte. Deswegen wurde er als »Elekt«, als Gewählter von Lüttich bezeichnet. Nach der Belehnung durch König Sigismund reiste er sofort nach Holland, wo er in der Stadt Dordrecht seine Residenz nahm und von wo aus er die Partei der Kabeljauwen für sich gewinnen konnte. Damit hatte er nur teilweise Akzeptanz für seine Herrschaft gefunden. Der Versuch, auch die Hoeken auf seine Seite zu ziehen und ihn anstelle seiner Nichte als Grafen von Holland anzuerkennen, führte zu mehreren militärischen Auseinandersetzungen. Ein Frieden konnte erst im Winter 1418/19 durch äußere Vermittlung hergestellt werden.

Jakobäa hatte ihre Stellung an einer weiteren Linie zu verteidigen. Wegen zu enger Verwandtschaft wurde ihre zweite Ehe (Johann IV. von Brabant war ihr Neffe) von Seiten der Kirche nicht anerkannt. Erst 1419 sprach Papst Martin V. die Genehmigung aus. Zu dieser Zeit aber hatte sich die Ehe für Jakobäa schon als politischer Fehlschlag erwiesen. Anstatt seine Frau mit Waffengewalt in ihrer Auseinandersetzung gegen ihren Onkel zu unterstützen, verpfändete Johann IV. von Brabant im April 1420 mit dem Vertrag von St. Maartensdijk die Grafschaften Holland und Zeeland an eben diesen Onkel – gegen den ausdrücklichen Willen Jakobäas. Hierauf gab es für sie nur eine Reaktion: Am 11. April 1420 verließ sie zusammen mit einigen vertrauten Hofdamen ihren Mann.

Nach einer kurzen Phase der Orientierung spielte sie, die sie die Zeichen der Zeit wohl erkannt hatte, genau wie Philipp der Gute von Burgund-Flandern die englische Karte. Anfang 1421, also nach dem burgundisch-englischen Vertrag von Troyes, reiste sie nach England, wo sie von König Heinrich V. bereitwillig empfangen wurde. Man einigte sich auf eine Allianz durch die 1422 geschlossene Ehe (nunmehr Jakobäas dritter) mit Humphrey, dem Bruder König Heinrichs V. und Herzog von Gloucester; die Ehe mit dem Herzog von Brabant war für geschieden erklärt worden.

Dieses alles wurde von Philipp dem Guten mit Argusaugen beobachtet, weil er trotz des Bündnisses mit den Engländern eine Einkreisung durch sie befürchtete. Südlich Flanderns lag das englisch besetzte Frankreich, wozu sich nun ein weiterer Machtblock unter englischer Führung im Osten und Norden Flanderns abzuzeichnen begann. Die Befürchtungen wurden Wirklichkeit, als Jakobäa und Humphrey von Gloucester im Oktober 1424 mit einem großen Truppenkontingent über den Kanal setzten und im englischen Calais landeten, von wo aus sie mitten im Winter mit einem Feldzug den Hennegau besetzten. Dort stießen sie auf so gut wie keinen Widerstand, im Gegenteil, im Januar 1425 gewährten die Landstände dem neuen Regenten eine außerordentliche Steuer.

Für Philipp den Guten war dieses nicht akzeptabel. Da der Herzog von Brabant nicht reagierte, obwohl die einseitige Scheidungserklärung für ihn eigentlich nicht hinnehmbar war, überredete Philipp der Gute dessen jüngeren Bruder, den Grafen Philipp von Saint-Pol, zu einem militärischen Gegenschlag, den er tatkräftig unterstützte. Schon im März 1425 konnten die Burgunder in den Hennegau ziehen, wo die englischen Truppen dem Kampf auswichen und sich sofort zurückzogen. Während dieses Zuges erlitt Jakobäa eine schwere Schmach. Sie wurde von ihrem Ehemann verlassen, der sich schnurstracks nach England zurückbegab.

Für den englischen Königshof mochte der ganze Vorgang ein kontinentales Zwischenspiel gewesen sein, für Jakobäa hatte er weitreichende Folgen. Sie blieb von ihrem Mann verlassen allein in Mons zurück, geriet in Gefangenschaft und wurde nach Gent gebracht. Mit ihrem Pro-forma-Ehemann Johann IV. von Brabant einigte sich Philipp auf einen Ausschluss Jakobäas von jeglicher Regierungstätigkeit, zudem auf eine zwölfjährige Übertragung der Grafschaft Holland-Zeeland an ihn, Philipp, sowie auf eine Teilung der Herrschaft über den Hennegau.

Eine erneute dramatische Wendung erfuhr die ganze Angelegenheit, als Jakobäa anlässlich einer Gefangenenverlegung am 2. September 1425 von Gent nach Lille als Mann verkleidet die Flucht gelang. Auf direktem Weg begab sie sich über Antwerpen weiter nach Holland, wo sie sich in Gouda niederließ, und wo sie eine adlige Gefolgschaft um sich versammeln konnte, die in der Hauptsache aus Gegnern ihres Onkels, des Elekten Johann, bestand, also aus Hoeken, während die Kabeljauwen ihr wie auch einige der Städte feindlich gesonnen waren. Ein innerholländischer Krieg war die Folge, der sich drei Jahre lang hinziehen sollte. Da die Flucht einen kaum zu überbietenden Affront gegen Philipp den Guten bedeutete, blieb ihm nun nichts mehr übrig, als sich in den innerholländischen Krieg einzumischen. Es brauchte sage und schreibe fünf Feldzüge, ehe Philipp die ohnehin nicht von allen anerkannte Stellung Jakobäas in Holland erschüttern konnte, zumal ihr zu Beginn mit der Schlacht bei Alphen aan Rijn (einem Städtchen in der Nähe von Leiden, an der Grenze zum Bistum Utrecht gelegen) am 22. Oktober 1425 ein glänzender Sieg über ein burgundisch-flämisches Kontingent gelungen war. Dieser Kleinkrieg bedeutete einen weiteren Reputationsverlust für Philipp den Guten und stachelte ihn nur noch mehr an. Philipp seinerseits konnte die Spaltung der politischen Gesellschaft in Holland für sich nutzen, da sich Teile des Adels und einige Städte für ihn erklärten.

Jakobäa geriet im Laufe der Zeit durch die Anstrengungen Philipps immer weiter in die Defensive, Philipp hingegen trumpfte mehr und mehr auf. In der Grafschaft Hennegau konnte Philipp der Gute im Juni 1427 selbst seine Herrschaft faktisch durchsetzen. Von dieser Position aus konnte er im Winter 1427/28 gestärkt gegen das nördlich gelegene Holland vorgehen, es war sogar ein Feldzug gegen den mit Jakobäa verbündeten Bischof von Utrecht geplant. Endgültig gab sie ihren Kampf gegen ihren Cousin auf, als dieser im Frühjahr 1428 ihren bevorzugten Hauptort Gouda belagerte. Sie war realistisch genug, ihre isolierte Lage zu erkennen, so dass sie sich dem Druck beugte und in Verhandlungen einwilligte, die in der sog. Sühne zu Delft vom 3. Juli 1428 mündeten.

In diesem Vertrag wurde festgehalten, dass Philipp der Gute immerhin Jakobäas Stellung als Gräfin von Hennegau und

Holland-Zeeland anerkannte. Jakobäa akzeptierte ihren Cousin als Erben ihrer Territorien sowie als Gubernator mit dem Recht, alle Burgen des Landes nach eigenem Gutdünken zu besetzen. Bei einer erneuten Heirat ohne Zustimmung Philipps und ihrer immer noch lebenden Mutter Margaretha sollten die Stände von der Pflicht entbunden sein, sie als Landesherrin anzuerkennen. Daneben sollte ein neunköpfiger Regentschaftsrat eingerichtet werden, von dem sechs Mitglieder von Philipp und drei von Jakobäa bestimmt werden sollten. Die regulären Einkünfte aus den landesherrlichen Gütern sollte zu gleichen Teilen zwischen ihnen aufgeteilt werden, eine Bestimmung, die bald (1429) geändert werden sollte.

In den Jahren nach der Sühne von Delft gab es ein leidliches Auskommen, bei dem man sich lediglich um finanzielle Fragen stritt. Doch damit nicht genug. Die Jahre der gewissen Ruhe nutzte Jakobäa zu einer Rückgewinnung älterer Positionen. Es dauerte eine Weile, bis im Sommer 1432 Jakobäa im Geheimen ihre vierte Ehe einging, diesmal mit dem bedeutendsten Adligen der zwischen Flandern und Holland gelegenen, aus vielen Inseln bestehenden kleinen Grafschaft Zeeland, Frank van Borselen, der mit weitem Abstand der größte Grundbesitzer der Region war.

Die Reaktion des burgundischen Herzogs ließ nicht lange auf sich warten. Zu Beginn des Jahres 1433 wurden sie und ihr Ehemann inhaftiert. Sie wurde zum Abschluss des Vertrags von Den Haag gezwungen, in dem ihr alle fürstlichen Titel aberkannt wurden und Philipp der Gute die drei Fürstentümer Holland-Zeeland-Hennegau nun förmlich selbst in Besitz nahm.

Hiermit hatte Philipp der Gute endlich den flämischen Besitz nach Osten und Norden abgerundet, sein Herrschaftsgebiet auf einen Schlag drastisch erweitert – ein Vorgang von bedeutender Tragweite.

Nach Namur und dem aus Hennegau, Holland und Zeeland bestehenden Komplex ist eine weitere Erwerbung Philipps des Guten zu beachten, die das Herrschaftsgebiet bedeutsam vergrößerte, die Übernahme des Herzogtum Brabants. Johanns IV. ausgesprochene schwache Herrschaft war dafür verantwortlich, dass eine Gruppe von einheimischen Adligen und die Stadt Löwen zu einem faktisch die Geschicke des Landes bestimmenden Faktor wurden. Einige Mitglieder dieser Gruppe waren in den nächsten Jahren politisch eng mit Philipp dem Guten verbunden, so dass man sagen kann, dass es in Brabant bereits vor den 1420er Jahren eine pro-burgundische Gruppierung, um nicht zu sagen eine Parteiung gab. Hierzu gehörte an erster Stelle der jüngere Bruder Johanns IV. mit Namen Philipp, der als Apanage die Grafschaft Saint-Pol erhalten und eine Zeit lang als burgundischer Vertreter in Paris an der Seite der englischen Besatzungsherrschaft unter Johann von Bedford fungiert hatte. 1420 wurde dieser Philipp auf Druck von Philipp dem Guten hin als Regent in Brabant eingesetzt. Nach dem Tod Johanns IV. 1427 bedurfte es nicht einmal einer äußeren Beeinflussung, damit die Landstände Philipp von Saint-Pol als neuen Landesherrn anerkannten. Kurz darauf setzte er, da kinderlos, den burgundischen Herzog als seinen Erben ein. Bereits nach drei Jahren verstarb der seit Längerem kränkelnde Philipp von Brabant plötzlich im August 1430.

Es lag nun an den Landständen, zwischen dem Herzog von Burgund und anderen Thronanwärtern zu entscheiden. Die in Löwen versammelten Stände bestimmten ihn (nicht ganz frei, nämlich in seiner Anwesenheit) zum neuen Herzog, und kurz darauf konnte er den feierlichen Einzug in Brüssel begehen. Damit war er faktisch anerkannter Herrscher Brabants, ohne jedoch vom Römisch-deutschen König mit diesem Herzogtum belehnt zu werden. Seine Position als Reichsfürst blieb problematisch, die Verhältnisse hingen wie in Holland-Zeeland-Hennegau in der Luft. Für alle diese Fürstentümer hatte er keinen Lehnseid geleistet, damit hatte er keinen Lehnsherrn über sich.

Allein schon auf Grund der Größe des Herrschaftsgebiets und der grundherrlichen Einkünfte aus den Ländern hatte der Herzog von Burgund eine neue machtpolitische Qualität erreicht, die ihn bedeutend über die anderen Fürsten sowohl in Frankreich als auch im Reich hinaushob. Mit Fug und Recht kann man ab den Jahren 1428/30 von den burgundischen Niederlanden sprechen, nicht mehr nur von dem burgundisch-flämischen Herrschaftskomplex. Grundlage der neuen Situation war letztlich die Ausschaltung der Nebenlinien, nämlich die der doppelt angeheirateten Wittelsbacher in Holland-Zeeland-Hennegau und des burgundischen Seitenzweigs in Brabant.

3.3 Der Frieden von Arras 1435 und der Wechsel der burgundischen Niederlande zu Frankreich

Die Jahre 1429 und 1430 waren für Philipp den Guten außerordentlich wichtige und erfolgreiche Jahre. Die Frage der familiären Sicherung des Erreichten stand bislang wenig im Vordergrund. Die erste Ehe Philipps mit Michelle von Frankreich endete mit ihrem Tod 1422, woraufhin Philipp zwei Jahre später Bonne von Artois zur Frau nahm, doch verstarb sie bereits nach kurzer Zeit im Herbst 1425. Es sollte noch ein paar Jahre dauern, ehe gegen Ende der 1420er Jahre eine dynastisch und außenpolitisch außerordentlich bedeutende Ehe geschlossen werden konnte, nämlich die mit Isabella von Portugal, der Tochter des portugiesischen Königs Johann I. Nach ersten Vorverhandlungen im Winter 1428/29 wurde der Ehevertrag im Juli 1429 in Lissabon geschlossen. Zusammen mit der den Vertrag unterzeichnenden burgundischen Gesandtschaft reiste die Braut mit einer kleinen Flotte von 20 Schiffen in die Niederlande. Zufällig am Weihnachtstag, den 25. Dezember 1429, erreichte Isabella den Vorhafen von Brügge, Sluis, wohin der in Brügge wartende Philipp der Gute ihr entgegengereist war. Am 7. Januar 1430 wurde dort im kleinen Kreis die Ehe geschlossen. Erst daraufhin zog man am nächsten Tag nach Brügge, der großen und für den internationalen Handel so wichtigen Stadt voller reicher Kaufleute, wo es ein großes, mehrtägiges und glanzvolles Fest gab, bei dem alle Register der höfischen Prachtentfaltung gezogen wurden.

Mit dieser Ehe hatte Philipp der Gute einmal mehr den innerfranzösischen Rahmen verlassen und war zu einer Figur der europaweiten Politik geworden. Derartige Aspirationen äußerten sich noch auf einem weiteren sozialen und institutionellen Feld, nämlich in der Gründung eines Hoforderns, wie er bei den Königen Westeuropas seit der Mitte des 14. Jahrhunderts üblich geworden war. Neben dem Hof, wo persönliche Anwesenheit und Dienst beim Herrn entscheidend war, und dem Lehnswesen, bei dem Hof- und Heerfahrt sowie die Vergabe von Land oder Einkünften für eine Beziehung sorgten, bildeten die neuen Hoforden eine dritte Säule der Bindung von hochrangigen Adligen an einen König bzw. Fürsten. Das hierbei entscheidende Merkmal war die gemeinsame Mitgliedschaft von Königen und den dieserart ausgezeichneten und bevorzugten Adligen, weswegen bei den Orden eine teils extreme Exklusivität gewahrt wurde. Der von Philipp dem Guten gegründete Orden vom Goldenen Vlies wurde erfolgreich und blieb über manche Krise hinweg bestehen, letztlich sogar bis heute. Aus der Sicht der Könige bzw. Fürsten stellten sie eine Art integratives Bindeglied dar. Philip der Gute konnte nicht nur seine quasi-königliche Qualität zeigen, sondern auch dem Hochadel seiner unterschiedlichen Länder ein einigendes Band bieten. Der Orden stand auch dem Adel der benachbarten Fürstentümer offen, und in der Folge wurde der Orden auch als Instrument der »Außenpolitik« genutzt.

Der Orden vom Goldenen Vlies wurde gegen Ende der Hochzeitsfeierlichkeiten am 10. Januar 1430 aus der Taufe gehoben, folglich vor dem ohnehin bereits versammelten Publikum, der größtmöglichen Öffentlichkeit von Hof und der internationalen Stadt Brügge. Inhaltlich knüpfte man zum einen an ältere Vorstellungen einer Gemeinschaft von Rittern an, zum anderen bildete er eine Kreuzzugsgemeinschaft. Die Kreuzzugsidee wurde zum Programm durch die Wahl des Namens und des Zeichens, des Goldenen Vlies. Hiermit nahm man Bezug auf die antik-griechische Argonautensage, die die Fahrt des Jason über das Meer nach Kolchis zum Inhalt hat, um das Goldene Vlies in Besitz zu nehmen, und die sich als Symbol übertragen ließ als Fahrt ins Gelobte Land, das zu erobern bzw. vor den Feinden Christi zu erretten war. Der Orden hatte zunächst 24, später 31 hochadlige Mitglieder, die zur Treue gegenüber dem als Souverän bezeichneten Haupt des Ordens verpflichtet waren. Bei den in unregelmäßigen Abständen abgehaltenen Versammlungen, den Kapiteln, wurde das adlig-ritterliche Betragen gewürdigt, Fehlverhalten geahndet bis hin zum Ausschluss, der einer sozialen Vernichtung gleichkam.

Eine wichtige Hoffnung, die sich mit der Eheschließung verbunden hatte, erfüllte sich 1433, nämlich die Geburt eines legitimen Thronfolgers, der später als Karl der Kühne eine wichtige Rolle in der Geschichte der burgundischen Niederlande spielen sollte.

Der Erwerb der vielen neuen Herrschaften, die Heirat einer Königstochter und die Gründung eines Hofordens erhöhten den Rang Philipps des Guten. Er war zwar kein König, aber er näherte sich einer königlichen Qualität an. Von dieser Position aus gelang es ihm auch, hinsichtlich Frankreichs die Karten neu zu mischen.

In Frankreich hatte sich die Lage durch das Auftreten der Jeanne d'Arc, der Tochter eines Bauern aus dem lothringischen Domrémy, völlig gewandelt. Die Zwistigkeiten zwischen Burgundern und Armagnaken hatte sich bis in dieses Dorf herumgesprochen, das mehrheitlich dem König von Frankreich anhing, nur einer der Bauern stand auf burgundischer Seite. In den 1420er Jahren wurde Domrémy mehrmals von Söldnerbanden erpresst und ausgeraubt, eine Zeit, in der Jeanne d'Arc Visionen zu haben meinte. Über mehrere Stationen schaffte sie es, an den Hof Karls VII. zu gelangen. Sie wurde nicht sofort beim König vorgelassen, sondern zunächst von Geistlichen geprüft, auch von zwei adligen Damen hinsichtlich ihrer Jungfräulichkeit untersucht. Erst als man sich sicher war, keine Irrsinnige vor sich zu haben, durfte sie beim König selbst vorsprechen und von ihrer Mission berichten. Am Hof fand sie Zugang zu den Anhängern des seit der Schlacht von Azincourt in englischer Gefangenschaft befindlichen Karls von Orléans, den vormaligen Armagnaken bzw. Orléanisten, die wegen der drohenden Belagerung der Stadt Orléans – wegen ihres Loire-Übergangs strategisch wichtig – durch die Engländer 1429 mit anderen Hofkreisen für ein scharfes Vorgehen gegen die Engländer plädierten. Jeanne d'Arc geriet in die Parteiungen bei Hofe hinein und erfuhr so Förderung. Nach weiteren Prüfungen übernahm man am Hof ihre Visionen und akzeptierte ihre Auserwähltheit. Zugleich wurde sie in die Armee eingegliedert. Als erstes wandte man sich zur Entlastung des seit Oktober 1428 von den Engländern belagerten Orléans, wo Jeanne Ende April 1429 mit kleinem Gefolge kampflos

Der Ausbau: Philipp der Gute 1419–1467

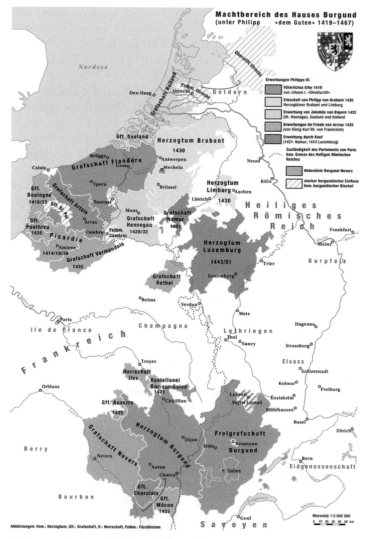

Die burgundischen Niederlande um 1467

einziehen konnte. Alsbald vertrieben die Franzosen die englische Belagerungsarmee, wobei sie selbst verwundet wurde (was sie vorhergesagt hatte und als Zeichen ihrer prophetischen Fähigkeiten gewertet wurde). Sofort schloss sich im Sommer 1429 ein Feldzug zur Befreiung der Grafschaft Champagne von der englisch-burgundischen Besetzung an, um freien Zugang nach Reims zu erhalten, wo die für die Legitimation des neuen Königs notwendige Weihe endlich stattfinden sollte. Eine Stadt nach der anderen öffnete sich kampflos dem heranrückenden Zug (wie es Jeanne ebenfalls vorhergesagt hatte), so dass am 17. Juli 1429 die feierliche Weihe des Königs in Reims vorgenommen werden konnte, bei der Jeanne dicht neben dem König stand. Mit diesem Akt war Karl VII. unumstrittener König von Frankreich geworden.

Im August 1429 sandte Karl VII., wohl ohne Wissen Jeanne d'Arcs, das erste Mal eine Gesandtschaft an Philipp den Guten, die wenn auch unter Vermittlung des Herzogs von Savoyen, so doch direkt an den burgundischen Hof geschickt wurde. Weitreichende Zugeständnisse bot der französische König im Gegenzug für einen Friedensschluss an: direkte Geldzahlungen in beträchtlicher Höhe, Errichtung geistlicher Stiftungen, Verzicht auf Lehnseid, Übereignung gewisser Ländereien und vieles andere mehr. Im Prinzip handelte es sich um Bestimmungen, die mit leichten Veränderungen in den Vertrag von Arras 1435 Eingang finden sollten, mit dem es endlich zum französisch-burgundischen Ausgleich kommen sollte. Doch 1429 war dieses Ziel noch weit entfernt, lediglich ein Waffenstillstand für die nördlichen Fürstentümer wurde geschlossen, der die Waffenruhe, die man für die südlichen Länder bereits verabschiedet hatte, ergänzte. Zweimal wurde er jeweils um mehrere Wochen bis ins Jahr 1430 verlängert. Doch die englische Seite blieb nicht passiv. Im Herbst 1429 verlieh der englische Statthalter in Paris, der Herzog von Bedford, die Grafschaft Champagne als Lehen an Philipp den Guten, der daraufhin im Sommer 1430 zur Einnahme dieses ja eigentlich von den Königlichen gehaltenen Fürstentums schritt; Karl VII. musste zur Verteidigung des vor kurzem Erreichten schreiten.

Von burgundischer Seite begann man Anfang Mai 1430 in der Pikardie mit der Belagerung von Compiègne, das auf der

Seite des französischen Königs stand. Dieses ging für Philipp den Guten zuletzt ungut aus, da er von heranrückenden Franzosen bedrängt, unter ihnen Jeanne d'Arc, eiligst abziehen und seine Artillerie zurücklassen musste.

Bei einem der Ausfälle geriet allerdings Jeanne in die Hände eines burgundischen Adligen, der seine berühmte Gefangene dem Herzog überstellte. Wie ein Lauffeuer verbreitete sich die Nachricht von der Gefangennahme. Über mehrere Stationen wurde Jeanne d'Arc schließlich auf die Burg Beaurevoir gebracht. Um das weitere Verfahren mit Jeanne d'Arc setzte ein politisches Tauziehen ein, das mit dem regelrechten Verkauf ihrer Person an die Engländer endete. Mitte November 1430 wurde sie ihnen überstellt. Diese bereiteten ihr im Jahr darauf in Rouen den Prozess, und zwar als Ketzerin, nicht als Kriegsgefangene. Es handelte sich faktisch um einen politischen Prozess, der ihr gemacht wurde, und der nur mit einer Verurteilung enden konnte.

Compiègne und die Champagne aber gingen dem burgundischen Herzog verloren. Spätere Rachefeldzüge der Burgunder wurden halbherzig durchgeführt – ein erneutes Desaster. Einer direkten Auseinandersetzung gingen Franzosen und Burgunder jedoch aus dem Weg. 1431 wurde ein neuer Waffenstillstand vereinbart. Hinzu kam eine wachsende Unzufriedenheit Philipps des Guten über die immer weiteren und drohend vorgebrachten Forderungen der Engländer, was seine Annäherung an Karl VII. weiterbeförderte. Und Philipp war nicht allein, am burgundischen Hof waren es breitere Kreise, die für einen Ausgleich mit Frankreich plädierten. Hinzu kam, dass das Parlament von Paris, das höchste königliche Gericht in Frankreich, keine von den Gebietsabtretungen und Übertragungen königlicher Rechte anerkannt hatte, die während der Herrschaft der Engländer vorgenommen worden waren. Vor allem fungierte das Parlament weiterhin als oberste Appellationsinstanz für Urteile, die der Graf von Flandern oder dessen Amtsträger oder Städte in Flandern gefällt hatten; Flandern gehörte ja vom kleinen Reichsflandern abgesehen zu Frankreich.

Je länger, desto mehr näherte sich Philipp der Gute dem französischen König an, die politische Großwetterlage änderte sich zusehends. Philipps Ziel war eigentlich die Beendigung der nunmehr jahrzehntelangen Auseinandersetzungen zwischen England und Frankreich, als er zum Friedenskongress nach Arras, der Hauptstadt der Grafschaft Artois, einlud. Dieser im August/September 1435 abgehaltene Friedenskongress wurde von Richard Vaughan schlichtweg als »Europe's first real peace congres« bezeichnet (Vaughan, *Philip the Good*, S. 98). Eröffnet wurde der Kongress zu Arras am 5. August 1435 in der Benediktinerabtei St. Vaast. Den Vorsitz hatten zwei Kardinäle inne, von denen einer von Papst Eugen IV., der andere vom Basler Konzil damit beauftragt worden war, zwischen den kriegführenden Parteien zu vermitteln. Trotz der vielen Gespräche gelang es nicht, Engländer und Franzosen an einen Tisch zu bringen. Beide Seiten weigerten sich, mit der anderen in einem Raum zu verweilen, sogar gemeinsame Gottesdienste waren nicht möglich. Stattdessen wurden die gegenseitigen Beglaubigungsbriefe angezweifelt, diplomatische Proteste eingelegt und immer neue Bedingungen für einen Frieden gestellt, die nie und nimmer hätten erfüllt werden können. Im Prinzip stand man einmal mehr kurz vor einem Krieg. Philipps des Guten eigentlicher Plan misslang. Nach einem Monat ergebnisloser Verhandlungen verließen die Engländer am 6. September unverrichteter Dinge die Stadt, nicht ohne mit Krieg gedroht zu haben, falls Philipp sich den Franzosen anschlösse.

Zurück blieben die Franzosen und die Burgunder. Diese konnten sich in den nächsten drei Wochen einigen, weil Philipp der Gute seine Vorstellungen durchsetzen konnte. Damit war der burgundische Seitenwechsel perfekt, der dem 1420 geschlossenen und von Philipp mit einem Eid bekräftigten Vertrag von Troyes widersprach; der Eidbruch wurde für die Engländer in der Folge zu einem Argument. Nicht verschwiegen werden darf, dass Schmiergeldzahlungen Karls VII. an die Großen des burgundischen Hofs, u. a. auch an die Herzogin Isabella von Portugal, das Ihre dazu beigetragen hatten, den Meinungswechsel zu erleichtern.

In dem schließlich am 21. September 1435 verabschiedeten Vertrag wurde bestimmt, dass weitere Gebiete an den Herzog von Burgund übergingen, die dieser bereits im Laufe der 1420er Jahre hatte einnehmen können, nämlich im Norden die an Flandern angrenzende Grafschaft Boulogne, die drei Kastellaneien Péronne, Roye und Montdidier, die Grafschaft Ponthieu, die Somme-Städte Abbeville, Saint-Quentin, Amiens, und im Süden die dem Herzogtum Burgund benachbarten Herrschaften Auxerre, Mâcon und Bar-sur-Seine. Hinzu kam eine förmliche Entschuldigung Karls VII. für die Ermordung Johann ohne Furchts sowie das Versprechen, eine geistliche Stiftung zum ewigen Angedenken an die Tat einzurichten. Im Gegenzug versprach Philipp militärische Unterstützung gegen weitere Angriffe seitens der Engländer.

In der Tat hatte der burgundische Seitenwechsel Folgen, 1436 kam es zum Krieg zwischen Burgund und England, der auch zur See ausgefochten wurde. Die zahlreichen fremden Kaufleute auf dem Weg von und nach Brügge gerieten zwischen die Fronten und waren Leidtragende des Konflikts. Der Herzog von Gloucester, seit kurzem an der Spitze der englischen Besatzungsmacht in Frankreich stehend, plante nichts weniger und nichts mehr als die Einnahme Flanderns. Von burgundischer Seite, durch Spione in London bestens unterrichtet, rüstete man vor allem zum Landkrieg. Im Januar 1436 griffen burgundische Truppen Calais an, den englischen Brückenkopf auf dem Kontinent. Doch war es für Philipp den Guten nicht einfach, die flämischen Städte zur Stellung ihrer Milizen zu bewegen, die das Lehnsheer ergänzen sollten. Nur äußerst dilatorisch kamen die Städte den Forderungen ihres Landesherrn nach, denn die Engländer waren seit langem die mit Abstand wichtigsten Handelspartner der Flamen, gegen die man sich wenn überhaupt, dann allenfalls nur in Maßen ins Zeug legte. Im folgenden Jahr, 1437, belagerten die Burgunder das von den Engländern gehaltene und strategisch wichtige Städtchen Le Crotoy, das nördlich der Somme-Mündung lag, aber auch dieses schlug fehl wie ein weiteres Unternehmen des Jahres 1438, Calais zu erobern.

Letztlich war der englisch-burgundische Krieg der Jahre 1436–1438 nur ein Zwischenspiel in der langen Geschichte der engen niederländisch-englischen Beziehungen. Bereits 1438 beauftragte Philipp der Gute eine Gesandtschaft nach England, bei der es darum ging, die wirtschaftlichen Beziehungen wiederaufzunehmen. Es sollten bis September 1439 noch viele Treffen ins Land gehen, ehe man sich in Calais auf einen vorläufigen Handelsvertrag einigen konnte, der in der Folge immer weiter verlängert wurde, und in dem die Bedingungen für den Handelsverkehr festgelegt wurden. Den Kaufleuten beider Länder wurde die ungehinderte Reise in dem jeweiligen Gastland zugesichert, die üblichen Zölle waren zu zahlen, und Konterbande durfte nicht geliefert werden, um nur die wichtigsten Punkte zu nennen. Philipp der Gute verhielt sich in der Folge im Krieg zwischen England und Frankreich strikt neutral.

Die 1430er Jahre waren eine wirtschaftliche Krisenzeit, die sich in einer 1430 einsetzenden Reihe von sozialen Unruhen äußerte, die insbesondere Flandern in Mitleidenschaft zogen. Ein Teil der Probleme war hausgemacht und beruhte auf der landesherrlichen Münzpolitik, doch gab es auch äußere Umstände, wie die europaweite Hungerkrise der Jahre 1436–1438, bei der die Nahrungsmittelpreise derart in die Höhe schossen, dass die unteren Schichten ihre Familien nicht mehr versorgen konnten; der Winter 1434/35 war extrem kalt, was Brennstoff und Heizmaterialien knapp und teuer werden ließ. Als erster der Aufstände ist die Erhebung in Geraardsbergen (frz. Grammont) im April 1430 zu nennen, dem im Sommer 1432 der bewaffnete Widerstand der Weber in Gent an die Seite zu stellen ist. Ging es in Geraardsbergen um Misswirtschaft und Verschwendung städtischer Gelder, die die Einwohnerschaft auf den Plan rief, so war es in Gent das landesherrliche Münzwesen, das eine Entwertung erlebt hatte, die sich in einer Preissteigerung für Waren des täglichen Bedarfs äußerte, bei der die Löhne jedoch gleichblieben. In beiden Fällen agierten die städtischen Oberschichten zusammen mit den landesherrlichen Amtsträgern, die gemeinsam ihre Stellung gegenüber den Mittelschichten retteten, indem sie zum einen gewisse Zugeständnisse machten, zum anderen die Schuld an den Aufständen einer kleinen Minderheit von Rädelsführern in die Schuhe schoben, während der Herzog gegenüber dem Großteil der Protestierenden seine Gnade walten ließ, was seine Stellung eher noch stärkte.

Immerhin führten die Ereignisse zur Verabschiedung mehrerer Münzordonnanzen im Jahr 1433, mit denen eine stabile und für die nördlichen Länder des Herrschaftskomplexes einheitliche Münze vorgesehen wurde. Der Edelmetallwert der landesherrlichen Münzen wurde festgeschrieben, und bis in 1460er Jahre hielt man sich in den Münzprägeanstalten daran. Diese vereinheitlichende Münzpolitik war der Grund für ein stabiles wirtschaftliches Wachstum, das bis in die 1470er Jahre andauern sollte und erst durch den horrenden Steuerdruck, den Karl der Kühne zur Finanzierung seiner Kriege ausübte, beendet wurde.

Es sollte jedoch noch bis in die 1440er Jahre dauern, ehe sich die neuen Verhältnisse wirklich durchgesetzt hatten. Bis dahin währte die kritische Situation, gleich im nächsten Jahr 1433 gab es wieder Unruhen. Nach den Webern probten sodann in Sommer 1434 die Walker in Gent den Aufstand, zugleich entstanden Auseinandersetzungen zwischen Gent einerseits und Brügge und Ypern andererseits über Fragen des städtischen Umlandes und über auseinandergehende wirtschaftliche Interessen.

Eine andere, nämlich größere und für den Landesherrn bedrohliche Qualität hatte der Aufstand in Brügge in den Jahren 1436–1438. Anders als in Gent und in Ypern ließ sich die zur Belagerung des englischen Calais entsandte Stadtmiliz bei der Rückkunft am 2. August 1436 nicht entwaffnen, sondern blieb bis zum 12. des Monats als bewaffneter Haufen vor der Stadt liegen. Der hauptsächlich aus Handwerkern bestehende Verband stellte eine Bedrohung zunächst für die innerstädtische Obrigkeit dar. Wenn am Anfang auch die Forderung nach besserer Bezahlung und nach einer Umorganisation der Stadtmiliz, nämlich einer Einbeziehung der Einwohner von Sluis, gestanden haben mochte, so weitete sich das Interessenfeld schnell aus, weil sich die Arbeiter in den Textilgewerken und anderen Gewerbezweigen Brügges anschlossen, die Forderungen gegenüber den wirtschaftlich führenden Fernhändlern aufstellten; der Aufstand richtete sich im Ursprung nicht gegen den Landesherrn, sondern aller Wahrscheinlichkeit nach gegen die Orte des Brügger Umlandes und des Brügger Freiamts, die nicht zur Brügger Stadtmiliz beitragen wollten. Letztlich sollte der Streit sich in der Stellung des Brügger Freiamts als formelles »Glied Flanders« neben Brügge, Gent und Ypern zuspitzen. Die meuternden Truppen befanden sich in einer günstigen Position, da man einen Überfall der Engländer befürchtete und für die Landesverteidigung auf sie angewiesen war. Bereits am 3. September war es auch in Gent, wo man über die Vorgänge in Brügge gut unterrichtet war, zu einem Aufstand gekommen, bei dem die Leibwache Philipps des Guten überraschenderweise entwaffnet und dem Herzog ein Hausarrest auferlegt wurde. Eine ganze Reihe von Klagepunkten wurde ihm vorgelegt, die abzustellen er einwilligte, woran er sich später aber nicht mehr gebunden fühlte. In Brügge, wo es seit Anfang September eine neue Stadtregierung gab, blieb die Situation den ganzen Herbst hindurch angespannt, ehe es höchstwahrscheinlich dank der Vermittlung der fremden Kaufleute gelang, die Situation zu beruhigen und Friedensgespräche in Gang zu bringen. Der Streit zwischen Brügge und Sluis ging jedoch weiter. Immerhin konnten dank der Vermittlungsbemühungen einer gemäßigten Gruppe in der Stadt Philipp der Gute und der herzogliche Hof am 13. Dezember in Brügge einziehen und dort das Weihnachtsfest begehen. Beruhigt war die Lage jedoch nicht.

Im April 1437 flammte der Streit erneut auf, gravierender als vorher. Um die Ruhe in der Stadt zu wahren, war der Stadtrat hart gegen einige Rädelsführer vorgegangen, was zu einer Entfremdung zwischen der Gemeinde und der im vergangenen September eingesetzten Stadtregierung führte. Innerhalb Brügges kam es nun zur Spaltung zwischen der radikaleren Gemeinde und der gemäßigten Stadtregierung. Am 15. April wurde einer der Bürgermeister, Morisses van Varsenare, und dessen Bruder von den Aufständischen ermordet. Diese Tat führte dazu, dass die Hälfte der Stadtregierung und die vielen ausländischen Kaufleute die Stadt panikartig verließen, was wiederum den Fernhandel zum Erliegen brachte und die Arbeitslosigkeit der Weber und anderer Gewerke erhöhte. Zugleich verhinderte dieser Gewaltakt das Finden eines Kompromisses mit dem Herzog, und es bedurfte weiterer Verhandlungen, bis als Zeichen der Übereinkunft von beiden Seiten zugestanden wurde, dass der Herzog in die Stadt einziehen durfte.

Am 22. Mai 1437 wollte der Herzog in die Stadt einreiten, doch wurde dieses zunächst verwehrt. Stundenlang musste er warten, ehe er die Stadt betreten durfte. Während er sich dem Prinsenhof, der stadtherrlichen Burg in Brügge näherte, wurden die Tore geschlossen, so dass die begleitende Truppe ihm nicht folgen konnte. Hierauf kam es in der Stadt zu heftigen Gefechten zwischen Höflingen und Städtischen, bei denen die geübten

Kämpfer des Hofs die Oberhand behielten und die Tore öffnen konnten. Auf beiden Seiten hatte es Tote gegeben, zahlreiche Kämpfer gerieten in Gefangenschaft der Stadt, 22 von ihnen wurden Tage später hingerichtet. Mit den Vorgängen des 22. Mai hatte der Streit eine neue Qualität erreicht – jetzt war es direkt gegen den Herzog gegangen.

Philipp der Gute war nur knapp der Gefangensetzung entkommen. Von Lille aus wurde die völlige wirtschaftliche Blockade organisiert, die von Beginn an von den Gentern unterlaufen wurde. In Brügge bestimmten nun die radikalen Kräfte die Politik, viele der gemäßigten Wortführer hatten vorsichtshalber das Weite gesucht. Über geistliche Vermittler, die Vorsteher der vier Bettelordenklöster der Stadt, begannen ab dem 9. Juni wieder Gespräche zwischen Brügge und dem Herzog, bei denen aber keine Seite nachgab. Die Stadt Brügge musste sich mehr und mehr aus dem Umland versorgen, am 1. Juli wurde Sluis belagert, konnte jedoch nicht eingenommen werden. Diese Aktion rief den Herzog auf den Plan, der sich gezwungen sah, Sluis zu entsetzen. Die flämischen Stände, nunmehr auch Gent, stellten sich Ende Juli ganz auf die Seite des Herzogs; sie waren von den aus Brügge geflohenen Patriziern beeinflusst worden. Der Mangel an Nahrungsmitteln in Brügge nahm immer dramatischere Formen an, doch auch die anderen Städte wie überhaupt ganz Westeuropa waren von der Hungerkrise betroffen. Die Schließung des Hafens von Sluis bedeutete für die anderen flämischen Städte eine Benachteiligung bzw. Verhinderung des Handels und damit des Broterwerbs. Eine ganze Reihe von Scharmützeln unter den Flamen selbst war die Folge, es entstand ein Bürgerkrieg, der die Landesherrschaft als solche in Mitleidenschaft zog. Lediglich Ypern stand in den folgenden Monaten ungebrochen auf der Seite Herzog Philipps und unterstützte ihn in dessen Krieg gegen die Engländer.

Im Winter 1437/38 wurden die Verhandlungen zwischen Brügge und dem Herzog durch die Vermittlung von dessen Frau Isabella von Portugal wieder in Gang gebracht, da man je länger desto mehr in Brügge bemerkte, dass man die Blockade nicht würde durchhalten können, zumal die fremden Kaufleute sich nach anderen Standorten umschauten. Mitte Dezember 1437 wurden gemäßigte Kräfte in den Stadtrat abgeordnet, dem ein Kollegium aus 24 »Weisen« an die Seite gestellt wurde, und ungefähr zur gleichen Zeit gab es eine erste direkte Begegnung von städtischen Abgesandten mit dem Herzog, die den Auftakt zu langwierigen Verhandlungen darstellte.

Letztlich wurde die Stadt gezwungen, sich am 4. März Arras dem Herzog zu unterwerfen (in der Zeremonie des Fußfalls). Die enorme Strafsumme von 200 000 *Riddern*, der neu ausgegebenen hochwertigen Goldmünze, wurde der Stadt auferlegt, 40 Personen wurde der Prozess gemacht. Bei dem ersten Besuch des Herzogs in der Stadt musste die Stadtregierung barfuß und entblößten Hauptes dem Stadtherrn entgegenziehen. Das mündlich bzw. zeremonial ausgesprochene und präsentierte Urteil wurde am 14. März in einer Urkunde verschriftlicht.

Die zweite Hälfte der 1430er Jahre waren noch in anderer Hinsicht eine kritische Phase. Auftragslose Söldnerbanden machten den Osten Frankreichs unsicher, so auch das Herzogtum Burgund. Im Winter 1437/38 wurden sogar Dijon und andere Städte im Herzen Burgunds bedroht, und die eiligst zusammengetrommelten Scharen des Militärbefehlshabers Jean de Fribourg verhielten sich gegenüber der Bevölkerung nicht viel besser als die zu bekämpfenden Söldner.

Ein ausschlaggebender Grund war das ambivalente Verhalten des französischen Königs nach Abschluss des Vertrags von Arras. Der formal erreichte Frieden änderte nichts an dem tiefen Hass Karls VII. gegen den Herzog von Burgund, die Friedensbestimmungen waren für ihn nichts als Lippenbekenntnisse. Da die Engländer und Burgunder sich gegenseitig beschäftigten, war es Karl VII. möglich, im April 1436 endlich Paris einzunehmen.

Das burgundisch-französische Verhältnis blieb weiter gespannt. So unternahm der König nichts, um den marodierenden Söldnerbanden Einhalt zu gebieten, die um 1440 zunächst im Osten Frankreichs aktiv waren, sich 1441 in den Norden wandten und im Hennegau ihr Unwesen trieben. Die Söldnerbanden wurden nun offen vom Dauphin Ludwig unterstützt und angeführt, letztlich wohl mit – offiziell nie zugegebenem – Einverständnis des Königs, und zogen 1443 im Norden bis nach Dieppe an den Kanal. Der König selbst führte 1444 Krieg gegen den Herzog von Lothringen, hielt in dessen Residenzstadt Nancy einen Hoftag ab und belagerte die alte Bischofsstadt Metz, gleichzeitig wandten sich die auftragslosen Söldner unter Führung des Dauphins an den Oberrhein bis nach *Montbéliard* (dt. Mömpelgard) und Basel. Der französische König breitete sich sichtlich im Einflussbereich des burgundischen Herzogs aus. Möglich wurde dieses vor allem durch den englisch-französischen Waffenstillstand, der am 28. Mai 1444 in Tours geschlossen worden war.

3.4 Die Einnahme Luxemburgs und der Genter Krieg

In den 1440er Jahren eröffnete sich dem burgundischen Herzog dennoch die Möglichkeit, sein Herrschaftsgebiet weiter nach Osten und damit in das Reich hinein auszudehnen, nach Luxemburg.

Der bis zu seinem Tod 1378 regierende Kaiser Karl IV. hatte mehrere Söhne, von denen der älteste, Wenzel, nicht nur als Römischer König, sondern auch als Böhmischer König und als Herzog von Luxemburg nachfolgte. Somit hatte er die Herrschaft gleich über drei Gebiete inne. Doch sein Geschick stand unter keinem guten Stern. Als Römischer König wurde er 1400 von den Kurfürsten des Reichs abgesetzt, und das Herzogtum Luxemburg musste er 1409 als Witwengut für seine Nichte Elisabeth von Görlitz abtreten, als diese den jüngeren Bruder Johann ohne Furchts, Anton von Burgund und Brabant, heiratete. Ihm blieb nur noch das Königtum in Böhmen, er verstarb als solcher 1419. Weil Wenzel sowohl als Römischer König als auch als Herzog von Luxemburg ausfiel, konnte so etwas wie eine Luxemburger Frage entstehen, d.h. die ungeklärte Frage, wer die Herrschaft in diesem Herzogtum ausüben durfte. Bei der Lösung dieses politischen Problems spielte der einheimische Adel eine entscheidende Rolle, denn von seiner Seite aus musste die Herrschaft anerkannt werden.

Der alternde Kaiser Sigismund übertrug den Titel und damit den Erbanspruch auf Luxemburg an sein einziges Kind, seine Tochter Elisabeth, die mit Herzog Albrecht von Österreich verheiratet war. 1437 verstarb Sigismund, und die Kurfürsten wählten eben diesen Albrecht, Sigismunds Schwiegersohn, zum neuen König des römisch-deutschen Reichs.

Albrecht II. engagierte sich sofort und tatkräftig in der Luxemburger Frage, indem er Kontakt mit der Stadt Luxemburg aufnahm und die dortige landesherrliche Burg an einen seiner Parteigänger überstellte. Ergebnisse zeitigte dieses nicht, da Albrecht II. bereits im Oktober 1439 verstarb. Seine überlebende Frau war politisch nicht in der Lage, den Anspruch durchzusetzen, weswegen sie ihn weiter an ihren Schwiegersohn Herzog Wilhelm III. von Sachsen übertrug; dieser hatte ihre Tochter Anna geheiratet.

Wilhelm von Sachsen beeilte sich, der dynastischen Verpflichtung nachzukommen und die älteren Pfandrechte abzulösen, doch scheiterte er daran, die große Pfandsumme von 120 000 Gulden aufzubringen. Deswegen verkaufte Elisabeth von Görlitz das Herzogtum Luxemburg an den Trierer Erzbischof, zumindest wurde der Vertrag ausgefertigt.

Dieses war der Anlass für Philipp den Guten, einen weiteren Anlauf zur Übernahme Luxemburgs zu unternehmen. Um den Anspruch des Trierer Erzbischofs zu unterlaufen, einigte sich die regierende Herzogin mit Philipp dem Guten. Die Verhandlungen führten zum Abschluss des Vertrags von Hesdin im Oktober 1441, mit dem Elisabeth von Görlitz alle ihre Besitztümer an Philipp den Guten überschrieb, worauf im Gegenzug dieser ihr eine jährliche Pension von 7000 Gulden gewährte. Kurz darauf setzte sie ihn als ihren Verwalter ein, als Mambour, und riet den Landständen, ihn als neuen Landesherrn anzuerkennen. Vorerst kam es nicht dazu, da andere Geschäfte Philipp zu diesem Zeitpunkt davon abhielten, die Herrschaft anzutreten. Er war zu dieser Zeit bestrebt, gute Beziehungen zu dem 1440 gerade neu gewählten Römischen König Friedrich III. aufzubauen, um mit ihm die leidige Lehnsfrage für die Territorien des Reichs zu klären, auch, um die Luxemburger Angelegenheit zu lösen. In Luxemburg rüstete gleichzeitig der Graf von Gleichen, der sächsische Kommandeur der Burg und Stadt Luxemburg, zum Militärschlag, verschickte im Frühjahr 1442 sogar Fehdeerklärungen an Elisabeth von Görlitz und den Grafen von Virneburg, den von ihr vor ein paar Jahren eingesetzten proburgundischen Gouverneur. Im Laufe der Jahre 1442 und 1443 konnte der offene Krieg zwischen den beiden Grafen nur mit Mühe vermieden werden. Der burgundische Herzog schlug dann im Laufe des Spätsommers 1443 los, nachdem ein erstes Treffen mit König Friedrich III. in Besançon im November 1442 letztlich ergebnislos ausgegangen war.

Der Feldzug gegen Luxemburg war ein voller Erfolg für den burgundischen Herzog. Die meisten Städte und befestigten Plätze ergaben sich kampflos. Lediglich die Residenz- und Hauptstadt Luxemburg und der bedeutendere Ort Diedenhofen (frz. Thionville) leisteten Widerstand, da hier nennenswerte Truppen des sächsischen Grafen unter Waffen standen. Während der Friedensverhandlungen konnte das etwas schwächer verteidigte Luxemburg dank eines Überraschungsangriffs der burgundischen Truppen in der Nacht vom 21. auf den 22. November 1443 handstreichartig eingenommen werden. Die sächsische Besatzung musste sich aus der Stadt auf die Burg zurückziehen, von wo aus sie nach ein paar Wochen die Flucht antrat. Wilhelm von Sachsen und seine Frau verzichteten auf ihre Ansprüche, erhielten im Gegenzug allerdings die Pfandsumme in Höhe von 120 000 Gulden. Der Friedensvertrag wurde jedoch nie ratifiziert. Philipp bezeichnete sich als Mambour, als eingesetzter Verwalter, während Wilhelm von Sachsen und sein Sohn Ladislaus weiterhin den Titel eines Herzogs von Luxemburg führten.

Faktisch war das Herzogtum Luxemburg damit Bestandteil des burgundischen Herrschaftsverbandes geworden. Domäneneinkünfte, die umlaufenden Münzen und die Rechtsprechung wurden an die der anderen Fürstentümer angepasst.

Weitaus gravierender als die Luxemburger Frage sollte ab 1447 der Aufstand der Stadt Gent sein. Dieser stellte das politische und militärische Geschick Philipps des Guten auf eine harte Probe; Gent war bei weitem nicht so leicht zu unterwerfen und einzunehmen wie die Stadt Luxemburg.

Am Anfang ging es beim Genter Krieg einmal mehr ums liebe Geld. Im Januar 1447 eröffnete Herzog Philipp der Gute der Stadt seine Bitte bzw. Absicht, eine neue Steuer in Höhe von 24 flämischen Groschen auf jeden in die Stadt importierten Sack Salz einzuführen, ähnlich der in Frankreich seit 1315 eingeführten, mehrmals reformierten und beträchtliche Einkünfte liefernden *gabelle*, der Salzsteuer, und im Gegenzug auf alle Bedeforderungen zu verzichten. Dabei wollte Philipp der Gute die städtischen Meinungsführer einbinden und vorab bereits einen Konsens herstellen. Er ließ sich dabei von der Hoffnung leiten, dass nach der Einwilligung Gents auch die anderen großen Städte und letztlich ganz Flandern, hoffentlich auch die anderen Länder zustimmen werden. Er stieß jedoch mit seinem Ansinnen auf unverblümte, direkte Ablehnung, was wiederum dafür sorgte, dass der Herzog seinerseits indigniert war.

Nun galt es, seine Unterstützer in der Stadt Gent zu stärken und seine Widersacher zu schwächen, weswegen er bei der alljährlichen Ratserneuerung zu Mariä Himmelfahrt, am 15. August, zu verhindern versuchte, dass einer seiner Gegner namens Daniel Sersanders als Dekan einer der großen Zünfte eingesetzt wurde. Die herzoglichen Kommissare konnten bei der Wahl jedoch nicht eingreifen. Erst zwei Jahre später, 1449, kam es bei der alljährlichen Ratserneuerung zu Unregelmäßigkeiten, die es den Vertretern des Landesherrn erlaubten, den Wahlvorgang nach ihren Maßgaben zu gestalten und die Gegner des Herzogs nicht für ein Amt zuzulassen.

Im Vorfeld der Ratserneuerung des Jahres 1451 erreichten die Auseinandersetzungen eine neue Qualität. Angeblich planten die herzoglichen Sekretäre Pieter Baudins und Jooris de Bul insgeheim einen Umsturz in der Stadt. Sie wurden entdeckt und der Stadt verwiesen. Offiziell beschwerte sich Philipp der Gute mit Schreiben vom 4. Juni 1451 bei den Genter Schöffen (dem innerstädtischen Gericht). Ihm gelang es, die zunächt abwehrend reagierenden Schöffen auf seine Seite zu ziehen, während die Anführer der Zünfte aus der Stadt vertrieben wurden. Ein dagegen von den Zünften einberufener Generalstreik in Gent am 9. August blieb folgenlos und änderte an dem Urteil nichts.

Im Oktober 1451 wurden einige Anhänger des burgundischen Herzogs im Nachhinein angeklagt, an dem vermeintlichen Umsturz der herzoglichen Sekretäre beteiligt gewesen zu sein. Am 11. November wurden die Angeklagten hingerichtet, obwohl sie unter herzoglichem Schutz standen. Es handelte sich um nichts anderes als um einen politischen Prozess, eine Kampfansage an den Herzog. In der Stadt aber waren die

Zünfte über das Handeln der Schöffen erbost. Sie forderten zudem die Einsetzung eines neuen Stadtrichters, der den Zünften wohl gesonnen sei, und sie setzten zudem eine Kommission ein, die den Schöffen auf die Finger schauen und mögliche Missstände bei der Amtsführung aufdecken sollte. Am 1. und 2. Dezember 1451 kam es zu Versammlungen bewaffneter Kräfte auf dem Markt, und schließlich kam es am 3. Dezember zum tatsächlichen Umsturz, indem die Stadtregierung für abgesetzt erklärt und eine neue, aus drei Hauptmännern (*hoofdmannen*, frz. *capitaines*) bestehende Regierung eingesetzt wurde. Sie führte sich auf wie eine Militärregierung: Zunächst wurde ein Verzeichnis der »Feinde der Stadt« veröffentlicht, 200 Mann wurden entsandt, um das benachbarte Biervliet zu besetzen, und man verschickte Briefe nach Brügge, Lüttich und sogar an den König von Frankreich mit der Bitte um Unterstützung.

Eine der ersten Gegenmaßnahmen des Herzogs bestand im Verbot der Nahrungsmittelzufuhr. Hiervon erfuhr man in der Stadt im März 1452, was die dortigen Gegner des Herzogs nur noch weiter anstachelte. Gegen Ende des Monats bat Gent eine ganze Reihe von benachbarten Städten um Unterstützung, doch diese gaben allenfalls ausweichende Antworten oder Absichtserklärungen ohne jeden Wert ab. Im Prinzip blieb ganz Flandern bis auf das traditionellerweise Gent hörige Ninove auf der Seite des Herzogs, der seinerseits Ende März publizistisch aktiv wurde, in einem ausführlichen Rundbrief seine Sicht der Dinge darlegte und das militärische Eingreifen legitimierte. Er erklärte der Stadt die Fehde. Hierauf reagierte Gent mit einer Bittprozession und der Abfertigung einer Gesandtschaft an den Herzog. Auch die anderen Leden Flanderns setzten ihre Vermittlungsbemühungen fort. Philipp der Gute wies seine Amtsträger an, die Bürger Brügges, Kortrijks (frz. Courtrais), Yperns und anderer flämischer Städte ja nicht zu belästigen; auch hier galt die Politik der Isolierung Gents.

Es begann sich abzuzeichnen, dass die militärischen Auseinandersetzungen sich im Genter Umland abspielen würden, da die Hauptmänner Gents sich gezwungen sahen, die Nahrungsmittelversorgung sicherzustellen, und einen Verteidigungsring um die Stadt anzulegen, während Philipp die Stadt vom Umland abschneiden, Stück für Stück bedrängen und schließlich zur Aufgabe zwingen wollte. Die Folge war, dass man sich um dieselben Kleinstädte und Burgen im Genter Umland stritt. Im Juni konnte das herzogliche Heer unter Führung des Herzogs selbst, seines Sohnes Karl und des Bastards Corneille einen Sieg über die Genter in der Nähe von Rupelmonde erzielen, bei dem ungefähr 1500 Städtische den Tod fanden, während auf der landesherrlichen Seite einer der Anführer, Corneille, fiel.

Jetzt erst, im Juni 1452, betrat König Karl VII. von Frankreich die Bühne, indem er eine Gesandtschaft damit beauftragte, einen Frieden zwischen den Parteien herbeizuführen. Er war über die Vorgänge wohl informiert. Beide Seiten hatten im Laufe der Jahre 1451–1452 den König immer wieder auf dem Laufenden gehalten und mit Briefen von ihrer Sicht der Dinge unterrichtet. Dem König konnte das Recht einzugreifen nicht abgesprochen werden, und beide Seiten mussten danach trachten, ihn auf ihre Seite zu ziehen. Andererseits konnte der König durch seine Entscheidung einer der beiden Seiten zum Sieg verhelfen. Dieses versetzte ihn in die Lage, seinerseits Forderungen zu erheben. So erbat er von Philipp die Rückerstattung der Somme-Städte an die Krone. Philipp wiederum weigerte sich, die Gesandtschaft des Königs zu empfangen, behandelte ihre Gesprächsgesuche verzögernd und ließ durchblicken, dass es eigentlich nichts zu verhandeln gebe, da die Genter an allem schuld seien. Das Einzige, was er zugestand, war, dass die Gesandten zusammen mit den fremden Kaufleuten aus Brügge als Vermittler agieren durften.

Ein erster Erfolg bestand in einem sechswöchigen Waffenstillstand, der am 19. Juli geschlossen wurde, worauf Philipp der Gute ein Großteil seiner Truppen entließ. In den anschließenden Wochen bearbeitete er die königlichen Gesandten, auch mit Bestechungsgeldern, damit sie einen für ihn günstigen Friedensvertrag ausarbeiteten, der tatsächlich am 4. September 1452 in Lille veröffentlicht wurde.

In diesem wurde die Schuld an dem Krieg allein den Gentern zugewiesen, denen u. a. unterstellt wurde, dass sie den Herzog drastisch beleidigt hätten. Weiter wurde eine erniedrigende Bußzeremonie vorgeschrieben, bei der 2000 barhäuptige Bürger in einer öffentlichen Demutszeremonie um Verzeihung bitten sollten. Außerdem wurde ihnen eine enorme Strafsumme von 250 000 Goldkronen auferlegt. Stadtschlüssel und Zunftbanner sollten eingezogen werden. Die Stadtverfassung sollte dahingehend geändert werden, dass der Herzog bzw. dessen Vertreter die bestimmende Figur wurde. Es verwundert nicht, dass die Genter diesen Vertrag nicht annehmen wollten und sich noch im September direkt beim König über das Vorgehen der von ihm beauftragten Gesandten beschweren, die sich ihrer Meinung nach vom Herzog hatten über den Tisch ziehen lassen. Außerdem hätte der Herzog die Lebensmittelblockade trotz des Waffenstillstandes nicht aufgehoben. Daher führten die Genter den Krieg weiter.

Die geringen Kontingente des Herzogs konnten nicht überall gleichzeitig sein, was den Gentern die Möglichkeit bot, selbst im Umland ihrer Stadt ein Schreckensregiment zu führen, die Dörfer wieder auf ihre Seite zu bringen, Lebensmittel zu requirieren. Im Februar 1453 konnten die Genter sogar die vor den Mauern gelegenen Vororte von Kortrijk angreifen und in Brand stecken, und beinahe wäre es ihnen gelungen, die sich auf der Reise von Lille nach Brügge befindliche Herzogin Isabella in die Hände zu bekommen.

Während der ganzen Zeit gab es von Seiten der fremden Kaufleute in Brügge, deren Fernhandel unter dem Krieg litt, immer wieder Anläufe, die im September 1452 abgebrochenen Friedensgespräche wieder aufzunehmen. Weder die Genter noch der Herzog trauten der im Mai 1453 erneut in Tournai eintreffenden Vermittlungsgesandtschaft des französischen Königs, die von beiden Seiten links liegen gelassen wurden. Das gegenseitige Misstrauen war zu groß, als dass man sich auf dem Verhandlungsweg eine Blöße hätte geben können.

Philipp suchte nach den Erfahrungen des Kleinkriegs des vergangenen halben Jahres die Entscheidung. Um die Mitte des Juni 1453 versammelte er erneut sein Heer und zog von Lille nordwärts über Kortrijk nach Gent. Gleichzeitig wurde jetzt, eine Neuerung, mit Schiffen die Schelde bei Antwerpen blockiert, so dass auch von See aus keine Lebensmittel mehr in die aufständische Großstadt gelangen konnten. Erstes Ziel der Armee waren die wenigen noch von Gentern besetzen Burgen, Gent selbst stand an zweiter Stelle. Am liebsten wäre es dem

Herzog gewesen, die städtischen Truppen hätten sich in offener Schlacht gestellt, in diesem Fall hätte er mit seiner geübten Reiterei seine Überlegenheit ausspielen können. Zunächst ging es nach Plan: Am 27. Juni fiel nach eintägiger Belagerung die Burg Schendelbeke, die 104-köpfige Besatzung wurde komplett hingerichtet – militärisch unnötig, aber ein hartes Strafgericht, dessen Nachricht die verbleibenden Gegner demoralisieren sollte. Als nächstes wandte er sich der Burg Poeke zu, die sich nach einer viertägigen Beschießung am 5. Juli ergab – auch hier gab es ein fürchterliches Strafgericht, die gesamte Besatzung war des Todes. Anschließend kam es zu einer Unterbrechung der Kampagne, da der Herzog seine Truppen nicht mehr bezahlen konnte. Es dauerte eine Woche, ehe die Verwaltung in der Lage war, die Soldkasse wieder mit Geld zu füllen. Man verkaufte Privilegien an die brabantischen Städte und verpfändete Gegenstände aus dem herzoglichen Schatz. Schließlich konnte man am 16. Juli Kortrijk verlassen und in Richtung Gavere, der letzen Genter Burg, aufbrechen, wo man am 18. Juli eintraf. Die Burgbesatzung ergab sich rasch, weil sie von einem heranrückenden Genter Ersatzheer nichts wusste. Als dieses dann doch erschien, kam es zu einer offenen Feldschlacht, bei der die Genter überraschend schnell unterlagen. Ein Grund hierfür war, dass einem Kanonier der Genter Artillerie ein Funke in das Schwarzpulver geraten war und der gesamte Vorrat Feuer fing. Vor der befürchteten Explosion warnte der Kanonier seine umstehenden Kameraden, was eine Panik in Gang setzt, die zu einer chaotischen Auflösung des Genter Verbandes führte.

Der Sieg fiel dem Herzog in den Schoß. Pläne, die Stadt Gent zu zerstören, wurden zwar nicht wahr gemacht, dennoch waren die Folgen für die Stadt von drakonischer Härte. Die Geldstrafe wurde heraufgesetzt auf nunmehr 350 000 *Ridder*, der burgundischen Goldwährung. Ein Stadttor musste zugemauert werden, ein anderes war bis auf weiteres jeden Donnerstag zu schließen. Die Stadtverfassung wurde dahingehend geändert, dass die beiden Hauptdekane der Zünfte nicht mehr zur Stadtregierung gehörten und der landesherrliche Bailli umfangreiche Befugnisse zur Kontrolle der städtischen Verwaltung erhielt. Die Rechte der Außenbürger wurden definitiv aufgehoben, auch wurde die

Rechtsprechung der Stadt über ihr Umland, das Quartier, empfindlich eingeschränkt. Gent blieb zwar noch Stadt, befand sich formal aber auf dem Stand einer normalen Landstadt wie die anderen kleinen flämischen Städtchen auch, womit sie zumindest in rechtlicher Hinsicht deutlich hinter Ypern, Brügge und dem Landdistrikt des Brügger Freiamts abfiel.

3.5 Kreuzzugspläne und der Bruch mit dem Thronfolger 1454–1464

Für den Herzog bedeutete der glückhafte Sieg über das aufständische Gent den Höhepunkt seiner Macht im Inneren. Er regierte seit 1419, also seit nunmehr 33 Jahren, hatte mehrere Territorien seinem Herrschaftsverband einverleibt, innenpolitische Gegner besiegt, hatte eine Königstochter geheiratet, die Beziehungen zum König von Frankreich so gut wie gekappt, war keine neuen Lehnsbeziehungen zum Römischen König eingegangen, verfügte über einen funktionierenden Hoforden, und galt als reichster Fürst Europas. Kurzum: Er war ein Fürst von europäischem Rang geworden. Als solcher musste er sich hinfort erweisen. Im selben Jahr, in dem er Gent und damit eine der größten Städte Nordwesteuropas niedergeworfen hatte, war auch Konstantinopel gefallen, ein Ereignis, das im christlichen Europa großes Aufsehen erregte.

Die große und bedeutende oströmische Hauptstadt Konstantinopel musste sich 1453 den osmanischen Truppen ergeben. Zugleich bedeutete dies das Ende des Oströmischen Reichs und des Oströmischen Kaisertums. Der vor allem von den italienischen Städten Venedig und Genua aufrecht erhaltene Verkehr mit ihren Kolonien im östlichen Mittelmeer erlaubte eine relativ zügige Kommunikation, so dass man an den Höfen und in den städtischen Führungsschichten im Westen Europas recht schnell (innerhalb von zwei bis drei Monaten) davon erfuhr. Um vor den Erfolgen der aus christlicher Sicht Ungläubigen zu warnen, wandte man sich zunächst an das geistliche Haupt der Christenheit, an den Papst, der seinerseits die führenden weltlichen Mächte informierte.

Kreuzzugspläne und der Bruch mit dem Thronfolger

Auch am burgundischen Herzogshof erhielt man Kunde davon. Damit war das nächste politische Thema vorgegeben: Die Durchführung eines Kreuzzugs zur Befreiung Konstantinopels. Letztlich ist daraus nichts geworden, aber an Anstrengungen und gutem Willen mangelte es zumindest anfangs nicht. Die Proklamation des Kreuzzugs durch den Herzog von Burgund geschah in besonderer höfischer Weise, nämlich mit einem Aufsehen erregenden Fest, das dem prächtigsten und stolzest wirkenden Wildtier Europas geweiht war, dem (Gold-)Fasan, weswegen man das Ereignis auch kurz Fasanenfest nennt; mit dem Gold wurde Bezug genommen auf das Goldene Vlies, und der Name des Tiers (im frz. faisan) leitete sich zudem etymologisch ab von der antiken Stadt Phasis, die der griechischen Mythologie nach Etappenort des Jason bei seiner Suche nach dem Goldenen Vlies war. Wegen seines auffälligen Gefieders bildete der Fasanenhahn zudem ein Sinnbild für die Besonderheit und Vornehmheit, wenn man so will für edle Qualität. Das Fest fand statt am 17. Februar 1454 im *Hôtel de la Salle* in der Residenzstadt Lille, die im Sommer des vergangenen Jahres als Ausgangsstadt des letzten und siegreichen Zuges gegen Gent gedient hatte. Zu einem solchen Fest gehörte ein prächtiges Bankett, ein Schauessen, bei dem (fast) alle Sinne angesprochen wurden.

Es war ein selbst für den Besonderheiten gewohnten burgundischen Hof außerordentliches Festessen, dass man (mit Wägelchen) auffuhr. Dazu gehörte u. a. eine Riesenpastete mit Flötenspielern, weiter die Figur eines so gut wie nackten, von einem Löwen bewachten Mädchens, aus deren rechter Brust Hippocras-Wein sprudelte. Pantomimen stellten als Schaubild die Geschichte Jasons dar, ein Verweis auf den Hoforden vom Goldenen Vlies. Ein künstlicher Elephant tauchte auf und trug auf seinem Rücken eine Burg, in der als Sinnbild die Heilige Kirche saß, die sich bitterlich über die Verfolgung der Christen beschwerte und um Hilfe bat. Daraufhin führten zwei Mitglieder eben dieses Ordens zwei junge Mädchen herein, die einen Goldfasan begleiteten, der eine mit Edelsteinen und Perlen verzierte Goldkette trug. Diese beiden Mädchen baten (stellvertretend für den Fasan bzw. Orden) den Herzog, einen Eid abzulegen und sich feierlich zu verpflichten, auf den Kreuzzug aufzubrechen; der Fasan/Orden agierte zugunsten der Kirche, der Herzog kam huldvoll einer Bitte nach, agierte also nicht im eigenen Auftrag bzw. aus einem persönlichen Interesse heraus, er nahm eine Last auf sich, Nutznießer waren andere. Für alle wahrnehmbar tat er dieses nicht nur mündlich, sondern auch schriftlich und überreichte seinem höchstrangigen Wappenkönig mit dem Amtsnamen Goldenes Vlies die Verpflichtungserklärung: Sollte der König von Frankreich zum Kreuzzug aufbrechen, so würde er, der Herzog von Burgund, unbedingt mit dabei sein, ja selbst wenn der König sich weigern sollte, so würde er auf jeden Fall reisen; mit dem ausdrücklichen Verweis auf den König stilisierte sich der Herzog als untergeordneter, getreuer Lehnsmann, der seinem Herrn folgte. Die Heilige Kirche war über die Verpflichtungserklärung in höchstem Maße erfreut und rief alle anderen Ritter und Adligen auf, dem Beispiel ihres Herrn zu folgen. Und viele kamen dem nach, wie der Thronfolger Karl, der Herzog von Kleve, der Graf von Saint-Pol und viele weitere, einige Hundert, die wie der Herzog ihren Eid in schriftlicher und damit in höherer verbindlicher Form abgaben. Der Kreuzzugsplan, vielleicht sogar die Kreuzzugsbegeisterung beschränkte sich nicht nur auf den engeren, beim Fest anwesenden Hofkreis, sondern machte im Frühjahr 1454 die Runde durch die Lande.

Dass der Herzog es mit dem Kreuzzug durchaus ernst meinte, zeigen die Bemühungen zur Finanzierung des Unternehmens. Wenige Wochen später, am 22. März 1454, wurden sechs Ordnungen verabschiedet, mit denen die Aufwendungen für die Hofwirtschaft verringert wurden, die länderübergreifende Verwaltung den regulären Domäneneinkünften angepasst und schließlich in die Domänenverwaltung der Länder eingegriffen wurde. Weiter noch wurde Philipps Sohn und einziger Erbe, der 1433 geborene Karl, zu seinem Statthalter und Gouverneur aller Länder bestellt; falls der Herzog auf dem Kreuzzug fallen sollte, blieb die Regierung und Einheit der Länder gewahrt. Im selben Jahr wurde Karl auch das zweite Mal verheiratet, und zwar mit seiner Großcousine Isabelle von Bourbon, die über ihre Mutter Agnes ebenfalls eine Enkelin Johann ohne Furchts war.

Der Kreuzzug nahm Gestalt an. Kurz nach dem Fasanenfest traf die Einladung Kaiser Friedrichs III. zu einem Fürstentag nach Regensburg an der Donau ein, der bereits am 23. April stattfinden sollte. In der Tat brach Philipp der Gute ohne größeren Verzug auf. Die Reise nach Deutschland sollte sich beinahe zu einer Art Triumphzug auswachsen und stellte eine der wenigen großen Auslandsreisen des Herzogs dar.

Langer Geschichte kurzer Sinn: Aus dem geplanten Kreuzzug wurde nichts. Das lag nicht am Herzog von Burgund, sondern an den anderen Mächten. Kaiser Friedrich III. erschien nicht in Regensburg, da er durch Thronwirren in Ungarn verhindert war. Der König von Frankreich weigerte sich, eine Garantiererklärung für die herzoglichen Länder abzugeben, sondern verlangte die Somme-Städte zurück und forderte die Einlieferung des Thronfolgers Karl als Geisel; er verbot den Kreuzzug zwar nicht, aber er förderte ihn auch nicht in dem Maße, wie es eigentlich gewünscht gewesen wäre. Nicht zuletzt starb Papst Nikolaus V. und damit die treibende Kraft des Unternehmens. Keine der politisch brisanten und ungelösten Fragen konnte auf dem Regensburger Reichstag angegangen werden. Es blieb bei einer splendiden Fürstenreise des Herzogs durch den Westen und Süden des Reichs, die als Ertrag die guten Beziehungen zu einigen Fürsten in diesen Gegenden erbrachte und seinen Ruhm in den deutschen Landen merklich erhöhte. Trotz des gescheiterten Kreuzzuges kam Philipp der Gute an seiner Ehre unbeschadet aus dem Vorhaben heraus. Noch gegen Ende 1454 wurde für den Sommer 1455 der Beginn des Kreuzzugs angekündigt, und überhaupt zogen sich die Vorbereitungen die nächsten zehn Jahre hin. Man verlor am Hof den Kreuzzug nicht aus den Augen, zumal die Päpste der nächsten Jahre, Calixtus III. (1455–1458) und Pius II. (1458–1464) ausgesprochene Kreuzzugspropagandisten waren. Der Herzog von Burgund entzog sich dem nicht.

Der mittlerweile auf die 60 zugehende Philipp der Gute musste darangehen, sein Haus zu bestellen, d. h. konkret seine Söhne versorgen. An erster Stelle stand gewiss der einzige legitime Sohn und Thronfolger Karl, der spätere Karl der Kühne, daneben aber waren die illegitimen Söhne nicht zu vergessen. Für einen von diesen, David, ergab sich in den Jahren 1455/56 die Möglichkeit, ihn auf dem Bischofsstuhl von Utrecht zu setzen – allerdings nur gegen Widerstände, die erst zu brechen waren.

In Utrecht wählten nach dem Tod Bischof Rudolfs, der aus der niedersächsischen Familie der Grafen von Diepholz stammte, am 7. April 1455 mit Ausnahme von zweien so gut wie alle 70 wahlberechtigten Domherren, Prälaten und andere Geistlichen den aus einer hochadligen Familie Hollands stammenden Gijsbrecht van Brederode zum neuen Bischof. Er war bisher Dompropst in Utrecht gewesen, war zugleich aber auch Rat des Herzogs von Burgund, und sein Bruder Reinoud war sogar Mitglied des Ordens vom Goldenen Vlies. Die Familie der Brederode stand dem burgundischen Herzog also eigentlich nahe. Die weltlichen Stände des Stifts Utrecht erkannten ihn im September als ihren Regenten und Herrn an, was als weiterer Akt der Selbständigkeit gegenüber dem burgundischen Herzog zu gelten hat, zugleich auch gegen andere Kandidaten, die von Fürstenfamilien aus dem Nordwesten des Reichs ins Rennen geschickt worden waren.

Durch seine guten, über die Jahrzehnte hinweg gut gepflegten Beziehungen zu den Päpsten seiner Zeit gelang es Philipp dem Guten, seinen illegitimen Sohn David, der bisher das kleine Bistum Thérouanne innehatte, als Nachfolger zu lancieren. Papst Calixtus III. kam dem Herzog entgegen, und mit Datum vom 12. September 1455 nahm er die Versetzung von Thérouanne nach Utrecht vor. Damit waren das Domkapitel und die fünf großen Stiftskirchen in Utrecht, die zusammen als Wahlorgan fungierten, desavouiert worden, und auch die anderen konkurrierenden Kandidaten hatten das Nachsehen. Die Angelegenheit führte sogar dazu, dass Philipp der Gute zur Einsetzung seines Sohnes persönlich in den Norden reiste. Im Oktober 1455 begab er sich das erste Mal seit zehn Jahren in den Residenz- und Hauptort seines nördlichsten Fürstentums, Den Haag. Es sollte sich ein ganzes Jahr hinziehen, ehe Gijsbrecht van Brederode, seine Familie und die Utrechter Wähler klein beigaben und David als Oberhirte in seine Bischofsstadt einziehen konnte. Im Sommer 1456 führte dieses sogar zu Rüstungen, an denen sich auch die holländischen Gegner der Brederodes beteiligten, die sich beim Herzog einschmeicheln wollten. Erst vor diesem militärischen Druck beugte sich der Gegenkandidat und erklärte sich bereit, für 50 000 Löwen (einer Goldmünze) als Einmalzahlung, 4200 rheinischen Gulden jährlicher Einkünfte und Überlassung der Propstei von St-Donaas in Brügge von den Ansprüchen auf den Bischofsstuhl zurückzutreten. Dieses Angebot akzeptierte Philipp der Gute und konnte endlich am 5. August 1456 seinen feierlichen Einzug in die Stadt Utrecht durchführen. David beging seinen eigenen und weit weniger feierlichen Einzug am Tag danach, womit öffentlich wahrnehmbar der Bischof seine Stadt, die der mit weitem Abstand wichtigste Ort im Stift war, in Besitz genommen hatte, allerdings im Gefolge seines übermächtigen Vaters. Damit verfügte man aber zunächst nur über das sog. Niederstift (ndl. Nederstricht). Mit einem eigenen Feldzug musste die Herrschaft des neuen Bischofs im Oberstift (ndl. Overstricht), den Landschaften Overijssel und Drenthe, erst durchgesetzt werden. Hier allerdings erlitt Philipp, der vor kurzem immerhin, wenn auch mit Glück, Gent hatte in die Knie zwingen können, Schiffbruch: das deutlich kleinere Deventer konnte nicht eingenommen werden. Zudem erforderte die Ankunft des französischen Thronfolgers, des späteren Ludwigs XI., in Brüssel die Anwesenheit des Herzogs, weswegen der Feldzug abgebrochen werden musste. Es sollte noch eine Weile dauern, ehe es David gelang, sich auch in diesem Teil seines Herrschaftsgebietes wirklich anerkennen zu lassen.

Letztlich war damit aber der Nordwesten des burgundischen Herrschaftskomplexes zwar nicht institutionell, aber personell und damit zumindest indirekt abgerundet worden. Direkt in der Einflusszone lag nun das Herzogtum Geldern, wo mit den großen Städten Nimwegen (ndl. Nijmegen) und Arnheim (ndl. Arnhem) wirtschaftlich führende Städte lagen, die Interesse an guten Wirtschaftsverbindungen zu den großen Tuchproduktionszentren in Flandern, Brabant und Holland hatten und deswegen auf gute Beziehungen zum dortigen Landesherrn angewiesen waren.

Welche grundsätzliche Bedeutung der Hof für die fürstliche Herrschaft hatte, wird aus dem bereits angesprochenen Vorgang des Winters 1456/57 deutlich, der zu dem Bruch führte zwischen dem mit 60 Jahren als *senex* geltenden Philipp dem Guten und seinem einzigen legitimen Sohn Karl, der zunehmend in die Politik eingeführt werden wollte. Karl, 1433 geboren, mittlerweile 24 bis 25 Jahre alt, drängte zur Selbständigkeit.

Zu einer heftigen persönlichen Auseinandersetzung zwischen Vater und Sohn kam es am 17. Januar 1457 aus einem für moderne Betrachter nichtig erscheinenden Anlass, für die spätmittelalterlichen Verhältnisse aber bedeutsamen Punkt, nämlich die Besetzung eines hochrangigen Postens am Hof. Philipp der Gute wollte ein Mitglied der einflussreichen Familie Croÿ, Philippe de Croÿ, als Hofmeister Karls einsetzen, während Karl der Kühne darauf bestand, Antoine Rolin, den Sohn des Kanzlers Nicolas Rolin, mit dem Amt zu betrauen. Über diese Frage kam es am Abend dieses Tages nach der Messe noch im Oratorium des Palasts in Brüssel zu einem hoch auflaufenden Disput, der derart heftig ausgetragen wurde, dass die Herzogin Isabella dazwischen ging und die Streithähne trennte.

Die Erklärung für diesen Vorfall liegt nicht nur in den Charakteren von Vater und Sohn, die kompromisslos ihren Willen durchsetzen wollten, sondern an der wichtigen Funktion der Hofmeister in der Politik, da sie als wichtigste Berater nicht nur in der direkten Umgebung des Fürsten wirkten, sondern teilweise auch den Zugang zum Fürsten kontrollierten, andere Stellen am Hof mit ihren eigenen Vertrauten besetzen, und auf diese Weise schließlich die Entscheidungen der Politik in ihrem Sinn beeinflussten.

Nicht zuletzt war ausschlaggebend, dass es sich um ein Mitglied der aus der Pikardie stammenden Familie Croÿ handelte, die im Laufe von Jahrzehnten eine eigene Stellung im Grenzgebiet zwischen Flandern und dem königlichen Frankreich aufbauen konnten. Der Grundstein wurde höchstwahrscheinlich dadurch gelegt, dass Johann ohne Furcht eine Geliebte aus dieser Familie hatte, wodurch ihr Bruder Jehan in die Gunst des Herzogs geriet. Dessen Sohn Antoine wurde in den 1420er Jahren Mitglied des herzoglichen Rats um Philipp den Guten, und zusammen mit seinem Bruder Jehan gehörte er bei der Gründung des Ordens vom Goldenen Vlies zu den ersten Mitgliedern. Zusammen mit anderen bildeten sie die Gruppe am burgundischen Hof, die auf Grund der Bestechungen Karls VII. von Frankreich den Abschluss des Vertrags von Arras ermöglichte. Antoine, sein Bruder Jehan und ihre Kinder besetzten nicht nur hochrangige Posten am Hof und im herzoglichen Rat, sondern als Statthalter zudem entscheidende Stellen in gleich mehreren Fürstentümern. In der Zeit von Philipps Deutschlandreise nahmen sie auf den Generalstatthalter Karl keine Rücksicht. Für Karl den Kühnen war es inakzeptabel, dass ein Mitglied dieser Familie zum Hofmeister in seiner direkten Umgebung gemacht wurde, er, Karl, hätte nicht schalten und walten können, wie er wollte, ohne der Kontrolle oder Beeinträchtigung durch Mitglieder dieser Familie zu unterliegen.

Die Angelegenheit hatte weitreichende Folgen, nämlich regelrechte Personalveränderungen an den Spitzenpositionen des Hofes. An erster Stelle ist der Rückzug Herzogin Isabellas vom Hof nennen. Sie nahm den Streit zum Anlass, ein in sich gekehrtes Leben zu führen, weswegen sie sich auf ihr Gut in La-Motte-au-Bois zurückzog. Auch der Kanzler Nicolas Rolin, von seinem persönlichen Feind Antoine de Croÿ in Misskredit gebracht, und der Präsident des Großen Rats, Jean Chevrot Bischof von Tournai, verließen die persönliche Umgebung des Herzogs. Philipp von Burgund befand sich in Händen einer mächtigen Adelsclique, die die Geschicke des Herrschaftsverbandes in den nächsten Jahren bestimmen sollte. Umgekehrt bedeutet die Existenz einer solchen Clique von Vertrauten des Herrschers, dass dem Herrscher selbst die Zügel aus der Hand glitten, er seinen Vertrauten freie Hand gewährte.

Zwei weitere Probleme bestimmten die Politik der späten 1450er Jahre. Da war zunächst die Flucht des Dauphins Ludwig (XI.) vom französischen Königshof im September/Oktober 1456. Obwohl selbst bereits im fortgeschrittenen Alter von 33 Jahren, war er von seinem Vater von der Regierungsverantwortung ferngehalten worden. Zwischen ihm und seinem Vater hatte seit Langem ein distanziertes Verhältnis geherrscht. Gegen den Willen des Vaters hatte er 1451 Charlotte, die Tochter des Herzogs von Savoyen geheiratet, ein eigenmächtiges Ausscheren aus der dynastischen Politik, das dazu führte, dass Karl VII. sich offen gegen seinen Sohn stellte. Am 30. August 1456 floh dieser zum Herzog von Burgund nach Brabant. Von Philipp dem Guten wurde er willkommen geheißen und mit Geschenken überschüttet. Unter anderem erhielt Ludwig die herzogliche Burg von Genappe in der Nähe Brüssels als Residenz. Zudem setzte Philipp eine Apanage aus, und tat weiter alles, um ihn als politisches Gewicht gegen den französischen König zu halten. Nach dem Tod Karls VII. 1461 begleitete Philipp der Gute Ludwig XI. auf dessen Krönung nach Reims am 14. August 1461 und bei dessen feierlichen Einzug in Paris gegen Ende August desselben Jahres.

Das andere Problem bestand in der Abwesenheit des burgundischen Thronfolgers vom Hof des Herzogs. Karl konnte als Graf von Charolais lediglich auf einige Domäneneinkünfte aus Ländereien in Flandern, Artois und Namur sowie einige außerordentliche Zuschüsse seines Vaters zurückgreifen, eine eigenständige Hofhaltung konnte er damit nicht aufbauen. Nach der durch den Streit mit seinem Vater bedingten Flucht vom herzoglichen Hof hielt er sich für längere Zeit im Norden des Herrschaftsverbandes auf, in Holland, wo er kleinere Herrschaften erwerben konnte. 1462 wurde Karl im Auftrag seines Vaters als Statthalter für Holland-Zeeland installiert, womit er einen eigenständigen politischen Posten innehatte, ohne sich jedoch selbst dauerhaft nach Holland zu begeben. Die Kluft zwischen Vater und Sohn wurde noch vertieft dadurch, dass Philipp der Gute im Frühherbst 1463 die Somme-Städte tatsächlich an den französischen König zurückgab, wofür der König auf die französischen Ansprüche auf Luxemburg verzichtete und die immense Pfandsumme von 400 000 Kronen zahlte.

Wie bei einigen anderen lang regierenden Herrschern des Mittelalters setzte bei Philipp dem Guten nach der Etablierung der Herrschaft eine Phase der Ruhe ein, in der es nur noch wenige Hauptaktionen gab. Philipp der Gute bevorzugte ab etwa 1455/56, also nach dem Zug gegen Utrecht, Brüssel als Residenz, die frühere Pfalz der Herzöge von Brabant, von wo aus er mithilfe der Statthalter in den verschiedenen Fürstentümern und den dort ansässigen Räten und Rechenkammern, die für die Rechtsprechung und Einziehung der Domäneneinkünfte und der Beden zuständig waren, seine weit verstreuten Lande verwalten konnte. Ein funktionierendes Botenwesen gewährleistete den sicheren Transport von Briefen und Berichten.

Hintergrund für die Geschehnisse der kommenden Jahre war die grundsätzliche Feindschaft, die Ludwig XI., nachdem er 1461 den Königsthron bestiegen hatte, gegen Karl den Kühnen hegte. Diese war kein Selbstzeck, sondern stand in dem größeren Zusammenhang der expansiven und machtbewussten

Politik, die Ludwig gegenüber den direkt benachbarten Fürsten führte, gegen die Herzöge von Savoyen, der Bretagne und eben Burgunds. Argwöhnisch beobachtete Ludwig XI. von seinen Residenzen aus die Entwicklungen in Burgund. Wie in den 1450er Jahren unter Karl VII. gab es auch jetzt einen regelmäßigen Gesandtenaustausch. Zudem sorgten weitere Zuträger, Residenten, Vertraute in der Fremde, durchreisende Adlige und Kaufleute und viele andere für eine funktionierende Fernkommunikation, so dass eine jede Seite zumindest einigermaßen über die Machenschaften, auch die verdeckten, der anderen informiert war.

In den burgundischen Niederlanden begannen sich die Verhältnisse zu ändern. Im Januar/Februar 1464 kam es in Gent zur ersten Generalständeversammlung. Die Besonderheit hierbei war, dass die Landstände der einzelnen Fürstentümer zu einer gemeinsamen Sitzung zusammenkamen, was als ein Indiz für das Zusammenwachsen der dem Fürsten untergeordneten Herrschaftsträger dienen kann. Die Initiative dazu ging nicht vom Herzog, sondern von Karl dem Kühnen aus. Dieser versuchte im Machtpoker gegen seinen Vater und aus seiner Vertreibung vom Hof heraus seine Ansprüche auf die Thronfolge durch eine Versammlung der Stände aller Fürstentümer offiziell feststellen zu lassen, wie er es bereits vorher mit den Ständen der Grafschaft Holland allein unternommen hatte. Herzog Philipp reagierte hierauf damit, dass er seinem Sohn zuvorkam und eben dieselben Gesandten zu einem Treffen am 9. Januar 1464 nach Brügge aufforderte. Die Gespräche zeitigten insofern einen Erfolg, als dass im Juni 1464 Karl in allen Ehren wieder am Hof des Vaters offiziell aufgenommen wurde. Doch es sollte noch eine Weile dauern, bis er dort zur tonangebenden Figur wurde, die den Croÿ wirklich Paroli bieten konnte.

3.6 Karls frühe Jahre: die antifranzösische Politik 1465–1467

Ab dem Winter 1464/65 begann eine neue Zeit in den Beziehungen zu Frankreich. Zu Beginn des März 1465 ging Karl gegen die Croÿ vor, und zwar in einer Zeit, als sein Vater, der eigentlich regierende Herzog Philipp, mit einer schweren Krankheit darniederlag. Karl hatte sich hierfür mit seinem illegitimen Halbbruder Anton zusammengetan. In einer Nacht- und Nebelaktion wurden die Länder-Hauptorte, die die Croÿ als ihnen zugehörig empfanden, besetzt und einige ihrer Diener und Parteigänger gefangengenommen. Erst im Nachhinein wurde wenige Tage später von Karl eine öffentliche Bekanntmachung verschickt, mit der er sein Vorgehen erläuterte und zu legitimieren versuchte. Letztlich handelte es sich um die Wiederherstellung der Situation von 1457, mit dem die achtjährige Dominanz der Croÿ am burgundischen Hof beendet wurde.

Damit wurde Karl der Kühne zu der starken Figur am Hofe des Vaters. Der ließ seinen Sohn gewähren und minderte dessen Stellung nicht, im Gegenteil: Sie wurde weiter ausgebaut, indem Karl im April 1465 zum General-Statthalter des Herzogs ernannt wurde. Karl sicherte seine Position noch weiter ab, indem er sich auf einer Generalständeversammlung am 27. April 1465 als »einziger und unumstrittener Erbe seines Vaters« anerkennen ließ. Im Gegenzug verpflichtete er sich, die Privilegien der einzelnen Länder zu bestätigten und nicht zu mindern – die in der Person des Landesherrn verkörperte Einheit der burgundischen Niederlande sollte über den erwarteten Regierungswechsel gewahrt bleiben, und den damaligen an der Landesherrschaft beteiligten Partnern galt die Einheit als erstrebenswertes Ziel. Insbesondere der Fernhandel, die Kaufleute und damit die städtischen Führungsschichten hatten von der im Prinzip seit 1433 anhaltenden Friedensperiode und der Münzvereinheitlichung in den Ländern profitiert. Philipp der Gute blieb in dieser Zeit immer noch persönlich aktiv an der Herrschaft beteiligt, nur bestand jetzt weitgehend Einverständnis zwischen Vater und Sohn. Nun förderte Philipp der Gute das Vorhaben seines Sohnes, die 1463 an den französischen König abgegebenen Somme-Städte wiederzuerlangen und damit das politische Geschäft, das die Croÿ eingefädelt hatten, rückgängig zu machen. Die Rüstungen gegen den französischen König begannen genau zu dem Zeitpunkt der Generalständeversammlung. In dieser Zeit wurde Karl auch eine Figur der, modern gesprochen, internationalen Politik: Er schloss offen

Bündnisse mit dem Herzog von Kleve, mit dem König von Schottland, mit dem Herzog von Bayern-Landshut, mit dem Pfalzgrafen bei Rhein, und schließlich noch im Oktober 1466 mit dem König von England. Teilweise wurden sie von seinem Vater nachträglich bestätigt.

Der Krieg des Öffentlichen Wohles (frz. Guerre du Bien public), der aus einer Adelsrevolte gegen den französischen König entstanden war, gab den Burgundern eine gute Gelegenheit, Geländegewinne auf Kosten des Königs zu machen. Im Mai 1465 begannen die Kampfhandlungen, Péronne wurde belagert. Karl zog mit dem Haupttrupp gemächlich Richtung Paris. Die Reisegeschwindigkeit war gering, da man eine Unmenge an Artillerie mit sich führte, die für die damalige Logistik nur mit großem Aufwand zu handhaben war. Kleinere Städte gaben den Widerstand nach kurzer Zeit auf. Ende Juni war man in der nördlichen und östlichen Umgebung von Paris eingetroffen. Karls Armee traf am 5. Juli in Saint-Denis ein, die anderen Verbündeten blieben aus. Dennoch überschritten Karl und seine Truppen die Seine, nahmen die Brücke von Saint-Cloud ein und zogen in einem großen Bogen um die Hauptstadt weiter nach Monthléry, nicht ganz 30 km südlich von Paris.

Dort entdeckten die vorausgeschickten Späher nicht die erhofften bretonischen, sondern die königlichen Truppen. Unversehens war man direkt auf den Feind gestoßen, die Schlacht unvermeidlich. Gleich für den nächsten Tag wurde sie anberaumt. Am Nachmittag des 16. Juni gab es ein schweres, blutiges Gefecht, für Karl den Kühnen das erste unter seiner operativen Leitung. Die Schlacht selbst brachte trotz hoher Verluste keine Entscheidung, aber die burgundischen Truppen behielten das Feld. Erst nach ein paar Tagen erreichten sie die Bretonen und die anderen Verbündeten, während Ludwig XI. auf einem Umweg doch nach Paris kommen konnte. Einen Sieger gab es nicht. Dennoch erwarb Karl sich einen Ruf als streitbarer Held, der keiner Schlacht aus dem Wege ging, nicht auf Hilfe hoffte und auswich, und trotz einer eigenen Verwundung weiterkämpfte, und vor allem seine eigene Artillerie behielt.

In den nächsten Tagen zogen die Überlebenden mit den inzwischen hinzugestoßenen Verbündeten zunächst weiter ostwärts, wo man mit der Verstärkung aus dem Herzogtum Burgund zusammentraf, erst dann hielt man wieder auf Paris zu. Bis in die zweite Septemberhälfte änderte sich nicht viel, die Kräfte der Belagerer reichten nur für die Bewachung des östlichen Teils der damals größten Stadt im Abendland. Auf dem Verhandlungsweg versuchte Ludwig, die Liga aufzubrechen, indem er einem jeden der Fürsten besondere Angebote machte. Und tatsächlich wirkte dieses. Zu Beginn des Oktobers wurden in Conflans eine ganze Reihe von Verträgen geschlossen, mit denen der König weit auf die Wünsche seiner Kontrahenten einging; Karl erhielt tatsächlich die Somme-Städte und die Kastellaneien Péronne, Roye und Montdidier zu seinem eigenen Gebrauch, dazu noch die Grafschaften Guînes und Boulogne, die eigentlich seinem Vater zustanden. Péronne konnte sogleich im Oktober 1465 gegen Widerstand eingenommen werden, wobei Johann von Burgund Graf von Étampes, ein Neffe Johann ohne Furchts und Konkurrent ums Erbe Philipps des Guten, von Ludwig XI. fallengelassen wurde und in die Hände Karls des Kühnen geriet.

Von diesem Feldzug kehrte Karl als Sieger zurück. Von Paris aus wandte er sich jedoch nicht nach Brüssel, wo sich sein Vater aufhielt, sondern noch im November 1465 zog er weiter ostwärts gegen Lüttich. Mit dem Krieg des Öffentlichen Wohls sollte eine für mehr als zehn Jahre (1465–1477) so gut wie ununterbrochene Folge von Feldzügen das feindschaftliche Verhältnis zwischen dem burgundischen Herzog und dem König von Frankreich bestimmen, wobei festzuhalten bleibt, dass die Feldzüge nicht im Kernraum der burgundischen Niederlande stattfanden, sondern in deren benachbarten Territorien, vor allem im Fürstbistum Lüttich, in Nordfrankreich, in Geldern, im Erzbistum Köln mit der Stadt Neuss, in der westlichen Eidgenossenschaft und in Lothringen. Das Schlachtenglück wandte sich mit der erfolglosen, elfmonatigen Belagerung Neuss' 1474/75 gegen den burgundischen Herzog, danach gab es für Karl so gut wie nur noch Niederlagen. Die Feldzüge hatten insofern Rückwirkungen auf die Kernlande, als der Besteuerungsdruck im Laufe der Jahre höher wurde und der Herzog eine schärfere Gangart im Umgang mit den Ständen an den Tag legte. Er trat stärker als Herrscher mit alleiniger und voller Macht auf, und damit auch un-mittelalterlicher. Das mittelalterliche Ideal des

Konsenses wurde von oben aufgekündigt. Die Neuzeit mit dem fürstlichen Befehl dräute unangenehm. Die Städte des Fürstbistums Lüttich sollten es als erste spüren.

In Lüttich war 1456 der 18jährige Neffe Philipps des Guten, Louis de Bourbon, als Fürstbischof gewählt worden. Gegen ihn erhoben sich sofort die großen Städte des Landes mit Lüttich und Dinant an der Spitze. Der Bischof musste sich nach Maastricht retten, von wo aus er seinen mächtigen Verwandten um Hilfe bat. Die Städte wiederum suchten Schutz bei dessen politischem Gegner, dem König von Frankreich. Zunächst bestimmten auch hier Verhandlungen das Feld, bis 1463 bei der üblichen alljährlichen Ratserneuerung Rasse de la Rivière Herr von Heers als einer der Bürgermeister an die Spitze des Gemeinwesens trat. Dieser entpuppte sich als ausgesprochen kompromisslos, was die Haltung gegenüber dem Bischof anging, wobei er auf die Unterstützung weiterer Kreise in der Lütticher Bevölkerung zählen konnte. Die innerstädtische Opposition der wohlhabenden Bürger konnte auf seine Seite gebracht werden. Immerhin wurden unter seiner Leitung im Frühjahr 1465 neue, genuin städtische Behörden geschaffen und ein eigener weltlicher Regent, ein Mambour, gewählt. Als solcher hatte sich im März 1465 immerhin eine Persönlichkeit aus einer hochadligen Familie aus dem Südwesten des Reichs wählen lassen, ein jüngerer Bruder des Markgrafen von Baden, Markus. Während man 1465 in den burgundischen Niederlanden für den Feldzug gegen den französischen König gerüstet hatte, schlossen die auf Autonomie drängenden Kräfte in Lüttich am 17. Juni 1465 einen militärischen Beistandspakt mit Ludwig XI., wodurch man sich eindeutig auf die antiburgundische Seite stellte. Die Feindseligkeiten eröffnete die Stadt Dinant im Juni 1465, als man (wieder einmal) das auf der gegenüberliegenden Seite der Maas liegende Bouvignes angriff, welches aber zur Grafschaft Namur und also zum Herzog von Burgund gehörte. Im Sommer traf Markus von Baden als Mambour mit einem größeren Kontingent in Lüttich ein. Gleichzeitig erklärte man Philipp dem Guten die Fehde. Es kam allerdings nur zu ein paar Plünderungen im Umland der Stadt. Auch der König von Frankreich ließ die Lütticher im Stich, denen gar nichts anderes übrigblieb, als den Herzog von Burgund um Frieden zu bitten. Hierauf reagierte dieser mit Forderungen, nämlich nicht nur den Fürstbischof als Landesherrn zu akzeptieren, sondern auch ihn, Herzog Philipp, als Schutzherrn des Bistums anzuerkennen.

Erst am 22. Dezember 1465 konnte man in der zu Lüttich gehörenden Stadt Sint-Truiden (frz. Saint-Trond) einen für Burgund günstigen Frieden schließen, der allerdings Dinant nicht mit einschloss. Die Anwesenheit der großen burgundischen Armee bestimmte sichtlich die zu diesem Zeitpunkt kleinmütige Haltung der Lütticher. In der Stadt Lüttich aber wurden die Bestimmungen des Vertrags von Sint-Truiden nicht anerkannt, ja unter Federführung von Rasse de la Rivière wurde einem der den Frieden schließenden Hauptverhandlungsführer der Prozess gemacht. Sowohl in Lüttich als auch in Dinant gaben weiterhin die Autonomiebefürworter den Ton an. Dieses löste eine Vergeltungsaktion im Sommer 1466 aus, zumal immer noch die Gegensätze zwischen Dinant und Bouvignes im Raum standen. Philipp der Gute ordnete an, Dinant, das wegen seiner Metallwarenherstellung größere Bedeutung hatte, belagern zu lassen, so dass im August 1466 Karl der Kühne mit einer nunmehr besser ausgestatteten Armee ein weiteres Mal vor die Stadt zog, die von den Lüttichern schmählich allein gelassen wurde. Gegen Ende August wurde die Stadt relativ problemlos eingenommen und anschließend in aller Ausführlichkeit geplündert, ja man begann die hölzernen Häuser systematisch abzubrennen, was ein unerhörter Akt der Gnadenlosigkeit war. Diese Zerstörung Dinants gilt als eine der ersten Stadtzerstörungen, später als *Sac de Dinant* bezeichnet – ein echtes Fanal für die sich der Fürstenherrschaft widersetzenden städtischen Gemeinden.

Anschließend reiste Karl der Kühne gegen Lüttich, doch wieder zogen die führenden Kreise der Stadt es vor, einen Frieden zu schließen (10. September 1466). Für die Stadt fiel er ungünstiger als der von Sint-Truiden aus, da jetzt Karl der Kühne als Schutzherr anerkannt werden musste, zudem eine hohe Strafsumme zu zahlen war, deren tatsächliche Leistung mit 50 Geiseln abgesichert wurde. Doch die gemäßigten Kräfte in Lüttich konnten sich nicht durchsetzen, im Gegenteil: Dort wurde einigen von ihnen der Prozess gemacht. Es wiederholte sich der Vorgang des vorherigen Jahres. Im Frühjahr 1467 schaltete sich der französische König ein und versuchte zugunsten seiner Parteigänger zu vermitteln. Doch Karl der Kühne erfuhr hiervon und ließ die französischen Gesandten auf der Durchreise durch die Grafschaft Namur festsetzen. Aber dieses unterbrach die Kommunikation zwischen der Partei um Rasse de la Rivière und Ludwig XI. nicht. Der Fürstbischof Louis de Bourbon holte die höhere Geistlichkeit aus der Stadt zu sich an den Hof nach Huy, was eine weitere Schwächung der moderaten Teile in der Stadt Lüttich bedeutete und wiederum die Position der Radikalen stärkte. Aus dieser Zeit gibt es auch erste Hinweise darauf, dass die radikale Gruppierung sich als »Die Leute vom grünen Zelt« bezeichnete, wobei die Wahl dieser Benennung in ihrer Symbolik nicht geklärt ist.

4 Die Festigung: Karl der Kühne 1467–1477

4.1 Der Tod Philipps des Guten und die Niederwerfung Gents und Lüttichs

Am 15. Juni 1467 verstarb nach kurzer schwerer Krankheit in Brügge der seit vielen Jahrzehnten regierende Herzog von Burgund. Karl begab sich sofort von Gent nach Brügge, um seinen Vater in angemessener Weise zu betrauern.

Dem König von Frankreich als dem für Flandern und das Herzogtum Burgund zuständigen Lehnsherrn zeigte Karl den Tod an, ohne allerdings den König als Souverän zu bezeichnen, worüber dieser sehr erbost war. Der Formverstoß war ein Indiz für die Lösung aus dem französischen Herrschaftsverband. Von der französischen Seite gab es aber ebenfalls eine Politik der Nadelstiche. Königliche Amtsträger vergriffen sich immer wieder an burgundischen Lehnsmannen, die widerrechtlich zu Kriegsdiensten aufgefordert oder deren Länder bedroht wurden. Ein Strom von Beschwerden setzte ein, der dafür sorgte, dass Karl der Kühne sich um seine Leute kümmern musste; tat er es nicht, drohte ihm die Kündigung der Gefolgschaft. In der zweiten Jahreshälfte 1467 drohte gar eine Besetzung des im Osten Frankreichs gelegenen Herzogtum Burgunds oder zumindest von Teilen desselben. Beide Seiten suchten darüber hinaus stets nach neuen Verbündeten. Die hochadlige Bündnispolitik erforderte die Fähigkeit, ein komplexes Netz von Beziehungen zu unterhalten. Phasenweise war Karl der Kühne in 26 gleichzeitige Bündnisse verflochten, während zur selben Zeit Ludwig XI. nur über 15 verfügte. Die erfolgreichen Fürsten der Zeit waren, modern gesprochen, begnadete Netzwerker.

Wie bei anderen Herrschaftswechseln, so gab es auch anlässlich des Todes von Philipp dem Guten eine ganze Reihe von Aufständen in den Städten, von denen der in Gent der wichtigste, aber eben nicht der einzige war. Unruhen gab es in Saint-Omer und in Antwerpen und Mecheln, wie überhaupt die Brabanter Städte, besonders Brüssel, beabsichtigten, die Ausweitung ihrer Privilegien zu ertrotzen.

Am 28. Juni 1467 hielt Karl im Rahmen seiner Huldigungsreise, die für die Erneuerung der rechtlichen Beziehungen zwischen den Herrschaftspartnern, dem Fürsten und den Ständen, unabdingbar war, seinen feierlichen Einzug in Gent. Und gleich bei der ersten, wichtigsten und größten Stadt des Herrschaftsgebiets, in Gent, entstanden Probleme. Am 29. Juni gab es anlässlich der Verehrung des in Gent als Ortsheiligen hochgeschätzten Livinus (oder Lievin) einen Aufstand gegen die unbeliebte Steuer der *cueillote*, was den gerade anwesenden Herzog auf den Plan rief, der die Meuterer beschwichtigen wollte. Dabei schoss er aber über das Ziel hinaus, er beschimpfte sie und ihm rutschte auch noch die Hand aus: Einem der Protestler verpasste er eine Ohrfeige – persönliche Herrschaft im wahrsten Sinne des Wortes. Diese Handgreiflichkeit verschärfte die Stimmung gravierend. Eine ganze Reihe von Forderungen wurde erhoben, die sich dahingehend zusammenfassen lassen, dass man die alte Stellung der Zünfte mit ihrer Bedeutung für die städtische Miliz und die Rechtsprechung über das Umland wiederherstellen sowie die seit 1453 als Zeichen der Unterwerfung geschlossenen Tore öffnen wollte. Nur knapp konnte Karl der Kühne mit seinem Hof aus der Stadt entkommen, in der die Zünftler und damit ein Großteil der Bevölkerung das Heft in die Hand nahmen. Sie lehnten sich gegen die großkaufmännisch-stadtadlige, vom Fürsten geschützte Führungsschicht auf. Karl kam Ende Juli den Forderungen nach, allerdings nur widerwillig. Dieses war der Auftakt für langwierige Verhandlungen, die sich bis in den Winter 1468/69 hinzogen, als Gent endlich die neuen Bedingungen des Herzogs akzeptieren musste; der Herzog setzte sich schließlich durch.

In Lüttich verschärfte sich die Situation, als die Nachricht vom Tode Philipps des Guten mit großen Freudenkundgebungen gefeiert wurde. Als dann Johann von Burgund, Graf von Nevers, als Vetter Philipps des Guten Erbansprüche auf Brabant erhob und die radikalen Kräfte in Lüttich dazu aufwiegelte, einige Brabanter Enklaven im Fürstbistum zu besetzen, eskalierte der Konflikt. Karl der Kühne reagierte darauf zunächst mit der Konfiszierung der Besitzungen des Grafen und wies die in scharfem Ton vorgebrachten Erbansprüche zurück. Währenddessen gingen die aggressiven Lütticher Kreise weiter, begannen mit Rüstungen und legten sich eine Artillerie zu. Am 11. August 1467 wurde der ehemalige Bürgermeister von Dinant auf Insistieren der radikalen Lütticher enthauptet, ein Akt der Schreckensherrschaft gegenüber den eigenen gemäßigten Kräften und eine Provokation des burgundischen Herzogs. Erste Scharmützel setzten im Limburgischen ein. Karl der Kühne trieb daraufhin ebenfalls die Rüstungsvorbereitungen weiter. Im Laufe des Septembers schritten die Lütticher Radikalen zum offenen Krieg und bedrohten Huy, wohin sich der Fürstbischof zurückgezogen hatte, und wo ein kleines Kontingent burgundischer Kämpfer zu seinem Schutz abgestellt war. Trotz eines von Karl ausgeschickten Entsatzheeres konnte die Stadt in der Nacht vom 16. auf den 17. September eingenommen werden. Der Fürstbischof selbst floh, seine Ausrüstung mit dem Banner geriet in die Hände der Feinde, seine Soldaten mussten sich ergeben. Die radikalen Lütticher hatten noch mehr Oberwasser bekommen.

Mittlerweile hatten der Herzog und sein Rat den 8. Oktober für den Generalangriff auf Lüttich vorgesehen. Von überallher zog man Soldaten zusammen. Von verschiedener Seite wurden in letzter Minute noch einmal Vermittlungsbemühungen unternommen, doch Karls Entscheidung war unwiderruflich. Die Maschinerie wurde mit ein paar Tagen Verspätung am 19. Oktober in Gang gesetzt. Die Städte Sint-Truiden und Huy waren die ersten Ziele. Trotz Warnungen seitens des französischen Gesandten reagierten die Radikalen auf die ersten Scharmützel mit Gegenangriffen, und zwar in völliger Verkennung der Kräfteverhältnisse. Die Burgunder waren drastisch überlegen. Am 27. Oktober traf man vor Sint-Truiden aufeinander, die Lütticher unterlagen, hatten deutlich mehr Tote und Verletzte zu beklagen, auch unter den Anführern, Rasse de la Rivière und andere hatten die Flucht ergriffen.

Nach der Plünderung des feindlichen Lagers zogen die Burgunder am 1. November weiter nach Lüttich, zerstörten Burg und Stadt Heers, den Besitz von Rasse de la Rivière, und nahmen weitere Orte ein. In Lüttich sank der Kampfesmut, und die verbliebenen Geistlichen warben gegen die Radikalen, für einen Frieden mit Burgund. Tatsächlich konnten Verhandlungen bereits aufgenommen werden, bevor die burgundische Armee am 11./12. November direkt vor Lüttich eintraf. Ihre unerwartete Anwesenheit wirkte bedrohlich. Die Lütticher Gemäßigten ließen am 12. November die Burgunder in die Stadt, wo deren Banner als Zeichen der Einnahme gehisst wurde. Sofort nahm man den Abbau der Tore und Mauern in Angriff, die Stadt wurde entfestet, so dass der Herzog am 17. November 1467 seinen feierlichen Einritt in die Stadt begehen konnte. Ein Diktatfrieden wurde am 28. November verhängt: Die städtischen Privilegien wurden aufgehoben, die Zünfte verboten, flämische und Brabanter Münze eingeführt, dem Herzog und seinen Truppen freies Durchzugsrecht erteilt. Städtische Institutionen und Rechtsgewohnheiten wurden abgeschafft, der Perron, die bronzene Marktsäule als Symbol der Selbständigkeit der Stadt, wurde abgebaut und nach Brügge geschafft. Die Rechtsgewalt lag in Zukunft ausschließlich bei 14 vom Fürstbischof eingesetzten Schöffen. Der Bischofssitz sollte zwischen Maastricht, Löwen und Namur hin- und herwandern, was eine weitere Minderung der Stadt Lüttich bedeutete. Dennoch: Das Fürstbistum blieb als solches erhalten, denn es war ja eigenständiger Bestandteil des Römischen Reichs und der Kirche.

Den Winter 1467/68 verbrachte Karl der Kühne in Brüssel mit der Neuorganisation der allgemeinen Finanzverwaltung seines Herrschaftsgebietes. Unter anderem wurde das Amt des Argentiers geschaffen, dessen Aufgabe darin bestand, an zentraler Stelle eine Übersicht über die besonderen, nicht-regelmäßigen und vor allem die auf besondere herzogliche Anweisung vorgenommenen Ausgaben anzulegen, die den bereits getätigten und noch zu erwartenden Einnahmen, die der Generalrentmeister erfasste, gegenüber zu stellen waren. Hierin sind Ansätze einer gezielten Finanzplanung zu erkennen. Unter dem Generalrentmeister wurden diese Daten bisher zwar auch erhoben, aber nicht in einer gesonderten Rechnung ausgewiesen. Jetzt konnte ein Amtsträger dem Herzog genau sagen, wieviel bereits ausgegeben war und mit Rücksicht auf die Einnahmen noch ausgegeben werden durfte. Zugleich wurden die Planungen für eine die nördlichen Länder übergreifende Generalbede, d. h. einer alle Länder übergreifenden außerordentliche Steuer, aufgenommen, die den ungeheuren Betrag von 1 Million Gulden, verteilt auf zehn Jahre, erbringen sollte.

Die in Lüttich verbliebenen, gegenüber Bischof und Herzog von Burgund moderat eingestellten Politiker und die Bürgerschaft hatten im Winter 1467/68 große Probleme, die auferlegten Strafgelder zusammenzubekommen. Sie mussten das ausbaden, was die radikalen Kräfte angerichtet hatten, die vor der burgundischen Besetzung das Weite gesucht hatten, immerhin mehrere Hundert Personen. Diese Situation bewegte die Lütticher Geistlichkeit, gegen die harschen Bestimmungen des Friedensvertrags zunächst im Geheimen vorzugehen. Im Frühjahr 1468 erhielten sie Unterstützung von dem päpstlichen Legaten Onofrius de Santa Croce, der vom Papst als Vermittler im Streit zwischen Bischof und Ständen von Lüttich eingesetzt worden war. Ende April wurde er in Lüttich begeistert empfangen. Alsbald hob er das Interdikt auf, was dem Bischof ermöglichte, wieder Gottesdienste abzuhalten. Zu Anfang Juni 1468 wurde er zu Karl den Kühnen gesandt mit der Bitte, die Bestimmungen der Verträge zu lockern. Hiermit stieß er bei Karl aber auf taube Ohren. Karl wiederum wagte keinen Bruch mit der Kirche, da zu dieser Zeit ein Krieg gegen den König von Frankreich drohte und er den Papst nicht verprellen wollte.

Die Verhandlungen zogen sich hin, begleiteten die grandiosen, mehrtägigen Hochzeitsfeierlichkeiten Karls mit Margarethe von England in den ersten Julitagen 1468 in Damme und in Brügge. Direkt nach den Feierlichkeiten brach Karl zu seiner kurzen Huldigungsreise in die nördlichen Grafschaften Zeeland und Holland auf. Für die Zeit danach plante Karl einen Zug gegen den König von Frankreich, den er auf Bitten der mit ihm verbündeten Herzöge der Bretagne und von Berry unternehmen wollte. All' diese Vorhaben unterbrachen die Lütticher Verhandlungen. Erst am 10. August 1468 kam es wieder in Brüssel zu entscheidenden Gesprächen, bei denen man langsam auf eine Einigung zusteuerte, Karl sich entgegenkommend zeigte.

Die Abreise des herzoglichen Statthalters Guy de Brimeu aus Lüttich ermutigte die radikalen Exilierten, wieder in die Stadt zu kommen in der festen Erwartung, der burgundische Herzog werde den anberaumten Krieg gegen Frankreich auch wirklich führen. In der Tat war dieser für die Mitte des Monats August vorgesehen, aber Karl der Kühne hatte aller Wahrscheinlichkeit nach nie die feste Absicht, Ludwig XI. zu dieser Zeit zu bekämpfen, genauso wenig wie dieser ihn. Am 4. September übernahmen die Radikalen, die von den Zünften und anderen Gefolgsleuten stark begrüßt wurden, wieder die Führung in der Stadt, und sogleich verfolgten sie ihre politischen Gegner, die Gemäßigten. Wer von deren Anführern nicht rechtzeitig fliehen konnte, wurde ermordet. In dieser Phase des Geschehens lässt sich genauer erkennen, dass es sich bei den Anführern um Niederadlige aus dem Lütticher Umland und den Ardennen handelte, die nicht gewillt waren, in die Nähe der burgundischen Herrschaft zu geraten, auch nicht indirekt über den Fürstbischof Louis de Bourbon, der ja ein Verwandter und enger Parteigänger des Herzogs war. Bei ihrem Einzug in Lüttich am 4. September ließen sie den Kampfruf »Es lebe der König von Frankreich und das freie Lüttich!« erschallen – der französische König war weit weg, und das freie Lüttich meinte die Freiheit des Lütticher Landadels. Nachdem Karl der Kühne von der Machtübernahme der Radikalen Kenntnis erhalten hatte, plante er eine Strafexpedition. Am 17. September 1468 ernannte er Guy de Brimeu zu seinem regulären Statthalter und General-Kapitän in Lüttich mit der Aufgabe, in den östlichen Ländern Truppen zu versammeln und gegen das seit dem letzten Winter offene Lüttich zu führen. Dort begann man desgleichen zu rüsten: Ein Erdwall wurde eiligst aufgeworfen, man holte Kanonen aus Aachen.

Der anberaumte Krieg gegen Frankreich kam nicht zustande. Im Gegenteil: Karl der Kühne und Ludwig XI. einigten sich nach ungefähr zweiwöchigen Verhandlungen am 1. Oktober in Ham an der Somme auf einen weiteren Waffenstillstand, und recht bald darauf machte Ludwig XI. den Vorschlag eines Bündnisses; er wollte Karl den Kühnen aus der ihm, Ludwig, feindlich gesonnenen Koalition der französischen Fürsten herauslösen. Am 9. Oktober trafen beide Machthaber in Péronne zusammen, sehr zur Verwunderung der höfischen Öffentlichkeiten auf beiden Seiten, die den schnellen Umschwung an der Spitze nicht vorausgesehen hatten – und sehr zur Verwunderung der Lütticher Radikalen. Die Beziehung zwischen Karl und Ludwig besserten sich zusehends. Sie schworen einander am 14. Oktober Freundschaft, und Karl versprach, dem König den Lehnseid zu leisten. Ludwig war zudem im Vorfeld zunehmend von den Brüdern des Fürstbischofs bearbeitet worden, die aller Wahrscheinlichkeit nach den König von der Unterstützung Lüttichs abgebracht haben mochten. Ludwig XI. legte sich für die Lütticher Radikalen nicht ins Zeug.

Am 25. Oktober 1468 begann ein kurzer, aber heftiger und endgültiger Feldzug. Erste Vorausabteilungen trafen am 26. Oktober in den Lütticher Vororten ein, es gab erste Scharmützel. Wegen schlechten Wetters musste man den Generalangriff auf den 30. Oktober verschieben, an diesem Tag verließ auch Ludwig XI. das burgundische Lager.

Dann wurde an einem Tag die Stadt praktisch überrannt, nennenswerten Widerstand gab es so gut wie keinen. Der Herzog erlaubte seinen Kriegern, die Stadt ein paar Tage lang zu plündern, befahl aber, die Kirchen davon auszunehmen – doch auch diese wurden nicht geschont. Erst danach ordnete er die systematische Zerstörung der Gebäude an. Nach dem *Sac de Dinant* vom August 1466 war dieses die zweite Stadtzerstörung, die allerdings wohl nur den inneren Bereich der Stadt betraf. Sieben Wochen lang sollen die Feuer gebrannt haben. Handwerker des mit Lüttich konkurrierenden Maastricht bauten die steinerne Maasbrücke teilweise ab. Der Bischof von Lüttich war hinfort zwar formal Landesherr, faktisch aber nichts als eine Marionette in den Händen des burgundischen Herzogs.

Der *Sac de Liège* wurde weithin beachtet, die Nachricht wanderte in Windeseile von einer Stadt zur anderen, innerhalb weniger Tage und Wochen hatte sie in West- und Mitteleuropa die Runde gemacht. Überhaupt setzte der Herzog von Burgund in der Folge alles daran, die Rechtsstellung der Städte zu schmälern und sie stärker in den Herrschaftsverband zu integrieren, womit er ein Vorläufer der gegenüber den Privilegien der Städte feindlich eingestellten Fürsten der frühen Neuzeit war.

Karl der Kühne verließ Lüttich recht bald, am 9. November 1468, ließ noch den Ort Franchimont zerstören, der immer noch als Rückzugsort der übrig gebliebenen Radikalen diente, und zog weiter nach Maastricht.

Nach der Unterwerfung Lüttichs war Karl im Winter 1468/69 in der Lage, die Beziehungen zur großen Stadt Gent in seinem Sinn zu gestalten. Seit den Unruhen, die dort 1467 aus Anlass des Herrschaftswechsels stattgefunden hatten, gab es während der vergangenen eineinhalb Jahre Verhandlungen, die dazu führten, dass der Herzog sich auf der ganzen Linie durchsetzte. Die Gespräche mündeten in eine allgemeine Unterwerfung der Genter am 2. Januar 1469, die neben einer Bitte um Generalamnestie vorsah, dass die Zünfte ihre Banner einzogen und somit als militärische Einheiten ausfielen. Zudem sollte die alljährliche Ratserneuerung dem Stadt- bzw. Landesherrn obliegen, nicht der Stadt. In einer erniedrigenden Zeremonie mussten die Genter Abgesandten in Brüssel am 15. Januar 1469 – sie hatten über eine Stunde im Schnee draußen stehen müssen – in Anwesenheit der Hoföffentlichkeit, zu der auch die Gesandten der fremden Herrscher gehörten, alle ihre städtischen Freiheiten abgeben. Ihre Privilegien wurden eingezogen und vor aller Augen vom Ersten Sekretär des Herzogs zerschnitten. Die Niederwerfung Gents erhielt durch die höfische Zeremonie der Privilegienzerschneidung eine besondere mediale Umsetzung, bei der Karl als obsiegender Fürst vor aller Augen das Feld beherrschte. Die Städtefeindschaft war Programm, als Städtefeind sollte er wahrgenommen werden.

4.2 Die Außenpolitik Karls des Kühnen 1469–1473

Die ersten Monate des Jahres 1469 standen vornehmlich im Zeichen außenpolitischer Fragen. Die Beziehungen zu England wurden enger, Karl war in den Hoforden der englischen Könige, den Hosenbandorden, aufgenommen worden, und Herzog Sigismund von Tirol wandte sich unversehens an Karl und machte aus Geldnöten ein Angebot, das für Karl nur schwer abzulehnen war.

Mit Lüttich hatte Karl der Kühne den burgundischen Herrschaftsverband nach Osten erweitert. Nun sollte der Süden folgen. Das Heilige Römische Reich war seit dem ersten Jahrzehnt Philipps des Guten die wichtigste Größe in der Ausdehnungspolitik des Herzogs. Dieses erkennt man auch an der durch den Pfanderwerb von Teilen des Elsass eingeleitete Expansion. Diese Landesteile gingen mit dem Vertrag von Saint-Omer vom 9. Mai 1469 aus habsburgischem Besitz in die Hände Karls des Kühnen über. Das dicht besiedelte Elsass gehörte zu den vermögenderen Gebieten Mitteleuropas, das über den Rhein eine zwar entfernte, aber gute Verkehrsanbindung mit den Niederlanden besaß, seit langem einen bedeutenden Weinbau kannte, zudem an die Franche-Comté angrenzte.

Die Habsburger kamen eigentlich aus dem Oberrheingebiet aus der Nähe von Basel und hatten daher von Anfang an Besitzungen in dieser Region. In den 1460er Jahren gehörten diese Ländereien, die aus österreichisch-habsburgischer Sicht so genannten Vorlande, zum Besitz des Herzogs Sigismund von Tirol. Seit dem 14. Jahrhundert gab es Auseinandersetzungen mit der auf Autonomie bedachten Eidgenossenschaft, die unter der informellen Führung Berns stand. Bern versuchte, die anderen Städte des Alpenvorraums als seine Trabanten zu instrumentalisieren. 1415 eroberten die Eidgenossen den Aargau, 1460–1461 den Thurgau, 1468 den Sundgau. Sigismund von Tirol suchte politischen und militärischen Schutz bei den anderen Fürsten im Süden des Reichs, doch blieb er auf sich allein gestellt, konzentrierte seine Aufmerksamkeit wohl auch auf Tirol, kämpfte zudem mit ständiger Finanznot, die ihm größere Aktionen in der Ferne untersagte.

Im Februar 1469 beschloss Sigismund, sich neue Finanzierungsquellen im Westen zu erschließen und bot deswegen Teile der Vorlande Ludwig XI. von Frankreich an, der darauf nicht einging, so dass sich Sigismund an dessen Konkurrenten Karl den Kühnen wandte. Ihr erstes direktes Zusammentreffen begann am 22. März 1469 in Arras. Die Verhandlungen zogen sich zwei Monate hin bis zum 9. Mai, als sie in Saint-Omer übereinkamen, dass Sigismund Teile der Vorlande für 50 000 rheinische Gulden verpfändete.

Bei den verpfändeten Teilen handelte es sich bei genauerer Betrachtung um mehrere Komplexe, nämlich die westlich des Rheins gelegene Landvogtei Elsass, die Grafschaft Pfirt (frz.

Ferrette), die habsburgischen Landstädte östlich des Rheins, den Breisgau (ohne Freiburg) und den südlichen Teil des Schwarzwaldes bis hinab an den Rhein mit den Kleinstädten Rheinfelden, Säckingen und andere sowie weitere kleinere Herrschaftsrechte wie Breisach mit der einzigen Rheinbrücke zwischen Basel und Straßburg. Die Orte und Zuständigkeiten befanden sich in komplizierter Mischlage und ergaben mit anderen ein Mosaikteppich an Herrschaftsrechten. Damit bildeten sie genau das Gegenteil von dem, was Karl den Kühnen gedanklich wohl vorschwebte, nämlich ein relativ vereinheitlichter Herrschaftsverband über Städte, Adel und Kirche. Mehrere mittelgroße Machthaber gaben in der Region den Ton an: Stadt und Bischof von Straßburg, Stadt und Bischof von Basel und der vom Römischen König eingesetzte Landvogt von Elsass, der über den Zehn Reichsstädten (der Dekapolis) stand. Zu dieser Zeit war das Amt an Pfalzgraf Friedrich I. bei Rhein verpfändet. Zu unterscheiden ist dieses kaiserliche Amt von der Landvogtei von Oberelsass, die zu den habsburgischen Ämtern gehört und ihren Hauptsitz in Ensisheim hatte. Nachteilig war für Karl zudem, dass Sigismund von Tirol das Rückkaufrecht besaß. Dennoch nahm Karl das Wagnis auf sich und setzte einen seiner Vertrauten, der die herzogliche Politik der Herrschaftsausweitung und -vereinheitlichung konsequent umsetzte, als Landvogt von Oberelsass ein: Peter von Hagenbach. Mit anderen zusammen wurde er im Sommer 1469 entsandt, um von den vielen verpfändeten Herrschaftsträgern den Huldigungseid einzuziehen.

Im Laufe des Jahres 1469 änderte sich Ludwigs XI. Haltung zu Karl den Kühnen wieder zugunsten einer feindlichen bis kriegstreibenden Haltung. Auch Karl hegte Rüstungspläne gegen Frankreich. Im Winter 1470/71 belauerten sich beide Fürsten gegenseitig, nahmen öffentliche Proklamationen vor, warben propagandistisch um Anhänger und warnten zugleich vor Übertritten zur anderen Partei.

Nach der Jahreswende schritt Ludwig XI. zur Tat. Am 6. Januar 1471 konnte er Saint-Quentin kampflos einnehmen. Bald fielen auch die Kastellaneien Roye und Montdidier in seine Hand; die beiden letzteren Orte übereignete der König an seinen Konnetabel, den Grafen von Saint-Pol. Es folgte ein monatelanger Kleinkrieg mit zahlreichen Scharmützeln. Am 24. Februar nahmen die Burgunder den Ort Picquigny ein, bedeutend wegen einer Brücke über die Somme. Im März stand eine erfolglose Belagerung Amiens' an, zudem fielen die Franzosen und einige exilierte Lütticher Radikale unter der Führung von Rasse de la Rivière (vermutlich als Söldner in französischen Diensten) in den Hennegau ein. Auch im eigentlichen Herzogtum Burgund setzten Kampfhandlungen ein. Seit Mitte März verhandelte man in Amiens über einen Waffenstillstand, auf den man sich tatsächlich einigen konnte. Ab dem 4. April sollten die Waffen in der Pikardie und in Herzogtum Burgund ruhen, was bis zum Sommer 1472 anhalten sollte.

Im Januar 1471 begann Karl der Kühne, den im holländischen Exil befindlichen König Eduard IV., der vor den feindlichen Lancaster aus England geflohen war, merklich zu unterstützen. Er zahlte ihm 20 000 Pfund zur Finanzierung der Rückfahrt, eine Summe, die es dem englischen König erlaubte, Schiffe zu mieten. Mit einem Eilmarsch und einem Kontingent von etwa 2000 Mann konnte er sich nach London begeben. In Barnet, nördlich der Hauptstadt London gelegen, kam es zum Kampf mit Richard Neville, bei dem dieser fiel, und wenige Wochen später zur zweiten siegreichen Schlacht in Tewkesbury, im Westen Englands in Gloucestershire gelegen. Quasi im Handstreich hatte Eduard IV. damit sein Königtum zurückerobert, die konkurrierenden Lancaster ausgeschaltet, bis zu seinem Tod 1483 sollte er unhinterfragt weiter regieren können. Im Sommer 1471 wurden die Beziehungen zwischen Karl dem Kühnen und Eduard IV. wieder auf den Stand vor der englischen Thronkrise versetzt.

Was das angespannte Verhältnis Karls zu Ludwig XI. anging, so setzten nach einer ruhigen Phase mit gegenseitig ausgetauschten Gesandtschaften im April 1472 wieder kriegerische Auseinandersetzungen ein, die Ludwig dadurch ausweitete, dass er um Mitte Mai die Länder seines jüngeren Bruder Karl Herzog von der Guyenne angreifen ließ, womit für Karl den Kühnen der Bündnisfall gegeben war. Dieser ließ seine Truppen die Somme überschreiten. Mit einer gewissen Verspätung, am 6. Juni 1472, erklärte Karl dem französischen König den Krieg. Auch Franz II. von der Bretagne ließ nun seine Kräfte aufmarschieren. Doch der Herzog der Guyenne starb zu Beginn des Monats Juni. Sofort machten Gerüchte einer Ermordung die Runde, und auch Karl hieb in diese Kerbe. Am 16. Juli ließ er ein Schreiben verbreiten, indem er verlautbarte, dass er die Ermordung seines Alliierten zu rächen beabsichtigte. Dieses wuchs sich zum einzigen Feldzug aus, den Karl als regierender Fürst direkt gegen den französischen König führte, und dabei stützte er sich auf die von ihm seit 1470 neugeschaffenen Ordonnanzkompanien, stehende Verbände von insgesamt 1250 Lanzen zu acht Mann. Die insgesamt höchstens etwa 10 000 Mann waren sogar uniformiert. Karl der Kühne war nicht der einzige Fürst, der stehende Truppen gebildet hatte, auch einige italienische Fürsten und Ludwig XI. verfügten über solche Einheiten. Diese stehenden Verbände bildeten eine beachtliche Ausnahme in der Militärgeschichte des Mittelalters, bei der man meist über anlassgebundene Kräfte verfügte. Mit den stehenden Truppen wurde gleichsam die frühe Neuzeit vorweggenommen, erst im Absolutismus des 17. Jahrhunderts wurden derartige Verbände zur Regel.

Die burgundischen Truppen zogen vor die Stadt Nesle, welche trotz heftiger Gegenwehr eingenommen wurde. Ein brutales Strafgericht war die Folge: Alle waffentragenden Personen, derer man habhaft werden konnte, wurden hingerichtet. Karl ordnete die Zerstörung der Stadt an, ein dritter *Sac*. Bald darauf konnten auch die Kastellaneien Roye und Montdidier wieder in die Hände des Burgunders fallen, die ein Jahr vorher dem Grafen Saint-Pol übergeben worden waren.

Der Zug der burgundischen Armee ging weiter in Richtung Normandie, wo man die verbündeten bretonischen Truppen zu finden hoffte. Der Weg dorthin führte über Beauvais in der Pikardie. Trotz mehrerer Anläufe konnte die Stadt nicht eingenommen werden. Von Paris aus wurde sie mit Munition und Nahrungsmitteln versorgt – eine deutliche Niederlage für Karl den Kühnen. Ein französischer Gegenangriff blieb nicht aus. Ebenfalls im Juli 1472 zog eine französische Abteilung mit 3000 Mann in den Hennegau, wo sie den Ort Prisches einäscherten. Ebenfalls im Juli ließen die Burgunder Beauvais liegen und machten sich auf den Weg Richtung Küste, brannten nieder, was ihnen in die Hände fiel, mäanderten weiter durch die Lande Richtung Rouen. Die kleineren Küstenstädte ergaben sich bis auf eine, Dieppe. Das burgundische Hauptkontingent unter Karls Leitung drang im Westen Frankreichs nicht nach Rouen vor, da königliche Truppen, die Seine als Barriere nutzend, die Übergänge gesperrt hatten. In Frankreich vermochte Karl der Kühne nicht wirklich etwas gegen die Übermacht auszurichten, während in seinen Territorien die Sicherheit bedroht war. Langsam ließ er seit Anfang September die ersten Teile seiner Truppen nach Hause zurückkehren, da es an Nachschub mangelte. Im Prinzip schlief der Feldzug im September/Oktober ein, die Burgunder zogen sich unverrichteter Dinge zurück, in der Grafschaft Champagne konnte man noch ein paar Erfolge verzeichnen, welche vermutlich Ludwig dazu bewegten, am 3. November 1472 einen fünfmonatigen Waffenstillstand mit Karl zu schließen. Das System der befristeten Waffenstillstände sollte noch die nächsten Jahre andauern. Zu ergänzen ist noch, dass der im Prinzip gescheiterte Feldzug mit den neu geschaffenen Ordonnanzkompanien dazu führte, dass Karl der Kühne in den nächsten Kriegen verstärkt auf Söldner setzte, vor allem aus Italien, von wo er versuchte, berühmte Söldnerführer heranzuführen. Neben den Italienern sollten auch englische Söldner, vor allem berittene Bogenschützen, einen bedeutenden Anteil an der burgundischen Armee ausmachen.

Das folgende Jahr 1473 stand vor allem im Zeichen zweier Ereignisse, der Einnahme Gelderns im Sommer und des Treffens mit Kaiser Friedrich III. in Trier im Herbst.

Im Herzogtum Geldern regierte seit 1423 ein Zweig der aus Holland stammenden Familie Egmond. Das am Rhein und Maas liegende Herzogtum war der nordöstliche Nachbar des Herzogtums Brabant, schloss östlich an Holland und Utrecht an, und an der Maas grenzte der südliche Landesteil an das Fürstbistum Lüttich. Auf Grund dieser Lage bildete es das natürliche Feld zur Fortsetzung der burgundischen Ausweitungspolitik. Entscheidend ist, dass es innerhalb der geldrischen Herzogsfamilie zu offenen Auseinandersetzungen zwischen dem regierenden Vater Arnold und seinem Sohn Adolf kam, der von seiner Mutter Katharina tatkräftig unterstützt wurde. Katharina stammte aus der Familie der Herzöge von Kleve und war deswegen eine Parteigängerin der burgundischen Herzöge.

Die geldrische Dynastie und ihr Hof bildeten in politischer Hinsicht keine Einheit. Die Geschichte dieser Auseinandersetzungen ist hier nicht im Einzelnen zu erzählen. Sie boten den burgundischen Herzögen die Möglichkeit, in den Streit einzugreifen und dabei ihre eigenen Interessen zu befördern, indem sie ihre Unterstützung demjenigen schenkten, der ihnen zugetan war. Wieder spielten Fragen der Parteihaltung und der politischen Interessen eine ausschlaggebende Rolle. 1465 konnte der Sohn Adolf seinen Vater gefangen nehmen und absetzen. In den Jahren 1466–1469 gab es einen Kleinkrieg zwischen Jungherzog Adolf von Geldern und dem Herzog von Kleve. Beide waren Mitglied des Ordens vom Goldenen Vlies, und somit waren die Herzöge von Burgund berufene Vermittler. Karl der Kühne hatte die Vermittlungsaufgabe von seinem 1467 verstorbenen Vater übernommen. In den Jahren 1468 bis 1471 gab es immer wieder Ausgleichsbemühungen. Entscheidend sollte das Auftreten des Papstes werden, der im Herbst 1470 politischen Druck ausübte und dafür sorgte, dass Herzog Arnold, der Vater, endlich aus der Haft entlassen wurde. Aber obwohl beide Herzöge, Vater und Sohn, sich im Winter 1470/71 am burgundischen Hof befanden, konnte man trotz intensiver Gespräche keinen Konsens erzielen.

Im Februar 1471 versuchte Jungherzog Adolf, der nebenbei Beziehungen zu Ludwig XI. von Frankreich unterhielt, sich ohne Zustimmung Karls des Kühnen vom Hof zu entfernen, was dieser als Affront wertete. Adolf wurde gefasst und anschließend in ehrenhaftem Arrest gehalten – bis zum Tode Karl des Kühnen im Januar 1477. Aber sowenig, wie Adolf während der Gefangenschaft seines Vaters ganz Geldern beherrschen konnte, sowenig gelang es nun seinem Vater während der Gefangenschaft seines Sohnes das ganze Land zu beherrschen. Die Gefolgschaften beider Prätendenten spalteten die Herrschaft. Insbesondere die Städte erkannten den Vater nicht an, und fanden in der Person des Grafen Vinzenz von Moers einen Gegenregenten, der ebenfalls auf Jungherzog Adolfs Seite stand. Gegen Ende des Jahres 1471 bot Arnold von Geldern dem burgundischen Herzog die formelle Schutzherrschaft über Geldern an, die dieser sofort annahm. An der Parteiung in Geldern änderte dies nichts. Ende des Jahres 1472 schließlich verpfändete Herzog Arnold seine beiden Länder für 300 000 rheinische Gulden an Karl den Kühnen mit dem Recht, bis zu seinem Lebensende die Herrschaft in den nunmehrigen Pfandlanden auszuüben. Wieder schlug Karl der Kühne ein, bestand lediglich darauf, einige wichtige Burgen bereits jetzt schon besetzen zu dürfen. Sogleich, noch im Winter 1472/73, versetzte Karl einen Teil seiner Truppen in Marschbereitschaft, um möglichst bald in Geldern einzumarschieren. Da verstarb Herzog Arnold am 23. Februar 1473.

Einer Einverleibung Gelderns in den burgundischen Herrschaftsverband stand nun im Prinzip nichts mehr im Wege, wenn da nicht die Städte und ein Teil des Adels gewesen wären, die die Übereignung an Karl den Kühnen nicht mitmachen wollten. Die Gültigkeit von Arnolds Testament und der Verpfändung wurde von ihnen angezweifelt. Sie mussten militärisch niedergeworfen werden. Die geldrisch-ständischen Verbände bildeten keine ernsthafte Gegenwehr, der Feldzug war kurz. Lediglich Nimwegen leistete für etwa drei Wochen nennenswerten Widerstand, wurde ganz eingeschlossen und musste kapitulieren. In der Folge konnte Karl der Kühne die Herrschaft antreten. Als erstes wurden die Kosten des Feldzugs auf die Stände umgelegt, die städtischen Ämter wurden an Vertraute des Herzogs übergeben. Die Städte wurden enger in die Landesherrschaft eingebunden. An die Spitze des Landes wurde Willem van Egmond, der Bruder Arnolds bzw. Onkel Adolfs, als Statthalter eingesetzt; Karl versuchte durch die Wahl eines nahen Verwandten die Akzeptanz der burgundischen Herrschaft zu erreichen. Willem van Egmond wurden ein Rat mit einem Präsidenten und eine Rechenkammer mit einem Rentmeister an der Spitze an die Seite gestellt, so dass die Verwaltung an die Flanderns, Brabants, Hennegaus und Holland-Zeelands angeglichen wurde.

Relativ unaufwendig waren die burgundischen Niederlande um ein weiteres Fürstentum im Nordwesten des Reichs ergänzt worden, an Lüttich, Brabant und Holland angegliedert, was insofern günstig war, als im Stift Utrecht Karls Halbbruder David als Bischof fungierte, dieses Land, wenn auch formal selbständig, doch indirekt zu dem burgundischen Herrschaftsverband gehörte. Das politische Schwergewicht hatte sich noch weiter zugunsten des Herzogs von Burgund verschoben. Mit der Einnahme Gelderns hatte sich einmal mehr gezeigt, dass es nicht ratsam war, sich gegen ihn zu stellen.

4.3 Das Trierer Treffen – die Königskrone in Händen

Die Königtümer in Europa waren (und sind) keine natürlichen Größen, sondern wurden von Menschen für Menschen gemacht, genauer: von wenigen für viele Menschen, noch genauer: von wenigen Höchstadligen für viele Hoch- und Mitteladlige und deren Gefolgschaften. Die Königreiche waren im Mittelalter und Neuzeit keine statischen, unabänderlichen Gebilde, sondern in besonderen Umständen neu geschaffene künstliche, aus machtpolitischen Ambitionen heraus entstandene Größen. Den allerhöchsten Adelskreisen in Europa war dieses bewusst.

Die burgundischen Niederlande im 15. Jahrhundert waren ein solcher Fall. Die burgundische Königsfrage ist viel beachtet, aber schlecht zu erforschen, denn man hatte sich damals um Geheimhaltung bemüht, weswegen es keine gebündelte Überlieferung gibt, sondern nur versteckte Mosaiksteine, die im Laufe von mehreren Jahrzehnten von der Forschung aus vielen Archiven und Bibliotheken West- und Mitteleuropas zusammengetragen worden sind und auch heute noch Raum für Interpretationen lassen.

Um es kurz vorweg zu nehmen: Beinahe wäre es tatsächlich zur Königskrönung Karls gekommen. Auf dem Trierer Treffen waren Karl der Kühne und Kaiser Friedrich III. in den ersten Novembertagen 1473 handelseinig geworden. Ein *Regnum Burgundie* sollte geschaffen werden, das vom Kaisertum lehnsabhängig war. Aus den Händen des Reichsoberhaupts sollte Karl die Krone empfangen. Der anderwärts als untätig geltende Kaiser war es, der die Baumaßnahmen für die auf dem Trierer Hauptmarkt eigens angefertigten hölzerne Bühne und Tribünen für die Krönungsfeierlichkeiten vorantrieb – die Krönung hätte seine Stellung erhöht, er wäre der Kaiser gewesen, der diesen

Herzog zum König gemacht hätte, er, der Kaiser, wäre wahrlich der Mehrer des Reichs gewesen. Die Krönung wurde zunächst für den 14. November, dann für den 18. November vorgesehen, und schließlich auf den 21. November verlegt, Krone, Szepter und weitere Insignien lagen bereit (diese hatte man im Vorfeld anfertigen lassen können, da man vom Gelingen der Krönung überzeugt gewesen war).

Der Kaiser konnte etwas verschaffen, was nur der Kaiser verschaffen konnte: Legitimität. Der Herzog von Burgund war auf den Kaiser angewiesen, dieser aber nicht auf ihn. Der Kaiser besaß ein Monopol. Der Herzog fragte nach; eine Eigenkrönung kam nicht in Frage, ebenso wenig wie eine Krönung durch den Papst – die hätte einen erhöhten kommunikativen Aufwand mit zahlreichen Gesandtschaften und einer persönlichen Reise an die Kurie erfordert – oder durch einen der hauseigenen Bischöfe – einer solchen hätte es an Legitimität gefehlt. Am Bittsteller lag es, viel in die Beziehung zu investieren, und Karl der Kühne investierte viel, vielleicht sogar zuviel: Er trat mit einem ungeheuren Prunk auf, mit einem solchem Bombast, dass die anderen Fürsten und der Kaiser nach hinten überfielen. Unaufwendig, aber wirksam saß der Kaiser trotz des bescheideneren Auftretens am längeren Hebel. Der Kaiser allein war das weltliche Haupt der Christenheit. Aber auch er konnte die Legitimität nicht im Alleingang verschaffen, sondern nur im Konsens mit dem Reich, d. h. konkret mit den Kurfürsten. Als nach der erzielten politischen Einung, bei der der Kaiser dem Herzog extrem weit entgegengekommen war und nur noch eine offene Frage im Raum stand (die Stellung der reichsunmittelbaren Herrschaften innerhalb des neuen Königreichs), von Karl dem Kühnen weitere Forderungen nach den kurfürstlichen Willebriefen (Zustimmungsurkunden) gestellt wurden, kostete es den Kaiser so gut wie nichts, den Bittsteller darauf zu verweisen, sich doch selbst darum zu kümmern. Es war ja kein allgemeiner Hoftag, sondern nur ein zweiseitiges Herrschertreffen, das sie in Trier abhielten, das durch die Anwesenheit weiterer Fürsten aufgewertet wurde zu einer Art Gipfeltreffen. Nur zwei der sieben Kurfürsten waren anwesend, der gastgebende Erzbischof von Trier und der Erzkanzler des Reichs, der Erzbischof von Mainz. Karl der Kühne hatte sich mit der Forderung nach der kurfürstlichen Zustimmung verrannt, sie war faktisch nicht zu erreichen. Der Kaiser machte sich nach ungefähr zwei Wochen der Vorbereitungen und weiteren Verhandelns auf den Weg und verließ Trier am 25. November 1473 ohne das bei einem Herrschertreffen übliche Abschlusszeremoniell, ein Regelverstoß, mit dem er den burgundischen Herzog bloßstellte.

Begonnen hatte das Treffen am 30. September 1473. Der Kaiser ließ sich im erzbischöflichen Palast nieder, der Herzog in der Abtei St. Maximin vor Trier. Den Auftakt des Gipfeltreffens bildeten zunächst Rangstreitigkeiten über Fragen, wer wen besuchte und wo man sich genau treffen sollte. Zu einem ersten persönlichen Zusammentreffen kam es erst am 2. Oktober, als Karl der Kühne sich zu Friedrich III. begeben hatte. Wie oft bei höchstrangigen Treffen wurden eine ganze Reihe von anderen Fragen mit dem eigentlichen im Raum stehenden Thema verknüpft. Als erstes stand eine burgundische Hilfe von 10 000 Mann für die Bekämpfung der Türken im Raum. Den Reigen der höföffentlichen Feste eröffnete ein gemeinsames Bankett am 7. Oktober, als der Kaiser den burgundischen Herzog in dessen Lager aufsuchte, und mit dem auch die eigentlichen geheimen Verhandlungen eingeleitet wurden. Dank mehrerer, heute noch überlieferter Briefe von eingeweihten Informanten, die diese an ihre in Trier nicht anwesenden Auftraggeber verschickten, kann man auch heute noch die Positionen in ungefähr erkennen: Friedrich III. wünschte die Vermählung seines Sohnes Maximilian mit Karls Erbtochter Maria, Karl hingegen strebte die Königswürde an, am liebsten sogar die des Kaisers und Nachfolgers Friedrichs III. Nach seinem, Karls, Tod sollte Maximilian nachfolgen. Erst am 23. Oktober formulierte der burgundische Kanzler Guillaume Hugonet in einer Rede die Ziele der burgundischen Politik, die von der kaiserlichen Seite abgewehrt wurden. Ende Oktober ließ Karl bereits zum Abbruch der Verhandlungen rüsten, woraufhin Friedrich III. ihm nun entgegenkam. In den ersten Novembertagen erreichte man die ersten Übereinkünfte. Auch über das neue Königtum wurde man sich einig, wie eine am 4. November ausgestellte Vorurkunde zeigt, die aus dem kleinen Kreis der direkt an den Verhandlungen Beteiligten stammte.

Karl der Kühne forderte dann aber am 7. November die Zustimmung der Kurfürsten zur Königserhebung, doch konnte diese nicht eingeholt werden, zudem willigte Friedrich III. nicht ein, dass die reichsunmittelbaren Herrschaften dem neuen Königtum inkorporiert werden sollten. So ganz einig war man sich also doch nicht. Der Kaiser und seine Räte, die anwesenden Kurfürsten und Fürsten, boten der burgundischen Seite ein zweites Treffen Anfang 1474 in der Reichs- und Bistumsstadt Besançon an, doch beharrte Karl der Kühne auf der Fortsetzung der Unterredungen.

So wie Karl bereits Ende Oktober mit dem Abbruch der Verhandlungen begonnen hatte, so kündigte auch am 24. November Friedrich III. den Reichsfürsten seine Abreise an und machte persönlich bekannt, dass man sich auf den 1. Februar 1474 in Besançon, Basel oder Köln vertagt hatte. Am Morgen des 25. November bestieg er nach der Frühmesse das Schiff, das ihn von Trier moselabwärts bringen sollte. Karl der Kühne schickte ihm einen seiner engsten Vertrauten hinterher, Peter von Hagenbach. Dieser erreichte den Kaiser und teilte mit, dass sein Herr noch seinen Abschied nehmen wollte. Der Kaiser ließ die Ruder anhalten, doch als Karl der Kühne nicht bald erschien, befahl er die Weiterfahrt. Die angekündigte einseitige Abreise war ein probates Mittel, den Verhandlungsgegner unter Druck zu setzen, doch wenn dieser daraufhin nicht oder erst zu spät reagierte, dann konnte man ihn ins Leere laufen lassen. Den Wunsch des Burgunders nach einem gemeinsamen Abschied auszuschlagen bzw. nicht auf den Herzog zu warten, stellte ein Affront dar, wie auch andererseits das Wartenlassen des Kaisers ein Affront bedeutete – das Treffen endete, wie es anfing: mit Rangstreitigkeiten.

Durch den abrupten Abbruch der Verhandlungen in Trier gerieten die Beziehungen zwischen Burgund und dem Kaiser (und folglich dem Reich insgesamt) in eine tiefe Krise. In Trier hatte Herzog Karl hoch gepokert – und alles verloren. Es gibt Indizien dafür, dass die Regierungstätigkeit und der gesamte Apparat in den Tagen und Wochen nach der verunglückten Königserhebung wie gelähmt waren. Im Dezember 1473 gelang gerade bei den kleinen Dingen so gut wie nichts mehr. Untergeordnete Herrschaftsträger waren in ihren Beziehungen zum

Fürsten verunsichert und taten vorsichtshalber gar nichts, warteten lieber ab, wie beispielsweise bei der von langer Hand geplanten Organisation der Überführung der Gebeine Philipps des Guten von Brügge nach Burgund in die Kartause von Champmol, dem (von der Krönung abgesehen) ersten höfischen Großereignis, bei dem Karl als König aufgetreten wäre; mehrmals und immer wieder musste diese angeordnet werden, ehe die niederen Amtsträger den Wünschen des Landesherrn nachkamen. Das bedeutete wiederum, dass Karl der Kühne als Herzog für einige Wochen auf seine persönliche Herrschaft zurückgeworfen war. Er legte eine demonstrative Tätigkeit an den Tag, höhere Amtsträger, die in direktem Kontakt mit dem Fürsten standen, kamen seinen Wünschen direkt nach.

In den ersten Dezembertagen 1473 wurden eine ganze Reihe von entscheidenden Maßnahmen ergriffen, die für die nächsten Jahre bestimmend bleiben sollten, nämlich eine weitere Zentralisierung der Verwaltung in den nördlichen Territorien. Neben den seit 1464 existierenden Generalständen entstanden nun weitere länderübergreifende und vereinheitlichende Institutionen. Als höchstes Organ der Rechtsprechung wurde der seit den 1440er Jahren urteilende Große Rat zum ›Parlament von Mecheln‹ aufgewertet, dessen Vorbild das Parlament von Paris war, das höchste königliche Gericht in Frankreich. Über ein solches Parlament zu verfügen hätte einem König zugestanden, nun verfügte der Herzog über ein königgleiches Gericht. Daneben wurde in Mecheln eine allgemeine Rechenkammer, ebenfalls mit Zuständigkeit für die nördlichen Länder eingerichtet. Von Vorteil waren derartige Einrichtungen in erster Linie für den herumreisenden Herzog: Er musste sich nicht mehr mit mehreren Rechenkammern um die Finanzierung seiner Unternehmungen kümmern, sondern hatte gleichsam eine Adresse, an die er sich wenden konnte.

Die vielen kriegerischen Unternehmungen der Jahre 1474–1476/77 verschlangen immense Summen. Zu einem Gutteil wurden diese als außerordentliche Steuern von den Ständen eingezogen, doch war dieses nur nach längeren und scharfen Verhandlungen möglich, bei denen die Stände in der Regel ihre Beschwerden vorbrachten, die sie abgestellt zu haben wünschten. Unersetzlich für den Herzog waren bei diesen im Prinzip ununterbrochenen Verhandlungen des Kanzlers Guillaume Hugonet und seiner, des Herzogs, Ehefrau Margarethe von York. Sie und ihre Stäbe sorgten für die Stabilität der inneren Verhältnisse, konkret in den Beziehungen zu den Ständen, insbesondere zu den großen Städten Flanderns.

Die Wahl Mechelns als Standort für die großen, länderübergreifenden fürstlichen Institutionen war insofern geschickt, als die Stadt und ihr direktes Umland, zusammen die kleine Herrlichkeit Mecheln bildend, als rechtlich selbständige Enklave im Herzogtum Brabant lag, ungefähr in der Mitte des Städtedreiecks zwischen den brabantischen Brüssel und Antwerpen und dem flämischen Gent. Formal gehörte Mecheln also nicht zu einem der größeren Territorien, so dass es keine Bevorzugung und folglich keinen Streit um die Rangordnung geben konnte. Neben den Kanzler wurde im Sommer 1475, als der Feldzug gegen Lothringen anstand, noch ein Generalstatthalter für die nördlichen Fürstentümer eingesetzt, Adolf von Kleve Herr von Ravenstein. Die Etablierung eines solchen Amts während der Regierungszeit des Fürsten ist ein weiteres Indiz für die zunehmende Institutionalisierung der Herrschaft, letztlich für eine Lösung der Herrschaft von der Person des Fürsten, die sich zumindest der Tendenz nach feststellen lässt.

4.4 Karl der Kühne und die Niederlage vor Neuss

Bereits im Dezember 1473 ging die Auseinandersetzung mit dem Reich in die nächste Runde, als sich Karl zum Schutzherrn und Anwalt des kölnischen Hochstiftes machte. Als äußeres Zeichen dieses Schutzes befahl er, sein, Karls, Wappen an einigen öffentlichen Stellen in der Stadt Köln anzuschlagen, doch wurden die von einem Herold angebrachten Wappen sofort wieder entfernt. Drei Wochen nach dem Ende der Trierer Verhandlungen mischte Karl sich damit in die inneren Belange eines der für die Geschicke des Reichs bedeutendsten Territorien ein, denn es ging ja immerhin um eines der drei geistlichen Kurfürstentümer. Auf den Kaiser nahm er keine Rücksicht mehr.

Diese Einmischung in die inneren Kölner Angelegenheiten erklärt sich nicht von selbst, sondern steht in zwei Zusammenhängen: Der kleinere Zusammenhang besteht in der Eroberung des Herzogtums Geldern durch Karl den Kühnen im Sommer 1473, durch die er zum direkten Nachbarn des Erzbistums Köln geworden war. Der größere Zusammenhang besteht in der sogenannten Kölner Stiftsfehde.

Hintergrund der Kölner Stiftsfehde war, dass 1463 nach einem fast 50jährigen Episkopat Dietrich von Moers als Erzbischof verstorben war. Er hatte eine zwar aggressive, letztlich aber erfolglose Politik der territorialen Ausweitung geführt, die wenig Rücksicht auf die finanzielle Tragkraft des Erzbistums und die Wünsche der Städte genommen hatte. Sowohl das den Erzbischof wählende Domkapitel als auch die Stände des Erzbistums sahen in dem Wechsel auf dem erzbischöflichen Stuhl die Möglichkeit, das Kräfteverhältnis zwischen Landesherrn und Ständen in ihrem Sinn neu zu bestimmen. In der Erblandesvereinigung wurde ihnen weitreichende Mitwirkungs- und Kontrollrechte an der Regierung des Landes zugesprochen. Zur Abtragung der Schulden sollte der neue Erzbischof auf die Einnahmen der bedeutenden Rheinzölle von Zons und die Hälfte desjenigen zu Kaiserswerth verzichten, zudem hatten die Stände sich das Recht genommen, den Erzbischof abzusetzen, falls dieser sich nicht an die Erblandesvereinigung halten solle. Ruprecht von der Pfalz willigte zunächst ein, im Laufe der Jahre versuchte er schrittweise, seine Position zu stärken. Die gewaltsame Besetzung der Zollstelle zu Zons 1470 war ein klarer Verstoß gegen die Wahlkapitulation. Domkapitel und Stände begannen, den Erzbischof vor dem Kaiser zu verklagen. Dieser beschränkte sich daraufhin auf eine Vermittlungstätigkeit, die wenig Erfolg zeigte, weswegen die kurkölnischen Stände im Frühjahr von der eingeräumten Widerstandsklausel der Erblandesvereinigung Gebrauch machten und sich einen Protektor bzw. Stiftsverweser wählten, Hermann von Hessen, der 1463 als Gegenkandidat bei der Erzbischofswahl unterlegen war. Erzbischof Ruprecht wiederum war der jüngere Bruder von Kurfürst Friedrich I. von der Pfalz, der seit Längerem Verbündeter Karls des Kühnen war, so dass die Hinwendung an den burgundischen Herzog für Ruprecht nahelag.

Ein regelrechtes Bündnis schlossen Karl der Kühne und Erzbischof Ruprecht erst im Frühjahr 1474 ab. Karl verpflichtete sich, lebenslang als Schutzherr des Stifts aufzutreten und dem Erzbischof bei der Eroberung der aufständischen Städte und letztlich auch Kölns zu helfen. Karl dem Kühnen hätte man zutrauen können, eine solche Stadt wie Köln mit ihren ca. 40 000 Einwohnern, die mit Abstand größte des Reichs, kurz und einfach zu unterwerfen, wie er es bei Gent, Lüttich und vielen kleineren in den letzten Jahren vorgemacht hatte, und der Botmäßigkeit des Erzbischofs unterzuordnen. Erzbischof Ruprecht versprach seinerseits, Karl die unglaublich hohe Summe von 200 000 rheinischen Gulden zu zahlen, und zwar konkret in der Hälfte der jährlichen Einkünfte des Erzbistums so lange, bis die Summe vollständig getilgt sei. Solange sollte Karl freien Einzug in alle Städte und Burgen des Erzbischofs erhalten, dazu drei Städte als direkten Besitz übereignet bekommen.

Verhandlungen zwischen den Ständen und dem Erzbischof, nun mit dem Herzog an seiner Seite, zogen sich bis in den Mai 1474 hin. Karl versuchte dabei, die Stadt Neuss dazu zu bewegen, sich unter seinen Schutz zu begeben, und versprach, Neuss auf Kosten von Köln zu fördern. Auch die Stadt Köln versuchte Karl im Frühjahr 1474 immer noch zu einer friedlichen Öffnung zu bewegen.

Vor einem militärischen Eingreifen in die Kölner Angelegenheiten musste Karl dafür Sorge tragen, dass er nicht an einer weiteren Front zu tun hatte, weswegen die Verlängerung des Waffenstillstandes mit dem König von Frankreich um ein weiteres Jahr vom 13. Juni 1474 bis zum 1. Mai 1475 zuerst vorgenommen werden musste. Unverzüglich, am 22. Juni 1474, erteilte Karl der Kühne von Luxemburg aus den Musterungsbefehl, mit dem die Armee für den Feldzug zur Unterwerfung der aufständischen erzbischöflichen Städte aufgestellt wurde, und machte zugleich eine Urkunde bekannt, mit der der Handel mit den oberelsässischen Städten und den Mitgliedern der Niederen Vereinigung am Oberrhein verboten wurden. Karl ging mehrere Probleme gleichzeitig an.

Nach allem, was man weiß, ging Karl von einem schnellen Feldzug aus, bei dem die burgundische Armee zunächst die kleinen Städte einnehmen würde, um mit den dort erbeuteten

Waffen gestärkt die nunmehr isolierte Großstadt Köln anzugehen. Neuss bot sich als erstes Ziel an, weil die Stadt zwischen Geldern und Köln lag, also gut aus den burgundischen Landen zu erreichen war, so dass die Nachschublinien nicht durch längere Strecken von Feindesland zu führen waren. Eventuell hätte man nach einer schnellen Einnahme Neuss' wieder an den Verhandlungstisch zurückkehren können. Die Belagerung der vergleichsweise kleinen, den Typus einer normalen Mittelstadt verkörpernden Neuss' begann am 29. Juli 1474. Dass sie sich bis Mitte Juli 1475 hinziehen sollte, war nicht abzusehen. Immer wieder ging man in den folgenden Wochen und Monaten auf burgundischer Seite von einem schnellen Erfolg aus, weswegen der Herzog andauernd neue politische Vorhaben in Angriff nahm. Doch die Pläne wurden immer wieder von der Realität eingeholt.

Die einzelnen Maßnahmen und Expeditionen können hier nicht in extenso dargestellt werden, obwohl es von beiden Seiten eine ganze Reihe von Beschreibungen, sogar mehrere Selbstzeugnisse von Teilnehmern gibt. Die Neusser Belagerung war ein Medienereignis, nicht zuletzt wurde sie von allen Beteiligten mit öffentlichen Verlautbarungen, Propagandabriefen, Erklärungen, Rechtfertigungen, Fehlbehauptungen usw. intensiv begleitet. Neuss wurde in dieser Zeit kommandiert von dem Oberbefehlshaber der Stände, dem Landgrafen Hermann von Hessen, einem erfahrenen Militär. Unterstützt wurde die Stadt von dessen Bruder Landgraf Heinrich von Hessen sowie von der Stadt Köln, die in ungefähr zehn Kilometer Entfernung in Zons und in Hülchrath Stützpunkte anlegte, so dass auch hier eine Nachschublinie bestand. Auch auf erzbischöflich-burgundischer Seite zog man einen größeren Raum in Betracht. Im Süden des Erzstifts (dem sog. Oberstift), ungefähr 50 km weiter rheinaufwärts, waren einige kleinere Städte wie Erpel, Unkel, Linz, Königswinter und Remagen auf der Seite des Landesherrn verblieben, in die kleinere herzogliche Kontingente einzogen. Der burgundische Herzog wurde noch dadurch unterstützt, dass die benachbarten Fürsten auf seiner Seite standen. Dieses galt vornehmlich für Herzog Johann von Kleve und die Herzöge Gerhard und Wilhelm von Jülich-Berg, die mit vielen kleinen und einigen größeren Gefälligkeiten der burgundischen

Armee aushalfen, freier und problemloser Durchzug war noch das Geringste, so dass auch hier die direkte Verbindung mit den angrenzenden Ländern des Herzogs gewährleistet war.

Die Gegner des Herzogs, Neuss, Köln und Hessen, standen so gut wie allein auf weiter Flur. Nur ideelle Unterstützung erfuhren sie von Kaiser Friedrich III., der sich auf ihre Seite stellte. Allein, der Kaiser war faktisch machtlos. Aber immerhin: Er schrieb schon Ende Juni 1474 an die Stadt Köln und sicherte seine Unterstützung zu, Hermann von Hessen wurde zugleich zum kaiserlichen Protektor des Stifts ernannt, eine höhere Legitimation gab es kaum. Die Kurfürsten lud er zu einem Fürstentag Ende September in Koblenz ein, auf dem die zu ergreifenden Maßnahmen beschlossen werden sollten. Heraus kam nichts, außer dass die Korrespondenz zwischen den Fürsten anschwoll.

Die Erklärung des erfolgreichen Widerstands Neuss' gegen die stärkste Armee der Zeit dürfte zum einen in den ausgezeichneten Verteidigungswerken mit Stadtmauer und Gräben gelegen haben. In nur zwei Kilometer Entfernung von der Stadt befand sich der Hauptstrom des Rheins. Ein Nebenarm desselben berührte die Stadtgräben, die zudem durch die größeren Bäche Erft und Krur gespeist wurden. Somit waren es drei Wasserläufe, die mehrere Inseln und Halbinseln bildeten, die die Burgunder zu besetzen hatten, um die Stadt vollständig einschließen zu können. Im Januar 1475 wurden sie durch Hochwasser vertrieben. Da die Belagerung sich angekündigt hatte, gab es Zeit zum Abriss der Bebauung im Vorfeld der Stadt, womit dem Gegner die Möglichkeit zum Schutz genommen wurde. Zur Vorbereitung auf die Belagerung gehörte zudem die Einstellung von viel Milchvieh zur Versorgung der Bevölkerung. In der Stadt gab es eine strikte Rationierung von Lebens- und Verbrauchsmitteln, die in zwei streng bewachten Häusern untergebracht worden waren. Außerdem riss der Nachschub nicht ab, wegen der vielen Inseln konnte die Stadt für lange Zeit nicht wirklich eingeschlossen werden. Im November 1474 gelangten beispielsweise über 500 Mann aus Köln mit ungefähr je 20 kg Schwarzpulver in die Stadt. Bemerkenswert ist auch, dass man über mehrere Hundert Meter Luftlinie und über die burgundischen Linien hinweg kommunizieren konnte, indem man ausgehöhlte Kugeln mit Kanonen hin und her schoss, in denen sich Briefe befanden, ja die Kölner konnten nach einigen Fehlversuchen die Schüsse so genau setzen, dass die Türme, Dächer und Wehr der Stadt unbeschädigt blieben und die hohlen Kugeln auf den innerstädtischen Plätzen landeten. Die auf diese Art eintreffenden Nachrichten – neunmal sind sie im April/Mai 1475 belegt – von Verstärkungen sorgten für einen erheblichen Durchhaltewillen.

Die kampffähigen Männer der Stadt waren in ein Drei-Schicht-System eingeteilt, bei dem sie acht Stunden schlafen, acht Stunden essen und ausruhen, und acht Stunden an der Stadtmauer Wache schieben musste. Das Leben im burgundischen Heereslager war von Zerstreuungen mit Gelagen, Besäufnissen, von Prostitution und Glücksspiel geprägt. Daneben dürfte das Schreien der Verwundeten und die Sorge um das eigene Leben die Stimmung beeinträchtigt haben. Die vielen Städte der Niederlande schickten zwar ihre Miliz ins burgundische Heer, welche aber nicht aus eigenen Bürgern bestand. Diese ließen sich von Söldnern und Leuten aus den Unterschichten vertreten. Oftmals kamen die städtischen Verbände erst spät im Herbst 1474 und gingen bereits früh im Februar 1475.

Nicht zuletzt mochte auch das Selbstvertrauen auf den göttlichen Beistand den Kampfes- und Verteidigungswillen wachgehalten haben: Als ihre Anführer wähnten die Neusser keinen Geringeren als Jesus Christus, den Hl. Quirinus (den örtlichen Heiligen), den Erzengel Michael und die Heiligen Drei Könige, deren Reliquien im 12. Jahrhundert nach Köln gekommen waren und sich einer außerordentlich großen Verehrung erfreuten.

Dennoch litt die Stadt. Bis zum Frühjahr 1475 wurden die Tore von der burgundischen Artillerie zusammengeschossen, und peu à peu gelang es den Burgundern, zumindest phasenweise einzelne Teile der Stadtmauer zu ergattern. Die Neusser wiederum machten immer wieder Ausfälle und zerstörten die von den Burgundern um die Stadt angelegten Bastionen. Die genaue Stärke der Belagerungsarmee ist nicht exakt zu benennen, dürfte aber höchstens ca. 20 000 Mann betragen haben. Im Laufe der elf Monate führte die Armee eine unablässige Folge von Angriffen durch, die erlahmten, als im Januar 1475 das Schmelzwasser den Rhein über die Ufer treten ließ und die Belagerer von den Rheininseln vertrieb. Die Armee soll von einem Tross von ca. 4000 Frauen begleitet worden sein, die im Prinzip zu allerlei Dienstleistungen herangezogen wurden (bzw. sich eventuell freiwillig zur Verfügung stellten), nach einigen Monaten des Stellungskriegs auf Befehl des Herzogs sogar zu Schanzarbeiten verpflichtet wurden, wozu sie zu einem eigenen Kontingent zusammengeführt wurden, das eine eigene Fahne mit einer dargestellten Frau erhielt. U. a. gab es den Plan, mit größeren Tiefbauarbeiten das Flüsschen Erft komplett umzuleiten, so dass der Stadtgraben nicht mehr mit Wasser versorgt wurde. Daraus wurde jedoch nichts.

Ein weiteres Kennzeichen des Lagerlebens war, dass die Hof- und Haushaltsführung des Herzogs unter den Bedingungen des Kriegs ungebrochen weiterging. Immer wieder trafen Gesandte fremder Herrscher ein, ja König Christian I. von Dänemark weilte selbst für eine gewisse Zeit im burgundischen Lager, als er auf der Rückreise von einer Pilgerfahrt nach Rom im Auftrag Kaiser Friedrichs III. einen Versuch zur Friedensvermittlung unternahm – vergeblich. Für Karl der Kühnen, von dem das Gerede ging, er gehe nicht zu Bett, sondern schlafe in seiner Rüstung, war ein hölzerner Pavillon mit zwei getrennten Räumen errichtet worden.

Gravierender als das Schmelzwasser sollte sich die Entwicklung im Reich erweisen. Je länger die Belagerung sich hinzog, desto mehr entwickelte sich die Stimmung gegen den burgundischen Herzog. Aus Anlass der Neusser Belagerung entstand das erste Mal so etwas wie ein Reichspatriotismus – allerdings nur im literarischen Bereich. In der Realität war es für Kaiser Friedrich III. außerordentlich schwer, das Reichsheer zusammenzustellen. Zu allererst lag das an ihm selbst. Da er hochverschuldet war, konnte er nicht mal seine eigene Reise aus den österreichischen Landen ins Reich finanzieren. Für längere Zeit blieb er im Herbst 1474 in Frankfurt am Main, von wo aus er sogar diplomatische Beziehungen zu Ludwig XI. von Frankreich aufnahm, mit dem er am 31. Dezember 1474 ein Bündnis schloss, welches im April 1475 erneuert wurde und in welches auch Herzog René II. von Lothringen eingeschlossen wurde. Als Haupt des Reichsheeres wurde Markgraf Albrecht

Achilles von Brandenburg eingesetzt, einer der führenden Fürsten und Militärs im Reich zu dieser Zeit, der zudem als ausgesprochener Gegner des Herzogs von Burgund galt.

Erst im Frühjahr 1475 näherte sich der Kaiser selbst dem Kampfgebiet an, er erreichte im März Köln. Von dort aus zog er im Mai mit dem Reichsheer, das sich in Koblenz versammelt hatte, in den Kampf.

Ein Teil des Reichsheeres zog im Januar 1475 unter der Leitung von Markgraf Albrecht Achilles zunächst von Koblenz aus gegen das Oberstift, dessen Städte auf Seiten Erzbischof Ruprechts verblieben waren und wo sich burgundische Truppen befanden. Ohne größere Probleme gelang es in den meisten Fällen, die kleineren Orte einzunehmen. Die burgundischen Truppen brachten sich vor dem herannahenden Feind in Sicherheit, lediglich Linz musste erobert werden. Die Reichstruppen konnten nach der Einnahme von Linz über den Rhein bzw. den Rhein entlang, wo es gut ausgebaute Landwege gab, bis in die Nähe von Neuss gelangen. Immerhin brauchten sie für die ca. 100 km zwei Monate, was ausgesprochen langsam war. Die Militärführer des Reichs hatten ansonsten kein Interesse an einem schnellen, weiter nach Norden ausgreifenden Militärschlag, der wohl auch Flanken geöffnet hätte, sondern setzten auf Sicherheit und folglich auf Langsamkeit. Erste direkte Gespräche zwischen dem burgundischen Herzog und dem Kaiser über den zu erzielenden Frieden setzten bereits im März ein, ja zu Beginn April schien sich eine Übereinkunft abzuzeichnen, die jedoch am Widerstand der Stadt Köln scheiterte. Ende April traf zudem noch ein päpstlicher Legat ein, der ebenfalls einen Frieden vermitteln sollte, und der zwischen dem Kaiser und dem burgundischen Herzog mehrmals hin- und herreiste. Er konnte vergleichsweise schnell ein Einvernehmen herstellen. Von Köln aus zog das Reichsheer, nun mit dem Kaiser an der Spitze, am 6. Mai los und brauchte in extremer Langsamkeit für die etwa 40 km bis zum 23. Mai, um in die Nähe von Neuss zu geraten. Dort lagerte man das Reichsheer, nur Vorausabteilungen lieferten sich Gefechte mit den Burgundern.

Dank der Bemühungen des Legaten konnte am 29. Mai 1475 ein zweitägiger Waffenstillstand geschlossen werden, zugleich wurde das Konzept eines Friedensvertrages beschlossen und zur Grundlage weiterer Verhandlungen gemacht. Doch wurde der so nah scheinende Frieden nicht erreicht, weil man sich nicht über die Modalitäten des Rückzugs einigen konnte: Wer zog als erster ab und wie weit? Immerhin löste sich atmosphärisch die Spannung, es gab erste Begegnungen über die feindlichen Linien hinweg, Neuss wurde wieder begehbar. Der Kaiser konnte nun ungehindert in Neuss einziehen und in der St. Quirinus-Kirche einen Dankgottesdienst begehen, der zur feierlichen Verkündung des Friedens genutzt wurde. Das burgundische Heer, das die ersten Abgänge im Februar und März erlebt hatte und seitdem stetig kleiner geworden war, fing an, sich ganz aufzulösen. Es dauerte bis zum 27. Juni 1475 ehe sich Herzog Karl und Kaiser Friedrich gleichzeitig und schrittweise mit ihren kleiner werdenden Heeren von Neuss entfernten, wobei sie durch den Legaten jeweils darüber informiert wurden, dass und wie weit der Gegner sich zurückgezogen hatte. Die Belagerung war zu Ende.

Zu einer großen Entscheidungsschlacht war es, *nota bene*, nicht gekommen. Stattdessen war es den Verhandlungen des Legaten, der wohl mit Exkommunikation gedroht hatte, zu danken, dass beide Seiten ihr Gesicht wahren konnten. Vor allem: Karl der Kühne war selbst nicht bezwungen worden, er blieb immer noch eine Macht.

Ein Umstand, der Karl ebenfalls zum Einlenken bewegt haben mochte, war der, dass am 1. Mai 1475 der Waffenstillstand mit Frankreich ausgelaufen war. Ludwig XI. nutzte die Situation, um an drei Stellen seine Politik der Nadelstiche gegen den Herzog von Burgund wiederaufzunehmen: Er entsandte erstens eine Flotte, die Kauffahrteischiffe aus Holland aufbrachte, fiel zweitens mit Truppen in die Somme-Städte ein und verfuhr drittens ähnlich mit dem eigentlichen Herzogtum Burgund und der Freigrafschaft, die sowohl vom Norden als auch vom Südwesten her angegriffen wurden. Die größten Befürchtungen hegte er wohl vor der geplanten Invasion durch den englischen König, der die Kampfhandlungen um den französischen Thron wieder aufnehmen wollte und sich deshalb mit dem Bündnisvertrag vom 25. Juli 1474 der burgundischen Unterstützung versichert hatte. Verabredet war, am 1. Juli 1475 den gemeinsamen englisch-burgundischen Angriff auf den französischen König zu beginnen. Die englischen Rüstungen hatten im Februar 1475 begonnen, und Karl hatte die Requirierung von Schiffen in den holländischen Häfen gestattet und gefördert. Im Juni begann das großmaßstäbige Übersetzen auf das Festland, am 6. Juli folgte der englische König persönlich nach.

Es mochte sein, dass Eduard IV. von Anfang an seine eigenen Pläne verfolgt und gar nicht die Absicht gehabt hatte, gemeinsam mit Karl loszuschlagen. Aus der Invasion Frankreichs wurde nichts. Im Gegenteil, Eduard hatte insgeheim Verhandlungen mit Ludwig XI. begonnen, von denen Karl erfuhr, als er sich Mitte August auf dem Weg nach Namur befand, wo seine Truppen sich für die anstehende Eroberung Lothringens sammelten. Stracks machte er kehrt und stellte Eduard zur Rede, der sofort versprach, nichts ohne Zustimmung seines burgundischen Verbündeten zu unternehmen. Doch das war nur Gerede: Wenige Tage später offenbarte Eduard dem wieder seine Truppen musternden Karl dem Kühnen, dass Ludwig ihm, Eduard, eine Heiratsallianz angeboten habe sowie eine Einmalzahlung in Höhe von 75 000 Kronen und eine jährliche Pension von 50 000 Kronen, wenn er nur einen Waffenstillstand schlösse, in den der Herzog von Burgund einzubinden sei. Karl reagierte darauf mit der Entsendung einer hochrangigen Gesandtschaft, die Eduard davon abhalten, zumindest aber bessere Bedingungen erzielen sollte, doch zu spät. Ludwig XI. hatte mittlerweile die Stadt Amiens den Engländern geöffnet, sogar gestattet, in den Tavernen zu trinken, ohne eine Rechnung zu erhalten, und am 29. August 1475 trafen sich der englische und der französische König in Picquigny auf einer eigens gebauten hölzernen Brücke über der Somme. Das Ergebnis der Verhandlungen bestand in einem siebenjährigen Waffenstillstand, der von weiteren Freundschaftsversprechen begleitet wurde.

Karl dem Kühnen blieb nichts anderes übrig als zu akzeptieren, ja er musste nachziehen, und ebenfalls einen Waffenstillstand mit Ludwig XI. eingehen. Geschlossen wurde dieser am 13. September 1475 zu Souleuvre. Bis zu Karls Tod sollte er ungebrochen halten, ein Wunder, angesichts des tiefsitzenden Misstrauens zwischen beiden und des skrupellosen Umgangs miteinander. Dieses Mal wurde er nicht nur für ein Jahr, sondern sogar für neun Jahre geschlossen. Sie gestatteten einander sogar, Eroberungen durchzuführen: Karl gewährte Ludwig freie Hand zur Eroberung des Roussillon, das eigentlich dem König von Aragon, Karls Verbündetem, zugehörte, und Ludwig gestand Karl die Rückeroberung des Oberelsass zu, dass sich 1474 der burgundischen Herrschaft entzogen hatte.

4.5 Karl überspannt den Bogen: die »Burgunderkriege«

Immerhin hatte Karl mit dem Vertrag von Soleuvre den Rücken frei für die geplante Invasion des Herzogtums Lothringen, eines Fürstentums, das gemäß dem Lehnsrecht zum Heiligen Römisch Reich gehörte, politisch, kulturell und wirtschaftlich aber ganz auf Frankreich und den Westen ausgerichtet war.

Lothringen war für den Herzog von Burgund von herausragender Wichtigkeit, denn der Besitz dieses Fürstentums ermöglichte es ihm, die nördlichen mit den südlichen Territorien direkt zu verbinden.

Auf Umwegen konnte der burgundische Einfluss bereits in der Zeit Philipps des Guten in Lothringen gewahrt werden. Die aus Burgund stammende Familie Neuchâtel konnte im Laufe der Jahre einige lothringische Lehen erwerben, insbesondere die Burg Châtel-sur-Moselle. Als eifriger Parteigänger der burgundischen Herzöge erwies sich hierbei Thibaud IX., der für lange Zeit das Amt des Marschalls von Burgund bekleidete und damit der Militärbefehlshaber im eigentlichen Herzogtum Burgund war, einer der wichtigsten Posten der burgundischen Landesherrschaft. 1460 konnte Thibauds 12jähriger Sohn Antoine als Bischof von Toul eingesetzt werden, gleichzeitig übernahm sein Vater das Amt des bischöflichen Administrators.

Herzog Johann von Lothringen und Kalabrien verstarb 1470, und dessen nachfolgender Sohn Nikolas konnte durch das Angebot, die Tochter Karls des Kühnen, Maria, zu heiraten, schnell auf die burgundische Seite gezogen werden. 1472 wurde der Seitenwechsel durch einen wichtigen Allianzvertrag aufgewertet, der Karl dem Kühnen und den burgundischen Truppen freien Durchzug gewährte und ihnen Städte und Burgen öffnete. Durch den plötzlichen und unerwarteten Tod Herzog Nikolas' gegen Ende Juli 1473 – Karl befand sich gerade auf dem Geldern-Feldzug – entstand eine offene Situation der Nachfolge, und in der Tat gab es in der weiteren Familie Erben. Die Landstände Lothringens trafen sich zu Anfang August 1473 in Nancy, seit der Mitte des 14. Jahrhunderts die Residenz der Herzöge, und boten die Herrschaft Yolanda von Savoyen, der Tante Nikolas', an, die die Einladung annahm, aber sofort weiter reichte an ihren Sohn René, als Herzog von Lothringen René II., der wiederum seinen feierlichen Einzug bereits am 4. August 1473 in Nancy beging.

Mit dieser Nachfolge war der Durchzugsvertrag von 1472 wieder hinfällig geworden, René II. galt wie seine Mutter als Gegner des burgundischen Herzogs. Karl dem Kühnen blieb nichts anderes übrig, als sich nun an eine andere Macht zu wenden, nämlich an den Bischof Georg von Metz, mit dem er im September 1473 einen Vertrag schloss, der den freien Durchzug durch Metz und das Bistum sicherte. René II. aber überwarf sich recht bald mit Ludwig XI. von Frankreich, da dieser Renés exorbitante Forderungen nicht erfüllen konnte, weswegen dieser bereits im Oktober 1473 zu Karl dem Kühnen wechselte und am 15. dieses Monats ebenfalls einen Allianzvertrag schloss, der wieder gegenseitig freien Truppendurchzug vorsah. Bekräftigt wurden die guten Beziehungen durch einen persönlichen Besuch Karls in Nancy im Dezember 1473.

Allerdings kam es im Laufe des Jahres 1474 zu einem erneuten Seitenwechsel Renés, der vermutlich aus Misstrauen gegenüber Karl wieder zu Ludwig XI. von Frankreich umschwenkte und im Hochsommer mit ihm ein geheimes Bündnis schloss, gleichzeitig die Allianz mit Burgund kündigend, aber auch dies geheim, der freie Truppendurchzug blieb bestehen. Zudem wurde René zusehends von den Mitgliedern der Niederen Vereinigung aus dem Oberrheingebiet bedrängt, sich ihnen anzuschließen, was er schließlich am 18. April 1475 auch tat. Kurz darauf, am 9. Mai 1475, sandte er seine Fehdeerklärung an den vor Neuss festliegenden Herzog von Burgund. Karl blieb auf die Schnelle nichts anderes übrig, als sofort ein Kontingent italienischer Söldner nach Luxemburg zum Schutz der dortigen Besitzungen zu entsenden.

Auch hier gab es im letzten Moment noch Verhandlungsangebote. Karl sandte am 3. Juli 1475 noch ein Ultimatum zum Rückzug der Fehdeerklärung, warnte vor Kriegshandlungen, schrieb an den lothringischen Adel und warb für den Wechsel auf seine Seite. René II. von Lothringen wurde von seinen Verbündeten, auch von der aggressiven Niederen Vereinigung, so gut wie im Stich gelassen, nennenswerten Widerstand konnte er nicht leisten. Der Feldzug im Herbst des Jahres 1475 konnte schnell zugunsten Karls entschieden werden, ähnlich wie in Geldern zwei Jahre zuvor. René blieb nichts anderes übrig, als sich aus seinem eigenen Land zurückzuziehen. Die formelle Anerkennung Karls durch die Stände mit dem Huldigungseid erfolgte Mitte Dezember. Damit war, zumindest äußerlich, Lothringen dem burgundischen Herrschaftskomplex angeschlossen. Karl setzte als seinen Statthalter einen seiner hochrangigen Adligen ein, Jean de Rubempré Herr von Bevern, und am 11. Januar 1476 verließ Karl Nancy.

Man kann hierin den Höhepunkt der burgundischen Macht unter Karl dem Kühnen erkennen: Endlich, im Dezember 1475, verfügten die Herzöge von Burgund über ein großes, geschlossenes Territorium. Es gibt in den Quellen einige Hinweise darauf, dass man vorhatte, den Verwaltungshauptort von Mecheln nach Nancy zu verlegen, von wo aus man Nord und Süd gleichermaßen hätte erreichen können. Mit der Einnahme Lothringens hatte sich die politische Lage für die Nachbarn grundlegend verändert. Die Stadt Straßburg machte sich bereit für eine Belagerung, kopierte das Neusser Modell der vorbereiteten Stadt, entfernte vorsorglich die Bebauung im Vorfeld der Stadt, hub mit 800 Mann einen Graben um die Stadt aus und legte umfangreiche Vorräte von Schwarzpulver, Getreide, Wein und Salz an. Zu allem Überfluss einigte sich Karl nun aus einer Position der Stärke heraus mit seinen beiden stärksten Widersachern, König Ludwig XI. und Kaiser Friedrich III., mit denen er Frieden schloss – besonders bedeutsam, da er mit dem am 17. November 1475 eingegangenen Vertrag mit dem Kaiser, der erst im April 1476 publiziert wurde, die Eidgenossen ihres Verbündeten beraubte, der als Haupt des Reichs ihnen Legiti-

Karl überspannt den Bogen: die »Burgunderkriege«

Die burgundischen Niederlande um 1475

mität verschaffte. Karl isolierte den nächsten Gegner, und er zahlte einen hohen Preis hierfür, denn er willigte nun in die Eheschließung seiner Tochter Maria mit dem Kaisersohn Maximilian I. ein (im politischen Gespräch war diese dynastische Verbindung bereits seit 1463).

Für die Geschichte des folgenden Jahres sind die bereits kurz erwähnten machtpolitischen Verschiebungen am Oberrhein und im Oberelsass während der Jahre 1473 und 1474 verantwortlich, die dazu führten, dass Verbände der Stadt Bern und der Niederen Vereinigung es wagten, im Jahr 1475 mehrere Feldzüge in das östliche Savoyen zu unternehmen, bis in die Freigrafschaft Burgund hinein. Da die Herzogin Yolanda von Savoyen sich mit Karl verbündet hatte, war mit diesen Zügen der Bündnisfall eingetreten. Zudem hatte Bern am 25. Oktober 1474 Karl dem Kühnen die Fehde erklärt. Es mag befremdlich erscheinen, aber in formaler Hinsicht gingen die Aggressionen von den eidgenössischen Städten und ihren Verbündeten aus. Die Städte am Oberrhein nahmen Karl den Kühnen als erklärten Städtefeind wahr, den es zu bekämpfen galt, ehe er sie bekämpfte. Die Feldzüge des Jahres 1476, die für Karl in zwei so fürchterlichen Niederlagen enden sollten, werden nur verständlich, wenn man sich die Politik der Städte im nordwestlichen Alpenraum vor Augen führt.

Als größter und gefährlichster Gegner erwies sich die schweizerische Eidgenossenschaft. Von ihrer Verfassung her verkörperte sie im Prinzip das Gegenteil des frühmodernen Fürstenstaats, wie ihn Karl der Kühne als Idee verfolgt haben mochte. Hervorgegangen ist die Eidgenossenschaft aus ausgesprochen kleinen Anfängen, nämlich dem im Laufe des 13. Jahrhunderts wachsenden Schwurverband, dem zunächst nur die reichsunmittelbaren Talschaften Uri, Schwyz, Ob- und Nidwalden angehörten. Im 14. Jahrhundert wurde dieser um einige Städte wie Bern, Luzern und Zürich sowie um Zug und Glarus im direkten nördlichen Alpenvorland erweitert zur sog. Alten oder auch Achtörtigen Eidgenossenschaft. Insbesondere die Stadt Bern musste sich vor der städtefeindlichen Haltung Karls des Kühnen hüten ebenso wie Straßburg, das zwar kein ähnliches Herrschaftsgebiet ihr eigen nannte, aber eine dominierende Stellung im Rheinhandel zwischen Basel und Frankfurt einnahm. Erste antiburgundische Maßnahmen wurden bereits 1470 ergriffen, indem Verträge mit dem König von Frankreich eingegangen wurden. In den frühen 1470er Jahren griff man zum Mittel der Bündnispolitik, bei der sogar alte Feindschaften wie die gegen die Habsburger über Bord geworfen wurden. Am 30. März 1474 ging die Alte bzw. Achtörtige Eidgenossenschaft die sog. Ewige Richtung mit Herzog Sigismund von Tirol ein, einem Bündnis, dem sich Anfang 1475 König Ludwig XI. von Frankreich anschloss.

Erweitert wurde die Ewige Richtung durch die im selben Jahr abgeschlossene Niedere Vereinigung, der die elsässischen Reichsstädte Straßburg, Basel, Colmar und Schlettstadt sowie die Bischöfe von Basel und Straßburg angehörten, die sich mit der von Bern dominierten Eidgenossenschaft und Herzog Sigismund von Tirol zusammentaten, und zu der im November 1475 noch Herzog René II. von Lothringen hinzutrat. Die Geschichte der Niederen Vereinigung stellte für die Forschung insofern ein Problem dar, als sich in ihr ohne direkte äußere Not, ohne eine echte Bedrohungslage Mächte zusammenfanden, die als Feinde galten. Dieses geschah aus einem eigenen Impetus der beteiligten Herrschaftsträger heraus, der aus einer eher diffusen Bedrohungslage und einer Unzufriedenheit mit der eigenen Situation herrührte. Mit einem ungeheuren diplomatisch-kommunikativen Aufwand entschlossen sich die Beteiligten zur Bündelung der Interessen, und zwar der Interessen zugunsten eines Krieges.

Dabei gab es bei den vielen beteiligten Herrschaftsträgern durchaus Verantwortliche, die vor einem solchen Unternehmen warnten und für eine abwartende, friedliche Haltung plädierten. Es nutzte nichts: Insbesondere bei den beteiligten Städten setzten sich die Befürworter einer harten antiburgundischen Linie durch. Auf burgundischer Seite nahm man die expansive Politik Berns (und anderer) durchaus wahr, und man hatte dank einiger Zuträger auch bemerkt, dass nicht alle Mitglieder des Berner Stadtadels damit einverstanden waren.

Überhaupt gab es im Herbst 1475 noch eine ganze Reihe von Versuchen, die Lage durch Verhandlungen zu entschärfen, doch die schwäbischen und eidgenössischen Städte fokussierten sich ganz auf einen Angriff auf das Waadtland. Als Anlass wurde die Arretierung eines kleinen, aus zwei Wagen bestehenden Kaufmannszuges am 9. Oktober 1475 genommen, der auf dem Weg zur Messe nach Lyon war, und zwar widerrechtlich am savoyardischen Stapelplatz Genf vorbei.

Kurz darauf, am 14. Oktober, begannen Bern und das verbündete Freiburg i. Ü. (frz. Fribourg) mit dem Feldzug ins Waadtland. Tatsächlich ging es wohl eher darum, einen unbeschränkten Zugang zur Freigrafschaft Burgund zu gewinnen, wo die Berner seit dem Frühjahr einige Burgen besetzt hielten. Erstes Ziel war das kleine Murten (frz. Morat), das sich schnell ergab, so dass man weiter ziehen konnte nach Pfäffers (frz. Payerne), das sich auch widerstandslos ergab, woraufhin man nach Estavayer kam. Gegen Ende Oktober war das gesamte Waadtland erobert. Einige der Burgen gingen in Flammen auf, ihre Besatzungen wurden abgeschlachtet – die Verbündeten gingen mit ihren Feinden nicht weniger grausam um als der Herzog von Burgund. Einzig die strategisch wichtigen Burgen Yverdun (frz. Yverdon) und Grandson wurden von ihnen verstärkt und besetzt gehalten. Die größeren Städte Lausanne und Genf konnten sich mit hohen Summen freikaufen. Von diesem ersten Feldzug kehrten die Berner Truppen am 2. November 1475 zurück in ihre Stadt.

Hiermit und mit zahlreichen weiteren gegen Savoyen gerichteten Nadelstichen war der Bündnisfall gegeben, ein zusätzlicher Kriegsgrund zur Fehdeerklärung vom 25. Oktober 1474. Karls Interesse an einer Regelung der Verhältnisse in seinem Sinne wurde noch dadurch gesteigert, dass die italienischen Söldner, die Karl dringend benötigte, durch Savoyen ziehen mussten, wenn sie auf direktem Weg nach Burgund gelangen wollten. Die Eidgenossen drohten, dieses zu unterbinden. Noch aber, im Herbst 1475, gab es direkte Gespräche zwischen Vertretern der Niederen Vereinigung einerseits und Burgund, Savoyen und deren Alliierten andererseits, die in einen bis Ende 1475 dauernden Waffenstillstand mündeten. Trotzdem dürfte den Beteiligten deutlich gewesen sein, dass die Parteien sich unnachgiebig gegenüberstanden: Karl der Kühne wollte das Oberelsass zurückgewinnen und René II. sein Herzogtum Lothringen, die Niedere Vereinigung das Oberelsass nicht mehr abgeben und Lothringen nicht burgundisch werden lassen, und der Herr des Waadtlands, Jacques de Savoie Graf von Romont, wollte seine Herrschaft wiederzurückgewinnen. Schon gleich im Januar 1476 kam es wieder zu Scharmützeln. Die Lage war nicht zu beruhigen.

Innerhalb der antiburgundischen Koalition spielte seit dem Waadtlandzug des Herbsts 1475 Bern die führende Rolle. Seit Längerem schon die treibende Kraft, verstärkte die Stadt im Frühjahr 1476 ihre politischen Aktivitäten und spornte die Verbündeten zu weiteren Rüstungen an. Dank der guten Nachrichtenverbindungen bekamen die Feinde Burgunds genau mit, dass Karl der Kühne und sein großes Heer am 12. Februar 1476 das zu Savoyen gehörende Jougne verlassen und die Grenze zum Berner Land überschritten hatten. Das Land wurde sukzessive fast ganz besetzt, gegen Ende der Aktion, nach ungefähr zwei Wochen, wurden Städtchen und Burg Grandson eingenommen. Die Berner und ihre Verbündeten zogen im Gegenzug ihre Verbände in Neuchâtel (dt. Neuenburg) zusammen, ungefähr 50 km westlich Berns. Karl zog persönlich Erkundigungen über das Gelände ein und informierte sich (und seine Hauptleute) über die günstigsten Marschrouten. Anfang März konnten die Berner eine von den burgundisch besetzten Burgen, Vaumarcus, zurückerobern. Um diese Burg wieder in seine Hände zu bekommen, setzte Karl seine Verbände in Marsch und schickte sie damit in enges, ungünstiges Gelände, eingeklemmt zwischen einem steilen Bergzug und dem Bieler See.

Das, was man heute die Schlacht von Grandson nennt, nahm seinen Lauf. Ungefähr 20 000 Burgundern standen vielleicht auch 20 000 Berner gegenüber, jeweils inklusive der Verbündeten. Es gibt Indizien für eine Desorganisation bei den Schweizer Truppen, nicht alle wussten trotz der funktionierenden Kommunikation, was geplant war, und organisierten sich deshalb selbst. Die Burgunder wiederum waren für den Marsch gerüstet, nicht für den Kampf. Missverständnisse dürften das ihre dazu beigetragen haben. Die burgundische, zentral gelenkte Armee stieß auf Teile der Schweizer Alliierten, zu deren Bekämpfung die Burgunder von der Marsch- in eine Kampfposition gebracht werden mussten. Die weiter vorne marschierenden Teile wurden zurückgerufen, was wie ein Befehl zum Rückzug wirkte. Panik brach bei den Burgundern aus und verbreitete sich in rasender Geschwindigkeit. Der Sieg fiel den Bernern in den Schoß, zumal in der zweiten Tageshälfte auch noch zu allem Überfluss das Berner Hauptkontingent auftauchte und sofort begann, das Feld zu bestimmen.

Karl selbst und seine direkte Umgebung zogen sich schwer, ja extremst enttäuscht bis ins savoyardische Orbe zurück, weil man Angst vor einer Verfolgung durch die Feinde hatte. Die aber behielten das »Schlacht«-Feld für sich und kampierten dort symbolisch drei Tage als Zeichen des Sieges.

Den Bernern und ihren Verbündeten fiel eine schier unglaubliche Beute in die Hände, zudem schon praktischerweise für den Abtransport handlich verpackt: Waffen, Ausrüstungen, Zelte, Banner, dazu Gegenstände des Hofes wie Wandteppiche, Kleidungsstücke, Geschirr, Bücher, Kirchengerät, Münzen, Edelsteine u. v. a. m. Plünderung und private Bereicherung bestimmten das Bild trotz der getroffenen Anordnung, gemachte Beute gemeinsam zu teilen. Insbesondere geriet die Artillerie in die Hände der Schweizer. Sogar die Koffer, in denen sich die Kanzleigegenstände befanden, kamen so an die Schweizer, so auch das kleine Privat- oder Briefsiegel Karls des Kühnen, mit denen seine persönlichen Briefe verschlossen wurden, sowie das Urkundensiegel seines Halbbruders Anton, dazu auch der klappbare Reisethron, und schließlich auch der überbordend geschmückte Zeremonialhut, der Karl als einem Herzog zustand. Ein Großteil der Beute ging von Hand zu Hand, wurde zu Geld gemacht, geteilt, weiterverkauft, kurzum: in alle Winde zerstreut, andere Teile gingen in den Besitz der Städte und anderer Institutionen über.

Unverzüglich schmiedete Karl nach der Niederlage Pläne und zeigte sich zuversichtlich, es den Schweizern zu vergelten. Wenige Tage nach der Niederlage sandte er wieder Briefe an seine Amtsträger in den Niederlanden mit drastischen Forderungen nach neuem Material und weiteren Truppen. Von Lausanne aus, wo er sich von Ende März bis Ende Mai 1476 aufhielt, organisierte Karl mit Unterstützung der Herzogin Yolanda von Savoyen den nächsten Feldzug gegen Bern, der, wie sich aus der räumlichen Lage ergab, dem Waadtland gelten und entweder über das vormals savoyardische Murten oder das eidgenössische Freiburg i. Ü. führen musste.

Trotz zahlreicher Warnungen verbündeter Fürsten und immer wieder ausbrechender Streitigkeiten zwischen englischen und italienischen Söldnern in seiner Armee, auch Streiks wegen ausbleibender Bezahlung kamen vor, und nicht zuletzt wegen einer schweren Magen-Darm-Störung, die ihn sogar in die Bewusstlosigkeit beförderte, nahm er von dem Feldzug keinen Abstand. Die Planungen schritten voran, im Mai wurde die Armee gemustert und dürfte eine Größe von 12 000 bis 16 000 Mann gehabt haben. Sie wurde Anfang Juni nach Murten verlegt, einer kleinen, aber gut gerüsteten Stadt und Burg, die strategisch an günstiger Stelle lag, nämlich an der Straße nach Bern, dem von Karl als eigentlichen Feind wahrgenommenen Gegner.

Anders als bei Grandson ging Karl nun zumindest anfangs mit der größtmöglichen Vorsicht vor. Am 11. Juni 1476 erreichte er mit seiner Hauptarmee Murten und ließ sich dort nieder. Die Stadt wurde umschlossen, und wie bei Neuss hub man Belagerungsgräben aus, und zwar nachts, wegen des bei Tageslicht einsetzenden Beschusses von Seiten der Stadt. Ein erster direkter Ansturm der Burgunder am 18. Juni schlug fehl. Einzelne, durchaus größere Kontingente schützten den Rücken der burgundischen Hauptarmee und griffen auf Berner Gebiet aus. Das Festsitzen der burgundischen Hauptarmee vor Murten gewährte den Eidgenossen und der Niederen Vereinigung ein paar Tage Luft, um ihre ca. 25 000 Mann starke Armee zusammenzustellen. Der Gegenvormarsch begann, und die Eidgenossen stellten sich um den 20. bis 22. Juni in der Nähe Murtens auf, griffen aber nicht sofort an, da man auf den Zuzug weiterer Teile wartete. Die gegenseitige Beobachtung war so gut, dass Karl der Kühne dieses Abwarten feststellte und gegen den Rat seiner Hauptleute als Defensivstrategie interpretierte. Haupt der eidgenössischen Armee war kein Berner, sondern der Straßburger Hauptmann Wilhelm Herter, der alle Hände voll zu tun hatte, die von Eifersüchteleien nicht freien Verbündeten auf eine Linie zu bringen. Kleinere Trüpplein zur Fernaufklärung wurden entsandt, die die genauen Standorte der Burgunder in Erfahrung bringen sollten. Sie wurden jedoch bemerkt, und der Herzog von Burgund wiederum hierüber in Kenntnis gesetzt. Doch der blieb bei seiner einmal gefassten

Meinung, dass es keinen eidgenössischen Angriff geben werde. Das war ein kolossaler Irrtum.

Der Sieg der Eidgenossen war kurz und hart: Sie führten am 22. Juni 1476 einen Überraschungsangriff aus, der die Burgunder komplett überrumpelte. Ehe der Herzog in der Lage war, die Befehlsgewalt über seine Truppen zu erlangen, brach bei ihnen erneut Panik aus. Fluchtbewegungen setzten ein, was den eidgenössischen Vormarsch derart beschleunigte, dass Teile der burgundischen Armee noch im Zelt kampierten, als sie ihren Gegner in die Hände fielen. Es ging nicht gut aus. Ungefähr ein Drittel der Burgunder oder gar noch mehr fanden den Tod.

Nur knapp konnte Karl und mit ihm ein Teil seiner Führungsmannschaft das Weite suchen, sie zogen sich schleunigst in die Nähe von Genf zurück und von dort weiter in die Freigrafschaft, wo er in der Folge für mehrere Wochen bis Ende September 1476 unablässig die Verteidigung gegen einen erwarteten schweizerischen Angriff organisierte und weiter die Planungen für einen dritten Angriff auf Bern vorantrieb. Ungebrochen erhöhte er den Druck auf die Stände. Er bat nicht, er forderte ultimativ mehr Geld und mehr Truppen – die beiden militärischen Rückschläge hatten sichtlich keine Selbstkritik ausgelöst, sondern stachelten ihn nur weiter an, auf dem bisherigen Wege fortzufahren. Eine weitere Armee galt es auf die Beine zu stellen. Die herzogliche Verwaltung in Mecheln gab den Druck, den sie vom Herzog erhielt, weiter an die untergeordneten Herrschaftsträger in Stadt und Land, und in der Tat sollten im Herbst 1476 wieder Truppen und Geld an Karl fließen.

Eine der ersten wichtigen politischen Folgen des neuerlichen Sieges der Eidgenossen war, dass die Stände Savoyens sich dem Zugriff des burgundischen Herzogs entzogen, so dass dieser zu einer unerhörten Zwangsmaßnahme schritt, indem er die savoyardische Herzogin Yolanda gefangen nahm und damit ein Überlaufen zu den Gegnern verhinderte. Diese Maßnahme verstärkte die antiburgundische Stimmung nur. Yolanda wurde auf die im Herzogtum Burgund gelegene Burg Rouvres gebracht, von wo sie im Oktober 1476 von französischen Soldaten befreit wurde bzw. sie sich durch Flucht befreite.

Nach dem drastischen Sieg von Murten trafen sich die Eidgenossen und die Niedere Vereinigung im Juli/August 1476 zu einer großen Konferenz in Freiburg i. Ü., auf der die Geschicke des Waadtlandes beschlossen werden sollten. Bis auf Murten und zwei weitere Burgen, die an Bern übergehen sollten, blieb das Waadtland bei Savoyen. Ansonsten enthielt man sich aggressiver Maßnahmen gegen Karl. Eine weitere direkte Folge der Schlacht von Murten war, dass der Herzog von Mailand sein Bündnis mit Karl aufkündigte und wieder auf die französische Seite wechselte. Damit hörte die am 30. Januar 1475 geschlossene Liga von Moncalieri zwischen Yolande von Savoyen, Galeazzo Sforza von Mailand und Karl von Burgund auf zu bestehen, Karl war wieder auf seine traditionellen Verbündeten wie England angewiesen. Wegen dieser bündnispolitischen Entwicklungen schob sich einmal mehr die Idee eines Ausgleichs mit dem König von Frankreich in den Vordergrund, ein persönliches Treffen mit Ludwig XI. wurde von Karl lanciert, scheiterte jedoch am Widerstand Ludwigs. Daneben galt es, die Landesherrschaft der gefangenen savoyardischen Herzogin wiederherzustellen, diesmal aber zu eigenen Gunsten.

4.6 Das Ende Karls: die Schlacht von Nancy 1477

Die Pläne, einen dritten Feldzug gegen die Eidgenossen zu führen, wurden durch die Entwicklung im Herzogtum Lothringen überholt. Auch wenn dort im Herbst 1475 die burgundische Herrschaft eingerichtet worden war, es einen Statthalter gab und in den wichtigsten Städten und Plätzen kleinere burgundische Verbände lagen, so wurde die Herrschaft trotz des formalen Huldigungseids, den man Karl schwören musste, faktisch nicht von den Ständen mitgetragen. Nachdem Karl seine erste Niederlage vor Grandson erlitten hatte, kippte die Stimmung in den ländlichen und städtischen Orten, deren Führungsschichten auf Seiten des exilierten, sich in Straßburg und anderswo aufhaltenden Herzogs René II. standen. Einen ersten Aufstand gegen die burgundische Herrschaft durch Renés Parteigänger gab es im lothringischen Vaudemont im April 1476. Er stellte so etwas wie den ersten Schritt zur Rückeroberung

Lothringens durch Herzog René II. dar. Seine Leute unternahmen im Frühjahr einen ersten zaghaften Versuch der Einnahme Nancys. Eine zweite Belagerung Nancys gab es Ende August, als René II. selbst anwesend war. Sie zog sich hin, und auch wenn Karl erwartete, dass der lothringische Herzog nicht seine eigene Residenzstadt zerschießen würde, so schloss er, René, die Stadt doch ein und belagerte sie. Dieses wiederum führte dazu, dass die dort befindlichen, in burgundischen Diensten stehenden englischen und italienischen Söldner sich ergaben, was weiter dazu führte, dass der Statthalter Jean de Rubempré am 6. Oktober 1476 kapitulieren musste. Damit war die burgundische Herrschaft in Lothringen nach ungefähr einem Jahr bereits zu Ende.

Nun oblag es Karl, diese Herrschaft wiederherzustellen. Mitte Oktober erschien er in der Bischofsstadt Toul und vereinigte seine Truppen. Insgesamt kamen vielleicht wieder etwas um die 13 000 Mann zusammen, verstärkt durch neue Kontingente aus den Niederlanden. Renés Verbände wiederum erwiesen sich als sehr heterogen, bestanden ebenfalls teilweise aus Fremden, die sich für einen fremden Herrn nicht wirklich ins Zeug legen wollten. Die lothringische Armee zeigte von Beginn an Auflösungserscheinungen und konnte den burgundischen Aufmarsch nicht stoppen. Wieder ging Renè II. auf Reisen, um Allianztruppen anzuwerben, als Karl am 22. Oktober 1476 die Belagerung Nancys begann, allerdings vollständig umgeben von mittlerweile feindlich, d. h. lothringisch besetzten Burgen und Städten. Ein Wettlauf setzte ein: Konnte Nancy schneller eingenommen werden, als dass René ein Entsatzheer aufstellen konnte? Die Nancéiens leisteten erbitterten Widerstand in Erwartung eines fürchterlichen Strafgerichts, das über sie hereinbrechen sollte, falls die Stadt in burgundische Hände geriet; das Beispiel Lüttichs und anderer stand ihnen vor Augen. René II. biss sich bei seiner Werbungskampagne bei den Eidgenossen die Zähne aus. Das einzige, was ihm zugestanden wurde, war, das er um Freiwillige werben durfte. Nach den beiden Siegen gaben die politischen »Tauben« bei den Eidgenossen den Ton an, René kam mit seinem Ansinnen zur Unzeit. Erst im Laufe des Dezembers gelang es René II. nun doch, Verbände von Schweizer Söldnern aufzustellen, die am 26. Dezember Basel verließen.

Ebenfalls von Basel aus hatte René seinen Parteigängern in den lothringischen Burgen und Städten befohlen, sich am 4. Januar 1477 mit diesen Truppen bei dem kleinen Ort Saint-Nicolas-du-Port in der Nähe Nancys zu vereinen. Dieses scheint funktioniert zu haben.

Am 5. Januar 1477, einem Sonntag, setzten sich die lothringisch-schweizerischen Truppen gegen das burgundische Heer in Marsch. Bei den Burgundern hatte man die Bewegung sehr wohl wahrgenommen. Die Kräfteverhältnisse sind nicht ganz klar, sprachen wohl zu Gunsten der Lothringer. Ein Rückzug und eine gebündelte Neuaufstellung der burgundischen Armee kamen für Karl nicht in Frage.

Die lothringisch-schweizerischen Verbände kamen heran, teilten sich im Vorfeld und erzwangen so die Eröffnung einer weiteren Linie bei den Burgundern. In der Hauptlinie setzten die Lothringer zum Generalangriff an, und wieder gab es Auflösungserscheinungen bei den Burgundern, von denen viele die Flucht ergriffen – unkoordiniert und ohne Übersicht, wobei sie oftmals in die Hände der Lothringer und Schweizer gerieten.

Was genau im Kampf mit dem Herzog passierte, weiß man nicht. Erst nach ein paar Tagen fand man seine Leiche, mittlerweile von wilden Hunden oder Wölfen angefressen. Höchstwahrscheinlich war er bereits verwundet worden, als sein Pferd gescheut und ihn abgeworfen haben dürfte. Am Boden liegend hat er dann einen derart schweren Schlag auf den Kopf erhalten, dass der Schädel gespalten wurde. Der Leichnam war geplündert worden, Kleidung und getragener Schmuck waren verschwunden. Nur an einigen Körpermerkmalen war er anschließend zu identifizieren. Karl hatte seine letzte Schlacht verloren.

5 Die Umformung der burgundischen Niederlande: der Aufstieg der Habsburger 1477–1530

5.1 Die burgundische Erbfolge und der Übergang an die Habsburger

Wenn auch der Tod des burgundischen Herzogs ein gravierender Einschnitt war, so bedeutete er doch nicht das Ende der Dynastie. Denn es gab die erbende Tochter Karls, Maria, es gab die Spitzen der landesherrlichen Verwaltung, und es gab die Stände in den niederländischen Fürstentümern, die einem dynastischen Aufgehen in Frankreich oder unter einem anderen Fürsten widerstanden. Im Gegenteil: Im letzten Lebensjahr Karls kristallisierte sich ein burgundisch-habsburgisches Bündnis heraus, das von den Ständen mitgetragen wurde. Der Sohn Kaiser Friedrichs III., Maximilian, dessen Ehe mit Karls Tochter Maria fest verabredet war, sollte bei seiner Einreise in die Niederlande im August 1477 begeistert empfangen werden. Gemeinsam wurden Maria und die Stände bereits im Frühsommer 1477 der ersten französischen Angriffe auf das südliche Flandern und den Hennegau Herr, und auch wenn es politische Prozesse gegen die hauptverantwortlichen Amtsträger unter Karl gab, die zentralisierte, auf den Herzog ausgerichtete Verwaltung zurückgebaut und die Rechtsstellung der Stände in mehreren Großen Privilegien abgesichert wurde, so gab es doch keine Auflösung der burgundischen Niederlande.

Zunächst war bis ungefähr Mitte Januar 1477 die Situation insofern offen, als dass das Schicksal Herzog Karls des Kühnen nicht bekannt war. Er galt zunächst als verschollen, musste dann gefunden und identifiziert werden, und schließlich musste die Nachricht seines Todes die Runde machen. Als einer der ersten wusste Ludwig XI. Bescheid, während die Ehefrau Karls, Margarethe von York, und seine Tochter Maria erst ein paar Tage später die Todesnachricht erhielten. Am 21. Januar wurde die Hoftrauer verkündet, verlässlich und bestätigt kam die Todesnachricht gar erst am 24. Januar an, am Tag danach wurde der Trauergottesdienst gehalten. Da hatte Ludwig schon seine ersten Entscheidungen getroffen. Er hatte seine Truppen zur Eroberung Flanderns in Marsch gesetzt. Mit dem Tod Karls, der diese von Frankreich lehnsabhängige Grafschaft ja innegehabt hatte, war der Mannfall gegeben, die Grafschaft fiel an den Lehnsherrn zurück. Und immer noch lebte der Neffe Herzog Johann ohne Furchts, Graf Johann von Étampes und Nevers (1415–1491), der bereits beim Tod Philipps des Guten Ansprüche auf das Herzogtum Brabant erhoben hatte, und dieses nun wieder für sich reklamierte. In der Grafschaft Holland traf im März des Jahres 1477 eine gemeinsame Gesandtschaft der Herzöge Ludwig IX. von Niederbayern und Albrecht IV. von Oberbayern ein, die beide als Nachfahren der Jakobäa von Bayern Erbansprüche erhoben. Bei den Holländern fanden sie kein Entgegenkommen, die Stände entschieden sich für den Erbgang an Maria als neuer Landesherrin.

Aber in anderen Territorien war die Nachfolge Herzogin Marias nicht unumstritten. Ein Teil des Luxemburger Adels weigerte sich, Maria als Landesherrin anzuerkennen, und in Geldern, wo die Stände die Übertragung der Landesherrschaft durch Arnold van Egmond an Karl den Kühnen nie anerkannt hatten, kam es im März 1477 zu einem Aufstand gegen die burgundische Verwaltung bzw. Besatzung. Mit Luxemburg und Geldern fielen die beiden Länder vom burgundischen Herrschaftsverband ab, die als letzte hinzugekommen waren. Das Fürstbistum Lüttich muss in diesem Zusammenhang ebenfalls erwähnt werden. Seit der gewalttätigen Inbesitznahme durch Karl den Kühnen 1468 führte der Bischof Louis de Bourbon eine loyale, wenn auch wenig machtvolle Politik zugunsten des burgundischen Herzogs. Nach dem Tod Karls des Kühnen förderte Ludwig XI. einen Gegenkandidaten für den Bischofsstuhl, Wilhelm von Arenberg, der wegen seines militärischen Draufgängertums den Beinamen »Eber der Ardennen« erhielt. Der Streit im Bistum führte ebenfalls zu einer Abwendung vom burgundischen Herrschaftsverband.

Die Nachfolge Marias in den Niederlanden musste politisch abgesichert werden. Ihre erste Aufgabe bestand daher darin, die Generalstände zusammenzurufen, die ja bereits beim Thronwechsel von Philipp dem Guten zu Karl dem Kühnen aktiv geworden waren. Bei der jetzigen Thronfolge kamen sie wieder zum Zuge. Am 26. Januar, am Tag nach der Trauerfeier für Karl den Kühnen, wurden die Einladungsschreiben abgeschickt. Nicht ungewöhnlich war es, dass die Stände bei einem Herrscherwechsel Beschwerdelisten vorlegten und die Abstellung der Klagepunkte verlangten. So taten sie es auch in diesem Fall. Unter dem Druck der voranschreitenden französischen Invasion und des Übergangs einiger hochrangiger Adliger auf die französische Seite hatten Maria und ihr Beraterkreis keine andere Möglichkeit, als gegen Ende Januar den Klagen der Einfachheit halber stattzugeben. Unter dramatischen Zuständen sah man sich schlicht und einfach gezwungen, weitreichende Zugeständnisse zu machen. Am 30. Januar 1477 wurden der wichtigen Großstadt Gent, die unter Karl 1469 ihre Privilegien verloren hatte, ihre alten Rechte wieder verliehen. Am 1. Februar erhielt die andere flämische Großstadt Brügge ihre Stadtrechtsurkunden. Eine ganze Reihe von anderen Städten folgte. Im Gegenzug wurde Maria von den flämischen Städten als Fürstin anerkannt und zugleich der königlich-französische Anspruch auf Flandern abgewiesen. Die flämischen Stände begaben sich damit auf Konfrontationskurs gegen Ludwig XI., letztlich ein gewagtes Unternehmen. Zudem gaben die Stände ihre Zustimmung zur Aushebung neuer Truppen, die die französische Invasion zum Stehen bringen sollten – die Rüstungen gingen unversehens weiter.

Bereits am 15. Januar 1477 hatte Ludwig XI. seine Truppen in Marsch gesetzt. Als erstes sollte im Osten Frankreichs das eigentliche Herzogtum Burgund, das formal ja wie Flandern ein Lehen Frankreichs war, erobert und direkter königlicher Kontrolle unterstellt werden. Gegenüber dem burgundischen Adel zeigte Ludwig XI. sich entgegenkommend. Am 19. Januar bestätigte er dessen Rechte, woraufhin die Herrschaft des französischen Königs anerkannt wurde; dabei sollte es bleiben, so dass hinfort der burgundische Herrschaftsverband ohne das eigentlich namengebende Herzogtum bestehen blieb. Die von Maria sofort am 23. Januar erhobenen Proteste und Treueermahnungen an den burgundischen Adel nutzten nichts. Bemerkenswerterweise erkannte am 18. Februar sogar der Adel der Franche-Comté, eigentlich ein Reichslehen, den französischen König als Herrn an, doch kam es bereits im März zu einem Aufstand gegen die Franzosen, die sich an den Gütern der Unterlegenen bereichert hatten. Zugleich waren aus Ludwigs XI. Sicht auch die nördlichen Teile der burgundischen Gebiete anzuschließen. Auch hier erfolgte am 15. Januar der Marschbefehl. Zunächst sollte es in die Pikardie, in das Artois, dann weiter in das südliche Flandern und in den Hennegau gehen. Dem heimischen Adel machte er Versprechungen für den Fall, dass er zu ihm überging, sogar an die Stadt Gent schickte er einen Gesandten. Anfangs ging alles recht schnell, Abbeville und Doullens konnten rasch eingenommen werden, da Stadtregierungen und Adlige sich dem mit seiner Armee nähernden König ergaben. Erst sukzessive folgten die anderen Städte, die alle einzeln eingenommen werden mussten. Der König begleitete den Zug, um die Herrschaften und Städte persönlich in Besitz nehmen zu können. Bis in den Sommer sollte sich der Feldzug hinziehen. Thérouanne übernahmen die Franzosen am 6. April, am 23. Mai kam Saint-Quentin hinzu, am 2. Juni das im Hennegau gelegene Le Quesnoy.

Von Seiten des burgundischen Hofs suchte man Frieden und machte Ludwig XI. weitreichende Angebote. Zu Anfang Februar suchte ihn in Péronne eine hochrangige Gesandtschaft unter Leitung des Kanzlers Hugonet auf, doch scheiterte das Ansinnen an den maximalen Forderungen Ludwigs XI., der unter anderem auf extrem hohe Reparationszahlungen bestand. Gegenstand der Verhandlungen war u. a. der Übertritt der Stadt Arras und deren Kommandeur Philippe de Crèvecoeur, zu der Hugonet seine Einwilligung gab, mit der Folge, dass Philippe de Crèvecoeur ehrenhaft in den französischen Dienst übertrat, den er in der Folge treu im Artois versah. Hugonet sollte man daraus aber einen politischen Strick drehen, als er am 20. Februar wieder in Gent eintraf.

Wogegen die niederländischen Stände sich bei den Anfang Februar in Gent einsetzenden Gesprächen mit der neuen Herzogin Maria in erster Linie wandten, das waren vor allem der unablässige Steuerdruck, die Beschneidung der städtischen Kompetenzen und der sich auf viele Felder des gesellschaftlichen Zusammenlebens erstreckende Machtmissbrauch der herzoglichen Amtsträger. Man beschwerte sich im Detail über bestimmte Zollinhaber, die mehr forderten als sie durften, über bestimmte Sekretäre, die Urkunden nur gegen Schmiergeld ausfertigten, ferner darüber, dass Herzog Karl einige Ämter gegen Geld verkauft hatte, woraufhin die Amtsinhaber ihre neue Funktion als eine Art auszubeutende Goldmine betrachteten, und nicht zuletzt darüber, dass viele städtische Schöffen auf Druck des Landesherrn in ihr Amt gekommen waren. Die Stände waren also nicht gegen den burgundischen Herrschaftsverband an sich, sondern nur gegen die Auswüchse, die er unter Karl dem Kühnen angenommen hatte.

Nachdem die Erbin den Klageartikeln zugestimmt hatte, begannen am 3. Februar 1477 die näheren Verhandlungen mit den Generalständen zur Ausfertigung der ständischen Privilegien eines jeden Landes. Innerhalb einer Woche erreichten die Generalstände eine Übereinstimmung über 20 Artikel, die die Neuerungen der Regierung Herzog Karls in den letzten Jahren wieder abschafften: Aufhebung der zentralen Gerichts- und Rechenkammern in Mecheln und Wiedereinrichtung der territorialen Gerichts- und Rechenkammern, Auswahl der Räte des Großen Rats nach einem Proporz aus jedem Fürstentum, freies Versammlungsrecht der Stände, Kriegserklärung nur mit Zustimmung der Stände, Einschränkung des Lehnsdienstes, Beachtung der Privilegien und des Gewohnheitsrechts und Rücksichtnahme auf die Sprache der Urkundenempfänger. Überdies gab es noch eine allgemeine Klausel, die die Stände zukünftig vom Gehorsam dem Landesherrn oder dessen Amtsträger gegenüber befreite, wenn dieser gegen die Bestimmungen der Privilegien verstoßen sollte. Immerhin wurde dieses alles vom fürstlichen Hof anerkannt.

Die 20jährige Maria wurde in dieser Zeit beraten von ihrer Stiefmutter, der Herzogin Margarethe von York, dem Fürstbischof von Lüttich sowie dem alten Kanzler Guillaume Hugonet und dem Statthalter in Lüttich und den Maaslanden Guy de Brimeu, die alle beide als Protagonisten der Politik Karls des Kühnen galten und die Zentralisierung der Verwaltung vorangetrieben hatten. Endlich wurde am 7. Februar der Jungherzog von Geldern, Adolf van Egmond, aus der Haft entlassen, in die er 1473 unter Karl den Kühnen geraten war. Als dezidierter Gegner des gefallenen Herzogs war er der geeignete Mann der Generalstände, um in ihrem Auftrag ein großes Aufgebot gegen den immer weiter voranschreitenden König von Frankreich anzuführen. Bis Anfang März versprachen die Stände, ihre Kontingente für die Verteidigung zu stellen, um einer direkten Herrschaft durch den französischen König zu entgehen. Zudem bevorzugten die Generalstände eine Eheschließung Marias mit Adolf von Geldern, um so ihren Einfluss auf die Herzogin sichern zu können.

Die Verhandlungen zwischen der Regierungsspitze und den Ständen der Länder sollten sich bis in das weitere Frühjahr hineinziehen. Das Herzogtum Luxemburg erhielt sein Privileg am 9. Februar, am 14. März wurde das Große Privileg für die Grafschaften Holland-Zeeland und Friesland verabschiedet (am 1. Mai noch erweitert), mit dem Herzogtum Brabant erzielte man erst am 29. Mai eine Übereinkunft. Die Privilegien wurden jeweils von der Huldigung der neuen Landesherrin begleitet. Formal wurde damit die Herrschaft Marias anerkannt und gesichert.

Vor allen Dingen nahmen die Generalstände die französische Drohung durchaus ernst. Nachdem der burgundische Kanzler Hugonet zurückgekehrt war, entsandten sie unter Umgehung des Hofs gegen Ende Februar eine eigene Gesandtschaft an den französischen König mit dem Angebot, dessen Oberherrschaft über Flandern, Artois und Burgund anzuerkennen. Im Gegenzug eröffnete der König die Angebote, die die Herzogin Maria über ihren Kanzler Hugonet ihm, dem König, gemacht hatte und dessen Erklärung zugunsten Crèvecoeurs, was bei der ständischen Gesandtschaft für Unruhe sorgte und das Bild eines doppelten Spiels der jungen Herzogin heraufbeschwor. Die Enthüllung dessen sorgte Mitte März für einen Eklat in den immer noch andauernden diffizilen Gesprächen zwischen den Generalständen und der Regierungsspitze.

Zudem wurde die Stimmung problematischer. Begleitet wurden die Verhandlungen mit den Ständen von einer ganzen Reihe von innerstädtischen Unruhen. Nicht sofort, sondern erst mit einem gewissen zeitlichen Abstand setzten diese nach dem Tod Karls des Kühnen in vielen Städten ein. In erster Linie richteten sie sich gegen die drückende Besteuerung und gegen die Beschränkung der Zunft- und Stadtrechte. Insbesondere wurden die Amtsinhaber aus der Zeit Herzog Karls verantwortlich gemacht für alles, was seinerzeit und immer noch fehlging. Zuerst begannen diese Revolten in Gent am 15. Februar, wo sich der Hof, die Spitzen der Verwaltung und die Generalstände ja gerade zu den Verhandlungen aufhielten, am gravierendsten waren sie wohl in Brüssel zu Beginn des Juni 1477, wo die zünftische und mittlere Bürgerschaft die Herrschaft des Stadtadels gleich mit beseitigte, und damit sogar Erfolg hatte: Am 4. Juni 1477 erkannte Maria die neue Stadtregierung durch die »Gemeinen« oder die »Nationen« an, erst Maximilian stellte 1480 die alten Verfassungszustände wieder her.

Dramatisch verschlechterte sich die Lage in Gent um die Mitte des Monats März 1477, wo die versammelten Stände und die mittlerweile von aufständischen Bürgern regierte Stadt Gent sich über die zweigleisige Politik der neuen Herzogin empört zeigten. Sie musste in die Einsetzung einer Untersuchungskommission einwilligen, die das Verhalten des Kanzlers Guillaume Hugonets sowie der hochrangigen Räte Guy de Brimeu und Guillaume de Clugny überprüfte. Wenig verwunderlich, dass dies in einen politischen Prozess mündete. Die politische Lage ließ sich erst dadurch beruhigen, dass nach einem Schauprozess zwei der hauptverantwortlichen Amtsinhaber Karls des Kühnen, der Kanzler Guillaume Hugonet und der Lütticher Statthalter Guy de Brimeu, zum Tode verurteilt wurden. Eine Verteidigung war nicht wirklich möglich, beide wurden am 3. April 1477 auf dem Freitagsmarkt in Gent hingerichtet. Zugleich isolierte man die junge Herzogin von ihren Vertrauten, nur einen kleinen Beraterkreis und die Oberhofmeisterin Jeanne de Halewijn sowie die Herzoginwitwe Margarethe von York beließ man in ihrer Umgebung, wobei letztere in der kommenden Zeit eine bestimmende Figur in der Politik werden sollte.

Auch Kaiser Friedrich III. wehrte sich gegen die Ausweitung des französischen Einflusses und gegen weitere territoriale Verluste. Das Reichsoberhaupt hatte erst spät, am 10. Februar, sicher vom Tod Karls des Kühnen erfahren, dann aber nach kurzen Beratungen rasch reagiert. Am 12. Februar gingen mehrere

Schreiben an niederländische Adlige und Amtsträger ab, die die bereits mit Karl vereinbarte Hochzeit von Maria mit Maximilian I. bestätigten, zugleich wurde dem König von Frankreich angeraten, die burgundischen Ländereien nicht anzutasten, der Adel der Freigrafschaft wurde zur Huldigung aufgefordert. Am 15. Februar wurden der Bischof von Metz, Georg von Baden, und ein bedeutender Jurist, Dr. Georg Heßler, als Vorabgesandtschaft in die Niederlande abgeschickt, die am 14. April ihre erste Audienz bei der Herzoginwitwe erhielt. Etwas später nachgereist war die größere Hauptgesandtschaft, besetzt mit dem Trierer Erzbischof Johann von Baden, Herzog Ludwig von Bayern-Landshut und anderen hochrangigen Vertretern. Am 21. April wurde die Ehe *per procuram*, d. h. in Abwesenheit des Bräutigams, durch den Herzog von Bayern geschlossen, die Generalstände gaben kurz darauf ihre Zustimmung. Noch weiter verstärkt wurde die Eheabsprache durch die Verabschiedung des Ehevertrags am 26. April, der vorsah, dass bei einem Tod eines der Ehepartner die aus der Ehe entsprossenen Kinder in der Landesherrschaft nachfolgen sollten – eine Bestimmung, die von großer Tragweite werden sollte. Die Eheschließungszeremonie wurde anschließend am 27. April in Gent öffentlich und feierlich wiederholt und von der anwesenden Bevölkerung begeistert aufgenommen. Die seit Mitte Januar offene, labile Situation begann sich zu wandeln, eine Stabilisierung setzte ein.

Maximilian reiste am 21. Mai aus der habsburgischen Residenzstadt Wien ab und begab sich mit ungefähr 1000 Berittenen nach Graz, von dort weiter nach Frankfurt am Main und nach Köln, wo er am 3. Juli ankam. Dort ereilte Maximilian eine hochrangige Gesandtschaft des burgundischen Hofs, die eine erste Unterstützungszahlung überreichte, dazu trafen Gesandte der zu Löwen tagenden Generalstände ein sowie eine eigene Abordnung der Herzoginwitwe Margarethe.

Erst am 31. Juli verließ Maximilian Köln mit einem großen Gefolge, das durch weitere dazustoßende Reichsfürsten noch vergrößert wurde. Am 8. August traf er in Löwen ein, wo die Generalstände tagten und den künftigen Gemahl Marias feierlich mit einer Prozession empfingen. Drei Tage später, am 11. August, kam der habsburgische Zug in Brüssel an, zum Zeichen der Trauer um den verstorbenen Herzog ganz in schwarz gekleidet. Dort traf Maximilian das erste Mal auf die Herzogin, die sich aus Gent dorthin begeben hatte. Bis zum 15. blieb man dort, dann ging es über Dendermonde nach Gent – überall wurde Maximilian mit allen Ehren und darüber hinausgehender Begeisterung aufgenommen und als künftiger Fürst begrüßt. Am 18. August traf man in Gent ein, wo die Hochzeitsfeierlichkeiten stattfinden sollten. Noch abends wurde auf der landesherrlichen Stadtburg der endgültige Ehevertrag geschlossen, ein erstes Abendbankett schloss sich an. Nachverhandlungen zum Ehevertrag zogen sich noch bis in die Mitte September hin; am 17. dieses Monates setzte Maria ihren Mann als Universalerben ein, falls sie kinderlos sterben sollte.

Die Hochzeit fand am 19. August 1477 statt. Auch wenn sie nicht so ausgefallen und prächtig wie die Karls des Kühnen 1468 war, so dauerten die Feierlichkeiten doch mehrere Tage an. Bis zum 24. August gab es einen Reigen von Turnieren und Banketten. Gleich am nächsten Tag setzte Maximilian in einer seiner ersten Regierungshandlungen die ersten Truppen gegen die Franzosen in Marsch. Der Landgraf von Hessen wurde nach Saint-Omer geschickt, um die Stadt von den Franzosen zu befreien. Überhaupt forderte Maximilian in einem direkten Schreiben vom 27. August 1477 an Ludwig XI. ausdrücklich die Rückgabe der in den letzten Monaten eroberten burgundischen Gebiete.

Bis in den Juni 1477 hinein hatten die Franzosen in den südlichen Teilen Flanderns und im Hennegau Stadt um Stadt in ihre Gewalt bringen können, ohne dass man burgundischerseits viel dagegen hatte unternehmen können. Erst im Juni hatten die Stände ihre Truppen unter Anführung des Jungherzogs Adolf von Geldern einsetzen können, der sich am 27. Juni 1477 bei Tournai den Franzosen in den Weg stellte. Die burgundisch-ständischen Verbände konnten nicht verhindern, dass die Franzosen die Stadt eroberten, ja Adolf von Egmond fiel im Kampf. Dennoch kam es nicht mehr zu weiteren französischen Einfällen auf flämische Orte, da die Franzosen selbst hohe Verluste erlitten hatten. In der Folge beruhigte sich im Hochsommer 1477 die Lage.

Nach der Hochzeit setzte man am burgundischen Hof die Verhandlungen mit den Ständen über die Rüstungen unverzüglich fort, während sich gleichzeitig Maximilian in Begleitung seiner Frau auf Huldigungsreise durch die wichtigsten Städte begab. Ein erstes Détachement wurde nach Valenciennes geschickt, als unerwartet eine Gesandtschaft des französischen Königs eintraf, die im Namen ihres Herrn um einen Waffenstillstand bat. Recht schnell wurde man sich einig, und ab dem 18. September 1477 ruhten beiderseits die Waffen, wenn auch kleinere Scharmützel weiterhin stattfanden.

Von Brügge aus begab sich Maximilian am 15. Oktober mit einem Verband von ca. 8000 Mann, der zu großen Teilen aus Gentern und Brüggern bestand, auf Huldigungsreise in den Süden Flanderns, nach Dixmuide, Ypern und Lille sowie in die Gebiete, die in der ersten Jahreshälfte von den Franzosen besetzt, nun aber geräumt worden waren. Immer noch aber stellten die größeren Orte wie Orchies und Tournai, die sich noch in französischer Hand befanden, eine Bedrohung dar. Ein erster, von ihm persönlich geleiteter Versuch zur Einnahme Tournais, der trotz des Waffenstillstands unternommen wurde, scheiterte, eine wirkungsvolle Blockade konnte nicht auf die Beine gestellt werden. Von Tournai und Lille aus unternahm Maximilian weitere Reisen, u. a. nach Valenciennes, wo ebenfalls die Huldigung und die Privilegienbestätigung vorgenommen wurden. Den weiteren Herbst und den Winter verbrachte er ab der ersten Novemberwoche in Brüssel. Größere Aktionen hatten in den vergangenen Wochen nicht stattgefunden, weswegen beide Seiten die Zeit des Waffenstillstands nutzten, um Bündnisse für den unausweichlich drohenden und eine Entscheidung bringen sollenden Waffengang zu schmieden. Die erste Adresse für Maximilian war sein Vater, Kaiser Friedrich III., der tatsächlich Anstalten machte, ein Reichsheer auf die Beine zu stellen, womit er bei den Reichsständen aber auf keinerlei Unterstützung stieß.

Immerhin konnte Maximilian einen Waffenstillstand mit dem Herzog von Lothringen erzielen, und am 13. Oktober 1477 schloss Herzog Sigismund von Tirol den sog. Ewigen Vertrag mit Bern, Zürich, Solothurn und Luzern ab, der es den eidgenössischen Söldnern erlaubte, auf burgundischer Seite zu kämpfen, was zugleich bedeutete, dass die Eidgenossen dem französischen König trotz dessen nachhaltigen Werbens einen

Korb gaben; die anderen eidgenössischen Orte folgten 1478. Eduard IV. von England konnte Maximilian allerdings nicht gewinnen, im Gegenteil, dieser und wichtige Hochadlige Englands erhielten vom französischen König hohe Pensionen, weswegen sie sich nicht gegen Ludwig XI. ins Feld führen lassen wollten. Das einzige Zugeständnis, das Maximilian über seine Stief-Schwiegermutter Margarethe von York, die Schwester des englischen Königs, erreichte, war, dass er in England um Söldner werben lassen durfte; im Frühjahr 1477 waren das zu Margarethes Witwengut gehörende Cassel (eine Kleinstadt in Flandern) und die dortigen Ländereien von den Franzosen geplündert worden, worüber sie sich bei ihrem Bruder beschwert hatte. Doch zu mehr als Protestnoten ließ Eduard IV. sich nicht bewegen. Margaretha blieb nichts anderes übrig, als die burgundische Partei am englischen Königshof zu bestärken. Erst gegen Ende des Jahres 1478 gelang es ihr, ein englisch-burgundischen Bündnis zustande zu bringen, was vor allem daran lag, dass die Übersendung der französischen Bestechungsgelder an die englischen Adligen gekapert worden war, was die profranzösische Partei um den englischen König sofort zum Verstummen brachte.

Im Frühjahr 1478 ließ Maximilian sich in den brabantischen Hauptstädten und in Mecheln huldigen, was ohne große Probleme über die Bühne ging. Von Holland hingegen ließ sich das nicht sagen. Dort hatten die nach dem Tod Karls des Kühnen einsetzenden innerstädtischen Unruhen zu einem Wiederaufblühen der Parteiung zwischen den Kabeljauwen und den Hoeken geführt. Maximilian holte zwar die Huldigungen der Stände ein, die Parteiung konnte er jedoch nicht beilegen. Für die Akzeptanz beim Hochadel, vor allem bei der Spitze des burgundischen Hofs, war das Kapitel des Ordens vom Goldenen Vlies von entscheidender Bedeutung, das Ende April 1478 in Brügge stattfand und auf dem Maximilian nicht nur als Mitglied aufgenommen, sondern auch als neues Oberhaupt, als neuer Souverän in der Nachfolge Karls des Kühnen, anerkannt werden sollte.

In die Feierlichkeiten hinein platzte die Nachricht von einem neuerlichen Streich des französischen Königs, der die Burg Condé in der Pikardie belagerte, und kurz darauf im Mai 1478 vor dem Parlament von Paris, dem höchsten Gericht im Königreich Frankreich, die Einziehung der burgundischen Länder mit der Feststellung, dass Herzogin Maria ihn als ihren Lehnsherrn angegriffen habe, legitimieren ließ. Maximilian machte sich von Brügge auf nach Mons im Hennegau, um von dort aus die Abwehr zu organisieren. Seine Bitte um Unterstützung fand großen Zuspruch, da in Flandern und den anderen Fürstentümern die Empörung über den neuerlichen französischen Vorstoß Wellen schlug. Bei Oudenaarde konnte Maximilian der französischen Armee am 12. Mai eine Niederlage bereiten, die dazu führte, dass die niederländischen Verbände weiter vordringen und die königlichen Besatzungen aus einigen Hennegauer Burgen und Städten vertreiben konnten, auch Condé wurde von ihnen aufgegeben. In dieser Situation bot König Ludwig XI. wieder einmal einen Waffenstillstand an, der nach längeren Verhandlungen am 11. Juli 1478 in Arras auf ein Jahr geschlossen wurde. Dessen wichtigster Punkt bestand darin, dass die Grafschaft Hennegau komplett von den französischen Truppen geräumt wurde, während in Cambrai eine französische und gleichzeitig eine burgundisch-niederländische Besatzung verbleiben sollten. Wenn hiermit auch eine gewisse Beruhigung einherging, so wurde von beiden Seiten der Kleinkrieg doch weitergeführt.

Für die Dynastie wichtiger noch war der Umstand, dass Maria am 22. Juni 1478 einen Knaben und damit einen Erben und Thronfolger gebar, dem nach dem Urgroßvater mütterlicherseits der Name Philipp gegeben wurde. Maximilian führte derweil den Feldzug weiter und traf erst am 2. August in Brügge ein, wo in der nächsten Zeit neben den höfisch-dynastischen Festlichkeiten zur Feier der Geburt die Behandlung der finanzpolitischen Situation mit Macht auf die politische Agenda drängte. Zur weiteren Finanzierung der Kriegseinsätze wurden für den 2. September die Generalstände nach Dendermonde einberufen, vor allem die Finanzierung eines Feldzuges nach Geldern stand an, der ja nicht der flämischen, brabantischen oder hennegauischen Landesverteidigung diente, sondern der übergeordneten Herrschaft des Herzogs.

Maximilian war im April von seinem Vater Kaiser Friedrich III. mit den zum Reich gehörenden Herzogtum Geldern und der Grafschaft Zutphen belehnt worden, was seine Stellung als Fürst weiter erhöht hatte und ihm zudem einen Rechtsanspruch auf die Nachfolge Karls des Kühnen in diesen Territorien verschaffte. Die Anhänger der geldrischen Unabhängigkeit, die seit dem Tod Karls des Kühnen unter dem geldrischen Adel mit politischer und finanzieller Unterstützung Ludwigs XI. den Ton angaben, verfolgten unter ihrer Anführerin, der Regentin Katharina von Kleve, der überlebenden Frau Herzog Arnolds und Mutter des 1477 vor Tournai gefallenen Adolfs von Geldern, ihre politischen Gegner und sicherten sich vor allem an den Grenzen ab, so dass sie mit kleineren Zügen ins benachbarte Holland, Brabant und Kleve gelangten. Solche Übergriffe wiederum konnte Maximilian nicht dulden, wenn er seine Position als Beschützer von Land und Leuten nicht gefährden wollte.

Zudem war abzusehen, dass im nächsten Jahr der Krieg gegen Frankreich wiederaufgenommen werden würde, wobei jetzt auch endlich das eigentliche Herzogtum Burgund in Schutz genommen werden sollte. Ungleich größere Rüstungen standen an. Immerhin konnte Maximilian in mehreren Anläufen die Generalstände dazu bewegen, Gelder für eine Armee von rechnerisch 100 000 Mann, verteilt auf vier Verbände zu je 25 000, zu bewilligen, die aber nicht erreicht wurden: Tatsächlich kam nur einer der geplanten Verbände zustande. In Gent wurden zur Finanzierung von 5600 Mann die Biersteuer erhöht, was eine innerstädtische Unruhe zur Folge hatte, die niedergeworfen werden musste. Erst Ende März 1479 konnte das Genter Kontingent tatsächlich aufgestellt werden.

Die Niederländer waren es, die den Feldzug des Sommers 1479 eröffneten, indem sie die Burgen angriffen, in denen französische Truppen entgegen den Bestimmungen des Waffenstillstands vom Sommer 1478 verblieben waren. Die königlichen Truppen reagierten mit dem Versuch, Douai zurückzuerobern, was abgewehrt werden konnte. Von Saint-Omer aus begann um Mitte Juni 1479 Maximilian seine Armee zu ordnen, immerhin ca. 27 000 Mann, mit denen er sich zunächst gegen den Bischofssitz Thérouanne warf, der den Franzosen als Stützpunkt für die zahlreichen kleineren Einfälle nach Flandern gedient hatte. Auf der Seite des Königs blieb dieses nicht unentdeckt, Ludwig XI., der selbst nicht anwesend war, ließ sein Haupteer von etwa 16 000 bis 18 000 Mann in dieselbe Richtung dirigieren.

In der Nähe Thérouannes, bei dem Ort Guinegate, trafen beide Heere am 7. August 1479 aufeinander. Die Schlacht selbst muss nicht geschildert werden, festzuhalten bleibt, dass Maximilian und die burgundisch-niederländischen Truppen einen entscheidenden, wenn auch mit hohen eigenen Verlusten erkauften Sieg davontrugen. Zur Verwunderung Ludwigs XI. nutzte Maximilian diesen Sieg jedoch nicht zu weiteren Vorstößen gegen die französisch-besetzten Gebiete, sondern entließ am Tag nach der Schlacht seine stark geschmälerte Armee nach Hause. Mit dem verbleibenden Rest des Heers zog er am 20. August in Gent ein, wo er begeistert empfangen wurde und wo ihm noch weiteres Geld zur Fortführung des Feldzugs angeboten wurde, ein Indiz für die Übereinstimmung von ständischen und landesherrlichen Interessen, was die Abwehr der direkten französischen Okkupationspläne anging. Erst im Oktober wurde der Feldzug gegen die Franzosen wieder in Angriff genommen, im Artois konnte man eine Reihe kleinerer Erfolge verbuchen, indem die französischen Besatzungen aus einigen Orten vertrieben wurden. Wieder begann der Kleinkrieg, der diesmal aber etwas weiter im Süden bis in die Pikardie hinein seinen Verlauf nahm.

Nach der Niederlage der Franzosen ruhten die großen Auseinandersetzungen bis weit in das Jahr 1480 hinein. Auch die Generalstände weigerten sich nun, den Krieg weiter zu finanzieren, die Verhandlungen von Januar bis März 1480 blieben fruchtlos. Zudem konnte Maximilian die Ruhe nutzen, um sich endlich einem gravierenden innenpolitischen Problem im nördlichsten seiner Territorien zu widmen. Im Frühjahr 1480 machte er sich auf zu einem längeren, bis in den Sommer dauernden Zug in die Grafschaft Holland, um sich endlich an der Unterdrückung der Parteiung zwischen Kabeljauwen und Hoeken zu versuchen. Die seit 1477 andauernden Auseinandersetzungen hatten sich mittlerweile zu regelrechten Parteikämpfen ausgewachsen, einem inneren Krieg, bei dem es in erster Linie um die Besetzung der wichtigen Bürgermeister- und Ratsherrenposten in den Stadtregierungen ging. Die Kabeljauwen standen dabei auf Seiten Maximilians, dem sie Unterstützung für die Frankreichfeldzüge versprachen, während die Hoeken solch einem Ansinnen ablehnend gegenüberstanden. Von daher verwundert es nicht, dass Maximilian sich relativ schnell mit den Kabeljauwen vereinigen konnte, während es bei den Hoeken langwieriger Gespräche bedurfte, bei denen sich Maximilian außerordentlich konziliant zeigte. Sobald Maximilian aber außerhalb Hollands war, ging es wieder ausgesprochen hoch her, weswegen einige der hoekisch gesonnenen Hauptrådelsführer wie der Adlige Jan van Montfoort sich in die Bischofsstadt Utrecht zurückzogen, so dass auch das Bistum Utrecht in die Auseinandersetzungen einbezogen wurde.

Die militärische Lage änderte sich um die Mitte des Jahres 1480, als auf Befehl Ludwigs XI. die lothringische Stadt und Burg Verdun eingenommen wurde und das Heer weiter nach Luxemburg marschierte, dessen Adel sich von der burgundischen Herrschaft abgewandt hatte. Über Lothringen und Luxemburg konnten die Niederlande nun aus dem Südosten angegriffen werden, zumal es von hier aus nicht mehr ganz soweit nach Geldern war. Eilends musste Maximilian aus dem Norden des Herrschaftsgebietes zum Brandherd reisen. Auf burgundisch-niederländischer Seite war man zu dieser Zeit nicht zum Krieg bereit, und auch wenn Maximilian selbst losschlagen wollte, so setzten sich doch die Gemäßigten am Hof durch. So wurde am 27. August 1480 einmal mehr ein Waffenstillstand mit dem König geschlossen, diesmal für ein halbes Jahr, ja im Oktober bot Ludwig XI. sogar richtige Friedensverhandlungen an, die unter Vermittlung des Kardinals Julian de la Rovere stattfanden, und an denen sich von burgundischer Seite Margaretha von York beteiligte. Sie allerdings schenkte dem Friedenswillen Ludwigs XI. keinen Glauben und spielte auf Zeit, ja hintertrieb das Zustandekommen eines Friedens, zumal Gerüchte auftauchten, der König leide an der Syphilis und wäre dem Tod geweiht. Immerhin hatte Maximilian damit im Herbst 1480 den Rücken frei und konnte für mehrere Monate das Herzogtum Luxemburg bereisen, um die Huldigung des dortigen Adels entgegenzunehmen und seine Herrschaft formal anerkennen zu lassen. Damit gehörte das Herzogtum Luxemburg wieder zum burgundisch-niederländischen Herrschaftsverband. Das schwierige Verhältnis zu einigen der Adligen musste erst durch längere Verhandlungen geklärt werden, was die Dauer des insgesamt friedlichen Aufenthalts erklärt, der sich bis in den November hinzog.

Im Jahr 1481 erforderte erneut der Parteiungskrieg in Holland die Anwesenheit Maximilians. Die wichtige Stadt Leiden mit ihrer umfangreichen Tuchproduktion fiel im Januar 1481 in einem genau geplanten Handstreich an die Hoeken. Diese Aktion stellte jedoch die Landesherrschaft in Frage, da die von Maximilian anerkannte Stadtregierung abgesetzt worden war und zudem eine der wirtschaftlich führenden Städte des Nordens seinem Zugriff entzogen war. Das hoekische Leiden ergab sich erst am 17. April 1481, als Maximilian persönlich vor der Stadt erschien. Wenige Tage zuvor hatten die holländischen Städte ihm noch einmal ihre Unterstützung zugesagt, nun fiel Leiden ohne Waffengewalt in die Hände des Herrn. Das Strafgericht über die Leidener Hoeken wurde noch vor Maximilians Ankunft gehalten. Die Privilegien der Stadt wurden eingeschränkt, die Kabeljauwen wieder in die Ämter eingesetzt, und nicht zuletzt musste eine Strafe in Höhe von 50 000 flämischen Pfund geleistet werden, was ungefähr dem Steuerertrag von 13 Jahren entsprach. Wenn auch die Ruhe fürs erste hergestellt war, so hatten sich doch viele Hoeken nach Utrecht abgesetzt, und auch in nächsten Jahren sollte es unruhig bleiben.

Nachdem Maximilian seine Herrschaft im Inneren weiter konsolidiert hatte, konnte er im Sommer einen direkten Angriff gegen das auf seiner Selbständigkeit beharrende Geldern unternehmen. Im Juni rückte er gegen die Stadt Nimwegen vor, die sich recht bald ergab, der Süden Gelderns folgte bald, lediglich Venlo leistete unter der Anführung der Regentin Katharina Widerstand, fiel letztlich aber auch. Die Unterwerfung war maßvoll, am 15. August beging man in Arnheim gemeinsam ein großes höfisches Fest mit Banketten und Turnieren, an denen Maximilian sich persönlich beteiligte. Als neuer Vertreter Maximilians wurde Graf Adolf von Nassau eingesetzt. Während des Geldernfeldzugs wurde der Waffenstillstand mit Frankreich am 30. Juni erneut verlängert, diesmal für ein Jahr, auch wenn der Kleinkrieg im Grenzgebiet fortgesetzt wurde.

Diese Ordnung der Verhältnisse im Norden und im Osten des Herrschaftsgebietes während des Jahres 1481 war nur möglich, weil Ludwig XI. zu dieser Zeit schwer erkrankt war. Zwei Schlaganfälle hatten ihn aufs Krankenlager geworfen. Insbesondere Margaretha von York, die mit den Friedensverhandlungen mit dem französischen König betraut war, verstand es, auf Zeit zu spielen, nämlich den Tod des Königs abzuwarten, und in derselben Zeit ein Bündnis zwischen Burgund und der Bretagne einzufädeln. Dieses kam am 16. April 1481 in London tatsächlich zustande. Als äußeres Zeichen der Annäherung wurde nach dem Herzog der Bretagne, Franz II., im Herbst der am 2. September geborene zweite Sohn Maximilians und Maria auf den Vornamen Franz getauft. Ihm war kein langes Leben vergönnt, bereits am 23. Dezember verstarb er.

Während das Jahr 1481 ganz im Zeichen der inneren Konsolidierung gestanden hatte, so ließ sich das Jahr 1482 im Winter zunächst ruhig an. Überschattet wurde das beginnende Frühjahr 1482 (wie überhaupt das kommende Jahrzehnt) durch den Tod der Herzogin Maria.

Mit dem angehenden Frühjahr wurde für Mitte März am Hof eine Jagdpartie angesetzt, an der die Herzogin teilnahm, was keineswegs unüblich war. Diesmal erlitt sie jedoch einen schweren Reitunfall, bei dem sie vom Pferd stürzte und so schwer verletzt wurde, dass sie nach ein paar Tagen ihrem Leiden erlag. Sie verstarb am 27. März, nicht ohne vorher auf dem Krankenlager ihr Testament zu machen und die Spitzen des Hofs und des Ordens vom Goldenen Vlies persönlich von der Bettstatt aus auf die Treue zu ihrem Gatten zu verpflichten. Am 3. April fanden in Brügge unter Anteilnahme und Beileidsbezeugungen der Bevölkerung die Trauerfeierlichkeiten statt, mehrere Tausend Personen säumten die Straßen, als die lange Trauerprozession durch die Stadt zog.

Die burgundische Erbfolge 181

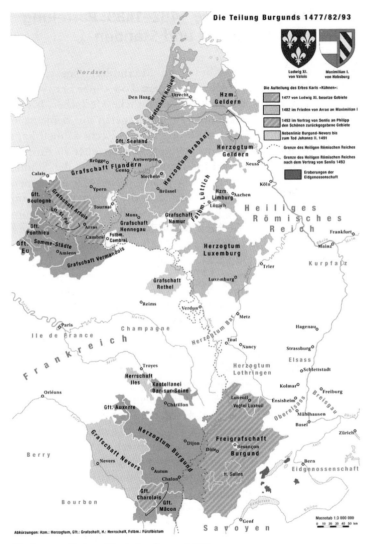

Die burgundischen Niederlande um 1494

5.2 Die große Krise 1482–1489: Parteiung zwischen Fürst und Ständen

Nach dem Tode Marias brach für Maximilian eine schwere Zeit an. Denn letztlich war er seit dem Tod seiner Frau »nur« Witwer und als solcher nicht der eigentliche Herrscher. Insbesondere die Flamen erkannten als Landesherrn nur denjenigen an, der in Flandern geboren worden war. Recht schnell kam es deshalb über Maximilians Stellung als Herrscher zu Auseinandersetzungen. Ostern 1482 versammelten sich die Stände Flanderns und verweigerten, da ja mit dem 1478 geborenen Philipp ein Thronerbe vorhanden war, die Umsetzung der am 17. September 1477 von Maria ausgestellten Erklärung zum Ehevertrag, mit der sie ihren Mann zu ihrem Nachfolger und Erben bestimmt hatte, falls es keinen Nachfolger gebe. Zudem verlangten die Stände gemäß den Bestimmungen des Großen Privilegs vom 3. Februar 1477 die Regierungsgewalt über das Land für sich. Die am Ende des Monats April in Gent einberufenen Generalstände stießen faktisch in dasselbe Horn, auch wenn sie in ihren Forderungen nicht ganz so weit gingen. Die Positionen verhärteten sich sofort. Die Generalstände machten Maximilian am 3. Mai das Angebot, ihn als Regenten und Vormund für den minderjährigen Philipp anzuerkennen, jedoch nicht als selbständigen Herrscher. Im Laufe des Monats Mai verschärften sie ihr Angebot, indem sie drohten, mit dem König von Frankreich einen Frieden zu schließen, was nicht ganz aus der Luft gegriffen war, denn Ludwig XI. hatte am 11. Mai die flämischen Stände zu Besprechungen eingeladen. Diese berieten in Aalst über das königliche Ansinnen. Maximilian gab seinen Segen zu direkten Gesprächen mit dem König, bei denen er sich durch zwei hohe Amtsträger vertreten ließ.

Der kleine Philipp war es, den vor allem die flämischen Stände als ihren Herrn verstanden. Er wurde im Juli 1482 von den Drei Leden Flanderns als »natürlicher« Graf und als Landesherr anerkannt, dessen Herrschaftsanspruch nach Meinung der Stände evident war und keines weiteren Beweises mehr bedurfte. Maximilian war lediglich Vater, jedenfalls nicht Landesherr, er mochte als Regent, Tutor oder Mambour anstelle seines Sohnes agieren und als solcher eine Rente erhalten, als regulären Fürst anerkennen wollten sie ihn nicht.

Die Situation des Sommers 1482 wurde obendrein dadurch verschärft, dass die französischen Truppen in dem trotz des Waffenstillstands andauernden Kleinkrieg Erfolge erzielten. Am 27. März 1482, dem Todestag Marias, eroberten sie die im Hennegau gelegene Burg Bouchain. Auch an anderen Orten wurden die Scharmützel ausgeweitet. Dieses alles erforderte das rasche Eingreifen Maximilians, weswegen er seine Truppen mobilisieren musste, zunächst nur im direkt betroffenen Hennegau.

In dieser Phase des langsamen französischen Vorrückens kamen im Juli 1482 die ständischen Gesandten von den Vorverhandlungen mit dem französischen König zurück und erstatteten den Generalständen Bericht, worauf diese beschlossen, die Gespräche weiterzuführen. Eine große Gesandtschaft wurde zusammengestellt, der auch hochrangige Vertrauensleute Maximilians angehörten, die aber unter den Ständevertretern die Minderheit bildeten. Letztlich waren es auf burgundisch-niederländischer Seite die Stände, die sich durchsetzten und für den Abschluss des großen Friedensvertrages vom 23. Dezember 1482 sorgten. Für Maximilian brachte er hingegen nur Nachteile.

Zunächst sah der Vertrag die Heirat zwischen dem Dauphin und der Tochter Maximilians, Margarethe, vor, wobei diese sofort, also noch vor dem formalen Eheschluss, nach Frankreich überführt werden sollte, gleichsam als politisches Pfand. Die bereits von französischen Truppen besetzten Gebiete sollten weiterhin dem König zustehen. Im Gegenzug verzichtete er auf Eroberungen in Luxemburg. Sollte Philipp, der ältere Bruder Margarethas, erbenlos sterben, sollten die gesamten Niederlande an den König fallen. Der junge Philipp sollte unter der Kuratel der Stände verbleiben, weder der König noch der Dauphin oder Maximilian sollten sich seiner bemächtigen. Falls die Länder tatsächlich an Frankreich fielen, sollten deren alte Privilegien unangetastet bleiben. Zu ratifizieren war der Vertrag vom König und von Maximilian jeweils mit ihrem großen Privilegiensiegel und mit eigenhändiger Unterschrift und erst danach Rechtskraft erlangen.

In den niederländischen Städten wurde der Friedensvertrag von Arras begeistert aufgenommen, Freudenkundgebungen und Dankgottesdienste wurden veranstaltet, und überhaupt machten die flämischen Stände Nägel mit Köpfen: Am 10. Januar 1483 verkündeten sie, dass sie den jungen Philipp als ihren natürlichen Herrn anerkannten, der noch unmündig sei, weswegen sie einen Regentschaftsrat einsetzten, der aus hochrangigen Adligen bestand, die vormals in Maximilians Diensten gestanden und nun als in Flandern begüterte Adlige die Seite gewechselt hatten. Für Maximilian war dies ein schwerer Schlag; ihm liefen die Getreuen weg. Von seiner Seite aus wurde das zu Arras abgeschlossene Vertragswerk vom Dezember dilatorisch behandelt. Erst am 1. März 1483 unterzeichnete er den Frieden von Arras. Und tatsächlich wurde Margaretha, etwas über drei Jahre alt, im Laufe des Mai aus der Obhut des fürstlichen Hofs entlassen und einer französischen Ehrengesandtschaft übergeben. Am 2. Juni hielt sie ihren feierlichen Einzug in Paris, zugleich wurde sie dem König vorgestellt, am 16. Juni wurde sie mit dem zwölfjährigen Dauphin verlobt. Ihre Situation veränderte sich alsbald: Ungefähr sechs Wochen nach der Verlobung verstarb der gealterte Ludwig XI. am 30. August 1483.

Zum tiefen Bruch zwischen den Generalständen und Maximilian kam es erst auf einer von Maximilian für Ende April 1483 einberufenen Versammlung. Insbesondere die Flamen erwiesen sich als die treibende Kraft. Sie behielten den jungen Philipp unter ihrer Obhut und präsentierten den von ihnen im Januar eingesetzten Regentschaftsrat und weigerten sich, eine von Maximilian angeführte Regierung anzuerkennen. All' dies war für Maximilian unannehmbar, er hielt an seinem Anspruch auf die Regierung fest. In diesem Sinne hatte er ja im vergangenen August den Vorschlag der Stände akzeptiert. Die nunmehr eingetretene Isolierung jedoch ging weit darüber hinaus. Über die Frage der faktischen Regentschaft kam es zum Bruch, zur regelrechten Spaltung in den Niederlanden, da es in der Folge zwei Regierungen gab mit dem Anspruch auf legitime Herrschaft und Anerkennung. Die Städte und Adligen sowie die höhere Geistlichkeit, mussten sich entscheiden, wem sie zugehören wollten.

Die nunmehr eingetretene Teilung der politischen Ausrichtung sollte die nächsten zehn Jahre bestimmen. Dabei war keineswegs ausgemacht, dass die federführenden flämischen Großstädte den Sieg davontrugen. Ihnen gelang es nicht, Maximilian zu isolieren oder aus dem Land zu treiben, denn andere Städte suchten die Nähe zum Fürsten, um die eigene Position beispielsweise durch die Erteilung weitreichender Privilegien wirtschaftlicher Art auf Kosten der Flamen zu stärken. Selbst die größeren Städte zogen nicht alle unbedingt an einem Strang. Auf Maximilians Seite standen ein Teil Brabants, die Kabeljauwen in Holland, Hennegau, Luxemburg und Namur, während das stark verstädterte Flandern mit Gent an der Spitze und ein Teil Brabants gegen ihn kämpften. Das Bild verkompliziert sich noch dadurch, dass es immer wieder Parteiwechsel gab.

Maximilian sah sich im Sommer 1483 gezwungen, nach Utrecht zu ziehen, da dort Bischof David, ein illegitimer Sohn Philipps des Guten, von den Hoeken abgesetzt worden war. Dieser hatte die Kabeljauwen unterstützt, weswegen es 1481 zu einem Aufstand der Hoeken gegen den Bischof kam, bei dem dieser aus der Stadt vertrieben worden war. Er konnte sich Ende 1481 zwar wieder der Stadt bemächtigen, doch im Mai 1483 wurde er erneut in Gefangenschaft genommen, als die Hoeken ein weiteres Mal die Macht übernahmen. In einem schnellen Feldzug im Sommer 1483 stellte Maximilian die Ordnung in seinem Sinne wieder her, so dass er die Stadt dem Bischof öffnen konnte, der am 22. September seinen Einzug hielt. Das Eintreten Maximilians war insofern von Bedeutung, als dass er zugunsten eines Familienmitglieds der Valois-Herzöge eintrat, das selbständig regierte; er trat sichtlich in die Fußstapfen seiner Vorgänger.

Nach seiner Rückkehr in die südlichen Niederlande forderte er im Oktober 1483 ultimativ die Auflösung des Regentschaftsrats, wogegen die Stände sich verwahrten, die ihrerseits Anschuldigungen gegen Maximilian erhoben. Er habe wegen des ihrer Meinung nach offensichtlichen Verstoßes gegen den Ehevertrag und anderer Vergehen wie des illegalen Führens des Titels des Herzogs von Burgund und überhaupt der finanziellen Ausbeutung der Lande keinerlei Anrecht auf die Herrschaft. Um die politische Meinungsführerschaft zu behalten, richteten beide Seiten eine ganze Reihe von Manifesten an die vielen Herrschaftsträger in Stadt und Land, in denen sie die jeweils eigene Sicht der Dinge darlegten.

Maximilian sicherte sich zudem im Ausland ab. So schloss er am 25. September 1484 einen Handelsvertrag mit England, wo nach dem Tod Eduards IV. im April 1483 die Nachfolge anstand. Eduards Bruder Richard, also ebenfalls ein Bruder Margarethas von York, bemächtigte sich Eduards V., des Sohnes Eduards IV., und griff selbst im Juni 1483 nach der Krone, eine Option, die von Maximilian unterstützt wurde, während die Franzosen den gegnerischen Thronprätendenten aus der Familie der Tudor, Heinrich VII., förderten. In dieser Situation erklärte die französische Regierung Maximilian am 24. Dezember 1484 den Krieg, wohl aus Furcht vor einer Einmischung in die englische Thronfolge.

Maximilian blieb nach der Kriegserklärung nichts anderes übrig, als mobil zu machen, und gleich im Januar 1485 konnte er in Flandern einige größere Orte einnehmen. Der Krieg wurde nun in die Kernräume Flanderns hineingetragen. Die flämischen Stände schlossen im Februar ein Bündnis mit der französischen Regierung, doch die zugesagte Unterstützung blieb aus, da die französischen Großen nicht bereit waren, in den Krieg zu ziehen, lediglich ein einzelner Schnellstreifzug kam zustande, der immerhin bis nach Brabant, bis vor die Tore Brüssels führte. So schnell, wie sie gekommen waren, zogen die von Franzosen unterstützten Ständischen wieder nach Flandern zurück, und vor dem drohenden Strafgericht suchten die flämischen Stände erneut Schutz bei der französischen Seite. Von Antwerpen aus führte Maximilian zugleich einen Kleinkrieg gegen die in Ostflandern im Genter Viertel gelegenen minder bedeutenden Orte.

Überhaupt wechselte das Glück zugunsten Maximilians. Am 21. Juni 1485 kapitulierte Brügge vor der maximilianeischen Belagerung, und wichtiger noch war, dass es im Laufe des Juni innerhalb Gents zu einem Aufstand einiger Zünfte, vor allem der Schiffergilde, gegen die konsequente antifürstliche Haltung der Stadtregierung kam. Anlass für diese Unruhen waren wie so oft die darbenden Stadtfinanzen und die wirtschaftlichen Probleme, was den Verkehr mit dem Umland anging. Die noch in Flandern verbliebenen Teile der französischen Armee suchten ihr Heil vorsichtshalber in der Flucht. Tatsächlich konnte am 28. Juni 1485 ein Frieden zwischen Maximilian und den drei Gliedern Flanderns geschlossen werden, dessen wichtigster Punkt darin bestand, dass Philipp, der Sohn und präsumptive Thronfolger, an den Vater, Maximilian, ausgehändigt wurde. Am 7. Juli konnte Maximilian seinen feierlichen Einzug in Gent begehen, für eine Woche blieb er in der Stadt.

In der zweiten Jahreshälfte 1485 bestimmten außenpolitische Themen die Politik Maximilians. Seit Längerem stand die Nachfolge seines Vaters in der Diskussion, die dieser durch die Wahl seines Sohnes zum Römischen König abzusichern suchte. Maximilians Fahrt ins Reich war mehrmals wegen der flämischen Auseinandersetzungen verschoben worden. Auch in England gab es einen Wechsel. Richard III., der den Makel der Usurpation nicht losgeworden war, unterlag 1485 seinem Gegner, dem von Frankreich unterstützten Tudor Heinrich VII. in der Schlacht von Bosworth. Durch die Niederlage der französischen Truppen in Flandern waren der französische Hof und die Spitzen des Adels mit sich selbst beschäftigt, so dass Maximilian zu dieser Zeit von Frankreich keine Bedrohung zu erwarten hatte. Einer Reise ins Reich stand nichts mehr im Weg. Am 27. November setzte er für die Zeit seiner Abwesenheit einen Regentschaftsrat für den jungen Philipp ein.

Die Details der Wahl zum Römischen König und ihre durch die politischen, durch Handsalben geförderten Geschäfte mit den Kurfürsten sich hinziehende Vorgeschichte sowie die in Frankfurt am Main am 16. Februar 1486 vorgenommene Wahlhandlung selbst können wie Probleme der habsburgischen Hauspolitik hier außer Betracht bleiben. Die Wahl stellte jedoch eine Rangerhöhung Maximilians dar, die Rückwirkungen auf sein Auftreten in den Niederlanden hatte. Noch von Frankfurt aus zeigte er den niederländischen Ständen seine Wahl an. Zusammen mit seinem Vater reiste er nach dem am 20. März beendeten Wahltag nach Aachen, der traditionellen Krönungsstätte, wo er am 9. April die Königskrone erhielt. Maximilian hielt sich noch mehrere Wochen im Reich auf, ehe er sich über Köln gegen Ende Mai 1486 wieder in die Niederlande begab. Dort wurde er begeistert empfangen. Seine Schritte lenkten ihn zunächst über die Maaslande in das nördliche Brabant und weiter in das kabeljauwisch dominierte Holland. Von Norden aus kommend gelangte er wieder nach Brabant, wo ihn die Nachricht ereilte, dass der Kaiser seiner Einladung in die Niederlande Folge leistete. Im Spätsommer 1486 unternahm Friedrich III. eine Besichtigungsreise in die burgundischen Erblande seines Sohnes. Am 20. Juli trafen sich beide in Löwen und unternahmen dort zusammen mit dem kleinen Philipp eine regelrechte Besichtigungsreise, die den Kaiser nach Brügge führte, wo er sich länger aufhielt.

Nicht zu spät war Maximilian in die Niederlande gekommen, denn jetzt, im Frühsommer 1486, begannen die Franzosen erneut mit ihren Rüstungen zur Einnahme der Grenzregionen im Süden. Einzelne französische Kontingente drangen weit in den Hennegau und nach Flandern ein, ja sie konnten sogar Sluis einnehmen. Im Kanal ließ der Militärbefehlshaber Crèvecoeur Kaperflotten den Handelsverkehr der Niederländer behindern. Dieses alles forderte die Organisation von Gegenmaßnahmen und vor allem erheischte es die Finanzierung der Söldnertruppen. Aber genau hieran haperte es im Sommer 1486, mehrmals meuterten die maximilianeischen Verbände, womit sie den Vormarsch zum Stehen brachten. Auf französischer Seite hatte man aber mehr Geld, und mit der verheißenen Aussicht auf Bezahlung brachte man ganze Truppenteile Maximilians dazu, die Seite zu wechseln. Viel machte Maximilians Armee zu dieser Zeit nicht her, Rückzug und Konsolidierung bestimmten das Bild, was den Franzosen ermöglichte, überall dort aufzutreten, wo die burgundisch-niederländische Armee gerade nicht zugegen war. So fielen Stadt und Burg Saint-Quentin den Franzosen in die Hände, vor dem heranrückenden Entsatzheer zogen sie sich alsbald zurück, nicht ohne die Häuser in Brand zu stecken.

Bis in den September beteiligte sich Maximilian selbst an diesem mittlerweile aus dem Ruder laufenden Kleinkrieg. Um die Mitte Oktober verließ Kaiser Friedrich III. über Mecheln, Maastricht und Aachen die Niederlande und begab sich in das Reich. Da das französische Heer sich ebenfalls auflöste, ohne nennenswerte Erfolge gezeigt zu haben, verbrachte Maximilian den Winter 1486/87 in der großen Residenz in Brüssel, von wo aus er rege Gesandtschaftstätigkeiten in die Wege leitete. Maximilian hingegen bemerkte, dass sich am französischen Hof der Wind drehte, so dass es zu ersten Kontaktaufnahmen zu hohen Adeligen kam. Mit Herzog Franz II. von der Bretagne stand Maximilian ohnehin in gutem Einvernehmen, am 15. März 1486 hatte man noch ein Bündnis geschlossen. Bald folgte hierauf am 2. Januar 1487 ein in Calais geschlossenes Handelsabkommen mit dem neuen König Heinrich VII. von England, der ja eigentlich auf französischer Seite stand. Zur innenpolitischen Beruhigung erwies Maximilian sich als gnädiger Herrscher und gewährte vielen oppositionellen Flamen, die in Gefangenschaft geraten waren, die Amnestie. Nicht zuletzt diente die Winterpause zur Anwerbung schweizerischer Söldner.

In Frankreich blieb die Regentin Anne de Beaujeu nicht untätig. Ein Feldzug führte im Frühjahr 1487 den unmündigen Karl VIII. in das Herzogtum Guyenne, das unterworfen werden konnte. Sodann richtete sich die Armee gegen die Bretagne, wohin Maximilian immerhin im Juni 1500 Mann entsandte. Im Februar 1487 belagerten die Franzosen einmal mehr die Bischofsstadt Thérouanne und mussten im März eigens vertrieben werden. In einem Gegenschlag konnte die französische Armee am 27. Mai die große Stadt Saint-Omer einnehmen. Auf burgundischer Seite konnte man sich dieses nur durch Verrat erklären. Der burgundischen Armeeführung blieb nichts anderes übrig, als die Truppen auf einzelne, besonders wichtige Orte wie die Residenzstadt Lille zu konzentrieren, Teile des Landes lagen ungeschützt vor den Franzosen. Maximilian konnte nicht überall zugleich aktiv sein, zumal der im Sommer 1487 wieder aufflackernde Streit zwischen Hoeken und Kabeljauwen seine Anwesenheit im Norden seines Herrschaftsgebietes, in Holland, erforderte. Den kommandierenden Hauptleuten seiner Armee war das Glück in keinster Weise hold, mehrere wichtige Stützpunkte gingen verloren.

Innerhalb weniger Tage hatte sich im Juli 1487 die militärische und politische Situation völlig zu Ungunsten Maximilians gewandelt – sein Ansehen und seine Herrschaftsstellung wurden in Mitleidenschaft gezogen. Einige Adlige nahmen Maximilian übel, dass er den Kriegsschauplatz verlassen hatte und wandten sich von ihm ab. Diese Situation nutzten Städte wie

Gent, um erneut gegen die abgelehnte Herrschaft Maximilians anzugehen. In Gent zogen die Maximilian feindlich gesonnenen ständischen Politiker im September 1487 erneut in die Stadtregierung ein. Eine der ersten Taten bestand in der Wiedererrichtung einer eigenen Miliz, der *chaperons blancs*, der Weißen Kappen. Wegen der Plünderungen sowohl durch die Franzosen als auch durch die maximilianeischen Truppen, denen die Soldzahlungen versagt geblieben waren, sah die Nahrungsmittelversorgung schlecht aus. Außerdem förderte Maximilian Antwerpen und andere brabantische Städte auf Kosten der flämischen; Antwerpens Aufstieg zum großen binneneuropäischen Handelsmarkt erfuhr hierdurch eine entscheidende Beschleunigung, und zugleich verlor Brügge an Bedeutung.

Maximilian sah sich genötigt, einzugreifen und begab sich Mitte Dezember 1487 nach Brügge. Seinen Sohn schickte er mit einem Teil des Hofs nach Mecheln zu Margaretha von York, der überlebenden Frau Karls des Kühnen, wo er ihn in Sicherheit wähnte. In Brügge hielt Maximilian einen weiteren Tag mit den ihm ergebenen Ständen ab, um ein weiteres Mal Gelder für die Armee der nächsten Züge zu erhalten. Brügge selbst sah seinen Aufenthalt kritisch, denn die Stadt befürchtete, die Kosten des Aufenthalts selbst tragen zu müssen, da sie davon ausging, dass Maximilian über keinerlei Finanzmittel mehr verfügte.

Mitte Januar 1488 eroberten Truppen Gents die Stadt Kortrijk (frz. Courtrai), was Maximilian als Grund nahm, seine Forderungen vor allem an Brügge zu erhöhen. Die Stadt war nur bereit, Truppen zu stellen, wenn es nicht gegen Gent gehen sollte. Über die Brügger Stadtobrigkeit nahm Maximilian auch Kontakt mit den Gentern auf, diese reagierten jedoch nur mit weiteren Beschwerden. Maximilian interpretierte dieses als Zeichen eines bestehenden Komplotts, wollte präventiv tätig werden und beabsichtigte einen Zug gegen Gent durchzuführen. An mehrere Adlige erging bereits der Marschbefehl, am 31. Januar trafen die ersten Kontingente aus dem Hennegau in Brügge ein.

Doch am Abend dieses Tages sah sich Maximilian auf der Brügger Stadtburg eingeschlossen. Der Rat hatte die Tore aus Angst vor Übergriffen der Soldaten geschlossen und war nicht zu erweichen, die Tore zu öffnen. Dieses nahmen die oppositionellen Teile der Stadtbevölkerung auf, die es auch in Brügge gab, und machten Stimmung dagegen, dass am nächsten Tag doch die Tore geöffnet werden sollten. Plänkeleien mit den (wenigen) aus dem Reich stammenden Truppenteilen Maximilians verschärften die Spannung, die sich im Laufe des 1. Februar 1488 durch einen Aufstand aller 52 Zünfte der Stadt entlud. Die bewaffneten Mitglieder versammelten sich auf dem Marktplatz und forderten ultimativ den Abzug der Truppen aus der Stadt. Zugleich wurden die Häuser von Maximilians Parteigängern in der Stadt geplündert. Der Wunsch Maximilians, ihn aus der Stadt ziehen zu lassen, wurde abschlägig beschieden. Zudem wählten die Zünfte eine neue Stadtregierung.

Ohne dass es von Anfang an geplant gewesen wäre, war Maximilian auf diesem Wege in die Hände der Aufständischen geraten. Unter einem Vorwand wurde Maximilian von seinem Hof getrennt und in Haft genommen, die meisten Höflinge blieben auf der Burg. Andererseits verweigerten die Brügger eine Auslieferung Maximilians an Gent. Lediglich 100 Genter ließ man in die Stadt, um die eigene Miliz zu stärken. Mehrmals wurde Maximilian in andere Gefängnisse verlegt, und nur auf drängende Bitten wurde ihm eine kleine Entourage von zehn bis zwölf Höflingen zugestanden. Die Bewachung teilten sich Brügge, Gent und Ypern, wobei sie auch Angriffe auf die Person des Königs vereitelten. Es dauerte etwas, ehe sich die Aufständischen mit der unverhofften und unerwarteten Situation arrangiert hatten. Erst am 12. Februar 1488 wurde Maximilian der Vormundschaft über seinen Sohn Philipp für entledigt erklärt und dieser sowie daneben der König von Frankreich als Herren Flanderns anerkannt. Zugleich wurde eine neue Brügger Stadtregierung eingesetzt. In einem weiteren Schritt wurden die wichtigeren Räte Maximilians, sofern sie noch in der Stadt weilten, verhaftet, teilweise gefoltert und zu Aussagen gepresst, die für weitere Anschuldigungen herangezogen werden konnten. Nach ein paar Tagen zogen die Genter ab und führten einige der Hofleute mit sich.

Während der Inhaftierung Maximilians ergriff die französische Regentin zahlreiche Maßnahmen zur Absicherung der französischen Oberlehnsherrschaft über Flandern. Der im Dezember 1482 geschlossene Frieden von Arras mit seinen für die Stände günstigen Bestimmungen wurde erneuert. Von Maximilian verlangten die Ständischen die Entfernung aller Nicht-Niederländer vom Hof, Steuerfreiheit für eine bestimmte Zeit und den Abzug allen Kriegsvolks, ferner die Aufhebung des Bündnisses mit der Bretagne, die Überstellung Philipps in die Hände der Stände, Verzicht auf Vormund- und Regentschaft und Pflicht zur Residenznahme in Brügge, Gent oder Ypern. Hierauf reagierte Maximilian ausweichend, wohl in der Ahnung, dass die Ständischen keinen Anklang bei den anderen Städten fänden.

Die Nachricht von der Gefangennahme des Römischen Königs verbreitete sich wie ein Lauffeuer. Der ihm ergebene Philipp von Kleve besetzte den Brügger Vorort und Seehafen Sluis, was er gegenüber den Ständischen damit begründete, dass er dies für Philipp von Österreich täte – eine geschickte, aber zwischen den Parteien lavierende Antwort. Andere Truppen, die Maximilian die Treue hielten, bestürmten Gent, wenn auch ohne nachhaltigen Erfolg. Aus Rache richteten die Genter einige Gefangene der Partei Maximilians hin, u. a. den vormaligen Genter Bailli Jan van Dadizeele. Auch in Brügge wurden Parteigänger Maximilians hingerichtet, u. a. der bekannte Finanzrat Pieter Lanchals am 14. März 1488, am folgenden Tag Jakob van Gistel.

Die Initiative ergriff ferner der junge Erzherzog Philipp selbst bzw. die ihn umgebenden Räte. Am 14. Februar berief er die Stände zu einer Versammlung am 24. Februar nach Mecheln, zudem sandte man Hilfsbriefe ins Reich. Beginnen konnte man mit den Verhandlungen dann am 28. Februar. Die Stände, mehrheitlich Brabanter und Hennegauer, sagten ihre Hilfe zu und übten zunächst brieflich-diplomatischen Druck auf die Brügger und Genter aus, indem sie die Freilassung des Königs forderten. Die Brügger argumentierten gegenüber Abgeordneten Erzherzog Philipps, dass sie im Prinzip aus Notwehr gehandelt hätten. Einen direkten Kontakt mit Maximilian ließen sie bis auf eine kurze Inaugenscheinnahme und einen einzelnen Satz nicht zu.

Immerhin kam es in der Folge zu ersten Gesprächen zwischen einer Genter Delegation und Erzherzog Philipp und dessen Beratern, bei denen man sich auf weitere Gespräche einigte. Tatsächlich begannen diese am 12. März (während in Brügge und Gent die politischen Prozesse und Hinrichtungen stattfanden), doch endeten sie erfolglos damit, dass die Genter ihre Maximalforderungen präsentierten, auf die einzugehen die Gesandten kein Mandat hatten. Nach einigem Hin und Her verständigte man sich darauf, die Gespräche am 9. April fortzusetzen.

Kaiser Friedrich III. erließ sofort eine allgemeine Mobilmachung zur Bildung des Reichsheers, nachdem er die Nachricht von der Gefangennahme seines Sohnes erhalten hatte. Am 23. April solle sich das Reichsheer in Köln einfinden, er persönlich werde den Oberbefehl übernehmen. Hierauf setzten erst einmal Beratungen der Reichsfürsten ein, die über die »eilende Hilfe« einen förmlichen und gemeinsamen Beschluss herbeiführen wollten; auf einen einfachen Befehl des Kaisers wollten sie nicht reagieren. Getrieben wurden die westlichen Reichsstände vor allem von der Furcht eines Übergreifens einer solchen antiköniglichen Rebellion in ihre Herrschaftsgebiete. Gegen Ende März machte sich in Brügge eine gewisse Ernüchterung breit. Man lockerte die Haftbedingungen in der Art, dass Maximilian in der Stadt Brügge herumgehen konnte, was er jedoch ablehnte. Über die weitere Behandlung des Königs kam es zu einem regelrechten Streit zwischen Brügge und Gent. In Brügge verschärfte sich die Situation zusehends, weil das Umland Stück für Stück von Königstreuen verwüstet wurde, was die Lebensmittelversorgung einschränkte und zudem einen andauernden Wachdienst der Bürger erforderte, der die alltägliche Arbeit zum Stillstand brachte. Zu allem Überfluss wurde auch noch der Meeresarm des Zwin abgesperrt, so dass der Schiffsverkehr zum Erliegen kam, der für die Hafenstadt und den Handel so wichtig war. Die Wirtschaft begann brach zu liegen. Daher bauten die Brügger in vielen kleinen Schritten im Laufe des Aprils die Drohkulisse ab, doch zugleich näherte man sich wegen der stärker werdenden Bedrohung durch die auf Seiten Maximilians stehenden Soldaten wieder Gent an. Gemeinsam suchte man die Unterstützung des französischen Königs, der ein kleines Detachement entsandte, das am 7. Mai in Brügge einritt. Die direkten Gespräche zwischen Brügge und Gent einerseits und den königstreuen Ständen andererseits, auf die man sich im März geeinigt hatte, begannen mit großer Verspätung am 25. April. Mit ihrer aggressiven Haltung bestimmten die Genter die Agenda und stellten erneut Maximalforderungen auf, die von den Verhandlungsgegnern sogar akzeptiert wurden, nämlich eine Kompetenzbeschneidung Maximilians für Flandern, wo nur ein Regentschaftsrat das Sagen haben sollte. Zahlreiche weitere Einzelbestimmungen liefen letztlich auf eine Kapitulation Maximilians hinaus, während Brügge und Gent im Gegenzug bereit waren, an Maximilians Stelle hochrangige Geiseln zu akzeptieren. An vielen einzelnen Punkten setzten intensive Gespräche an, die schließlich dazu führten, dass weite Zugeständnisse gemacht wurden, wenn nur Maximilian freikäme. Das geschah tatsächlich vor dem Eindruck des heranrückenden Reichsheers.

Am 16. Mai 1488 wurde Maximilian schließlich auf freien Fuß gesetzt. Dreieinhalb Monate war er seiner Bewegungsfreiheit beraubt gewesen. Er leistete öffentlich auf dem Marktplatz einen Eid, alle erzielten Absprachen zu halten, woraufhin die Abgeordneten der flämischen Stände ihrerseits einen entsprechenden Eid ablegten. Dann verließ Maximilian die Stadt, so weit man weiß mit dem Vorsatz, die Abmachungen zu halten. Am 19. Mai begegnete er seinem Vater in Aachen – das mit ca. 15 000 Mann stattliche Reichsheer war vergleichsweise weit gekommen. Die Vorauskommandos hatten bereits um die Mitte Mai Brügge erreicht, während die letzten Truppenteile zusammen mit dem Kaiser noch in Aachen weilten. Dort traf Maximilian ihn an, und gemeinsam ging es weiter nach Löwen.

Nach Maximilians Freilassung entstand sofort ein Kleinkrieg um Brügge, dem mehrere Dörfer zum Opfer fielen. Aus reichsfürstlicher Wahrnehmung hatte die Arretierung des Königs einen unglaublichen Affront dargestellt, für den es nur eins gab: die härteste Bestrafung der Schuldigen. In diesem Sinne hatten die aus dem Reich gekommenen Truppen gehandelt, was allerdings ein Bruch der Abmachungen darstellte und die Brügger dazu berechtigte, gleich wieder Beschwerden über den Landesherrn zu erheben. Maximilian scheute sich vor einem Eidbruch, der in dieser aufgeladenen Stimmung seinen Gegnern sofort Argumente in die Hand gegeben hätte, seine Herrschaft abzulehnen, weswegen er im Lager des Reichsheeres sich gegen einen Rachefeldzug aussprach, was den Kaiser und die deutschen Fürsten nicht wenig irritierte. Der Kaiser setzte über diese Frage ein Fürstengericht ein, das über die Sachlage beriet, und dessen Entscheidung einstimmig ausfiel: Maximilians Eid sei nicht bindend, da er unter Zwang zustande gekommen war, zumal Brügge sich im Interdikt befunden hatte, der König des Römischen Reichs keine Zusagen machen durfte, und er überhaupt ohne die Kurfürsten nichts hätte entscheiden dürfen.

Der Kriegsrat lenkte das Heer nicht gegen Brügge, sondern gegen Gent. Dieser Stadt näherte man sich am 27. Mai an und verlangte zunächst die förmliche Anerkennung der Oberhoheit des Kaisers und die Auslieferung der Geiseln. Kurz und bündig lehnten die Genter ab. Ein daraufhin erfolgtes erstes Anrennen durch das Reichsheer schlug fehl, die Genter unterbanden die direkte Belagerung der Stadt, indem sie das Umland unter Wasser setzten. Das große Reichsheer wurde geteilt. Maximilians Versuch, die Gent unterstützende Stadt Ypern einzunehmen, schlug fehl. Auch Kortrijk widersetzte sich. Zudem rückten die Franzosen mit Verstärkung heran, am 24. Juni trafen sie in Ypern ein, und einzelne flämische Adlige versetzten mit ihren teilweise größeren Gefolgen immer wieder Nadelstiche. Kleineren Gewinnen des Reichsheers standen Verluste gegenüber, die gesamte Lage verblieb unentschieden. Dieses änderte sich erst, als Philipp von Kleve Herr von Ravenstein, der in Gent als Geisel festgehalten wurde und als politischer Vermittler diente, offen zu den Ständischen übertrat. Er war der Sohn des seit langen fest in burgundischen Diensten stehenden Adolf von Kleve Herrn von Ravenstein, seit 1485 war Philipp Burggraf der wichtigen Hafenstadt Sluis und konnte als solcher den Verkehr von und nach Brügge kontrollieren. Mit diesem Posten bekleidete er im Auftrag Maximilians ein wichtiges Amt im System der Landesherrschaft über Flandern. Brieflich setzte Philipp von Kleve-Ravenstein Maximilian am 9. Juni 1488 von seinem Parteiwechsel in Kenntnis, der es ihm ermöglichte, an der Spitze der flämischen Stände eine eigenständigere politische Rolle zu spielen als am Hof Maximilians einer von vielen zu sein, zumal er inzwischen einen großen Rückhalt bei den Gentern verspürte. Überdies verfügte er über gute Beziehungen zum französischen Königshof, wo es eine regelrechte flämische Partei gab. Das Reichsheer hatte in dem formal zu Frankreich gehörenden Flandern streng genommen nichts zu suchen, also handelte es sich ganz offensichtlich um einen eigentlich von Maximilian ja ausgeschlossenen Rachefeldzug, der nun durchgeführt wurde, so Philipps Haltung.

Für die nächsten vier Jahre sollte Philipp eine besondere Rolle im flämischen Aufstand spielen. Als fähiger Militärführer und mittlerweile von den Ständen ernannter Generalkapitän, d. h. Haupt der gesamten Truppen der Stände, sollte er dem Reichsheer das Leben äußerst sauer machen, Ausfälle führten die ständischen Truppen bis nach Namur und Lüttich, ohne dass die kaiserliche Armee etwas dagegen hätte unternehmen können.

Nach sechs Wochen ließ der Kaiser Mitte Juli die Belagerung Gents wegen Erfolglosigkeit abbrechen und das Heer nach Antwerpen ziehen. Zugleich schlug ein Versuch fehl, das vor den Toren Brügges gelegene Damme einzunehmen. Auch hier jubelten die Ständischen, die im Laufe des Sommers weitere und große Geländegewinne erzielt hatten.

Von Antwerpen aus, das wie Mecheln auf der landesherrlichen Seite verblieb, versuchten Kaiser Friedrich III. und Maximilian weitere Unterstützung aus dem Reich zu erlangen, doch wurden im Gegenteil die ersten Teile wieder in die Heimat zurückberufen, nachdem die Freilassung Maximilians bekannt geworden war. Das Reichsheer schrumpfte. Die gleichzeitig einberufenen Generalstände der dem Landesherrn zugehörigen Länder wähnten sich zwischen den Stühlen sitzend und verwiesen auf die Einhaltung des Friedensvertrages von Arras vom Dezember 1482 – zu Rüstungen schritten sie nicht, beanspruchten aber das Recht, den Streit zwischen dem Reich und den drei Leden Flanderns zu schlichten. Auch änderte sich die außenpolitische Lage im Herbst 1488 insofern, als dass Herzog Franz II. von der Bretagne verstarb, der französische König bereits im Sommer über die Bretonen einen Sieg erfocht und nun den Rücken frei hatte, die Ständischen in Flandern zu unterstützen. Dieses alles zusammen führte zu einem verstärkten Abfall vom Maximilian, der sich bisher auf eine größere Anhängergruppe hatte stützen können. Die promaximilianeische Partei schmolz im Herbst 1488 zusehends dahin; in den letzten Jahren war seine Lage schwierig und umstritten, jetzt wurde sie fast aussichtslos. Durch den Reichskrieg wurde der bisherige Aufstand zum Flächenbrand ausgeweitet.

Den Reichsfürsten und dem Kaiser blieb in dieser Situation gar nichts anderes übrig: Sie verließen eilends die Niederlande, da auch Lüttich sich aus seiner starken zünftisch-ständischen Tradition heraus der antimaximilianeischen Partei anschloss, wodurch den Fürsten der Weg ins Reich abgeschnitten zu werden drohte. Maximilian blieb mit den beiden fähigsten Feldherrn in den Niederlanden zurück, nämlich mit Herzog Albrecht von Sachsen und Graf Engelbert II. von Nassau. Das einzige, was nach Meinung Maximilians die Situation zu seinen Gunsten ändern könnte, war ein noch größeres Reichsheer, weswegen im Oktober 1488 die Ladungen zu einem erneuten Reichstag ausgingen, der im Januar 1489 in Speyer stattfinden sollte.

Im Winter 1488/89 verstärkte Maximilian die Bemühungen um Bündnisse mit den traditionell Frankreich feindlich eingestellten Königen von England und Kastilien-Aragon. Auch wenn es tatsächlich zum Abschluss von Verträgen kam, so waren die Zusagen doch zu vage, als dass sie eine tatkräftige und sofortige Besserung seiner Situation erbracht hätten. Schließlich wurde nicht zuletzt die finanzielle Lage derart prekär, dass er im Februar 1489 den einst so reichen Schatz an Kleinodien und Juwelen bei italienischen und oberdeutschen Kaufleuten verpfänden musste, um überhaupt noch bewegungsfähig zu bleiben, vor allem, um die Reise ins Reich zum anberaumten Reichstag finanzieren zu können.

5.3 Albrecht von Sachsen als Generalstatthalter der burgundischen Niederlande und die Revolte Philipp von Kleves 1488–1492

Vor seiner Abreise setzte Maximilian Herzog Albrecht von Sachsen, der mit dem Reichsheer in die Niederlande gekommen war, als Generalstatthalter für die ganzen Niederlande ein. Ihm oblag auch die Obhut seines Sohnes Philipp. Im Februar 1489 verließ Maximilian die Niederlande und begab sich über den Niederrhein ins Reich. Bis in das Jahr 1492 hinein sollte die habsburgische Landespolitik und die Reichspolitik seine ganze Aufmerksamkeit auf sich ziehen.

Bemerkenswert ist die Generalstatthalterschaft Herzog Albrechts von Sachsen. In der Regel wurden im Spätmittelalter umfassende Stellvertretungen des Fürsten gemieden, da sie sich allzu leicht gegen den eigentlichen Herrn richten konnten. Was es gab, waren kleinräumige oder zeitlich begrenzte Vertretungen, wie sie in den einzelnen Ländern des burgundischen Herrschaftsverbandes seit Längerem vorkamen. Abgesehen von der Deutschlandreise Philipps des Guten 1454, die nur knapp drei Monate dauerte, begann erst Karl der Kühne mit einer Generalvertretung zu arbeiten, als er ab 1475 die vielen Kriege außerhalb des Landes zu führen sich gezwungen sah. Der Unterschied zu 1489 bestand darin, dass Karl der Kühne sich seinerzeit hochgerüstet in der direkten Nachbarschaft der Niederlande aufhielt, Maximilian hingegen schwach gerüstet in der Ferne, nämlich in den habsburgischen Erblanden im Alpenraum. In den Niederlanden führte Herzog Albrecht die Regierungsgeschäfte und zwar ganz im Sinne Maximilians und der Bewahrung der Landesherrschaft, ohne Tendenzen an den Tag zu legen, sich auf Kosten des Herrn selbständig zu machen, vielleicht gar durch einen Parteiwechsel zu den Ständischen, wie ihn Philipp von Kleve vorgenommen hatte; für Maximilian nicht auszudenken, wenn das passiert wäre. Allerdings waren die Herzöge von Sachsen als Fürsten des Reichs auf ein direktes und gutes Verhältnis zum Reichsoberhaupt, den Kaiser, angewiesen, während Philipp von Kleve-Ravenstein nicht der regierenden Hauptlinie der Herzöge von Kleve zugehörte, sondern der mittlerweile fest in den Niederlanden verwurzelten Nebenlinie, die sich nach der brabantischen Herrschaft Ravenstein benannte; die Rahmenbedingungen waren mithin doch anders. Albrecht spielte die Karten Maximilians, und Philipp von Kleve wurde in den nächsten Jahren sein Gegner – fähige Militärs und gewiefte Taktiker alle beide, zudem durchaus geschmeidig und zu direkten Gesprächen bereit. Beiden war nach der flämischen Episode noch eine weitere Karriere beschieden, insbesondere Philipp, der 1499 bis 1506 die Stadt Genua regieren sollte

Albrecht von Sachsen hatte als Statthalter insofern Glück, als im Laufe des Frühjahrs und Sommers 1489 sich die politische Lage gleich auf mehreren Feldern grundlegend wandelte, und zwar zugunsten eines Ausgleichs der Interessen. Mit der Abreise Maximilians war der eigentliche Gegner der flämischen Stände verschwunden. Damit fehlte ihnen das Feindbild. Eine allgemeine Kriegsmüdigkeit mochte hinzugekommen sein; genauso schnell, wie sich der Flächenbrand des ständischen Aufstands im Spätsommer 1488 verbreitet hatte, so schnell schlief er im Frühjahr 1489 wieder ein, auch wenn einzelne Brandherde immer noch bestehen blieben. Zugleich entzog im Februar 1489 der König von Frankreich seine bisher gewährte massive Unterstützung, da sich durch den Regierungswechsel in der Bretagne eine neue Front auftat. Am 25. September 1488 war der dortige Herzog Franz II. verstorben, der testamentarisch die Nachfolge seiner älteren Tochter Anne übertragen hatte. Zusammen mit den bretonischen Ständen wollte sie an der Selbständigkeit des Herzogtums festhalten. Um dieses Ziel zu erreichen, legte sie bzw. der für sie wegen ihrer Minderjährigkeit eingesetzte Regentschaftsrat eine aktive Bündnispolitik an den Tag. Im Frühjahr 1489 ging sie nach Vorgesprächen Allianzen mit dem König von England und dem von Kastilien-Aragon ein, und in beiden wurde der bretonischen Herzogin eine militärische Unterstützung in Aussicht gestellt. In der Wahrnehmung des französischen Königs konnte sich hieraus eine schwerwiegende Bedrohung ergeben, hier musste er eingreifen.

In den Niederlanden war trotz der teilweisen Beruhigung die politische Lage nicht ganz geklärt, denn Philipp von Kleve verfügte über einen nennenswerten Rückhalt besonders in den großen flämischen Städten, und hier besonders in Gent und in Sluis, und er hatte zudem Kontakte zu den Hoeken in Holland. Im Frühjahr 1489 begann Albrecht damit, zunächst die kleinen und weniger stark befestigten Städte Brabants zu unterwerfen, und wandte sich dann im Sommer nach Brüssel und Löwen, die nach Niederwerfung und Einnahme zu schweren Strafzahlungen verurteilt wurden. Im Herbst begab er sich nach Flandern, wo er Kortrijk und Brügge einnahm. Ein erster Versuch, Gent zu befrieden, scheiterte. In der Folge war er in Südflandern und vor Ypern aktiv. Gent blieb die ganze Zeit rebellisch, während Brügge sich erst wieder im Juli 1490 von der Landesherrschaft abwandte.

Albrechts Tätigkeiten beschränkten sich dabei nicht auf die militärischen Aktionen. In Verhandlungen mit den auf seiner Seite stehenden Ständen beriet er die gravierenden Münzprobleme, die in den vergangenen Jahren entstanden waren. Wegen des Geldmangels hatte man in den fürstlichen Münzstätten das Edelmetall gestreckt, die Münzen also verschlechtert, was eine Geldentwertung bedeutete. Auch die Drei Leden und Philipp von Kleve hatten Münzen schlagen lassen. Um die Jahreswende 1489/90 griff man zu einschneidenden Maßnahmen, der Geldwert wurde nun auch offiziell um ein Drittel gesenkt, der Umlauf landfremder Münzen, zu denen die Kaufleute griffen, verboten, zumindest konnte man mit ihnen keine Steuern und Zölle mehr bezahlen; Maßnahmen, die nicht zur Beruhigung der Bevölkerung beitrugen, als die neue Münzordnung am 14. Januar 1490 von der landesherrlichen Kanzlei ausgefertigt wurde. Ferner ging es um Fragen der Steuererhebung und der Landverwüstung durch die andauernde Stationierung der Truppen, mithin Probleme, die sich einer schnellen Lösung entzogen. Als Generalstatthalter residierte Albrecht zumeist in Mecheln, wo auch die Herzoginwitwe Margarethe von York wohnte. Mecheln, das in diesen Jahren fest auf der Seite des Landesherrn stand, zog aus der Residenzfunktion Vorteile, was die wirtschaftliche Förderung anging. Die Stadt wurde, eine bezeichnende Kleinigkeit, auch als Endpunkt der von den italienischen Taxis betriebenen Botenpostenkette gewählt, die die Niederlande mit Tirol, genauer der Residenz Innsbruck verband, so dass die Kommunikation zwischen den habsburgischen Gebieten problemlos und schnell klappte. In Mecheln fand zudem am 26. Mai 1491 das 15. Kapitel des Ordens vom Goldenen Vlies statt.

Für Maximilian geriet der nach mehrmaliger Verschiebung endlich im Sommer 1489 stattfindende Reichstag in Frankfurt am Main, auf dem ihm ein großes Reichsheer zugebilligt werden sollte, zum völligen Desaster. Bereits die Tatsache, dass er auf Anfang Juli verschoben werden musste, zeigte, dass die niederländische Sache keine Priorität bei den Reichsständen mehr hatte, für die zahlreiche Fragen zwischenständischer Auseinandersetzungen und nicht zuletzt die sog. Reichsreform bedeutender waren (Fehdeverbot, Regelung der höchsten Gerichtsbarkeit, Beratung und Beschlussfassung auf festgesetzten Hof- bzw. Reichstagen). Zudem blieb der Kaiser selbst fern, was die Versammlung weiter entwertete. Stattdessen traf eine Gesandtschaft Karls VIII. von Frankreich ein, der für seine bretonischen Interessen freie Hand brauchte und deshalb Maximilian ein ernstgemeintes Angebot für einen Interessensausgleich unterbreitete. Zwischen beiden wurde am 22. Juli 1489 ein Frieden abgeschlossen, der folgendes vorsah: In der Bretagne sollte das Haus Montfort nachfolgen dürfen, während Maximilian sich nicht in die bretonischen und Karl sich nicht in die flämischen Angelegenheiten einmischen würde. Die Interessensgebiete wurden abgesteckt.

In den Niederlanden führte die Nachricht vom Abschluss dieses Vertrages zu Irritationen bei den Ständischen. Nach Bekanntwerden des Vertrages fielen Löwen und Brüssel in die Hände Albrechts, auch in Luxemburg und Lüttich kam es zum Umschwung, so dass sich Philipp von Kleve genötigt sah, sich nach Flandern und auf seinen Stützpunkt Sluis und auf Gent zurückzuziehen, wie überhaupt die flämischen Städte wegen des Zusammengehens des französischen Königs mit Maximilian sich ihrer wichtigsten Unterstützung beraubt sahen. Auch sie mussten Friedensverhandlungen einleiten, die bereits im Herbst 1489 unter der Vermittlung des französischen Königs an dessen Residenz Montils-lès-Tours stattfanden und zum Abschluss eines Vertrages am 30. Oktober 1489 führten – endlich Frieden in Sicht! Die flämischen Städte und Adligen, so einigte man sich schließlich in Verhandlungen, erkannten Maximilian als Vogt und Regenten für Philipp den Schönen an, und das heißt als Regenten der gesamten Niederlande einschließlich Flanderns. Zugleich wurden ihnen gravierende Strafsummen auferlegt, während im Gegenzug eine allgemeine Amnestie ausgerufen wurde.

Aber Philipp von Kleve stimmte nicht zu, über dessen Kopf in Montils-lès-Tours hinweg entschieden worden war; seinen Konsens hatte man nicht eingeholt. Er zog sich im Winter 1489/90 ganz in seine Burg in der Stadt Sluis zurück, wo er durch unzufriedene Mitglieder der Zünfte aus Brügge unterstützt wurde.

Widerstand formierte sich im Winter 1489/90 auch an der neuen, im Laufe des Frühjahrs 1490 in den Städten – in Gent erst am 7. Mai – publizierten Münzordnung, die die niederen Schichten, die wenig Geld und dieses auch nur in einheimischen Münzen hatte, stark benachteiligte, da die bisherige faktische Münzentwertung nun formell festgeschrieben wurde. In den großen Städten, wo diese sozialen Gruppen eng beieinander lebten, begannen sie, ihre Interessen zu wahren. Der Verlust eines Drittels der Kaufkraft ihrer kleinen Vermögen stellte für sie eine akute Bedrohung dar. In Verbindung mit dem Philipp von Kleve nicht hinreichend einbeziehenden Friedensschluss von Montils-lès-Tours war damit der Grund für die nächsten drei Jahre der Unruhen gelegt, die sich wieder auf Flandern, wo es die großen Städte gab, konzentrierten. Im Frühsommer 1490 suchten die Zünfte und ihre Handwerker-Unternehmer wieder die Nähe zu Philipp von Kleve. Seit Juli 1490 stand dieser, der sich seit einiger Zeit wegen diverser Schadensersatzforderungen mit dem Generalstatthalter Albrecht von Sachsen auseinandersetzen musste, somit erneut an der Spitze einer ständischen, vor allem (und mal wieder) von Gent und einigen anderen Parteigängern getragen Bewegung. Eine der ersten Taten bestand darin, die gemäßigten, teilweise sogar auf Maximilians Seiten stehenden Politiker Gents und folglich Gegner Philipps durch Attentate zu töten. Diejenigen, die Philipp bereits im Vorjahr unterstützt hatten, wurden ebenfalls wieder aktiv, so die Hoeken in Holland und die Zünfte in Lüttich, und nicht zuletzt, sondern an erster Stelle die Brügger, die ihre von Albrecht von Sachsen eingesetzten Schöffen durch Parteigänger Philipp von Kleves ersetzten. Aber keine andere flämische Stadt machte mit, das Land war im Prinzip ausgelaugt. Frans van Brederode, der führende Hoeke, hatte in Holland kein Erfolg, er selbst fiel am 11. August 1490. Von Damme aus, zwischen Sluis und Brügge gelegen, führte Albrecht von Sachsen mal wieder einen Kleinkrieg gegen das Brügger Umland und schnitt die Großstadt von der Lebensmittelzufuhr ab. Am 29. September, nach relativ kurzer Zeit, musste die Stadt kapitulieren.

Maximilian war während des Jahres 1490 mit der Regelung hochbrisanter politischer Fragen in den habsburgischen Landen in Österreich (den sog. Erblanden) beschäftigt. Zum einen erhielt er von seinem Vetter Sigmund von Tirol dessen Lande, Tirol und Vorderösterreich, zum anderen war im April der ungarische König Matthias Corvinus verstorben, so dass die Rückgewinnung der von den Ungarn besetzten österreichischen Ländereien anstand und der Erbanspruch auf den ungarischen Königsthron durchzusetzen war. Was die Präsenz in Westeuropa anging, so hatte er bereits im Mai 1489 eine geheime Gesandtschaft in die Bretagne entsandt, mit der Maximilian um die Hand der Herzogin Anne angehalten hatte. In der Tat erreichte diese die Zusage zur Verlobung, die Anne mit der Bitte um direkte militärische Hilfe verknüpfte. Selbst die Zustimmung der Könige von England und Kastilien-Aragon für diese Eheschließung wurde eingeholt. Die Vorverhandlungen konnten im Laufe des Jahres zum Abschluss gebracht werden, so dass Maximilian am 20. März 1490 eine Gesandtschaft schickte, die im Juli den Wunsch zur Eheschließung öffentlich, d. h. auf einer Versammlung der bretonischen Stände vorbrachte, womit sie auf deutliches Entgegenkommen stieß, da diese die Selbständigkeit der Bretagne gewahrt sahen. Die Stände drangen darauf, dass in der Bretagne nur die Kinder aus Maximilians zweiter Ehe (also die mit Anne) erbberechtigt sein sollten, und dass die herzoglichen Ämter nur von Einheimischen besetzt werden sollten. Am 19. Dezember 1490 fand die Hochzeit *per procuram* statt.

Dem französischen König Karl VIII. gelang es nicht zuletzt durch hohe Bestechungssummen im Laufe des Jahres 1490, im bretonischen Adel und unter wichtigen Amtsträger eine profranzösische Partei zu schaffen. Für Herzogin Anne von der Bretagne verschlechterte sich die Situation, weil ihre beiden Verbündeten, die Könige von England und Kastilien-Aragon, ihre Truppen zurückzogen bzw. gar nicht erst entsandten, so dass sie faktisch allein dastand. Durch Bekanntwerden ihrer Hochzeit mit Maximilian sah sich der französische König getäuscht, da ihm im Vertrag von Sablé von September 1488, den er mit dem alternden Franz II. von der Bretagne geschlossen hatte, ein Mitspracherecht bei der Verheiratung der Töchter des bretonischen Herzogs zugesichert worden war. Für den französischen König waren die Ehe und der damit begangene Vertragsbruch ein hinreichender Kriegsgrund, weswegen er im März 1491 in die Bretagne einmarschierte; der Streit mit Maximilian hatte ein weiteres Feld gefunden.

Die bretonische Ehe war zudem ein Grund für die Entfremdung zwischen Maximilian und Friedrich III. Der Kaiser versuchte, die weitgespannten westeuropäischen Vorhaben seines Sohnes zu durchkreuzen, da er ihn lieber in der ungarischen Sache aktiv sah. Der Kaiser verhinderte die von Maximilian geforderten Rüstungen für einen Zug in die Bretagne, ausdrücklich verbot er sogar eine Reise seines Sohnes dorthin. Maximilian waren damit die Hände gebunden, seiner Frau vermochte er nicht zu Hilfe zu eilen. Für Karl VIII. von Frankreich verbesserte sich die Lage, seit dem Frühjahr 1491 konnte er relativ unbehelligt in die Bretagne einmarschieren. Intensive Gespräche mit der Herzogin begleiteten den Vormarsch der Truppen. Auch seitens des bretonischen Adels und der Geistlichkeit wurde nun Druck auf Herzogin Anne ausgeübt, und nicht zuletzt war es ihre bündnispolitisch isolierte Lage im Herbst 1491, die dazu führte, dass sie dem Ansinnen des persönlich in Rennes erscheinenden Karl VIII. nachgab, ihn selbst zu heiraten; seine Ehe mit Margaretha, Maximilians Tochter, war wegen ihrer Minderjährigkeit noch nicht vollzogen worden. Diese Verlobung wurde für aufgehoben erklärt, Margaretha aber vorläufig noch am Hof behalten. Am 21. November 1491 verlobten sich Karl VIII. und Herzogin Anne, schon am 6. Dezember fand die Hochzeit statt, am 8. Februar 1492 wurde sie zur Königin gekrönt. Der ganze Vorgang, der vom französischen König sofort bekannt gemacht worden war, erregte in den höfischen Öffentlichkeiten großes Aufsehen. Für Maximilian bedeutete dies eine schwere Prestigeeinbuße. Es blieb ihm nichts anderes übrig, als sich mit der Lage abzufinden. Das hinderte ihn jedoch nicht, auf einen Rachekrieg zu sinnen.

Den 1491 unternommenen Zug in die Bretagne nutzte der französische König, um die Revolte Philipps von Kleve für seine eigenen Ziele zu gebrauchen. Großzügig unterstützte Karl VIII. ihn durch umfangreiche Zuschüsse, dem er längst versprochene Pensionen endlich auszahlte und weitere Gelder für geleistete Dienste zusagte. Philipps Beziehungen zum französischen Hof wurden dadurch gestärkt. Im Oktober 1491 entsandte Karl VIII. eine große Getreide- und Weinlieferung nach Sluis, unterstützte zudem Gent ideologisch und moralisch, indem er die Aufständischen legitimierte, die den Vertrag von Arras 1482 zum Ziel ihrer Bemühungen erhoben. Truppen aber entsandte er nicht – die Bretagne war für ihn wichtiger als Flandern, das nur noch einen Nebenkriegsschauplatz darstellte. Aber die französischen Gelder reichten hinten und vorne nicht, um Philipps Truppen zu bezahlen, die Stadt Gent musste in die Tasche greifen und konfiszierte hierfür die Güter der politischen Gegner. Aber selbst das war nicht ausreichend. Philipp von Kleve hatte sichtlich seine Kräfte überschätzt. Erste Verhandlungen mit Albrecht von Sachsen setzten im März 1492 ein. Die Genter waren es, die eine Gesandtschaft nach Mecheln schickten, wo die Generalstände tagten. Erste Vorstellungen über einen Ausgleich wurden präsentiert und gleich wieder abgewiesen. Nicht zuletzt scheiterten diese ersten Gespräche an der kompromisslosen Haltung Maximilians, der Philipp von Kleve kein Stück entgegenkommen wollte. Die Genter reagierten hierauf mit einem erneuten Waffengang, die kleine Stadt Geerardsbergen (frz. Grammont) wurde angegriffen – der Krieg stand wieder vor der Tür.

Für Albrecht von Sachsen wurde zugleich ein Bauernaufstand im Norden der Grafschaft Holland zur Gefahr. Bereits im April 1491 hatten die Bauern einzelner Dörfer des Kennemerlandes, der nördlichsten Region in Holland direkt an der Grenze zu Westfriesland gelegen, sich geweigert eine Umlage zur Finanzierung von Truppen zu bezahlen. Bemerkenswert ist, dass 1491 nicht die ausgebeutete Landbevölkerung Flanderns, sondern die durch Viehhaltung und -verkauf vergleichsweise vermögenden Bauern im Norden Hollands zu den Waffen griffen. Doch ist dieses weniger verwunderlich als es zunächst scheint. Aufstände wurden in der Regel von Leuten begangen, die etwas zu verlieren hatten, weniger durch die ganz Armen, die gar nicht die Machtmittel hatten, einen Aufstand durchzuführen; arme Leute flüchteten eher vor Missständen und wanderten aus. Der Norden Hollands und Westfriesland war zwar städtearm, wirtschaftlich aber durch die dort betriebene Rinderhaltung mit den großen Städten verbunden. Die Stadt Haarlem machte sich nach dem Aufstand zum Fürsprecher der Bauern aus ihrer Nachbarschaft, brachte deren Anliegen auf einer Versammlung der Stände Hollands zur Sprache und vermittelte einen Frieden mit dem Statthalter in Holland, der von einer Strafaktion absah. Im Kennemerland wuchs die Organisation der Bauern jedoch an.

Mittlerweile waren es nicht mehr nur drei Dörfer, sondern die gesamte Kennemer Bauernschaft, die sich auf einem Treffen in der kleinen Stadt Hoorn darauf einigte, überhaupt keine Umlage mehr zu bezahlen. In diesem Zusammenhang wird auch eine Bitte an den landesherrlichen Rat zu Mecheln erwähnt, mit Philipp von Kleve endlich einen Frieden abzuschließen, weil das Volk nahrungslos, d. h. erwerbs- und einkommenslos wäre und kein Brot erwerben könnte – eine gezielte Argumentation, die aber hinsichtlich des bäuerlichen Selbstverständnis vorsichtig zu werten ist (es konnte sich um Propaganda handeln). Mehrere Burgen gingen Albrecht verloren. Die Sache wuchs sich aus, weswegen sich im März 1492 die holländischen Stände an den Generalstatthalter mit der Bitte um Unterstützung wandten, und zugleich wurde die Stadt Haarlem erneut um Vermittlung ersucht.

Im April 1492 startete der Statthalter in Holland, Jan van Egmond, einen ersten Versuch, den Aufstand militärisch niederzuwerfen, worauf sich als Reaktion die Aufständischen militarisierten. Jetzt gaben sie sich eine festere Struktur wie eine Armee, wozu gehörte, dass man sich unter einem Banner bzw. einer Fahne versammelte. Eine solche wurde geschaffen, sie zeigte die beiden grundlegenden Nahrungsmittel der einfachen Bevölkerung Käse und Brot, woher der Aufstand seinen Namen erhielt (obwohl es sich ja eher um die ländliche Oberschicht handelte, die sich wohl selbst als arm oder auf dem Weg in die Armut wahrnahm). Der Umfang dieser Armee ist nicht bekannt, Vermutungen schwanken zwischen 2000 und 6000 Mann. Immerhin konnte sie die Stadt Haarlem einnehmen, wo ihnen nahestehende Kreise der Einwohnerschaft die Tore geöffnet hatten, und sie drohten, auch Leiden zu besetzen. Die Sache wuchs sich aus und konnte von den landesherrlichen Kräften vor Ort nicht mehr beruhigt werden (bis auf Enkhuizen schlossen sich auch die kleinen Städte im Norden Hollands an), weswegen ein Hilferuf an den Generalstatthalter erging. Dieser entsandte im Mai 1492 einen Teil seiner Truppe. Gegen diese kampferprobten Verbände hatten die Bauern keine Chance. In zwei Militärschlägen wurden die Aufständischen Ende Mai und Anfang Juni vernichtend geschlagen. Die Städte Alkmaar und Haarlem wurden von dem nachgereisten Generalstatthalter schwer bestraft, da sie den Aufständischen Unterschlupf gewährt hatten, die Anführer, soweit man ihrer habhaft werden konnte, wurden hingerichtet.

In Gent kam es derweil zu einem Umschwung. Auch wenn im Frühjahr 1492 noch ein Kontingent zur Belagerung von Geerardsbergen entsandt worden war, so stellten im Inneren langsam aber sicher die Gemäßigten die harte Linie der Radikalen in Frage. Um die Mitte Juni kam es auf dem Freitagsmarkt zu einem Auflauf, in dessen Gefolge die Häupter der Radikalen, Frans und Jan Coppenhole, verhaftet und nach kurzem Prozess mit einigen ihrer Mitstreiter geköpft wurden. Die neu gebildete, gemäßigte Stadtregierung fuhr einen ganz anderen Kurs gegenüber dem Generalstatthalter. Die alsbald eingeleiteten Verhandlungen führten am 29. Juli 1492 zum Frieden von Cadzand, mit dem endlich, nach einem zehnjährigen mal stärker, mal schwächer ausgetragenen Konflikt, ein Frieden zwischen Gent und der Landesherrschaft hergestellt wurde. Im Prinzip unterwarf sich die Stadt, akzeptierte eine Anwesenheit landesherrlicher Truppen, erkannte die Regentschaft Maximilians für seinen Sohn an und nahm die Besetzung der Stellen der höheren Gerichtsbarkeit durch Maximilian hin.

Hierdurch gestärkt unternahm Albrecht von Sachsen sofort einen weiteren Versuch, Sluis und damit Philipp von Kleve einzunehmen. Unterstützt wurde er diesmal von englischen Truppen, die auf dem Kanal und in der Mündung des Zwin operierten, so dass Sluis zu Land und zu Wasser von der Versorgung abgeschnitten werden konnte. Doch wie so oft war eine effiziente Belagerung schwierig zu organisieren. Zugleich entsandte man den betagten Vater Philipps, Adolf von Kleve-Ravenstein, zu Verhandlungen, wobei Druck auf Adolf ausgeübt wurde, Philipp zu enterben, wenn dieser nicht einlenkte – ohne Erfolg. Folglich wurden im September 1492 bedeutende Ländereien konfisziert. Adolf verstarb wenige Tage später im September, und tatsächlich wurden die Besitzungen in Brabant eingezogen, auch Ravenstein.

Erst jetzt war Philipp von Kleve seiner wirtschaftlichen Grundlage beraubt. Wieder wurden Verhandlungen geführt, die recht bald einen Waffenstillstand erbrachten. Philipp blieb nun nichts anderes übrig, als klein beizugeben, so dass er am 12. Oktober 1492 kapitulierte. Er blieb in seiner Stellung als Adliger gewahrt und genoss eine weitreichende Straffreiheit mit Ausnahme der Morde an seinen Gegnern innerhalb der Genter Stadtregierung, die er durch Attentäter hinterrücks hatte umbringen lassen. Dennoch wurde er in den Dienst Erzherzogs Philipps übernommen und erhielt eine jährliche Pension. Seine Gefolgsleute, vor allem die Einwohner Sluis', sowie seine Truppen gingen ebenfalls straffrei aus. Die von ihm durchgeführten Konfiskationen wurden nicht rückgängig gemacht, lediglich der alte Bailli von Sluis, Guy de Baenst, erhielt eine Entschädigung, die von der Stadt Sluis und einigen anderen, aber nicht von Philipp aufgebracht werden musste. Auch das väterliche Erbe erhielt er nun doch. Für den Aufstand gegen Maximilian wurde er nicht zur Rechenschaft gezogen.

Sichtlich war man an einer Normalisierung der Situation interessiert, der ehemals aufständische Adlige wurde nun als regulärer Adliger in die Landesherrschaft einbezogen. Wenige Tage später gab es ein großes, gemeinsames Festmahl in Brügge, die Gemeinschaft der Adligen und damit der Herrschaftsverband waren wiederhergestellt. Mit den Familien der ermordeten Genter sollten sich die Ausgleichsbemühungen jedoch noch ein ganzes Jahr bis in den Sommer 1493 hinziehen. Wenn Philipp auch als Hochadliger am Hof wieder gelitten war, so hatte seine soziale Verwurzelung in der städtischen Oberschicht Gents und wohl auch im Niederadel Flanderns gelitten. Nach 1494 wechselte er in französische Dienste, wobei er unter Karl VIII. Ämter in dem von ihn besetzten Teilen Norditaliens übernahm. Bezeichnend auch, dass er noch Jahre später nicht in den Orden vom Goldenen Vlies aufgenommen wurde.

Der große Verlierer der heftigen Auseinandersetzungen der letzten Jahre war das flache Land, die kleinen Städte und die einfache Bevölkerung. 1492 waren im flämischen Landesviertel von Gent 85 % der Dörfer entvölkert, hinzu kamen mehrere harte Winter und nasse Sommer in den frühen 1490er Jahren, die die Nahrungsmittel knapp werden und die Getreidepreise in die Höhe schießen ließen, so dass die ärmere Bevölkerung von einer Hungerkrise getroffen wurde, zumal gleichzeitig durch die starke Inflation ihr Geld weniger wert geworden war.

Der Wiederaufbau ging nach allem, was man weiß, relativ schnell vonstatten, nur jetzt mit der kleinen, aber entscheidenden Veränderung, dass Antwerpen die Stadt Brügge als innereuropäischer Marktplatz ablöste, auf dem sich die italienischen, spanischen, englischen, westfälischen, rheinischen, süddeutschen, skandinavischen und nicht zuletzt die norddeutschen Kaufleute trafen. Antwerpen sollte im 16. Jahrhundert einen fulminanten Aufstieg erleben.

Mit der Nachfolge Philipps des Schönen im August 1493 endete Albrechts Generalstatthalterschaft. Er blieb als Armeeführer in habsburgischen Diensten in den Niederlanden und leitete in den Jahren 1494, 1496 und 1498 mehrere Kampagnen gegen Geldern. Maximilian dankte ihm das stete und loyale Eintreten für die habsburgische Sache mit der Übertragung der Herrschaft Friesland. Hiermit hatte er ihm einen Bärendienst erwiesen, denn Friesland war eine Landschaft, die sich im Prinzip selbst regierte, d. h. durch die Häuptlinge genannten eingeborenen Adligen, die seit dem 13. Jahrhundert jede Art der fürstlichen Herrschaft abgewehrt hatten, die Grafen von Holland haben das mehrmals bitter zu spüren bekommen. Mit der Übertragung Frieslands als Herrschaft sollten die immensen

Privatgelder ausgeglichen werden, die Albrecht seit 1488 in den jahrelangen Krieg vorgestreckt hatte, und die Maximilian niemals zurückzahlen konnte. Die Etablierung einer sächsischen Landesherrschaft in Friesland schlug letztlich fehl, Albrecht fiel 1500 bei der Belagerung Groningens, und auch dessen Nachfolger Georg von Sachsen hatte bis 1515, als er das friesische Abenteuer beendete und auf den Anspruch förmlich verzichtete, keinen Erfolg damit; er verkaufte seinen Anspruch an Karl V., der im Januar diesen Jahres die Herrschaft in den Niederlanden angetreten hatte; Friesland wurde jedoch erst 1523 faktisch dem habsburgischen Herrschaftsverband unterworfen.

Eine gesonderte Skizzierung bedarf die Entwicklung im Fürstbistum Lüttich nach dem Schlachtentod Karls des Kühnen. Dieser hatte die Stadt, Stände und Adel des Landes in zwei Feldzügen 1467 und 1468 unbarmherzig unterworfen und jeweils ein drastisches Strafgericht über seine Gegner gehalten. Tatsächlich war das Bistum eine vom burgundischen Herzog geduldete und geschützte Nebenherrschaft, der der Fürstbischof Louis de Bourbon, der Bischof geblieben, aber seiner weltlichen Macht entkleidet gewesen war, nur dem Namen nach vorstand. Durch den Tod Karls des Kühnen änderten sich die Verhältnisse dramatisch. Es entstand eine Parteiung zwischen dem Fürstbischof und seinem Gegner Wilhelm von Arenberg, die noch tiefer reichte als die Zerwürfnisse zwischen den flämischen Ständen und Maximilian ab 1482. Maria von Burgund verzichtete mit einer vertraglichen Erklärung vom 19. März 1477, die in die Reihe der zu diesem Zeitpunkt erlassenen ständischen Privilegien gehört, auf die Nachfolge in Lüttich und setzte den alten Fürstbischof Louis de Bourbon wieder in seine Machtstellung ein.

Überhaupt hatte die Nachricht vom Tod Karls dazu geführt, dass die burgundische Verwaltung im Lüttischer Land sofort zusammenbrach. Die alten Institutionen wurden wiederhergestellt, insbesondere erhielten die Städte ihre Privilegien wieder. Für Lüttich bedeutete dies, dass die alte Verfassung mit den Schöffen, zwei Bürgermeistern und dem Grand-Mayeur, dem Militärführer, dem die Aufrechterhaltung der inneren Ordnung oblag, wiedererrichtet wurde. Als Grand-Mayeur trat Wilhelm von der Mark Herr von Arenberg auf, ein Nachkomme der niederrheinischen Grafen von der Mark, die im 14. Jahrhundert zwei der Lütticher Bischöfe gestellt hatten und seitdem in den Maaslanden bzw. Ardennen begütert war. Die Mitglieder dieser Familie waren in der Regel Gefolgsleute des französischen Königs; Ludwig XI. und Karl VIII. bedienten sich ihrer, um im Rücken der burgundischen Herzöge, in Lüttich, eine gewisse Macht aufzubauen. Gegenüber den Ständen verwies der Bischof Louis de Bourbon auf die 1465 durch den Papst ausgesprochene Anerkennung seiner Stellung und die Verzichtserklärung Marias von 1477, woraufhin er als weltlicher Herr akzeptiert wurde und ihm sogar eine Steuer zugestanden wurde. Maximilian hingegen verwahrte sich nach seinem Herrschaftsantritt gegen die von seiner Frau ausgesprochene Verzichtserklärung, wogegen wiederum Wilhelm von der Mark opponierte. Der Grund neuen und heftigen Zwists war gelegt, der parallel zu den Auseinandersetzungen mit den flämischen Ständen bis 1492 andauern und noch weitere Folgen haben sollte.

Da Lüttich ein Bistum des Reichs war, war für weltliche Angelegenheiten der Kaiser die höchste Adresse. Für Maximilian hatte es etwas Verhandlungsgeschick erfordert, 1481 bei seinem Vater, Kaiser Friedrich III., die Erklärung des Reichsbanns gegen Wilhelm von der Mark zu erwirken. Theoretisch war ihm damit jegliche politische und öffentliche Tätigkeit verboten, er verlor seine Ämter, er war zu inhaftieren und zu verurteilen. Tatsächlich verfügte er über einen so großen Anhang in Lüttich, dass mit diesem Schritt der Fürstbischof gezwungen war, politischen und militärischen Schutz bei Maximilian zu suchen. Am 31. Januar 1482 wurde der Allianzvertrag zwischen Louis de Bourbon und Maximilian geschlossen, was die Lütticher Stände wiederum als Affront werteten, da es sie an die Politik Karls des Kühnen erinnerte. Die Folge war eine Stärkung der Position Wilhelms von der Mark, der im Laufe des Sommers 1482, am 30. und 31. August, die Stadt Lüttich einnehmen konnte. Dabei wurde der Bischof getötet, eventuell (bewiesen ist es nicht wirklich) von Wilhelm von der Mark persönlich mit der Streitaxt erschlagen; das Gerücht machte jedenfalls alsbald die Runde, und Wilhelm von der Mark wurde wegen seiner rücksichtslosen Politik auch gegen andere Adlige der Spitzname »Eber der Ardennen« beigelegt. In Lüttich war mit diesen Aktionen Wilhelms Stellung zunächst gesichert. Er ließ sich von den Ständen als Vogt und Regent des Bistums anerkennen, und am 14. September 1482 präsentierte er zudem seinen Sohn Johann als Kandidaten für das frei gewordene (bzw. von ihm frei gemachte) Bischofsamt.

Alles dies löste auf mittlere Sicht Gegenbewegungen aus. Die Stände Brabants und auch Maximilian bliesen zu einem Feldzug, bei dem Wilhelm von Arenberg von seinem politischen Schutzherrn, König Ludwig XI. von Frankreich, im Stich gelassen wurde, da er, Ludwig, zu dieser Zeit (Herbst 1482) um Ausgleich mit Maximilian bemüht war. Gleichzeitig hatte sich gegen die Kandidatur von Wilhelms Sohn zudem eine adlige Gruppe gebildet, die als Bischof ein Mitglied der Familie der Grafen von Horn, im Norden Lüttichs gelegen, bevorzugte. Es dauerte noch eine gewisse Zeit, bis am 17. Dezember 1483 der neue Bischof Jan van Horn sein Amt als geistlicher und weltlicher Herr antreten konnte. Der neue Bischof mied die Stadt Lüttich und bevorzugte Maastricht als Residenz. Von dort aus betrieb er die Verfolgung seines Gegners, dessen er im Juni 1485 durch einen Hinterhalt in Saint-Trond habhaft werden konnte, und den er anschließend in einem zu Maastricht abgehaltenen Prozess zum Tode verurteilen ließ.

Für ein paar Jahre hielt dieses Machtvakuum an, die Vertreibung des Bischofs Jan van Horn aus Lüttich im Sommer 1487 hätte ein Bündnisfall bedeutet, doch konnte die Stadt ihre relative Autonomie bis auf weiteres wahren. Zu einem großen Umschwung kam es während der Brügger Gefangenschaft Maximilians. Ungefähr zeitgleich, im März 1488, konnten Eberhard und Robert von der Mark, beide Brüder des hingerichteten Wilhelms, mit französischer Hilfe das Fürstbistum zurückerobern. Beide unterstützten nach der Befreiung Maximilians aus der Brügger Gefangenschaft im Mai 1488 den aufständischen Philipp von Kleve-Ravenstein, weswegen sie folgerichtig in einen Konflikt mit dem Generalstatthalter Albrecht von Sachsen gerieten, den sie nach ungefähr anderthalb Jahren letztlich verloren. Am 26. September 1489 mussten sie und der von ihnen nach vorne geschobene Prätendent für den Bischofsstuhl Jacques de Croÿ sich beugen und die Vogtei Maximilians erneut anerkennen.

Parallel mit dem Widerstand Philipps von Kleve gegen den Frieden von Montils-lès-Tours lebte auch in Lüttich die Gruppe der Herren von der Mark gegen den regulären Bischof Jan van Horn auf, was seinen Höhepunkt darin fand, dass am 2. November 1490 Robert von der Mark von den Lütticher Ständen als *mambour* und Kapitän, als Regent und Heeresanführer, anerkannt wurde. Ein weiteres Mal brach ein innerlüttticher Krieg aus, der immerhin bis zum 5. Mai 1492 dauerte, als die Stände die endgültige Anerkennung Jan van Horns aussprachen, was die Niederlage der Gebrüder von der Mark bedeutete. Als jetzt wirklich regierender Bischof konnte der die Stände kurz darauf, am 8. August 1492, dazu bringen, sich zwischen dem König von Frankreich und Maximilian bzw. dessen Sohn Philipp neutral zu verhalten. Dieses Versprechen sollte tatsächlich eingehalten werden und zu einem wirtschaftlichen Aufblühen der Lütticher Lande führen, das auch gezielt herbeigeführt wurde. Die sonst so eifersüchtigen Zünfte der Stadt Lüttich gaben 1495 ihre Zustimmung dazu, dass Fremde in der Stadt Handwerke ausüben durften, ohne Mitglied einer Zunft zu sein: Die Zuwanderung wurde sogar von den Zünften gefördert. Jan van Horn sollte bis zu seinem Tod 1505 Bischof bleiben.

Mit zur antiburgundischen Politik dieser Jahre gehört ein Vorgang, der für die nächsten Jahrzehnte noch Folgen haben sollte. Im Herbst 1491 hatte Robert von der Mark am französischen Königshof die Freilassung des 1487 in Gefangenschaft geratenen Herzogs Karl von Geldern erreichen können, damit dieser in Geldern die Landesherrschaft übernehmen sollte. Im Herzogtum Geldern hatte es durch die tatkräftige Politik seiner Tante Katharina von Kleve einen anhaltenden Widerstand gegen eine Einverleibung in den burgundischen Herrschaftskomplex gegeben. Von ihrem Neffen Karl erhoffte man sich, dass er die Selbständigkeit Gelderns wahren würde. Dank der französischen Unterstützung und der der Familie von der Mark konnte Karl von Geldern im März 1492 seinen ersten offiziellen Einzug in eine der geldrischen Städte, in Roermond, abhalten, womit er seinen Anspruch auf die Landesherrschaft unmissverständlich kundtat. Ein Feldzug Albrechts von Sachsen dagegen stieß auf derart heftigen Widerstand, dass er abgebrochen werden musste. Ein neuer Kriegsherd war entstanden, der in den nächsten 30 Jahren die Gemüter beschäftigen sollte.

Das Jahr 1492 brachte nicht nur einen neuen Krieg, sondern im Inneren der Niederlande auch den Frieden von Cadzand vom 29. Juli 1492, mit dem der Aufstand Philipp von Kleve-Ravensteins und der flämischen Stände beigelegt wurde, sowie mit der Anerkennung Jan van Horns als Bischof die Lütticher Auseinandersetzungen, sondern auch Veränderungen in den auswärtigen Beziehungen. Der König von England schloss am 3. November 1492 mit dem von Frankreich Frieden, und kurz darauf am 19. Januar 1493 zogen die Könige von Kastilien-Aragon nach, die sich mit Karl VIII. verglichen. Karl VIII. verlegte seine Interessen ganz auf Italien, von wo ihn ein Hilferuf ereilt hatte. Dank den Friedensverträgen hatte er so gut wie freien Rücken, um seine Ziele auf der Apenninhalbinsel zu verwirklichen. Allein, es fehlte der Ausgleich mit dem burgundischen Herzog bzw. dem Römischen König. Ebenfalls im Jahr 1492 absolvierte Maximilian selbst vom Oberrhein aus und mit eidgenössischer Unterstützung einen Zug in die Franche-Comté, der ihn in den Besitz mehrerer wichtiger Orte brachte – auch hier also ein Erfolg, der ebenfalls darauf zurückzuführen ist, dass Karl VIII. wegen seiner Italienpläne nicht wirklich einschritt.

Dieses war die Ausgangslage für den Abschluss des Friedens von Senlis vom 23. Mai 1493. Karl VIII. trat an Maximilian das Artois, Noyers, Charolais und die Franche-Comté ab, aber die anderen von Frankreich besetzten Gebiete wie Mâcon, Auxerre und Bar-sur-Seine blieben bei Frankreich, Hesdin, Aire und Béthune solange, bis Maximilians Sohn Philipp 20 Jahre alt geworden sein sollte. Margarethe von Österreich, die von Karl VIII. verschmähte Frau, wurde an ihren Vater zurücküberstellt. Das eigentliche Herzogtum Burgund verblieb allerdings als reguläres Erbe beim König von Frankreich.

5.4 Philipp der Schöne 1493/94–1500 und die unbestrittene Herrschaft der Habsburger

Der am 22. Juni 1478 in Brügge geborene älteste Sohn Maximilians führte als Kind den Titel »Philipp von Österreich Graf von Charolais«. Damit nahm der Titel Bezug auf die Apanage, die bereits Philipp der Gute und Karl der Kühne während ihrer Thronanwartschaft führten – sichtlich wurde von Maximilian und Maria eine dynastische Traditionslinie zu den Valois-Herzögen hergestellt, auch wenn das Charolais nach dem Tod Karls des Kühnen 1477 an Frankreich geraten war.

Die selbständige und persönliche Herrschaft Philipps, der den Beinamen der Schöne erhielt, begann im Sommer 1494 im Alter von 16 Jahren bzw. nach Vollendung des 15. Lebensjahrs. Als Kind, sicher als Heranwachsender hatte er die Auseinandersetzungen zwischen seinem Vater Maximilian und den Ständen miterlebt, sowie das allgemeine Aufatmen, das 1492 durch die Lande ging, als endlich der Frieden erreicht worden war. Noch vor dem Regierungsantritt pendelte sich 1493/94 das Verhältnis zwischen Fürst und Hof und den Ständen auf eine grundlegende Kooperation und Kompromissbereitschaft ein. Einen Krieg, so schien es, wollte man nicht mehr. Die Länder vor inneren Unruhen und Anarchie sowie vor Angriffen von Außen zu bewahren, andererseits die untergeordneten Herrschaftsträger von Willkürakten in ihren Zuständigkeiten zu schützen und so einen rechtmäßigen und als gerecht, und d. h. auch als friedvoll empfundenen Zustand herzustellen, war sichtlich die Aufgabe, die Philipp sich gestellt hatte, auch wenn es keine programmatischen Aussagen von ihm gibt. Das Verhältnis zu Maximilian, der 1493 seinem Vater Friedrich III. im Amt des Reichsoberhaupts nachfolgte und sich meist in den österreichischen Erblanden aufhielt, war deswegen nicht frei von Spannungen und Misstrauen.

1494 setzte ein bis 1500 andauernder Reigen von feierlichen Einzügen ein, die den konkreten Herrschaftsbeginn markierten. In der zweiten Jahreshälfte 1494 begleitete Maximilian noch seinen Sohn nach Löwen, der ersten Stadt Brabants, dann nach Antwerpen und Bergen-op-Zoom, und erst nach den brabantischen Städten kamen die Flanderns an die Reihe, zunächst Gent, wo am 26. Dezember 1494 *per procurationem* auch für die kleineren Städte eine (Vor-)Huldigung abgehalten wurden; die politischen Gewichte hatten sich verschoben, Brügge folgte erst 1497, das südliche Flandern bzw. Artois erst im Sommer 1499, andere flämische und artesische Städte wie Saint-Omer, Béthune, Cassel u. a. folgten im Mai 1500, Luxemburg gar erst im November 1500. Der Huldigungsakt bildete einen zentralen, die Herrschaft über Städte, Adel und Kirchen begründenden und deshalb unverzichtbaren Vorgang, konnte nicht gebündelt oder übertragen, sondern musste vom Herrscher persönlich wahrgenommen werden, wobei sich eine Folge ergab, die von politischen Prioritäten, Nähe zum Herrscher und der Logik des Reiseweges bestimmt wurde. Es gab anlässlich des Huldigungsbesuches immerhin kleinere Zugeständnisse, so dass Philipps Herrschaftsbeginn nicht als Strafaktion für die unruhigen Jahre ab 1482 aufgefasst werden konnte. Gegenseitiges Vertrauen bestimmte nun das Bild, auf beiden Seiten wollte man den rechtlichen und damit friedlichen Weg beibehalten.

Maximilian hatte im Frühjahr 1495 die Niederlande verlassen und begab sich über den Rhein ins Reich, wo im Sommer 1495 der berühmte Reichstag von Worms stattfand, auf dem die seit Längeren diskutierte Reichsreform Gestalt annahm.

Es gab sogar den Versuch, den auf dem Wormser Reichstag beschlossenen Gemeinen Pfennig auch in den niederländischen Fürstentümern, die ja zum Reich gehörten, einzuziehen. In diesem Sinne richtete Maximilian am 26. Oktober 1495 eine Instruktion an seinen Sohn Philipp. Sowohl an seinem Hof als auch nach Beratung mit den Ständen wandelte sich dieses Ansinnen im Winter 1495/96 zur einer freiwilligen Besteuerung, die vom Willen der Stände abhing. An der Benennung kann man erkennen, dass die burgundischen Niederlande sich vom Reich trennten: Im Niederländischen sprach man vom *goetwillighe penninck in den Nidderlanden* im Gegensatz zum *gemeynen penninck in Duitschen landen*. Philipp unterrichtete sein Vater hierüber mit Schreiben vom 15. März 1496, und dieser akzeptierte, aber nur notgedrungen, da diese Umdeutung der

Steuer eine Distanz zum Reich zum Ausdruck brachte, die für Maximilian nur schwer akzeptabel war.

Während des Sommerhalbjahrs 1496, von April bis Oktober, unternahm Philipp zusammen mit seinem Hof und seinen wichtigsten Beratern eine Reise ins Reich. An dieser hatte Maximilian großes Interesse, da er seinen Sohn in die antifranzösische Politik und die von ihm gebildete Heilige Liga einbinden, eventuell sogar auf seine mögliche Erbfolge im Reich vorbereiten wollte. Weiter noch war Maximilian bestrebt, Philipp in seine italienischen Pläne zu involvieren: Seit 1495 war Maximilian mit Bianca Maria verheiratet, einer Nichte des Herzogs Ludovico Sforza von Mailand. Doch Philipp verweigerte sich all diesen Vorhaben. Maximilian und Philipp zogen sichtlich nicht an einem Strick. Während Maximilian mit seinen italienischen Verbündeten einen Krieg gegen Frankreich plante, hielt Philipp sich zurück, an den entsprechenden Verhandlungen beteiligte er sich jedenfalls nicht, er wahrte seine Neutralität gegenüber Frankreich. Auch mischte er sich nicht in die Reichspolitik ein.

Die Distanz zu Maximilian sollte Philipps Politik auch in den nächsten Jahren bestimmen, vor allem hinsichtlich der Beziehungen zu Frankreich und zu Geldern. Letztlich drückt sich hierin eine (mittlerweile fortgesetzte) Lösung der Niederlande aus dem Reich aus, auch wenn die entscheidenden Kräfte hierbei innerhalb derselben Dynastie wirkten. Sichtlich nahm Philipp bei diesen Fragen Rücksicht auf die niederländischen Stände, die an der Wahrung des Friedens vor allem mit Frankreich interessiert waren. Drastisch wurde die unterschiedliche Ausrichtung zwischen Vater und Sohn vor Augen geführt, als Maximilian plötzlich und unerwartet im Januar 1499 zur Generalständeversammlung in Antwerpen erschien, um die Stände von der Ratifizierung des Friedens, den Philipp mit dem seit 1498 in Frankreich regierenden Ludwig XII. eingegangen war, abzuhalten. Die auf Ausgleich der Interessen bedachte Politik Philipps äußerte sich in einer Kooperation mit den Generalständen, was Fragen der Münzverhältnisse, der Handelsbeziehungen zu England und den Umgang mit Herzog Karl von Geldern anging. Der damaligen, von Hof und Ständen gebildeten politischen Öffentlichkeit mochte das Beispiel der holländischen Stadt Leiden als Warnung vor Augen stehen. Sie war während der Kämpfe der vergangenen Jahre mit derart großen Belastungen überfrachtet worden, dass sie trotz ihrer blühenden, auf Export ausgerichteten Tuchindustrie sich im Jahr 1494 freiwillig unter Aufsicht der landesherrlichen Finanzkontrolle begab mit der Bitte um Lösung der Geldprobleme. Mit einigen Unterbrechungen blieb die Kommission bis 1510 tätig. Kein Wunder, dass nach den Parteiungskämpfen der 1480er und frühen 1490er Jahre in der Grafschaft Holland 1494 eine Kommission eingesetzt wurde, die eine regelrechte Landesaufnahme durchführte, um einen Überblick über die Städte und die Dörfer zu haben, die Zahl der Häuser feststellte und auch eine Bevölkerungserhebung zum Gegenstand hatte.

Philipps Städtepolitik ist daher genauer zu betrachten. Als Stadt- und Landesherr mischte er sich zum Teil weit in die inneren Angelegenheiten seiner Städte ein. Er gab durchaus nicht immer klein bei, sondern wusste seine Linie durchzusetzen. Einer der hennegauischen Hauptstädte, Valenciennes, stellte er am 8. März 1498 eine Ordnung aus, die sich als regelrechte Reformation des Stadtrechts entpuppte, in verwaltungsmäßiger und finanzieller Hinsicht verlor die Stadt Kompetenzen. Während der vielen Kriege unter Karl dem Kühnen und Maximilian I. waren die Städte hinsichtlich ihrer wirtschaftlichen Ertragskraft derart ausgeblutet worden, dass manche von ihnen die von ihnen verkauften Anleihen und Renten nicht mehr bedienen konnten, so dass die Gläubiger sich an den Kaufleuten dieser Städte schadlos hielten. Die Städte wiederum konnten sich rechtlich wehren, indem sie sich beim Landesherrn Urkunden ausstellen ließen, mithilfe derer die Zahlungen aufgeschoben und gestreckt werden konnten und ihre Kaufleute wegen dieser Sachen nicht unter Arrest genommen werden durften. Amsterdam war die erste Stadt, die am 10. November 1494 – also im Jahr von Philipps Herrschaftsantritts – eine solche Urkunde mit der Ausnahmeerlaubnis erhielt, die Rentenauszahlungen eines Jahres auszusetzen. Brügge erhielt alsbald, am 11. Dezember 1494, eine ähnliche Vergünstigung, allerdings für sieben Jahre und nur für Gläubiger, die Einwohner der Länder des Erzherzogs waren; im Gegenzug erhielt der Landesherr die Kontrolle über die städtischen Ausgaben. Mit zahlreichen Varianten gab es Lösungsmöglichkeiten in anderen Städten. Die großen Verlierer waren allerdings die Anleger, die auf die Geldanlage mit der regelmäßigen Ausschüttung gebaut hatten, beispielsweise für die Alterssicherung. Knappheit der Kassen führte zu genauerer Erfassung der Kassenbestände, auch zu einer Finanzplanung, die über den Moment hinausblickte. Aus den endenden 1490er Jahren gibt es die ersten städtischen »Etats«. Haushaltskonsolidierung bedeutete nicht nur Einnahmensteigerung, sondern auch Ausgabenminimierung, und diese wiederum minderte die politische Bedeutung der Städte: Für große Ratskollegien, für die Stadtmiliz, gar eine Artillerie, Gesandtschaftsreisen zu anderen Städten, gar zu fremden Herrschern, politische Bitt-Prozessionen etc. war kein Geld mehr da. Erst Philipp der Schöne konnte die Städte an die kurze Leine nehmen, was Karl dem Kühnen auf dem Gewaltweg nicht gelungen war. Einsparung und Effizienz wurden als Schlagworte gebraucht, doch versteckte sich dahinter eine höchst einseitige Rationalität zugunsten des Landesherrn.

Währenddessen entwickelte sich ab Mitte der 1490er Jahre die Frage der dynastischen Nachfolge in Geldern zu einem französisch-habsburgischen Stellvertreterkrieg.

Erst im März 1492 war Karl von Geldern, der 1487 noch für Maximilian in der Schlacht von Béthune gegen die Franzosen gezogen und in Gefangenschaft geraten war, wieder in sein eigentliches Fürstentum gekommen, wo er von den Parteigängern seines Vaters Adolf als Herr anerkannt wurde, um die Selbständigkeit Gelderns zu wahren. Am 19. Juni 1492 erbat Karl gemäß den Bestimmungen des Lehnrechts vom Kaiser die Investitur mit diesem Fürstentum, was der Kaiser, mittlerweile sehr alt, hinauszögerte. Immerhin hatte dieses zur Folge, dass im Winter 1492/93 die Angelegenheit ruhte und ein Waffenstillstand herrschte. Im Vertrag von Senlis vom 23. Mai 1493 erschien Herzog Karl von Geldern auf französischer Seite, auch wenn der Vertrag Geldern nicht mit in die zwischen Frankreich und Burgund bereinigten Interessensphären aufnahm. Es sollte noch drei Monate dauern, bis Karl VIII. in einem offiziellen Brief an Maximilian erklärte, dass der Herzog von Geldern sein Verbündeter sei und unter seinem Schutz stehe. Maximilian hingegen erkannte den Herrschaftsanspruch Karls auf Gel-

dern nicht an, in seiner Korrespondenz wird er immer nur
»Karl von Egmont« genannt, also weder als Herzog noch mit
Geldern angesprochen, sondern mit seiner ursprünglichen familiären
Herkunft, der adligen Familie Egmond aus Holland.
Er, Maximilian, folgte in dieser Sache konsequent der Linie,
die letztlich bereits Karl der Kühne 1473 begonnen hatte und
die durch die Belehnung des Kaisers vom 6. November 1473
und mit der Bestätigung vom 19. April 1478 lehnsrechtlich anerkannt
worden war. Gegenüber dem König von Frankreich
ließ Maximilian durch einen Gesandten im Sommer 1494, also
ein Jahr nach der Bündniserklärung des französischen Königs,
seinen Herrschaftsanspruch auf Geldern ausführlich erläutern
und negierte Karl von Gelderns Position völlig.

Zur selben Zeit, im Sommer 1494, wurde Albrecht von
Sachsen als (noch) Generalstatthalter und oberster Heerführer
aktiv und erzielte am 18. August 1494 in Roermond eine Übereinkunft
mit Karl von Geldern, mit der die Frage der geldrischen
Nachfolge einer aus sechs Kurfürsten und ihm, Albrecht,
bestehenden Schiedskommission vorgelegt werden sollte. Maximilian
und Philipp wurden in diesen Vertrag eingeschlossen,
was Karl von Geldern anerkannte. Während der folgenden
Monate dürfte die geldrische Frage bei Maximilian in den Hintergrund
getreten sein, da er zunächst von der Huldigungsreise
Philipps und sodann von den Verhandlungen des bedeutenden
Wormser Reichstags 1495 vollauf in Beschlag genommen war.
Dennoch hielt er den Herrschaftsanspruch aufrecht, forderte
zudem finanzielle Entschädigung für die seit 1477 entgangenen
Einnahmen. Geschickt verband Maximilian auf dem Reichstag
die geldrische Frage zudem mit den von ihm formulierten Interessen
des Reichs und der Furcht vor einer zunehmenden französischen
Einmischung. Das Verfahren wurde zur weiteren
Prüfung vor das neu gegründete Reichskammergericht gezogen,
wo Karl von Geldern für sich keine Chance auf ein gerechtes,
d. h. ihm genehmes Verfahren sah, weswegen er letztlich sogar
an den Papst appellierte. Aber auch hier zeigte sich keine Lösung.

Die Sache zog sich hin. 1496 hielt Philipp sich im Reich auf,
im Sommer heiratete er in Lier (frz. Lierre) Johanna von Kastilien-Aragon.
Erst im Herbst des Jahres 1496 wurden die Ver-

handlungen zwischen Philipp dem Schönen und Karl von Geldern intensiviert. Immer noch tauschte man sich aus. Philipp verhielt sich zum Verdruss seines Vaters zurückhaltend bis passiv, ein neues Kriegsunternehmen war mit den niederländischen Ständen zu dieser Zeit nicht zu machen. Er führte auf mehreren Versammlungen der Generalstände in Breda im Dezember 1496 und Brüssel im August-September 1497 lediglich vor Augen, welche Bedrohung ein geldrischer Krieg für die Lande bedeutete und forderte deshalb 50 000 Schilde für die Finanzierung einer Armee, eine moderate Summe im Vergleich zu früheren Forderungen, ja am 21. Dezember 1497 wurde in Brüssel sogar eine Waffenruhe auf unbestimmte Zeit geschlossen, die auch die Herzöge von Sachsen, Jülich-Berg und Kleve-Mark einbezog. Philipp erwies sich jedenfalls nicht als Kriegstreiber, nicht als Falke. Die Rüstungen, für die im Auftrag des Erzherzogs Philipp der Statthalter Albrecht von Sachsen zuständig war, hatten in den Jahren 1496/97 bei den niederländischen Ständen so gut wie keinen Erfolg. Auch Maximilians Aufmerksamkeit war durch die Vorgänge in Italien gebannt, wo Karl VIII. im Norden weite Teile, insbesondere das Herzogtum Mailand, besetzt hielt und Maximilian über seine 1494 geheiratete Frau Bianca Maria Sforza dynastisch in der Pflicht war, den Herzog von Mailand zu unterstützen.

Die Situation änderte sich mit der politischen Großwetterlage, als auf dem Reichstag zu Freiburg i. B. 1497/98 Maximilian seine Haltung gegen Frankreich schärfte und drohte, ins Oberelsass einzumarschieren. Wenig später erklärte Maximilian die Fehde gegen Karl von Geldern, während ungefähr gleichzeitig Philipp der Schöne sich mit Ludwig XII., dem neuen französischen König, verständigte und den Vertrag von Paris vom 2. August 1498 einging, und zwar ohne sich vorher mit seinem Vater Maximilian auf eine Linie zu einigen – Vater und Sohn handelten hier offen gegeneinander, und der Vater erwies sich als der Kriegstreiber. Philipp gestattete sogar, dass im Herbst 1498 französische Truppen durch die niederländischen Territorien nach Geldern zogen. Erst im Mai 1499 wurde dieses Zugeständnis wieder zurückgenommen; es dürfte sich nach allem, was man weiß, auch nur um kleinere Kontingente gehandelt haben. Zahlreiche kleinere Scharmützel fanden im Laufe des

Jahres 1499 statt, ein Kleinkrieg brach aus, der erst durch die Vermittlungen des französischen Königs beendet werden konnte, der politischen Druck auf die Herzöge von Jülich-Berg und Kleve-Mark ausgeübt hatte. Am 29. Dezember 1499 wurde in Orléans, also inmitten des französischen Kronguts, ein Frieden unterzeichnet. Maximilian war zu dieser Zeit in erster Linie mit den Schweizern beschäftigt, so dass er einer zweiten Front im Norden keine Aufmerksamkeit schenken konnte oder wollte.

Auch der Gegner, Karl von Geldern, bekam im Laufe des Jahres 1500 Schwierigkeiten mit den Ständen seines Herzogtums. Auf einer Versammlung im Oktober 1500 in Arnheim beschwerten sie sich über die gravierenden Unsicherheiten im Lande und die schweren steuerlichen Belastungen, die die wirtschaftlichen Aktivitäten zusehends lähmten. Karl versprach, die Unannehmlichkeiten abzustellen, verlangte aber Präzisierungen, gegen die er denn einschreiten wollte. Einen Monat später traf man sich erneut, diesmal in Nimwegen, wobei die Stände, insbesondere die führenden Städte, ihre Beschwerden auf Münzangelegenheiten ausweiteten. Die Verhandlungen zogen sich hin bis zum 3. April 1501, als sich Fürst und Landstände auf einen Punkteplan einigten, mit dem viele Missstände bereinigt wurden, und auf eine große Bede, die Karl von Geldern in die Lage versetzte, seine Herrschaft gegen die habsburgischen Ansprüche militärisch abzusichern. Die Folge war, dass der dieserart gestärkte geldrische Herzog den Krieg in den nächsten Jahren unvermindert fortführen konnte.

5.5 Die Niederlande als habsburgisches Nebenland seit 1500

Damit stand eine Bedrohung für die burgundischen Niederlande im Raum, die während der nächsten Jahre eigentlich die Anwesenheit des Fürsten verlangt hätte. Dessen Aufmerksamkeit war jedoch auf ein gänzlich anderes Feld gelenkt worden: Gleich mehrere Todesfälle in der kastilischen Königsfamilie in den Jahren 1497 bis 1500 sorgten dafür, dass Philipp in der

Erbfolge nach vorn rückte und sich die Thronanwartschaft in Kastilien eröffnete; die dynastisch-politische Karte in Europa wurde neu gezeichnet. Bei den Heiratsverhandlungen war ihm zugestanden worden, den Titel eines Fürsten von Kastilien zu führen, womit der eigentlich nur theoretische Fall einer Schwiegersohn-Nachfolge eröffnet wurde. Genau dieser Fall aber trat nun ein. Es sollte wegen verschiedener Verhandlungen mit Maximilian etwas dauern, ehe Philipp und seine Frau sich persönlich nach Spanien begeben konnten.

Erst am 4. November 1501 reisten Philipp und Johanna mit großem Gefolge aus Brüssel ab, um sich nach Kastilien zu begeben, und zwar auf Einladung Ludwigs XII. durch Frankreich, wobei das künftige kastilische Herrscherpaar schon jetzt wie Könige empfangen wurde. In den Niederlanden wurde Philipps enger Vertrauter Graf Engelbert II. von Nassau-Dillenburg als Statthalter eingesetzt, da abzusehen war, dass es sich um einen längeren Aufenthalt handeln würde. Ebenfalls vor der Abreise wurde der Ehevertrag vom 26. September 1501 ausgehandelt, mit dem Philipps des Schönen jüngere Schwester Margarethe dem Herzog Philibert von Savoyen versprochen wurde.

Erst im März 1502 kamen Philipp und Johanna nach einer Fürsten- und Hofesreise, bei der sie in besonders ehrenhafter Form in den französischen Städten und an einigen Höfen, so auch bei Ludwig XII. und dem späteren König Franz I. empfangen wurden, in Spanien an. Im Laufe des Frühjahrs und des Sommers wurden sie von den kastilischen Ständen, den Cortes, als König und Königin formell anerkannt. Im Oktober 1502 kamen noch die aragonesischen Stände hinzu. Im Winter nahm Philipp Abschied von seiner in Madrid verbleibenden Frau, die erneut schwanger und zudem erkrankt war, und von seinen Schwiegereltern und trat die Rückreise an.

In den folgenden beiden Jahren 1503/04 bis zum Jahr 1505 standen die dichten, von mehreren persönlichen Treffen geprägten Verhandlungen mit Ludwig XII. von Frankreich im Mittelpunkt, die zu einer Ehe zwischen Ludwigs Tochter Claude und Philipps Sohn Karl führen sollten, und die in mehreren Verträgen und Absprachen bereits weit gediehen waren. Während dieser Verhandlungen, in die auch Maximilian einbezogen wurde, ruhte die vor allem von Maximilian betriebene Agitation gegen den französischen König. Philipp schien sich mit seiner Friedenspolitik, die vor allem seinen Städten nützte, durchzusetzen. Für diese kurze Phase war tatsächlich ein Ausgleich in greifbare Nähe gerückt. Doch machte Ludwig XII. einen Strich durch die Rechnung, indem er im Laufe des Jahres 1505 bekannt gab, dass er den Herzog François von Angoulême als Schwiegersohn auserkoren habe, der auch später tatsächlich seinem Schwiegervater als König folgen sollte, niemand geringerer als Franz I.

Die habsburgische Seite war düpiert, nicht zuletzt Philipp. Kein Wunder, dass nun der Streit um die Zuständigkeit des Parlaments von Paris als höchstem Gericht Frankreichs wieder aufflammte. Im Dezember 1501 hatte Philipp den Großen Rat zu Mecheln faktisch als höchstes Rechtsprechungsorgan der burgundischen Niederlande bestimmt, was im Januar 1504 mit einer neuen Ordonnanz bekräftigt und die Zuständigkeit auch für Flandern und Artois festgelegt wurde.

Für Philipp änderte sich die dynastisch-politische Lage zudem, als die Nachrichten über die Gesundheit seiner Schwiegermutter Isabella immer schlechter wurden. Sie verstarb nach langer Krankheit am 26. November 1504. Damit war die Frage der Thronfolge in Kastilien gegeben. Ihr Ehemann Ferdinand von Aragon agierte in Kastilien lediglich als Gouverneur während der Abwesenheit seiner Frau, und nur höchstens bis zu dem Termin, an dem ihr Enkel Karl (der spätere Karl V.) 20 Jahre alt sein würde. Eine veritable Thronkrise begann sich abzuzeichnen. Ferdinand blieb nichts Anderes übrig, als für den Januar 1505 die kastilischen Stände einzuberufen, bei denen Philipp der Schöne sich durch einen Gesandten vertreten ließ. Philipps des Schönen Anspruch auf den kastilischen Königsthron stieß auf teilweises Entgegenkommen, da es am Hof an entscheidenden Stellen im direkten Umfeld Ferdinands pro-habsburgische Parteigänger gab. Während des ganzen Jahres 1505 wurde in dichtem Wechsel eine Korrespondenz zwischen allen Beteiligten ausgetauscht, Philipp informierte die kastilischen Stände sogar über den Fortgang des geldrischen Kriegs und kündigte im Sommer 1505 das Ende des Feldzugs an, wonach er nach Kastilien kommen wolle.

Während der Abwesenheit Philipps aus den Niederlanden 1501–1503 hatte Herzog Karl im benachbarten Geldern nicht geruht, sondern seine Politik der Nadelstiche gegen den Anspruch der Habsburger auf das Territorium und damit gegen die burgundischen Niederlande fortgesetzt. Philipp war erst im Herbst 1503 aus Spanien zurückgekehrt, hatte während des Septembers 1503 seinen Vater in Tirol besucht und war im Oktober den Rhein entlang bis nach Köln gezogen, von wo aus er die Niederlande über Aachen und Maastricht erreicht hatte. Hierbei muss er Nachrichten über die Tätigkeit Karls von Geldern erhalten haben, die ihn dazu brachten, das Heft in die Hand zu nehmen. Das geldrische Problem musste aus der Welt geräumt werden, und zwar im habsburgischen Sinne. Philipp begann, wie ein aufs Äußerste bedachter Machtpolitiker zu handeln. Unter der Behauptung, Karl von Geldern habe den Frieden gebrochen, verbot Philipp mit einer Urkunde vom 24. Dezember 1503 den Einwohnern seiner Lande, geschäftliche Beziehungen mit geldrischen Untertanen. Im Sommer 1504 wurden die Rüstungen vorangetrieben, und nachdem mit dem Vertrag von Blois vom 22. September 1504 Heiratsabsprachen und ein Bündnis mit Ludwig XII. von Frankreich abgeschlossen worden war, hatte er den Rücken für einen Feldzug frei. Neun Monate zog sich dieser hin, ohne eine Entscheidung zu bringen. Folgenreicher sollte es für die Politik sein, dass nach einem halben Jahr am 4. April 1505 Philipp und Maximilian sich mit Ludwig XII. in Hagenau zu einem Dreierbündnis zusammenfanden, bei dem es eigentlich um die Klärung der Nachfolgefrage in Mailand ging, wobei man sich aber auch darauf verständigte, dass Karl von Geldern seinen Herrschaftsanspruch auf das Herzogtum verloren habe. Im Sommer waren die Herzöge von Jülich-Berg und Kleve-Mark, die Maximilian vorher nicht dabeihaben wollte, um nicht teilen zu müssen, wieder mit in das Bündnis eingeschlossen und stellten Truppen für den geldrischen Feldzug. Von der Stadt Kleve aus zogen sie los, Hauptziel war die größte und bedeutendste Stadt Gelderns, Arnheim, die sich am 6. Juli 1505 nach Belagerung ergab.

Am 27. Juli 1505 konnte man in der Stadt Tiel an der Waal einen (Vor-)Frieden schließen. Getrieben durch die kastilischen Angelegenheiten ging Philipp sofort auf das erste Angebot von

Karl von Geldern ein, der hingegen noch lange nicht als militärisch-politische Macht ausgeschaltet war. Karl blieb im Besitz der nicht eroberten Teile des Herzogtums, bis innerhalb von zwei Jahren ein endgültiger Frieden geschlossen werden sollte; falls das nicht gelänge, sollten vier Schiedsrichter eingesetzt werden. Karl sollte persönlich am Hof Philipps des Schönen verbleiben. Wegen des Drängens der kastilischen Frage verzichtete Philipp auf die gänzliche Umsetzung des Friedens von Tiel, beließ es im Prinzip mit der formalen Unterwerfung. Karl von Geldern befand sich somit in einer durchaus günstigen Situation, worüber wiederum Maximilian alles andere als erbaut war.

Vor allem musste Karl nicht mit auf die zweite Spanienreise Philipps, sondern blieb im Land, wo er faktisch ungehindert schalten und walten konnte, auch wenn er keinen Zugriff mehr auf Arnheim hatte. Die drei anderen Hauptstädte Nimwegen, Roermond und Zutphen standen jedoch auf seiner Seite, und im Frühsommer 1506 trat Ludwig XII. auf die Seite Karls von Geldern über und versprach Hilfsgelder und Rüstungen für einen Krieg; die weitere Geschichte der geldrischen Frage, die die Politik in den nördlichen Niederlanden weithin bestimmen sollte, kann hier nicht in aller Ausführlichkeit geschildert werden, sie zog sich letztlich bis zum Vertrag von Venlo 1543 hin, als es Kaiser Karl V. gelang, das Herzogtum Geldern-Zutphen an die habsburgischen Lande anzuschließen.

Philipp der Schöne machte sich in der zweiten Jahreshälfte 1505 an die Vorbereitungen seiner zweiten Spanienreise, die nun der Eile wegen nicht übers Land durch Frankreich, sondern übers Meer führen sollte. Am 10. Januar 1506 konnten Philipp und sein Hof mit einer Flotte in See stechen.

Die Reise endete aufgrund schlechter Winde und stürmischer See bereits nach wenigen Tagen an der englischen Südküste, weswegen im Frühjahr 1506 intensive Gespräche mit dem englischen König Heinrich VII. anstanden. Abgeschlossen wurde auf diesem Weg gleich mehrere Verträge, nämlich am 9. Februar 1506 ein ewiges Freundschaftsbündnis, am 20. März 1506 ein Heiratsabkommen zur Verehelichung des verwitweten englischen Königs mit Philipps Schwester, der ebenfalls verwitweten Margarethe von Österreich, und am 30. April 1506 eine Ausweitung des bestehenden, auf Gegenseitigkeit beruhenden Handelsabkommens zugunsten der Engländer, die nun von mehreren Zöllen in der Scheldemündung befreit wurden, weswegen der Vertrag von niederländischen Kaufleuten *Intercursus malus* genannt wurde, zudem die Engländer nun auch Detailhandel treiben durften, was den Niederländern im anderen Gastland verweigert blieb. Der Handelsvertrag wurde von Philipp allerdings nie ratifiziert.

Der letztgenannte Vertrag wurde bereits von Gesandten in Abwesenheit Philipps geschlossen, der am 26. März von Farmouth aus wieder in See gestochen war. Nach genau vier Wochen kam man in La Coruña in Galizien an. Philipp setzte sich bei den nach seiner Ankunft beginnenden langwierigen Verhandlungen über die Nachfolge in Kastilien durch, wobei er es nicht unterließ, die eigene Partei unter den spanischen Großen zu bestärken und mit wichtigen Ämtern zu versehen. Schließlich konnte am 27. und 28. Juni 1506 der Vertrag von Benavente und Villafáfila geschlossen werden. Ferdinand verzichtete auf die Herrschaft in Kastilien zugunsten seiner Tochter und deren Familie. Etwas später, am 11. Juli 1506, bestätigten die Stände ihre bereits 1502 ausgesprochene Anerkennung Johannas und Philipps als Herrscher.

Die weitere Entwicklung sollte durch den unvermittelten Tod Philipps eine ganz andere Richtung erhalten. Im Laufe des 16. September 1506 begann er, sich unwohl zu fühlen, nachdem er sich nach einem von ihm so gern betriebenen Schlagballspiel mit kaltem Wasser erfrischt hatte. Nach neun Tagen schwerer Krankheit verstarb er am 25. September 1506 in Burgos.

Am 3. Oktober 1506 kam die Nachricht in Mecheln bei den Räten der Rechenkammer an, für die über 1300 Kilometer haben die Überbringer nur acht Tage gebraucht, was einer fulminanten Tagesleistung von über 160 Kilometern entspricht; Maximilian erfuhr erst am 23. Oktober davon, als er sich auf der Reise nach Italien befand und gerade die Alpen überquerte.

Mit dem überaus unerwarteten Tod Philipps des Schönen, der sich einreiht in die anderen Todesfälle, die seit 1498 innerhalb der kastilischen Königsdynastie der Trastamara eintraten, war einmal mehr die Frage der Nachfolgeregelung gegeben. Dies galt auch und gerade für die Niederlande.

Theoretisch wäre der »natürliche Herr« der Niederlande nun Philipps Sohn Karl gewesen, der formal den Titel eines Herzogs von Luxemburg führte. Dieser war aber erst sechs Jahre alt. In seinem Testament, das seinerzeit in Gegenwart des jungen Karl und der Generalstände von Philipps Kanzler Thomas de Plaine verlesen worden war, gab es keine Regelung für diesen Fall. Die Generalstände, die sich vom 18.–28. Oktober 1506 in Mecheln trafen, boten die Regentschaft Maximilian an, ihrem alten Gegner. Dieser nahm dieses Angebot sofort an, ließ sich aber durch seine Tochter Margarethe von Österreich vertreten.

Beim Tod ihres Bruders befand sie sich in Savoyen, wo sie als Herzoginwitwe (ihr Mann Philibert von Savoyen war 1504 verstorben) ihr Auskommen und von mehreren Rechtsgelehrten unterstützt die Herrschaft ausgeübt hatte. Jetzt begab sich zu ihrem Vater Maximilian, erst zu Beginn des Aprils 1507 traf sie in Mecheln ein, wo sie hinfort residierte. Von den Generalständen wurde sie sogleich als Regentin anerkannt, im Mai und Juni 1507 hielt sie ihre feierlichen Einzüge in den Hauptstädten Brabants, Flanderns, Hennegaus und des Artois ab. Sie sollte in den folgenden Jahren zur bestimmenden Figur der Habsburger in den Niederlanden werden.

Bei einer genaueren Betrachtung von Margarethes Rechtsstellung wird deutlich, dass sie erst langsam in die Regentschaft hineinwachsen musste. Zunächst wurde sie mit Urkunde vom 27. November 1507 als General-Prokuratorin anstelle von Maximilian eingesetzt, was bedeutete, dass sie in den Regentschaftsrat eingebunden war, dessen Vorsitz sie zwar hatte, aber an dessen Voten sie im Prinzip gebunden war; man einigte sich dort auf einen Konsens. Erst zwei Jahre später, 1509, wurde ihre Stellung aufgewertet zur Regentin und Generalstatthalterin. Auch in Kastilien beanspruchte Maximilian eine Vertretung für sich. Im Namen von Johanna und ihrem Sohn Karl setzte sich Ferdinand von Aragon bei den Ständen als Herrscher durch und wurde 1509 als solcher von Maximilian anerkannt.

Während ihrer Regentschaft, die Margaretha in enger Absprache mit Maximilian führte, mit dem sie in ständigem Schriftverkehr stand, hatte sie es zuförderst mit den ungelösten Problemen aus der Zeit ihres Bruders zu tun, nämlich mit der geldrischen Frage. Diese wurde insofern brisant, als Karl von Geldern den Kleinkrieg aus »seinem« Geldern heraushalten wollte und immer wieder Scharmützel in Holland und Brabant unternahm. Die militärischen Gegenmaßnahmen mussten finanziert werden, und hierzu verweigerten die Stände ihre Zustimmung, im Gegenteil: Sie waren am Frieden interessiert, entzogen sich dem Willen der Regentin und erzwangen Verhandlungen mit Ludwig XII. von Frankreich, der Karl von Geldern offen förderte. Zu Margarethes Unterstützung erschien im Sommer 1508 Maximilian in den Niederlanden, und auch er gab seine Einwilligung zu den bereits angelaufenen Verhandlungen, die am 10. Dezember 1508 in Cambrai zum Abschluss führten. Margarethe konnte den französischen Verhandlungsführer zu einer Beendigung der Unterstützung Karls von Geldern überreden, zudem sollte eine Schiedskommission über die Nachfolge in diesem Herzogtum entscheiden – ein beachtlicher diplomatischer Erfolg, der Margarethes Stellung in der adligen Gesellschaft sichtlich verbesserte. Sie gewann an Autorität gegenüber den Ständen.

Der einzige, der nicht mit dem Frieden von Cambrai einverstanden war, war Karl von Geldern, der gleich im nächsten Frühjahr (1509) wieder Anstalten machte, den Krieg vom Zaun zu brechen, so dass sich Margarethe gezwungen sah, über den französischen König Druck auf ihn auszuüben, damit er die Waffen ruhen ließe.

Eine Gebietsänderung im frühen 16. Jahrhundert, das Bistum Tournai betreffend, das für ein paar Jahre kampflos an England ging, erklärt sich nur aus der bündnispolitischen Logik der europäischen Mächte. Enttäuscht über die mangelnde Unterstützung der anderen europäischen Mächte, die mit England über mehrere Allianzen verbunden waren, und aus Misstrauen gegenüber bündnisbrüchigen Königen, betrieb der seit 1509 regierende Heinrich VIII. von England das propagandistisch breit angekündigte Vorhaben, den alten Anspruch auf den französischen Königsthron endlich einzulösen. Wie seinerzeit Heinrich V. im frühen 15. Jahrhundert hing Heinrich VIII. der Idee an, Teile Frankreichs, am liebsten mit Paris als der Hauptstadt, zu besetzen. Im Sommer 1513 verließ Heinrich VIII. mit einer größeren Armee England und landete in Calais, dem englischen

Brückenkopf auf dem Kontinent, wo zunächst prächtige Heerschau gehalten wurde, ehe man in die Grafschaft Artois einzog und die kleine Bischofsstadt Thérouanne belagerte. Diese konnte man zwar einnehmen, doch übergab man sie anschließend an Maximilian als dem Kaiser, Bündnispartner und Vorsteher des habsburgischen Hauses, und beließ sie damit bei den burgundischen Niederlanden.

Wenige Wochen später, Ende September, ergab sich die größere und bedeutendere Bischofsstadt Tournai den Engländern friedlich. Die Stadtregierung wollte eine Belagerung und eventuell folgende Plünderungen verhindern, und so konnten auch hier der englische König wie auch der Kaiser in die Stadt einziehen. Gemeinsam setzten sie den Triumphzug fort, begingen ein paar Tage später den feierlichen Einzug in die flämische Residenzstadt Lille, schmiedeten Pläne für die nächsten Jahre und nahmen eine dynastische Verbindung in Aussicht, bei der die Tochter des englischen Königs, Maria, den Enkel und künftigen Regenten der Niederlande, Karl V., heiraten sollte. Tournai verblieb jedoch im englischen Besitz, die erste kontinentale Landnahme seit dem Rückzug aus dem königlichen Frankreich 1440. Als Bischof von Tournai wurde auf Wunsch Heinrichs VIII. sein Berater, der hochrangige Geistliche Thomas Wolsey, eingesetzt, der bereits Bischof von Lincoln war. Er war dafür verantwortlich, dass Stadt und Bistum Tournai an die Krone Englands übergingen, wie es der von ihm 1514 ausgehandelte Friedensvertrag mit dem französischen König vorsah. Doch der neue Festlandsbesitz sollte nur wenige Jahre Bestand haben. Die gesamte politische Konstellation änderte sich durch den Tod König Ludwigs XII. von Frankreich 1515, dem sein Neffe Franz I. nachfolgte, sowie durch den Tod Ferdinands II. von Aragon-Kastilien 1516. Deren Nachfolger lenkten ein, und im Laufe des Jahres 1516 schlossen von Seiten der burgundischen Niederlande sowohl Karl V. als auch von Seiten des Reichs Maximilian mit dem Vertrag von Noyon einen Frieden mit dem französischen König. Anlässlich des europäischen Gesandten- und Friedenskongresses in Calais 1518, auf dem eine Einigung zur Abwehr der Türken erzielt werden sollte, erhielt Thomas Wolsey mit päpstlicher Genehmigung zwei weitere englische Bistümer, doch musste er auf Wunsch des Papstes auf Tournai verzichten, das er 1519 an Frankreich abgab. Er erhielt im Gegenzug eine hohe Entschädigung, bis Stadt und Bistum im November 1521 von Truppen Karls V. erobert wurden. Im Jahr darauf wurden Stadt und Bistum förmlich an Flandern angeschlossen und fielen somit an die burgundischen Niederlande, diese wurden um ein Territorium erweitert.

5.6 Die Niederlande nach dem Tod Philipps des Schönen

Nach dem Tod Philipps des Schönen 1506 verblieben die Niederlande so gut wie ständig unter der Herrschaft von Regentinnen. Eine Ausnahme stellten nur die Jahre 1515–1517, als der junge, im Jahr 1500 in Gent geborene Karl V. die Herrschaft ausübte. Er wurde von den Ständen, insbesondere denen Flanderns, als »natürlicher«, d. h. im Lande eingeborener Herr angesehen und wohlwollend akzeptiert.

Dass es neben der dynastischen Politik und dem ständischen Miteinander, die gemeinsam zur Bildung einer neuen Einheit führten, eben den burgundischen Niederlanden, auch eine kulturelle Dimension gab, wird wohl am deutlichsten in der höfischen Erziehung, die der am 24. Februar 1500 in Gent geborene Karl genossen hat. Seine Sozialisation stand in der Tradition der ritterlich-höfischen Kultur, die ihre Ursprünge in Frankreich hatte und von Philipp dem Guten und Karl dem Kühnen in den Niederlanden, insbesondere in Flandern, weiter verfeinert wurde. Diese Kultur blieb nicht auf den Hof beschränkt, sondern schlug auch die gesellschaftlichen Spitzen der Städte und der Kirchen in ihren Bann. Es gab in den Städten, bei denen es sich in verfassungsmäßiger Hinsicht trotz ihrer Größe um Landstädte handelte, durchaus Teile der Führungsschicht, die auf eine Kooperation mit dem Landesherrn bedacht waren, und die wiederum vom Landesherrn gefördert wurden. Die höfisch geprägte Kultur, die auch in den Städten gepflegt wurde, bildete ein Ferment der Einheitsbildung.

Über die Erziehung des späteren Karls V. weiß man relativ wenig. Die allgemeine Sozialisation in die landesherrlich-fürstliche Welt erfolgte vor allem am Hofe Margarethe von Yorks, der ihren Ehemann um 26 Jahre überlebenden Witwe Karls des Kühnen (also Karls V. Stief-Urgroßmutter), bis zu ihrem Tod 1503, später am Hof Margarethe von Österreichs (Karls V. Tante). Beide hatten ihre Residenz nach Mecheln verlegt. In den Jahren 1501 bis 1506 gab es für Karl und seine Geschwister am Hof einen eigenen Kinderhaushalt, dem der Brabanter Adlige Hendrik van Witthem Herr von Beersel vorstand, und dem weitere Pagen, zu erziehende Fürsten- und Adelskinder aus fremden, politisch zugewandten Familien, hinzugesellt wurden. Eventuell wurden bereits hier erste lateinische Leseproben vermittelt. Für die formale und schulische Ausbildung bzw. Erziehung wurden dem präsumptiven Thronfolger ab 1506 der Fürst von Orange, ab 1509 Guillaume II. de Croÿ Herr von Chièvres als Gouverneur und Verantwortlicher eingesetzt. Den Fachunterricht, über den man nicht viel weiß, erteilten verschiedene Lehrer, davon zwei oder drei aus Spanien. Am Hof war ein Zimmer mit Möbeln so ausgestattet worden, dass es zum Unterricht dienen konnte. Die Kinder wurden in den einheimischen Sprachen, vornehmlich Französisch, weniger Niederländisch, dazu Latein und Spanisch unterrichtet. Gegen das Latein entwickelte Karl eine Aversion, weswegen der Herr von Chièvres, der als zuständiger Kammerherr für solche Probleme verantwortlich war, nach einer gewissen Zeit dieses Fach aufhob. Daneben standen Musik, Mathematik und Geographie auf dem Lehrplan. Ab 1511 trat der hochgelehrte Theologe und Löwener Professor Hadrian Florisz. Boeyens, der spätere Papst Hadrian VI., als Lehrer für Religion, Philosophie und Ethik auf. Außerdem wurde Karl in den für einen Adligen unerlässlichen Fähigkeiten des Reitens und Jagens sowie des Turnierens ausgebildet. Gelegentlich gab es einen Wettstreit mit den ihn begleitenden Pagen und Ehrenknaben, die eigene Lehrer hatten und nicht in der Schule bei Hofe unterrichtet wurden.

Lieblingslektüre Karls soll das Werk *Le Chevalier délibéré* von Olivier de la Marche gewesen sein, auf Deutsch etwa *Der Wohlberatene Ritter*, gemeint ist der »richtige« Ritter. Auch im 16. Jahrhundert spielte das aus dem Hochmittelalter stammende Ritterideal immer noch eine wichtige Rolle in der höfisch-fürstlichen Sozialisation, trotz der Rezeption der Antike mit ihren literarischen Helden der Kriegs- und Staatskunst wie Alexander der Große oder Caesar, die den Adligen als Vorbild dienen mochten. Karl V. soll ein Exemplar des *Wohlberatenen Ritters* bis zu seinem Lebensende bei sich geführt haben.

Bereits sieben Wochen vor Erreichen der Mündigkeit wurde Karl V. am 5. Januar 1515 aus der Vormundschaft entlassen und als neuer Landesherr anerkannt. Dieses geschah auf Drängen der Generalstände und des Ersten Kammerherrn Guillaume II. de Croÿ-Chièvres, der auch bis auf weiteres der wichtigste Ratgeber des jungen Karl bleiben sollte. Karls Huldigungsreise durch die Niederlande, die einem Triumphzug glich und bei der er als »natürlicher Herr« begeistert empfangen wurde, verteilte sich auf zwei Phasen. In der ersten Jahreshälfte 1515 wurden die nördlich und westlich Brüssel gelegenen Gebiete besucht, im Mai/Juni 1516 kamen die südlich an der Grenze zu Frankreich gelegenen Teile an die Reihe. Während der zweijährigen Herrschaft Karls V. in den Niederlanden erschien nun Margarethe von Österreich als Vertraute des mittlerweile alternden Maximilian, der seinem Enkel misstraute, vor allem wegen dessen profranzösischer Politik, die von den Großen des Hofs nach Vorbild der Regierung Philipps des Schönen geführt wurde. Dieses äußerte sich beispielsweise in der allerdings nur durch Gesandte und verspätet im kleinen Kreis durchgeführten Lehnshuldigung für Flandern und Artois gegenüber dem neuen französischen König Franz I., der ebenfalls 1515 die Regierung übernommen hatte.

Mit dem Tod Ferdinands von Aragon fiel Karl V. als dessen Enkel die Herrschaft in diesem Land zu, weswegen eine Absicherung gegen Frankreich im Vordergrund stand, die die friedliche Übernahme in Spanien befördern sollte. Nach längeren Verhandlungen schloss Karl V. unter Leitung seines Ersten Kammerherrn Guillaume II. de Croÿ am 13. August 1516 den Bündnisvertrag von Noyon, der bestimmte, dass Karl V. Kaiser Maximilian in Italien helfen durfte, Franz I. dagegen freie Hand in Venedig hatte; zudem sollte dessen einjährige Tochter Louise Karl V. heiraten. Als Mitgift wurde das Königreich Neapel versprochen, das zurzeit allerdings dem Königreich

Aragon zugehörte, vom französischen König jedoch für sich beansprucht wurde. Was England anging, so wurde im Januar 1516 in Brüssel ein fünfjähriger Freundschafts- und Handelsvertrag abgeschlossen, der die Bestimmungen der 1506 von Philipp dem Schönen und Heinrich VII. eingegangenen Übereinkunft verlängerte. Im April 1516 wurde dieser durch ein gegenseitiges Verteidigungsbündnis ergänzt. Bei Karls Abreise nach Spanien im September 1517 wurde zunächst ein Regentschaftsrat eingesetzt, dem Margaretha von Österreich zwar angehörte, dem sie aber nicht präsidierte, sondern unter Aufsicht des Vorsitzenden des Regentschaftsrats, des Juristen Claude Carondelet stand. Erst im Laufe des Jahres 1518 wurden schrittweise ihre Kompetenzen erweitert: Ihr wurde die Urkundenunterzeichnung zugestanden, das spezielle Siegel für die Beglaubigung von Finanzangelegenheiten, und schließlich durfte sie Personalernennungen vornehmen. Nach ein paar Irritationen unterstützte sie 1519 Karls Wahl zum Römischen König nachdrücklich, woraufhin Karl als nunmehriger Vorstand des Hauses Habsburg sie am 1. Juli 1519 zur Regentin erhob, noch bevor die Nachricht von seiner erfolgreichen Wahl in Spanien eingetroffen war.

Zur Sozialisation am burgundischen geprägten Hof in Mecheln gehörte eine Nähe zur Amtskirche, zum Papst und aktives Eintreten zugunsten des Katholizismus', wie man in Zeiten der beginnenden Reformation sagen muss. Anders als in weiten Teilen Norddeutschlands und Nordeuropas wurde in den Niederlanden das reformatorische Gedankengut Luthers von landesherrlicher Seite aus systematisch unterdrückt. Konfessionell unterschieden sich ab den 1520er Jahren die Niederlande von den benachbarten Territorien im Reich, in denen sich vor allem durch die sog. Fürstenreformation ab etwa 1525, nach der Niederschlagung des Bauernkriegs im Süden des Reichs, das Luthertum teilweise durchsetzte.

Karl V. übte eine Kirchenherrschaft in den Niederlanden aus und setzte dabei die von den Herzögen von Burgund, insbesondere von Philipp dem Guten begonnene Instrumentalisierung der Kirchen für die Landesherrschaft fort. Die vielen Kirchen mit ihrem Personal und ihren Ländereien wurden dem fürstlichen Herrschaftsverband einverleibt. Ziel war es, den gesamten, aus Städten, Adligen und Kirchen bestehenden Herrschaftsverband auf den Fürsten auszurichten.

Karls Haltung zu Luther war bestimmt durch seine Einbindung in die traditionelle Kultur der Papstkirche, d. h. konkret die Nähe zur päpstlichen Kurie, die Bekämpfung der Heiden (Türken) und Ketzer, die Missionierung der noch nicht christlichen Gebiete und Völker in den frisch entdeckten Kolonien, die Bekämpfung von Abweichlern und Glaubensfeinden, und nicht zuletzt das Verständnis des Herrscheramts als von Gott gegeben. Diese Haltung war verantwortlich für die unnachgiebige Abwehr des lutherischen Gedankenguts. Auch hier muss man etwas genauer sein, denn der junge Luther verstand sich nicht als grundstürzender Revolutionär, der Neues propagierte, sondern als Mitglied der bestehenden Katholischen Kirche, und er beabsichtigte zunächst innerhalb dieser Kirche seine Reformansätze eines verinnerlichten Glaubens vorzustellen. Erst als er in den Jahren 1518/19 bereits bei der Diskussion seiner Ideen auf den Widerstand von Anhängern der traditionellen Lehre und nicht zuletzt des Papstes stieß, formulierte er seine Vorstellungen schärfer, prägnanter und konsequenter, womit er sich mehr und mehr aus der Amtskirche löste. Offensichtlich wurde der Bruch erst durch den Wormser Reichstag 1521, auf dem Luther von Karl V. in die Reichacht gesetzt wurde, womit sich zum innerkirchlichen auch der Bruch mit der höchsten weltlichen Obrigkeit gesellte.

Karls Antwort vom 19. April 1521 auf Luthers Auftreten auf dem Wormser Reichstag kann als (reichstagsöffentlichkeitswirksamer) Ausdruck seines Verständnisses genommen werden, indem er sich auf die Tradition des Hauses Habsburg und auf die kaiserlichen Vorgänger berief und nicht zuletzt den Kampf gegen die Feinde der Kirche als seine Hauptaufgabe herausstellte. Damit war die Leitlinie vorgegeben. Für Karl V. war die Glaubenseinheit um so wichtiger, als sie ein vereinheitlichendes Band für die in Europa weit verstreuten habsburgischen Gebiete darstellte, zudem stand er als Kaiser an der Spitze des Heiligen Römischen Reichs, das sich nicht nur als weltliche Institution, sondern auch als Glaubenseinrichtung verstehen lässt, und zwar eines einheitlichen, auch gezielt vereinheitlichten und weiterhin zu vereinheitlichenden Glaubens. Luther als dezidierter Entwickler einer neuen, abweichenden Richtung hatte in den Augen Karls V. keinerlei Berechtigung für sein Anliegen, ihm war keinerlei Raum zu gewähren.

Da der frühe Luther sich als innerkirchlicher Reformer verstand und auch so agierte, ist es ganz folgerichtig, dass die Luther-Rezeption in den Niederlanden zunächst bei den Theologen und Humanisten einsetzte, und zwar bereits im Frühjahr 1518. Über Drucker in Süddeutschland und der Schweiz und über die engen Handelsbeziehungen entlang des Rheins konnte man schon zu dieser Zeit die Schriften Luthers in Antwerpen erhalten, von wo aus sie in den Niederlanden weiterverbreitet wurden und insbesondere bei Geistlichen und Gelehrten auf Interesse stießen, die humanistisch, also altsprachlich gelehrt waren, und mit dieser Schulung an die kirchliche Überlieferung herangingen. Die Bibel und die Kirchenväter-Literatur wurde nicht nur intensiv gelesen und mit einem neuen gelehrten Wissen interpretiert, sondern teilweise auch philologisch-kritisch hinterfragt. Die Kritik an den Texten konnte zu einer Kritik an der (bis dahin als »richtig« verstandenen) Lehre, damit an der Dogmatik und damit weiter an den herrschenden Verhältnissen führen. Diese kirchlich-gelehrten Kreise konzentrierten sich vor allem in den größeren und mittleren Städten, d.h. dort, wo sich die Geistlichen, Intellektuellen, Buchhändler, Drucker und Kaufleute trafen, vorrangig also in den bedeutenderen Handelsstädten wie Antwerpen, Gent, Brügge, u.v.a.m., und an den Bischofstädten wie Utrecht, Lüttich, Cambrai, Tournai, der Universitätsstadt Löwen und den Residenzstädten wie Brüssel und Mecheln, die auch über bedeutende geistliche Einrichtungen verfügten. Die Gelehrten in diesen Städten wirkten als Vermittler zu anderen Städten und Höfen.

Bezeichnenderweise finden sich im Kassen- bzw. Rechnungsbuch des Leidener Buchhändlers Pieter Claesz. van Balen aus der Zeit 1514–1526 zwar Exemplare von Luthers Sermon von der Bereitung zum Sterben, daneben eine Erklärung des Vaterunser und andere Traktate sowie ein Bericht über die Leipziger Disputation Luthers und anderer mit Johannes Eck, aber keine der zentralen Reformationsschriften. Bei der Frage nach der Verbreitung der lutherischen Gedanken in den Niederlanden ist zu beachten, dass die Kenntnis des Inhalts noch nicht gleichbedeutend war mit Akzeptanz und Sympathie; man konnte auch wissen wollen, wogegen man war. Dies könnte die Anwesenheit von 71 Werken Luthers in der 3849 Titel umfassenden Bibliothek des Gorkumer Kanoniker Jan Dircsz van Haar erklären, der seine Büchersammlung 1531 an den Hof von Holland übertrug.

Naheliegenderweise war die Rezeption besonders intensiv in Luthers eigenem Orden, den Augustiner-Chorherren. In der holländischen Stadt Dordrecht verbreitete bereits im Frühjahr 1518 der Prior des dortigen Augustiner-Stifts namens Hendrik van Zutphen in Predigten und Beichtgesprächen reformerische Gedanken. Die Stadt Dordrecht beschwerte sich am 24. März 1518 beim Provinzialgeneral der Augustiner Willem van Alkmaar über »ketzerische Lehren«, die jener verbreitete, und fügte hinzu, dass die Sache sehr groß sei und nicht nur Holland und Flandern, sondern alle Länder Karls V. betreffe. Nur ausweichend und ungenau antwortete der Provinzialvorsteher. Es sollte zwei Jahre dauern, ehe der Augustiner-Prior von Dordrecht abgelöst wurde.

In Antwerpen wurde Luthers Gedankengut 1519 durch Jakob Propst, ebenfalls Prior des dortigen Augustiner-Klosters, in weiteren Umlauf gebracht. Er war humanistisch interessiert und konnte über einige ihm bekannte Geistliche niederländische Übersetzungen von Luthers Werken anfertigen lassen. Nach einem längeren Aufenthalt in Wittenberg sollte er nach seiner Rückkehr im Sommer 1521 eine der führenden Propagandisten Luthers werden. Antwerpen wurde ab 1519 zu dem Hauptort schlechthin für die Herstellung lutherischer Schriften. Ungefähr die Hälfte aller niederländisch übersetzten Texte von Luther selbst sowie die weitaus meisten der pro-lutherischen Verteidigungsschriften wurden in dieser Stadt verlegt, die andere Hälfte des protestantischen Schrifttums verteilte sich auf Zwolle, Amsterdam, Delft und Leiden, also auf Holland und Overijssel (eine Gegend, in der seit dem späten 14. Jahrhundert die *Devotio moderna* ihren Ausgang nahm und wo auch das Augustiner-Chorherren-Kloster Windesheim lag); von den südlichen Niederlanden bzw. den burgundischen Kernlanden ist nur Gent zu nennen.

Dennoch ist keine eindeutige Erfolgsgeschichte zu erzählen. Die Theologische Fakultät der Universität Löwen stellte im Herbst 1518 nach einer ausführlichen Prüfung einiger lateinischer Werke Luthers durch alle Professoren mehrere Aussagen des Wittenberger Reformators einhellig unter den Verdacht der Häresie, weswegen in der Stadt Löwen der Verkauf von Luthers Schriften verboten wurde. Rechtliche Grundlage hierfür waren die landesherrlichen Verfügungen zur Unterbindung von gotteslästerlichen Handlungen und Reden, die bereits erlassen worden waren, als von Luther noch niemand etwas wissen konnte. Bevor die Löwener Theologen, von denen insbesondere Jakob Latomus und Eustachius van Sichem zu nennen sind, jedoch in der weiteren Öffentlichkeit eindeutig Position bezogen, wollten sie sich rückvergewissern und baten im Frühjahr 1519 bei der Theologischen Fakultät der Kölner Universität um Bestätigung ihrer ablehnenden Einschätzung. Die Kölner Kollegen stimmten nach einer Prüfung in der Tat zu und verurteilten am 30. August 1519 eine ganze Reihe von Luthers Thesen als häretisch. Der Kölner Theologe und Inquisitor Jakob von Hoogstraten reiste persönlich nach Löwen, um dort die Kölner Position zu vertreten und bat seinerseits um Unterstützung, die die Löwener nach Rücksprache mit dem Lütticher Fürstbischof gewährten: Am 7. November 1519 verurteilten auch sie einige Aussagen des Reformators, Verbrennung der Bücher und öffentlicher Widerruf der Aussagen wurden angeordnet. Ihre Stellungnahme sandten die Löwener Theologen an den Kardinal Hadrian Florisz. Boeyens, den früheren Erzieher Karls V. (und späteren Papst Hadrian V.), nach Spanien. Im Februar 1520 wurde dessen zustimmender Brief zusammen mit den Löwener und Kölner Gutachten zum Druck gegeben. Die frühe und dezidierte ablehnende Haltung der beiden nordwesteuropäischen Universitäten erregte Aufsehen in der damaligen theologisch-gelehrten Öffentlichkeit. Es sollte noch etwas dauern, ehe Papst Leo X. am 15. Juni 1520 die Bulle *Exsurge Domine* ausstellte, mit der er Luther die Exkommunkation androhte, wenn er nicht widerriefe.

Der Papst beauftragte zwei Legaten mit der Publikation der Bulle. Johannes Eck sollte in Mittel- und Süddeutschland vorgehen und Hieronymus Aleander, Kanzler des Lütticher Bischofs, hatte sich direkt an Karl V. zu wenden, der für eine Verurteilung Luthers gewonnen werden sollte. Im September 1520 traf Aleander in Antwerpen bei Karl ein, der nach seiner Wahl zum Kaiser im Reich und in den Niederlanden weilte. Zusammen mit dem Regierungsrat arbeitete Aleander ein landesherrliches Edikt aus, das im Prinzip die Bestimmungen der Bulle übernahm, die Verbrennung von Luthers Büchern in den Niederlanden anordnete und noch Ende September 1520 ausgestellt wurde. Die Bekämpfung Luthers stieß auf Karls Interesse und wurde von ihm gefördert. Die erste Bücherverbrennung unternahm Aleander persönlich am 7. Oktober 1520 in Löwen, wo er die päpstliche Bulle vor der Theologischen Fakultät bekannt machen wollte, ehe er sie zusammen mit der landesherrlichen Urkunde verkündete.

Karl V. befand sich auf dem Weg zur Königskrönung in Aachen, wohin Aleander ihm folgte. Nach Löwen war deshalb der Bischofssitz Lüttich die zweite Station, auf der die Bannandrohungsbulle verkündet und am 17. Oktober 1520 eine Bücherverbrennung durchgeführt wurde. Aleander war bei der Krönung Karls V. zum König und »Erwählten Kaiser« am 23. Oktober 1520 anwesend und reiste anschließend weiter ins Reich, die Verkündung in den Niederlanden betrieb er nicht weiter. Er wollte Karl nicht als Landesherrn der niederländischen Territorien, sondern als Kaiser des Römischen Reichs zu einer reichsweiten Aktion gewinnen.

Karl hingegen musste auf die Reichsstände Rücksicht nehmen, nicht zuletzt auf Herzog und Kurfürsten Friedrich von Sachsen, der den Kirchenreformer von seiner frisch (1502) gegründeten Universität Wittenberg politisch schützte. Deswegen musste Karl zugestehen, dass Luther zu dem Wormser Reichtag vom Ende Januar 1521 geladen wurde, auf dem er, je nach Sicht der Dinge, sich verantworten sollte, oder positiv ausgedrückt, seine Sache vertreten durfte.

Trotz der ersten Bücherverbrennungen, deren Kunde sich verbreitet haben dürfte, gewannen Luthers Anschauungen in den Niederlanden weitere Anhänger, die sich jedoch anders als die späteren Wiedertäufer in den 1530er Jahren nicht zu Gruppen oder losen Verbänden zusammenschlossen. Nur in Antwerpen entstand so etwas wie eine Gemeinde, ansonsten verhielt man sich versteckt und traf sich untereinander in kleinen geschlossenen Zirkeln. Über Zuträger erfuhr man am Hofe dennoch von der Akzeptanz der Lehre bei Teilen der Bevölkerung. Es musste so aussehen, also ob der Siegeszug sich nicht aufhalten lasse, auch wenn es Berichte von der Gefangennahme von Ketzern in Lille und im Artois gab. In Antwerpen wurden Luthers Schriften nun auch ins Spanische übersetzt, da es hier eine Kolonie iberischer Kaufleute gab. Erst im März 1521 betrieb der Legat Aleander von Worms aus die weitere Umsetzung des landesherrlichen Befehls vom vergangenen September, demzufolge die lutherischen Schriften zu verbrennen waren.

Im Reich ordnete Kaiser Karl V. im März 1521 die Beschlagnahme aller lutherischer Schriften an, in seinen niederländischen Herrschaften ging er aber noch einen Schritt weiter, indem er kurz darauf der Regentin Margarethe gebot, eine landesherrliche Ordnung auszufertigen, mit der allen seinen Amtsträgern auferlegt wurde, die Schriften nicht nur zu beschlagnahmen, sondern auch zu verbrennen. Des Weiteren wurden Herstellung und Vertrieb der Schriften untersagt, etwaige Denunzianten wurden mit einem Drittel der zu verhängenden Geldstrafe geködert.

Das Wormser Edikt, mit dem die Reichsacht über Luther verhängt wurde, stellte Karl V. am 26. Mai 1521 aus: Luther war gefangen zu nehmen und an den König auszuliefern. Auch dieses wurde in die landesherrliche Gesetzgebung der Karl unterstehenden Gebiete übernommen, auch in diejenige der Franche-Comté. Der Legat Aleander war es, der persönlich dafür sorgte, dass das Wormser Edikt in den Niederlanden umgesetzt wurde. Für die Niederlande wurde der Text ins Niederländische, von diesem weiter ins Französische übersetzt, was nötig war, da der Text von allen Amtsträgern in Stadt und Land nicht nur ausgehängt, sondern auch verlesen werden, schriftlich und mündlich bekannt gemacht werden sollte. Sowohl in den Niederlanden wie im Reich wurde das Wormser Edikt zudem als Druckschrift verbreitet. Eine formale, jedoch bedeutsame Erweiterung gab es in dem Text für die Niederlande. Indem das Anhängen des Lutheranismus als Majestätsbeleidigung gewertet wurde, konnte man die zu erwartenden Verfahren vor die weltlichen Gerichte ziehen. In den

Niederlanden ging man von landesherrlicher Seite schärfer vor als im Reich.

Die Lutheraner wurden zwar unterdrückt, konnten sich in den niederländischen Städten aber halten, auch wenn sie sich nicht zu einer umfassenden Massenbewegung entwickeln sollten. Die obrigkeitliche Verfolgung wurde in den nächsten Jahren nicht mehr so konsequent umgesetzt wie im Herbst 1521.

Auch kam der Versuch Karls V., in den Niederlanden so etwas wie eine herrschaftlich gelenkte Inquisition wie in den spanischen Königreichen zu etablieren, nicht über Ansätze hinaus.

Für die Landesherrschaft war die in den frühen 1530er Jahren aufkommende Täuferbewegung eine wesentlich größere Bedrohung, handelte sich hierbei um eine religiöse Richtung, die die weltliche Herrschaft direkt angriff. Doch die Regentin Maria sollte das Wachstum der Wiedertäufer nicht mehr erleben, sie starb am 1. Dezember 1530, ohne dass die religiösen Konflikte gelöst gewesen wären.

6 Der Gewinn Flanderns im Damenfrieden von Cambrai 1529: Schlusspunkt der Geschichte der burgundischen Niederlande

Während Karls Regentschaft in den Niederlanden war am 13. August 1516 der Vertrag von Noyon geschlossen worden, der für eine gewisse Zeit einvernehmliche Beziehungen zwischen Franz I. von Frankreich und Karl V. herstellte. Die auf Ausgleich mit Frankreich bedachte Politik, die bereits das Verhalten Philipps des Schönen bestimmt hatte, wurde mit ihm fortgesetzt. Neben einer allgemeinen Freundschaftserklärung sah er vor, dass der nunmehr 16jährige Karl die einjährige Tochter Franz' I., Louise, heiraten sollte, wozu Karl als Mitgift das Königreich Neapel erhalten sollte, welches er zwar über das aragonesische Erbe in Aussicht hatte, auf das der französische König aber einen Anspruch erhob. Andererseits sollte Karl das kleine Königreich Navarra an Frankreich zurückgeben, im Gegenzug dafür hohe jährliche Tributzahlungen erhalten. Sowohl von habsburgischer als auch von französischer Seite dürfte der Vertrag als illusorisch eingeschätzt worden sein, dennoch wahrte er für ein paar Jahre den Frieden. Wichtiger war, dass Karl den Rücken frei hatte, die Thronfolge in Aragon und Kastilien anzutreten, wo 1516 Ferdinand II. verstorben war, der Karl V. testamentarisch als seinen Nachfolger bestimmt hatte.

Im Sommer des Jahres 1517 verließ Karl V. die Niederlande, um sich durch Frankreich nach Spanien zu begeben, was dank der guten Beziehungen zu Franz I. keine Probleme aufwarf. Während dieser Zeit oblagen die Regierungsgeschäfte in den Niederlanden einem Regentschaftsrat, dem Margarethe von Österreich zunächst nur als einfaches Mitglied angehörte, und aus dem heraus sie in den nächsten Jahren die führende Kraft werden sollte.

Karls Stellung in den spanischen Königreichen blieb prekär, da die Stände ihm und den *flamencos*, den Niederländern seines Hofes, misstrauten. Unter dem ersten Kammerherrn Guillaume de Croÿ waren zunächst die für die spanischen Königreiche zuständigen Ratsgremien dem Hofrat untergeordnet, der komplett mit Karls Vertrauten aus den Niederlanden besetzt war. Erst unter dem Großkanzler Gattinara wurden neue Institutionen für Spanien eingerichtet. Auch danach verfügte Karl immer noch über einen eigenen Rat für die niederländischen Angelegenheiten. Viele der Juristen kamen aus der Franche-Comté, wo auch der eigentlich aus Piemont stammende Großkanzler Gattinara Karriere gemacht hatte. 1508 war er Präsident des Parlaments von Dole, des höchsten Gerichts in der Freigrafschaft geworden. Er hatte das Vertrauen Margarethe von Österreichs gewonnen, die 1501–1504 mit Herzog Philibert II. von Savoyen verheiratet war, an dessen Stelle sie teilweise die Regierungsgeschäfte ausübte, und dessen Rat Gattinara war. Als Regentin der Niederlande förderte sie ihn merklich.

Bezeichnend für die gelehrte burgundische Tradition unter Karl V. ist, dass die von ihm geführte Devise *Plus ultra* (frz. *Plus oultre*, mod. dt. Noch weiter) mit den beiden Herkules-Säulen bereits während seiner Regierungszeit in den Niederlanden entstanden war. Sie nimmt aller Wahrscheinlichkeit nach Bezug auf die Troia-Geschichte des Kaplans Philipps des Guten, Raoul Lefèvre, dessen Werk um 1464 entstanden war und zu Beginn des 16. Jahrhunderts sich in Hofkreisen einer gewissen Beliebtheit erfreute. Mit den Säulen des Herkules war die Straße von Gibraltar gemeint, die zu durchqueren in dem genannten Werk verboten wurde, da man dahinter nichts finden würde. Mit dem »Noch weiter« machte Karl es sich zum Programm, gerade doch über das Bekannte hinaus zu gehen. Bei dem ersten Kapitel des Ordens vom Goldenen Vlies, das er im Januar 1518 in Barcelona abhalten ließ, und bei dem acht Kastilier, ein Aragonese und ein Neapolitaner aus hochadligen Familien aufgenommen wurden, hatte man die Devise in lateinischer (und damit universal verständlicher) Form im Chorgestühl der Kathedralkirche anbringen lassen. Auch in Deutschland wurde sie bald darauf bekannt. Die Devise wurde abgebildet auf einem Holzschnitt, der Karl als Kandidat für die anstehende Königswahl zeigt.

Noch in die Phase des Herrschaftsantritts in Spanien hinein traf die Nachricht ein vom Tod Kaiser Maximilians am 12. Januar 1519. Hierdurch wurde Karl, der der älteste Enkel war, Erbe der österreichischen Länder, und zudem eröffnete sich ihm die Aussicht auf die Krone des Reichs und damit der Weg zum Kaisertum. Maximilian war es zu Lebzeiten nicht mehr gelungen, unter den Kurfürsten einen Konsens zur Wahl seines Enkels herzustellen, weswegen die Nachfolgefrage offen war. Als Kandidat trat auch Franz I. von Frankreich auf. Damit war eine Konkurrenzsituation geschaffen, die dafür sorgte, dass zwischen beiden Machthabern die alte Feindschaft auflebte; die durch den Vertrag von Noyon beschlossene Freundschaft war Geschichte.

Entscheidend war, dass Karl V. und sein Großkanzler Gattinara der Idee einer europaweiten und Europa einigenden Universalmonarchie nachhingen. Für sie gab es keine Alternative zur Annahme des Römischen Königtums und damit zur Anwartschaft auf das Kaisertum. Dass sie mit ihrer bereits im Februar 1519 einsetzenden Wahlpropaganda die antifranzösische Haltung Maximilians und von Teilen der Reichsfürsten fortführten, nahmen sie in Kauf. Für Franz I. als Kaiser sprach, dass er das norditalienische Königreich zu weiten Teilen in seinen Händen hatte und zu versprechen schien, die Osmanenabwehr im Mittelmeerraum wirklich umsetzen zu können. Franz hatte durchaus Anhänger im Reich, vor allem einer der Kurfürsten, der Markgraf von Brandenburg, stand auf seiner Seite.

Die am 28. Juni 1519 in Frankfurt vollzogene Wahl des Königs durch die Kurfürsten gewann Karl. Nicht zuletzt beigetragen haben dazu die finanziellen Zusagen der großen Augsburger Handels- und Bankhäuser der Fugger und Welser, die in Spanien und den Kolonien aktiv waren, sowie einiger italienischer Banken, die den Kurfürsten garantierten, deren enormen Geldforderungen von insgesamt über 850 000 Gulden zu befriedigen. Selbst der bis zuletzt profranzösisch eingestellte Brandenburger hatte sich der Mehrheit angeschlossen, so dass Karl einstimmig zum König gewählt worden war – ein bedeutender Erfolg gegenüber Franz I. Nach der Königskrönung führte Karl V. mit Zustimmung des Papstes den Titel »Erwählter Römischer Kaiser«, so dass er in Vorwegnahme der eigentlichen Kaiserkrönung, die erst 1531 stattfinden sollte, bereits ab dieser Zeit mit der imperialen Würde auftreten konnte.

Karl verließ erst am 20. Mai 1520 die iberische Halbinsel und begab sich über den Seeweg in die Niederlande und von dort aus weiter ins Reich, um die Thronfolge im Reich anzutreten. An die Aachener Krönung schloss sich im Winter 1520/21 der bekannte, von der Luther-Sache geprägte Reichstag zu Worms an, der mit allen Nach- und Nebenverhandlungen bis in den Frühsommer dauern sollte.

Seitdem Franz I. bei der Kandidatur um die Römische Königskrone unterlegen war, hielt er Karl V. für einen Aggressor, weswegen mit seiner mehr oder minder verdeckten Unterstützung im Frühjahr 1521 die ersten kleineren Feldzüge begannen. Robert II. de La Marck Herr von Sedan, der wie sein Großvater den Beinamen »Eber der Ardennen« erhalten hatte, eroberte einen Teil des Herzogtums Luxemburg, und gleichzeitig drangen französische Truppen in vormals navarresische Gebiete ein, die 1512 von Ferdinand II. von Aragon erobert worden waren. Im April 1521 warf ein Reichsheer unter der Leitung Graf Heinrichs von Nassau-Breda und des Söldnerführers Franz von Sickingen Robert de La Marck und die Seinen aus Luxemburg heraus und nahm zudem die Herrschaft Sedan ein, was eine Bedrohung für den Nordosten Frankreichs, die Grafschaft Champagne und letztlich der Krönungsstadt Reims, darstellte, des Weiteren konnte ab Mitte August 1521 das erst vor kurzem von England an Frankreich zurückgegebene Bistum Tournai belagert werden. Wegen eines französischen Entlastungsangriffs, bei dem mehrere Orte in der Pikardie besetzt wurden, zog sich die Belagerung bis zum 1. Oktober 1521 hin; formell wurden Stadt und Bistum zum 1. Februar 1522 der Grafschaft Flandern einverleibt.

Im Sommer 1521 verhielten sich beide Seiten noch zurückhaltend. Ihre Politik hing vom Verhalten des englischen König Heinrichs VIII. ab, der eher zu Karl V. tendierte, was durch die englandfreundliche Politik Margarethes von Österreich noch gefördert wurde. Auf einem großen, vom englischen Kardinal Wolsey organisierten und dominierten Gesandtentreffen in Calais während der Sommer- und Herbstmonate 1521 gab es den Versuch, den Frieden zu wahren. Doch die Verhandlungen endeten ergebnislos, und damit war die kommende Auseinandersetzung im Sinne des kaiserlichen bzw. königlichen Anspruchs unausweichlich geworden. Karl forderte über seinen Gesandten, den Großkanzler Gattinara, von Frankreich die Entlassung Flanderns und des Artois aus dem französischen Lehnsverband, die Überlassung des Herzogtums Burgund, der Franche-Comté und einzelner wichtiger Städte. Auch für Spanien forderte er die Überlassung von größeren Ländereien, und nicht zuletzt standen in Italien Mailand, Genua und Asti als Forderungen im Raum. Immerhin konnte in Calais ein Geheimvertrag zwischen dem Kaiser und England und dem Papst geschlossen werden, dem in der Folge weitere Könige beitreten sollten.

Zu befürchten waren militärische Besetzungen im Grenzgebiet der Niederlande zu Frankreich, weswegen die Regentin Margarethe mit der kriegstreibenden Politik ihres Neffen hart ins Gericht ging. Während es im niederländisch-französischen Grenzgebiet in den Jahren 1522 und 1523 einen beiderseitigen Kleinkrieg mit einer ganzen Reihe von Dorfverwüstungen und erfolglosen Belagerungen gab, sollten die großen Schlachten jedoch in Italien geschlagen werden: Im Dezember 1521 konnten kaiserliche Truppen Mailand erobern, im April 1522 wurde der Versuch einer Rückeroberung durch die Franzosen abgewehrt – ein Sieg der Habsburger Seite. Doch vermochte Karl V. aus vielerlei Gründen hieraus kein Kapital zu schlagen. Der Papst, sein einstiger Erzieher Adriaan Florisz. Boeyens, wandte sich von ihm ab, die spanische Innenpolitik beanspruchte seine Aufmerksamkeit, und nicht zuletzt waren sowohl Karls als auch Franz' I. Geldmittel aufgebraucht, so dass auf beiden Seiten nicht an Rüstungen zu denken war.

Bewegung in die Sache kam erst, als Franz I. sich im Oktober 1524 persönlich nach Italien begab. Dank einer raschen Alpenüberquerung tauchte er plötzlich mit einem größeren Verband in der Lombardei auf. Es gelang ihm nicht nur, die Stadt Mailand wieder zu besetzen, sondern auch, den kaiserlichen Verbänden die Landverbindungen nach Spanien abzuschneiden. Den Gegenschlag führte im Winter 1524/25 Karls Bruder Ferdinand, der ungefähr 10 000 Söldner unter der Führung des Kriegsunternehmers Georg von Frundsberg hatte anwerben lassen, die Anfang Februar 1525 in der Poebene eintrafen, in der Nähe Pavias die Franzosen besiegten und (für die Franzosen: zu allem Überfluss) Franz I. in Gefangenschaft nehmen konnten.

In Madrid kam die Nachricht vom glanzvollen Sieg am 10. März an. Bemerkenswerterweise verbat sich Karl V. Siegesfeiern. Sofort setzten Überlegungen ein, wie mit diesem politischen Pfand umzugehen sei. Es dauerte eine gewisse Zeit, ehe man am Kaiserhof übereinkam, den gefangenen König nach Madrid bringen zu lassen, wo er am 20. Juli 1525 eintraf.

Franz I. wurde am Kaiserhof zwar ehrenmäßig, aber wenig freundlich behandelt, ehe seine Schwester Margarethe erschien, die als hochrangige Vermittlerin im Oktober 1525 die Gespräche in Gang brachte. Franz I. bot eine enorme Lösegeldsumme an (drei Millionen *Soleils d'Or*, eine hochwertige Goldmünze), den Verzicht auf Flandern und Artois und auf Mailand. Karl hingegen wollte nicht auf das eigentliche Herzogtum Burgund verzichten, außerdem sollten Cambrai und Tournai bei ihm verbleiben, während die Grafschaften Ponthieu, Boulogne und Guines an Frankreich fallen sollten. Im November 1525 nahm Franz I. die Forderungen des Habsburgers an unter der Bedingung, dass er die Rückgabe Burgunds nur von Frankreich aus vollziehen könnte, weswegen er seine beiden Söhne Franz und Heinrich als Geiseln stellte sowie eine dynastische Verbindung anbot: Er selbst wollte Eleonore, eine Schwester Karls V., heiraten. Nach weiteren vier Wochen einigte man sich am 19. Dezember 1525 hierauf, am 14. Januar 1526 wurde der Vertrag feierlich in einer hoföffentlichen Zeremonie beschworen.

Aus der Gefangenschaft entlassen und in Frankreich angekommen, hatte es Franz I. überhaupt nicht eilig, den Vertragsbestimmungen nachzukommen. Im Mai 1526 erklärte er öffentlich, der Vertrag von Madrid sei unter Gewaltandrohung zustande gekommen und deshalb nicht bindend. Der Krieg wurde in Italien fortgesetzt, wo die kaiserlich-habsburgischen Truppen im Mai/Juni 1527 Rom einnahmen und plünderten, gar den Papst gefangen nahmen. Auch wenn Karl sich von dem *Sacco di Roma* genannten Vorgang distanzierte und versuchte, sich Papst Clemens VII. politisch zu nähern, so vermochte er es nicht zu verhindern, dass sich in Italien seine Feinde unter der Parole der »Befreiung des Papstes« zusammenfanden. Erst am 26. November 1527 schloss Karl V. mit dem Papst einen Frieden.

Die für Karl siegreiche Schlacht von Pavia 1525 hatte im weiteren ein Zusammengehen der Könige von Frankreich und England zur Folge, die im Frühjahr 1527 ein Bündnis schlossen und im Januar 1528 dem Kaiser den Krieg erklärten; Franz I. forderte überdies ein persönliches Duell. Für Karl verbesserte sich die Lage dadurch, dass sich im Juli 1528 Andrea Doria in Genua ihm zuwandte und ihm die große genuesische Flotte zur Verfügung stellte.

Dieses war wohl ausschlaggebend dafür, dass Karl V. es endlich wagen konnte, sich im Frühjahr 1529 persönlich zur Kaiserkrönung nach Italien zu begeben. Zu dieser Zeit wurden in Norditalien die letzten französischen Truppen verdrängt und später in der Schlacht bei Landriano am 21. Juni 1529 geschlagen.

Erst die Regentin der Niederlande, Margarethe von Österreich, hatte bereits 1528 von sich aus, aber mit Wissen Karls, zaghaft die Fühler nach Frankreich ausgestreckt, um zu erkunden, ob eine Einigung mit Franz I. möglich wäre. Sie hatte dabei die Stimmung der niederländischen Stände aufgenommen, die seit Längerem gegen die Fortsetzung des Krieges waren. Für einen ersten Kontakt wandte sie sich an die Mutter des französischen Königs, Louise von Savoyen, die ebenfalls von sich aus die Idee eines Friedens lanciert hatte. Da die beiden Fürstinnen sich einig waren, ging es im Laufe des Jahres 1529 recht schnell. Nach einem Austausch von Gesandten trafen sich Margarethe von Österreich und Louise von Savoyen am 5. Juli in der Bischofsstadt Cambrai, wo sie vier Wochen lang unterhandelten und am 5. August den Friedensvertrag ausfertigten, der wegen der beiden Hauptbeteiligten als *Damenfrieden* bezeichnet wird.

Im Prinzip bestätigte er weitgehend den Frieden von Madrid von 1525. Er legte anders als dieser jedoch fest, dass das eigentliche Herzogtum Burgunds und die Franche-Comté Habsburg verloren gingen. Anders hingegen verhielt es sich mit Flandern und Artois: Beide Grafschaften wurden nun lehnsmäßig aus Frankreich gelöst und an das Heilige Römische Reich übertragen; damit wurde die seit dem Hochmittelalter bestehende Lehnsgrenze verändert. Die Landesherrschaft der Habsburger in Flandern und Artois war damit selbständig geworden, der französische König als Lehnsherr ausgeschaltet. Des Weiteren verzichtete Franz auf Mailand, Genua und Neapel und gab damit die Ansprüche auf, die die französischen Könige seit 1494 verfolgten. Für die Entlassung seiner Söhne Franz und Heinrich, die sich immer noch in habsburgischer Geiselhaft befanden, akzeptierte er eine Zahlung von 2 Millionen *Soleils d'Or*. Dynastisch abgesichert werden sollte der Vertrag durch eine Ehe zwischen Franz I. und Karls Schwester Eleonore. Sowohl Franz als auch Karl akzeptierten im Herbst 1529 den ausgehandelten Vertrag in größeren Zeremonien, bei denen auch fremde Gesandte am Hof anwesend waren.

Mit der Übereignung Flanderns und des Artois an das Heilige Römische Reich und ihrer Lösung aus dem französischen Lehnshoheit war die Entstehung der Niederlande als eigenständiges Herrschaftsgebilde im Europa der Großmächte fürs erste abgeschlossen; die formelle Lösung der Niederlande aus dem Heiligen Römischen Reich Deutscher Nation, wie das Herrschaftsgebilde in Mitteleuropa seit etwa den 1490er Jahren genannt wird, wurde letztlich mit dem Westfälischen Frieden von 1648 erreicht.

7 Resümee und Ausblick

Eine »große Geschichte« wie die der burgundischen Niederlande kurz und bündig zu beschreiben, ist keine einfache Sache. Die Aufgabe einer modernen Geschichtswissenschaft kann es nicht sein, die »Größe« pathetisch nachzuzeichnen und die Erhabenheit wiederzugeben, die die burgundischen Herzöge wie ihre Nachfolger und auch ihre jeweiligen Konkurrenten um sich herum aufzubauen verstanden. Ziel dieses Buchs war es, die Entstehung der burgundischen Niederlande auf das zurückzuführen, was hinter ihr stand, nämlich nichts Anderes als schiere Machtpolitik. Die Entstehung der burgundischen Niederlande ist in ihrem Kern auf einen doppelten Ablösungsprozess zurückzuführen, nämlich zum einen von Frankreich, zum anderen vom Reich. Von grundlegender Bedeutung hierbei war das Lehnswesen, das dem modernen Betrachter so fern und altmodisch anmutet, für die spätmittelalterlichen und frühneuzeitlichen Adelskreise jedoch von großer Aktualität war. Den damaligen Akteuren konnten andere Sachen wichtiger sein, als man von der Warte des beginnenden 21. Jahrhunderts erwarten mag.

Den *Damenfrieden von Cambrai* 1529 zum Endpunkt einer Geschichte der burgundischen Niederlande zu machen, ist einerseits insofern folgerichtig, als mit ihm die Lösung aus der französischen Lehnsverband vollendet wurde, die mit der burgundisch-orléanistischen bzw. armagnakischen Adelsparteiung seit etwa 1390/1400 eingesetzt hatte. Andererseits ist die Wahl des Damenfriedens insofern vorläufig, als die Lösung aus dem Reichsverband sich noch weiter, letzlich bis 1648 hinzog.

Kurz sei die weitere Entwicklung skizziert: Friesland wurde erst 1536 dauerhaft in die habsburgische Herrschaft integriert. 1528 erkannten die Stände des Bistums Utrecht, darunter die im Oversticht mächtigen Ijsselstädte sowie der Bischof selbst, der aus Geldnot auf seine weltliche Stellung verzichte musste, die Landesherrschaft Kaiser Karls V. an – eine Säkularisierung, die dem Kaiser, der ja die Reichskirche zu schützen und zu schirmen hatte, eigentlich nicht zustand; Landesherrschaft war hier sichtlich wichtiger als die geistliche Aufgabe. 1532 stellte die Herrin von Jever sich und das Jeverland (östlich Ostfrieslands gelegen) unter den Schutz und die Lehnshoheit des Kaisers in seiner Würde als Herzog von Brabant, wurde also (aus der Sicht des Kaisers) brabantisches Afterlehen. Nach der Übernahme Utrechts richtete Karl V. seine Begehrlichkeit auch auf das Fürstbistum Münster, wo 1533/34 die Niederschlagung des Täuferreichs Möglichkeiten zur Übernahme eröffnet hatte. In Geldern wählten die Stände nach dem Tod des letzten Herrschers aus der Familie Egmond 1538 den Herzog Wilhelm von Jülich-Kleve zum Landesherrn. 1543 marschierte Karl V. mit einer Armee persönlich nach Geldern. Das Herzogtum wurde erobert und musste im Vertrag von Venlo an Habsburg abgetreten werden.

Dass die Niederlande trotz ihrer seit dem Beginn der Herrschaft Philipps des Schönen 1494 unbezweifelten Zugehörigkeit zu Habsburg als »burgundisch« bezeichnet wurden, erkennt man am besten in der politisch-räumlichen Sprache, die während der Reichsreform des späten 15. und frühen 16. Jahrhunderts benutzt wurde. Erste Versuche einer räumlichen Gliederung des Reichs hatte es bereits unter König Wenzel in den 1380er Jahren gegeben. Umgesetzt wurde eine solche aber erst in den ersten Jahrzehnten des 16. Jahrhunderts. Auf dem Augsburger Reichstag 1500 wurden die Reichskreise lediglich als Einteilung geschaffen, um bei der Besetzung der Richter am Reichkammergericht alle Großlandschaften des Reichs anteilsmäßig gleich zu beteiligen. Nach kurzer Zeit, 1502, wurden die Kreise von Maximilian I., der seit seinen Erfahrungen in den Niederlanden ein prinzipieller Gegner jeglicher Form ständischer Mitsprache war, wieder aufgehoben. Erst 1512 wurden sie mit dem Reichsregiment und auf diesem Weg mit der sog. Reichsexekution verbunden, und erst 1521 auf dem Reichstag von Worms wirklich als Ausschuss der Stände am Reichsregiment verabschiedet. 1512 war es, dass der Burgundische Reichskreis geschaffen wurde, der die Niederlande (ohne das eigentlich namengebende Herzogtum) meinte.

Die spätmittelalterlichen Herrschaftsverhältnisse werden in der deutschen Forschung gern mit einem Wort des 2013 verstorbenen Mediävisten und Landeshistorikers Peter Moraw als »offene Verfassung« charakterisiert. Dieses ist von ihm allerdings mit Blick auf die Verhältnisse in Deutschland ausgesprochen worden, wobei er für die Zeit ab etwa 1470 von einer »gestalteten Verdichtung« sprach. Ob dieses Bild auch für andere europäische Länder im Allgemeinen gilt, bliebe noch eigens zu untersuchen: Es gab Entwicklungsunterschiede. Das Herauslösen der burgundischen Niederlande aus dem Reichsverband während des 15. Jahrhundert scheint zumindest in diesem einem Fall dafür zu sprechen. »Offene Verfassung« steht im Gegensatz zu den institutionalisierten, fest organisierten und konstitutionalisierten Staaten des 19. und 20. Jahrhunderts, bei denen Parteien und Interessensvertretungen eine anerkannte und reglementierte Funktion erfüllen. Im Spätmittelalter hingegen äußerte sich die Staatlichkeit in Form einer mehr oder minder persönlichen Herrschaft, die von einem Herrscher, seiner Familie (Dynastie), seinem Haushalt (Hof), seinen Unterstützern (Lehnsmannen, Gefolgsleuten, Parteigängern) geprägt war und sich in den Formen einer sozial-kulturellen Übermächtigung mithilfe einer Herrschaftstheologie (Gottesgnadentum) manifestierte.

Im Innern hingegen gab es bei den burgundischen Herzögen Tendenzen, die Formen einer »offenen Verfassung« hinter sich zu lassen. Der hohe Adel wurde durch einen Hoforden an die herrschenden Fürsten gebunden, die großen Städte wurden ihrer politischen Macht entkleidet, und es gab eine stellvertretende Regierung (Statthalter in den Ländern und zumindest kurzfristig Generalstatthalter über alle Länder) anstelle des Fürsten, die dessen persönliche Herrschaft ergänzte. Von der Güterverpachtung im kleinen Dorf bis zu den Spitzen der Administration, den Generalrentmeistern, erstreckte sich eine funktionierende Finanzverwaltung, und es gab ein Gerichtswesen, an dessen Spitze ab 1473–1477 ein Parlament stand, ab 1504 ein Großer Rat. Nicht zuletzt blieben Thronfolgewirren innerhalb der Dynastie aus. Sowohl Philipp der Gute als auch Karl der Kühne haben Verwandte, die durchaus Ansprüche erhoben, abgewiesen. Entscheidend für die Herausbildung der burgundischen Niederlande dürfte die lange Regierungszeit Philipps des Guten gewesen sein. Wie bei anderen Reichen im Mittelalter waren es die langen, ca. 40–50 Jahre regierenden Fürsten, die für eine Stabilisierung der Verhältnisse innerhalb der »offenen Verfassung« sorgten.

Als ein weiterer entscheidender Punkt sind die Stände zu nennen. Auch hier ist auf die lange Regierungszeit Philipps des Guten zu verweisen, dem es in den 1450er und 1460er Jahren gelang, durch eine stabile Münzpolitik für eine florierende Wirtschaft zu sorgen. Gegen Ende von Philipps Herrschaft wurden die Stände gleich mehrerer Länder einbezogen, um den Streit mit seinem Sohn Karl dem Kühnen beizulegen. Die innerdynastische Krise konnte unter Mithilfe der sich nun bildenden Generalstände beigelegt werden. Nach dem Tod Karls des Kühnen unterstützten die Generalstände Maria von Burgund bei der Abwehr des französischen Königs. Lediglich die nach ihrem, der Stände, Empfinden zu weitgehenden Neuorganisationen bei der Rechtsprechung, der Finanzverwaltung und der städtischen Privilegien wurden zurückgenommen. Die Landesherrschaft wurde ab 1464/65 sichtlich von den Ständen mitgetragen (ein Indiz für die These der »gestalteten Verdichtung«). Damit war sie nicht mehr allein von den Herrschern und ihrer Dynastie sowie ihrem Hof geschaffen. Eine erste Form der Institutionalisierung von Landesherrschaft war damit gegeben.

Im Zusammenhang mit den Ständen erhalten die Netzwerke der fürstlichen Parteigänger in den Städten, Adelsgruppierungen und Kirchen der Länder ihre Bedeutung. Sie waren es, die die Politik der untergeordneten Herrschaftsträger im Sinne des Fürsten zu bestimmen suchten. Mehrmals spielten sie im Laufe der Darstellung eine tragende Rolle, nicht nur bei der Auseinandersetzung zwischen Burgundern und Armagnaken sowie zwischen Hoeken und Kabeljauwen. Aller Wahrscheinlichkeit nach waren sie endemisch (der ausführliche Vergleich mit anderen europäischen Ländern muss hier unterbleiben). Es gab sie in den eidgenössischen Städten, wo sich in den 1470er Jahren die antiburgundischen Politiker gegen ihre Widersacher durchsetzten, wie aus der Vorgeschichte der Burgunderkriege erhellt. Sie waren wichtig in der Zeit Maximilians als umstrittener Alleinherrscher nach 1482, als er sich phasenweise auf seine Unterstützer in Brabant, Holland und Hennegau verlassen musste, die die Nähe des Herrn suchten, um sich vor dem Suprematieanspruch der großen flämischen Städte zu schützen. Erst vor diesem Hintergrund ist die Bedeutung Mechelns als Residenzstadt der Habsburger ab etwa 1490 zu verstehen. Ein Kennzeichen der »offenen Verfassung« war es, dass es Netzwerke bzw. Parteiungen gab, die gegen den Landesherrn arbeiteten, und die sich zu einem formalen Bündnis unter einer gemeinsamen Benennung zusammenschließen konnten; es sei in diesem Zusammenhang an die »Leute vom grünen Zelt« im Fürstbistum Lüttich erinnert, die sich 1467/68 um Rasse de la Rivière bildeten.

Es gibt in der Forschung den vor allem von Wim Blockmans vertretenen Ansatz, die Staatsentstehung der burgundischen Niederlande (wie auch die der anderen europäischen Staaten) in Anlehnung an die historisch argumentierende, weit vergleichende und einen großen Bogen vom Frühmittelalter bis in die 1990er Jahren spannende Herrschaftssoziologie Charles Tillys (*Coercion, Capital, and European States*, 1990) auf zwei grundlegende Tatbestände zurückzuführen, nämlich zum einen auf die Abschöpfung von Kapital durch Steuern in vielerlei Form, zum anderen auf die Monopolisierung der Zwangsmittel in einer Hand. In der zusammenfassenden Rückschau ist gegen diese Theorie wenig einzuwenden, doch bleibt die Frage, warum es gerade den Herzögen von Burgund gelang, im 15. Jahrhundert in den Niederlanden erfolgreich Fuß zu fassen. Eine jede militärische Auseinandersetzung, eine jede Schlacht hätte auch anders ausgehen können; ein Funke hätte 1452 nicht in das Schwarzpulverlager der Genter Miliz, sondern des landesherrlichen Heers fallen können; Jakobäa von Bayern-Holland hätte sich gegen Philipp den Guten durchsetzen können. Man kommt nicht umhin, im Nachhinein festzustellen, dass auch ein gewisses Glück dazu gehörte, dass die Entstehung der burgundischen Niederlande gerade in dieser Form stattfinden konnte. Zu einem großen Teil hing diese Entstehung von der Offenheit der Verhältnisse ab: Die damaligen Beteiligen wussten nicht, wie sich ihr Handeln auf lange Sicht auswirken sollte, es ging ihnen (auch und gerade bei purem Totschlag wie bei Johann ohne Furcht, der 1407 Ludwig von Orléans erschlagen ließ) zunächst um die Durchsetzung ihrer Interessen. Will man der Vergangenheit gerecht werden, so ist die Kontingenz, die Zufälligkeit und Offenheit für verschiedene Entwicklungen, mit in Betracht zu ziehen. Die Sozialgeschichte Charles Tillys bietet eine nachträgliche Erfolgsgeschichte; man könnte die Geschichte der burgundischen Niederlande auch aus der Sicht der Verlierer schreiben, beispielsweise aus Sicht der Hingerichteten, oder, abstrakter, aus Sicht der aufgehobenen Privilegien der Städte.

Die Fokussierung auf die Zwangsmittel und die Geldabführung, wie sie Charles Tilly in den Vordergrund stellt, steht in gewissem Widerspruch zu der in der Einleitung gemachten Feststellung, dass im Spätmittelalter »mehr kommuniziert als gekriegt« wurde. Auch die Steuereinziehung und die Kriegsrüstungen lassen sich als kommunikative Vorgänge begreifen. Hiermit ist allerdings noch nicht viel gewonnen, da sich im modernen Verständnis der Mensch überhaupt als kommunikatives Wesen verstehen lässt, als Wesen, das auf Austausch beruht und erst in Auseinandersetzung mit anderen zu sich selbst findet.

Zudem sind die kommunikativen Aspekte bei der Staatsentstehung nur eine Dimension von mehreren möglichen. Für das alltägliche Leben der Kleinen in den langsam, gesellschaftlich von oben nach unten von der burgundischen Hofkultur geprägten Niederen Lande, waren womöglich andere Umstände wichtiger als die machtpolitische Vereinigung von mehreren Fürstentümern in einer Hand. Lebens- und Wirtschaftsbedingungen konnten sich ändern, gelegentlich sogar zum positiven: Die Jahre unter Philipp dem Guten ab 1440 bis ca. 1470 galten als ausgesprochen prosperierende Phase mit einer stabilen Währung. Schlechte Witterungsverhältnisse konnten Hungersnöte auslösen, Überschwemmungen Hab und Gut nehmen.

Da nach Charles Tillys Theorie die Zwangsmittel einen entscheidenden Punkt bei der Staatsentstehung darstellen, ist es sachlich geboten, die Geschichte ihrer Verwendung zu beschreiben – in der Konsequenz erhielte man eine Kriegsgeschichte, wobei hier der Krieg nicht als solcher im Mittelpunkt steht, sondern die Sozial- und Kulturgeschichte des Umgangs mit dem Krieg. In diesem Sinn lässt sich von einer Kultur der

Macht bzw. der Machtausübung sowie ihres Erleidens sprechen (Kultur hier verstanden im Sinne einer sozialen Praxis). Das Ausbleiben von Strafen und Erteilen von Belohnungen bei Wohlverhalten gehörte mit zum Verhaltensrepertoire. In diese Kultur der Macht hinein gehören die vielen künstlerischen Werke, die durch ihre Pracht, Vielfalt und Erhabenheit die übergeordnete Stellung der burgundischen Herzöge oder auch der städtischen Eliten zum Ausdruck bringen sollten.

Letztlich war es nichts anderes als ein Egoismus sowohl der Valois-Herzöge als auch der Habsburger, diese zugleich Oberhaupt des Römischen Reichs und unter dem legitimatorischen Deckmantel befindlich, den das Kaisertum verlieh, der den Ausbau ihrer Landesherrschaft vorantrieb. Insbesondere unter Karl dem Kühnen und seinem Gegner Ludwig XI. wurden Formen der frühneuzeitlichen Staatsentstehung vorweggenommen. Was sich im späten 16. und im Laufe des 17. Jahrhunderts in West- und Mitteleuropa durchsetzen sollte, war im Kern bei diesen Herrschern bereits angelegt: ein stehendes Heer, ein vom Herrn abgelöster und von studierten Juristen geprägter Behördenapparat, eine auf die Bedürfnisse des Herrn zugeschnittene Verwaltung der Finanzen, ein großer Hof (dieser allerdings nicht bei Ludwig XI.) als kulturell prägende und die Oberschichten in Stadt und Land integrierende Lebensform.

Was bleibt? In allgemeiner Hinsicht wird man feststellen können, dass es neben der Loslösung aus den übergeordneten Herrschaftsverbänden (Frankreich, Hl. Römisches Reich) und der Ausschaltung von annähernd gleichrangigen Konkurrenten (Ludwig von Orléans, Jakobäa von Bayern-Holland, Karl von Geldern u. a.) zwei einander widersprechende Prinzipien waren, die bei der Staatsentstehung (und auch heute noch bei Verfassungsfragen) eine Rolle spielten, nämlich Zentralismus und Partikularismus.

Die burgundischen Niederlande kannten eine Spannung zwischen den auf Zentralisierung bedachten Fürsten und den auf lokale Interessen bedachten Herrschaftsträgern in den Ländern. Dem Zentralismus lassen sich an erster Stelle der Hof, sodann die 1473/74 geschaffenen Behörden in Mecheln, das Parlament und die Rechenkammer mit Zuständigkeit für die nördlichen Länder, sowie der 1504 ins Leben gerufene Große Rat mit Sitz in Mecheln, auch das 1467 geschaffene Amt des Argentiers (Silbergeldverwalters, soviel wie Ausgabenrechner) zuordnen. Zu den zentralisierenden Einrichtungen sind zudem die Generalstände zu zählen, die ab 1464 durch Veranlassung der Fürsten ein länderübergreifendes Organ der Konsensfindung war. Zum Partikularismus zu rechnen ist der Widerstand der Stände gegen die Einverleibung in den burgundischen Herrschaftskomplex, wie er insbesondere in Gent, im Fürstbistum Lüttich (genauer im Adel der Ardennen), beim Luxemburger Adel, den geldrischen Ständen, aber auch bei den Eidgenossen und den oberrheinischen Städten zum Ausdruck kam.

Dieser Einsicht an die Seite gestellt sei eine verdichtete Beobachtung der Wirtschaftswissenschaften und der Geographie: Zentralisierung rechnet sich, Dezentralisierung (dem Partikularismus entsprechend) funktioniert. Dieses bleibt zu erklären: Zentralisierung rechnet sich (mit Blick auf die Moderne) für Geldgeber, Investoren, Auftraggeber, Vorgesetzte und (mit Blick auf das Spätmittelalter) machtvolle Fürsten, Dezentralisierung funktioniert (wieder mit Blick auf die Moderne) für Betroffene, Arbeitnehmer, Einwohner und (mit Blick auf das Spätmittelalter) untergeordnete Herrschaftsträger.

An einer Stelle aber rechnete sich der burgundische Zentralismus auch für die untergeordneten Subjekte: Von der Einbindung in den sukzessive geschaffenen Großherrschaftsverband profitierten die Nah- und mehr noch die Regionalhändler, da sie sich in einem geeinten Wirtschaftsraum bewegten, in dem sie es letztlich mit nur einer Obrigkeit zu tun hatten. An die ab etwa 1440 einsetzende wirtschaftliche Blütephase unter Philipp dem Guten ist hier zu erinnern. Diese Kaufleute bestimmten wiederum die Politik der Städte und Stände, welche sich 1464/65 zu den Generalständen zusammenfanden und ab 1477 an der Einheit der burgundischen Niederlande festhielten. Für die in Groß- und Kleinstädten, Siedlungen und Ortschaften wohnenden Arbeiter und Bauern dürfte der Aufschwung ebenfalls bemerkbar gewesen sein, wenn auch nur indirekt. Direkt spürbar war hingegen die unter Karl dem Kühnen massiv steigende Steuerlast, die auch unter seinen Nachfolgern nicht nachließ. Bemerkt haben dürften die Untertanen aber, dass ihre Steuergelder für Unternehmungen (mitunter weit) außerhalb ihrer direkten Umgebung draufgingen. Ob sich ihnen ein Nutzen erschloss, muss fraglich bleiben. Den Zentralisierungsbestrebungen unter Karl dem Kühnen folgte eine Stärkung der partikularen Kräfte (d. h. der Stände) ab 1477 und erst recht ab 1482. Ein Konsens zwischen beiden Richtungen wurde ab 1494 unter Philipp dem Schönen gefunden, unter dem die Einheit gefestigt und vollendet wurde.

8 Literaturverzeichnis

Die burgundischen Niederlande kennen eine überaus reiche Historiographie, die hier nicht extenso ausgebreitet werden kann. Das Verzeichnis beschränkt sich auf Standardwerke und jüngere Studien. Bei mehreren Werken einer Verfasserin bzw. eines Verfassers sind sie nach dem ersten Substantiv oder Namen im Titel geordnet.

8.1 Gesamtdarstellungen, Landesgeschichten

Alberts, Wybe Jappe: Geschiedenis van Gelderland tot 1492. Zutphen 1978.
Algemene Geschiedenis der Nederlanden, Bd. 3: De late middeleeuwen 1305–1477, hg. von Jan A. van Houtte und Jean Bartier. Utrecht 1952. Bd. 4: De Bourgondisch-Habsburgse Monarchie 1477–1567, hg. von Jan A. van Houtte und Jan Craeybeckx. Utrecht 1952.
(Nieuwe) Algemene Geschiedenis der Nederlanden, Bd. 4: Middeleeuwen. Sociaal-economische geschiedenis 1300–1482, politieke ontwikkeling, instellingen en recht 1384–1482, sociocultureel en intellectuele ontwikkeling 1384–1520, kerkelijk en godsdienstig leven 1384–1520, hg. v. Dirk Pieter Block und Walter Prevenier. Haarlem 1980. Bd. 5: Nieuwe tijd. Sociaal-economische geschiedenis, geografie en demografie 1500–1800, instellingen 1480–1780, politieke- en religiegeschiedenis na 1480, hg. v. Dirk Pieter Block und Walter Prevenier. Haarlem 1980.
Armstrong, C.A.J.: England, France and Burgundy in the Fifteenth Century (= History Series, 16). London 1983.
Baelde, Michel: De Nederlanden van Spaanse erfopvolging tot beeldenstorm 1506–1566. In: Winkler Prins Geschiedenis der Nederlanden, deel 2: Noord en Zuid in de Nieuwe Tijd van ca. 1500 tot 1780. Amsterdam/Brüssel 1978, S. 27–74.
Blockmans, Wim: De ontwikkeling van een verstedelijkte samenleving, XIde–XVde eeuw. In: Els Witte (Koord.): Geschiedenis van Vlaanderen van oorsprong tot heden. Brüssel 1983, S. 43–103.

Blockmans, Wim, und Walter Prevenier: De Bourgondiërs. De Nederlanden op weg naar eenheid 1384–1530 (= Monografieën over Europese cultuur, 2). Amsterdam 1997.

Blockmans, Wim: Metropolen aan de Nordzee 1100–1600 (= De geschiedenis van Nederland, [3]). Amsterdam 2010.

Bonenfant, Philippe: Du meurtre de Montereau au traité de Troyes (= Académie Royale de Belgique, Classe des Lettres, Mémoires, Ser. 2, Bd. 52, H. 4). Brüssel 1958.

Calmette, Joseph: Les grands ducs de Bourgogne. Paris 1949. – Die großen Herzöge. Aus dem Franz. von Eleonore Seitz und Hermann Rinn. München 1996.

Duvosquel, Jean-Marie, Jacques Nazet und André Vanrie (Hg.): Les Pays-Bas Bourguignons. Histoire et Institutions. Mélanges André Uyttebrouck (= Archives et Bibliothèques de Belgique, numéro special 53). Brüssel 1996.

Ehlers, Joachim: Geschichte Frankreichs im Mittelalter. Darmstadt 2009.

Ehlers, Joachim, Heribert Müller und Bernd Schneidmüller (Hg.): Die französischen Könige des Mittelalters von Odo bis Karl VIII. 888–1498. München 1996.

Favier, Jean: Frankreich im Zeitalter der Lehnsherrschaft 1000–1515. Aus dem Französischen von Siglinde Summerer und Gerda Kurz (= Geschichte Frankreichs, 2). Stuttgart 1989.

Franke, Birgit, und Barbara Welzel (Hg.): Die Kunst der burgundischen Niederlande. Eine Einführung. Berlin 1997.

Geschiedenis van Holland, deel 1: Tot 1572, onder redactie van Thimo de Nijs en Eelco Beukers. Met bijdragen van J.G.A. Bazelmans e.a. Hilversum 2002.

Guenée, Bernard: Un meurtre, une société. L'assassinat du Duc d'Orléans, 23 novembre 1407 (= Bibliothèque des histoires). Paris 1992.

Huizinga, Johan: L'état bourguignon, ses rapports avec la France, et les origines d'une nationalité néerlandaise. In: Le Moyen Âge 40, 1930, S. 171–193.

Israel, Johnathan: The Dutch Republic. Its Rise, Greatness, and Fall 1477–1806 (= Oxford History of Early Modern Europe). Oxford 1995, S. 7–73.

Krenn, Dorit-Maria, und Joachim Wild (Hg.): fürste in der ferne. Das Herzogtum Niederbayern-Straubing-Holland. Mit einem Beitrag von Till-Holger Borchert (= Hefte zur bayerischen Geschichte und Kultur, 28). München 2003.

Mellink, Albert Fredrik: Territoriale afronding der Nederlanden. In: (N) AGN 5, 1980, S. 492–505.

Petit, Ernest: Ducs de Bourgogne de la Maison de Valois, d'après des documents inédits, tome 1: Philippe le Hardi, première partie 1363–1380 (=

Histoire des Ducs de Bourgogne, 10). Paris 1909 (ND Nendeln, Liechtenstein) 1976.

Pirenne, Henri: L'état Bourguignon. In: Ders.: Histoire de Belgique, Bd. 1: Des origines à l'état bourguignon. Brüssel 1948, S. 428–502.

Pirenne, Henri: The Formation and Construction of the Burgundian State, 15th–16th Centureis. In: The American Historical Review 14, 1908/09, S. 477–502.

Prevenier, Walter (Hg.): Le prince et le peuple. Images de la société du temps des ducs de Bourgogne 1384–1530. Antwerpen 1998.

Prevenier, Walter, und Wim Blockmans: Die Burgundischen Niederlande. Weinheim 1986. [auch frz., engl., ndl.]

Schepper, Hugo de: The Burgundian-Habsburg Netherlands. In: Thomas A. Brady, Heiko A. Oberman und James D. Tracy (Hg.): Handbook of European History 1400–1600. Late Middle Ages, Renaissance, Reformation, Bd. 1: Structures and Assertions. Leiden/New York/Köln 1994, S. 499–533.

Schnerb, Bertrand: Les Armagnacs et les Bourguignons. La maudite guerre (= Collection Passé simple). Paris 1988.

Schnerb, Bertrand: L'état bourguignon 1363–1477. [Paris] 1999.

Stein, Robert: De Hertog en zijn Staten. De eenwording van de Bourgondische Nederlanden, ca. 1380–ca. 1480 (= Middeleeuwse Studies en Bronnen, 146). Hilversum 2014.

Stiennon, Jacques (Hg.): Histoire de Liège. Toulouse 1991.

Ubachs, Pierre J.H.: Handboek voor de geschiedenis van Limburg (= Maaslandse Monograühiën, 63). Hilversum 2000.

Uytven, Raymond van (Hg.): Geschiedenis van Brabant van het hertogdom tot heden. Zwolle 2004.

Vaughan, Richard: Valois Burgundy. London 1975.

Vries, Oebele: Het Heilige Roomse Rijk en de Friese vrijheid (= Fryske academy, 663). Leeuwarden 1986.

8.2 Biographische Studien

Autrand, Françoise: Charles V le Sage. Paris 1974.

Autrand, Françoise: Charles VI. La folie du roi. Paris 1986.

Autrand, Françoise: Christine de Pizan. Une femme en politique. Paris 2009.

Baks, Paul: Albrecht der Beherzte als Gubernator und Potentat Frieslands. Beweggründe und Verlauf seines »friesischen Abenteuers«. In: André Thieme (Hg.): Herzog Albrecht der Beherzte 1443–1500. Ein sächsischer Fürst im Reich und in Europa (= Quellen und Materialien zur Geschichte der Wettiner, 2). Köln/Weimar/Wien 2002, S. 107–141.

Bartier, John: Karl der Kühne. Genf 1976.

Berger, Roman: Nicolas Rolin, Kanzler der Zeitenwende im burgundisch-französischen Konflikt 1422–1461 (= Scrinium Friburgense, 2). Freiburg i. Ü. 1971.

Bock, Dieter: Maximilian als Herzog der Niederlande (1477–1493). Phil. Diss. masch Graz 1970.

Boinet, Amedée: Un bibliophile du XVe siècle – le grand bâtard de Bourgogne. In: Bibliothèque de l'Ecole des Chartes 67, 1906, S. 255–269.

Bonenfant, Paul: Philippe le Bon. Sa politique, son action. Ètudes présentées par A.-M. Bonenfant-Feymans. Préface des Jean Stengers de l'Académie Royale de Belgique (= Bibliothèque du Moyen Age). Paris/Brüssel 1996.

Boone, Marc: Une famille au service de l'Etat bourguignon naissant. Roland et Jean d'Uutkerke, nobles flamands dans l'entourage de Philippe le Bon. In: Revue du Nord 77, 1995, S. 233–256.

Bordonove, Georges: Jean II le Bon (= Les rois qui ont fait la France). Paris 2000.

Bousmar, Eric: Jacqueline de Bavière, trois comptés, quatre maris (1401–1436). L'inévitable excés d'une femme au pouvoir. In: Eric Bousmar, Jonathan Dumondt, Alain Marchandisse und Bertrand Schnerb (Hg.): Femmes de pouvoir, femmes politiques durant les derniers siècles du Moyen Âge et au cours de la première Renaissance. Brüssel 2012, S. 385–455.

Brauer-Gramm, Hildburg: Der Landvogt Peter von Hagenbach. Die burgundische Herrschaft am Oberrhein 1469–1474 (= Göttinger Bausteine zur Geschichtswissenschaft, 27). Göttingen 1958

Cauchies, Jean-Marie: Baudouin de Bourgogne (vers 1446–1508). Bâtard, militaire et diplomate. Une carrière exemplaire? In: Revue du Nord 77, 1995, S. 257–281.

Cauchies, Jean-Marie: Philippe le Beau. Le dernier duc de Bourgogne (= Burgundica, 6). Turnhout 2003.

Cauchies, Jean-Marie: Louis XI et Charles le Hardi – de Péronne à Nancy 1468–1477. Le conflit. Brüssel 1996.

Cazelles, Raymond: Jean le Bon – Quel homme? Quel roi ? In: Revue Historique 251,1974, S. 5–26.

Cazelles, Raymond: Étienne Marcel, champion de l'unité française. Paris 1984.

Coville, Alfred: Jean Petit. La question du tyrannicide au commencement du XVe siècle. Paris 1932 (ND Genf 1974).

Deviosse, Jean: Jean le Bon. Paris 1985.

Dubois, Henri: Charles le Téméraire. Paris 2004.

Fouw, Arie de: Philips van Kleef. Een bijdrage tot de kennis van zijn leven an karakter (= Vrije Universiteit te Amsterdam). Groningen 1937.

Fuchs, Martina, und Orsolya Réthelyi (Hg.): Maria von Ungarn 1505–1558, eine Renaissancefürstin. Internationale Tagung Budapest 13.–

15. Oktober 2005 (= Geschichte in der Epoche Karls V., 8). Münster 2007.
Gorter-van Royen, Laetitia V.G.: Maria van Hongarije, regentes der Nederlanden. Een politieke analyse op basis van haar regentschapsordonnanties en haar correspondentie met Karl V. Hilversum 1995.
Haemers, Jelle, Céline van Hoorebeeck und Hanno Wijsman (Hg.): Entre la ville, la noblesse et l'état. Philippe de Clèves 1456–1528, homme politique et bibliophile (= Burgundica, 13). Turnhout 2007.
Haemers, Jelle: For the Common Good. State Power and Urban Revolts in the Reign of Mary of Burgundy 1477–1482 (= Studies in European Urban History, 17). Turnhout 2009.
Haemers, Jelle: De strijd om het regentschap over Filips de Schone. Opstand, facties en geweld in Brugge, Gent en Ieper 1482–1488 (= Historische Monographieën Vlaanderen, 2). Gent 2014.
Haemers, Jelle: Adellijke onvrede. Adolf van Kleef en Lodewijk van Gruuthuze als beschermheren en uitdagers van het Bourgondisch-Habsburgse hof 1477–1492. In: Jaarboek voor Middeleeuwse Geschiedenis 10, 2007, S. 178–215.
Hemptinne, Thérèse de: Marguerite de Male et les villes de Flandre. Une princesse naturelle aux prises avec le pouvoir des autres 1384–1405. In: Eric Bousmar, Jonathan Dumondt, Alain Marchandisse und Bertrand Schnerb (Hg.): Femmes de pouvoir, femmes politiques durant les derniers siècles du Moyen Âge et au cours de la première Renaissance. Brüssel 2012, S. 477–492.
Henneman, John Bell: Olivier de Clisson and Political Society in France under Charles V and Charles VI. Philadelphia, PA. 1996.
Holleger, Manfred: Maximilian I. 1459–1519. Herrscher und Mensch einer Zeitenwende (= Urban-Taschenbücher, 442). Stuttgart u. a. 2005.
Janse, Antheun: Een pion voor een dame – Jacoba van Beieren 1401–1436. Amsterdam 2009.
Märtl, Christine: Kardinal Jean Jouffroy († 1473). Leben und Werk (= Beiträge zur Geschichte und Quellenkunde des Mittelalters, 18). Sigmaringen 1996.
Maillard-Luypaert, Monique: Jean de Bourgogne, bâtard de Jean sans Peur, évêque de Cambrai de 1439 à 1480. In: Eric Bousmar, Alain Marchandisse, Christophe Masson und Bertrand Schnerb (Hg.): La bâtardise et l'exercice de pouvoir en Europe du XIIIe au début du XVIe siècle (= Revue du Nord, hors série, Collection Histoire, 31). Villeneuve-d'Ascq 2015, S. 11–51.
Marchandisse, Alain: Corneille, bâtard de Bourgogne, ca. 1426–1452. In: Eric Bousmar, Alain Marchandisse, Christophe Masson und Bertrand Schnerb (Hg.): La bâtardise et l'exercice de pouvoir en Europe du XIIIe au début du XVIe siècle (= Revue du Nord, hors série, Collection Histoire, 31). Villeneuve-d'Ascq 2015, S. 53–89.

Marchandisse, Alain: Le pouvoir de Marguerite de Bavière, duchesse de Bourgogne. Une esquisse. In: Eric Bousmar, Jonathan Dumondt, Alain Marchandisse und Bertrand Schnerb (Hg.): Femmes de pouvoir, femmes politiques durant les derniers siècles du Moyen Âge et au cours de la première Renaissance. Brüssel 2012, S. 493–506.

Martens, Maximiliaan P.J. (Hg.): Lodewijk van Gruuthuse. Mecenas en Europees diplomaat, ca. 1427–1492 [Ausstellungskatalog]. Brügge 1992.

Kamp, Hermann: Memoria und Selbstdarstellung. Die Stiftungen des burgundischen Kanzlers Rolin (= Beihefte der Francia, 30). Sigmaringen 1993.

Kerkhoff, Jacqueline: Maria van Hongarije en haar hof 1505–1558. Hilversum 2006.

Knecht, Robert Jean: Renaissance Warrior and Patron. The Reign of Francis I. Cambridge 1994.

Kohler, Alfred: Karl V. 1500–1558. Eine Biographie. München 1999.

Oschema, Klaus, und Rainer C. Schwinges (Hg.): Karl der Kühne von Burgund. Fürst zwischen europäischem Adel und der Eidgenossenschaft. Beiträge der internationalen Tagung Bern, 1. bis 3. Mai 2008. Zürich 2010.

Paravicini, Werner: Colleoni und Karl der Kühne. Mit Karl Bittmanns Vortrag »Karl der Kühne und Colleoni« aus dem Jahre 1957 (= Studi. Schriftenreihe des Deutschen Studienzentrums in Venedig, N.F. 12). Berlin 2014.

Paravicini, Werner: Guy de Brimeu. Der burgundische Staat und seine adlige Führungsschicht unter Karl dem Kühnen (= Pariser Historische Studien, 12). Bonn 1975.

Paravicini, Werner: Karl der Kühne. Das Ende des Hauses Burgund (= Persönlichkeit und Geschichte, 94/95). Göttingen 1976.

Prietzel, Malte: Guillaume Fillastre der Jüngere 1400/07–1473. Kirchenfürst und herzoglich-burgundischer Rat (= Beihefte der Francia, 51). Stuttgart 2001.

Rapp, Francis: Maximilien d'Autriche. Souverain du Saint-Empire romain germanique, bâtisseur de la maison d'Autriche 1459–1519. Paris 2007.

Sallmann, Jean-Michel: Charles Quint. L'Empire éphémère. Paris 2000.

Sallmann, Jean-Michel: Charles Quint, dernier duc de Bourgogne. In: Marie-Catherine Barbazza (Hg.): Charles Quint, empereur de l'Allemagne et roi d'Espagne. Quelques aspects de son règne (= Collection Espagne et médiévale et moderne, 6). Montpellier 2005, S. 7–20.

Schnerb, Bertrand: Jean sans Peur. Le prince meutrier. Paris 2005.

Soissons, Jean-Pierre: Marguerite, Princesse de Bourgogne. Paris 2002.

Sommé, Monique: Isabelle de Portugal, duchesse de Bourgogne. Une femme au pouvoir au XVe siècle. Valenciennes 1998.

Sommé, Monique: Une mère et son fils. Isabelle de Portugal, après son départ de la cour 1457–1471 et Charles le Téméraire. In: Geneviève und

Philippe Contamine (Hg.): Autour de Marguerite d'Écosse. Reines, princesses et dames du XVe siècle (= Études d'histoire médiévale, 4). Paris 1999, S. 99–122.

Stein, Henri: Un diplomate bourguignon au XVe siècle: Antoine Haneron. In: Bibliothèque de l'Ecole des Chartes 98, 1937, S. 283–348.

Sterk, Jozef: Philips van Bourgondië 1465–1524, bisschop van Utrecht, als protagonist van de Renaissance. Zijn leven en maecenaat. Zutphen 1980.

Thielemans, Marie-Rose: Les Croÿ, conseillers des ducs de Bourgogne. Documents extraits de leurs archives familiales. In: Bulletin de la Commission Royale d'Histoire 124, 1959, S. 1–315.

Vaughan, Richard: Philip the Bold. The Formation of the Burgundian State. Mit einem Vorwort von Malcolm Vale. Woodbridge 2002 (Or. 1962).

Vaughan, Richard: John the Fearless. The Growth of Burgundian Power. Mit einem Vorwort von Betrand Schnerb. Woodbridge 2002 (Or. 1966).

Vaughan, Richard: Philip the Good. The Apogee of Burgundy. Mit einem Vorwort von Graeme Small. Woodbridge 2002 (Or. 1970).

Vaughan, Richard: Charles the Bold. The Last Valois Duke of Burgundy. Mit einem Vorwort von Werner Paravicini. Woodbridge 2002 (Or. 1973).

Wiesflecker, Hermann: Kaiser Maximilian I., Bd. 1: Jugend, burgundisches Erbe und Römisches Königtum bis zur Alleinherrschaft 1459–1493. München 1971, S. 113–247.

Walsh, Richard J.: Charles the Bold and Italy 1467–1477. Politics and Personal. With a Postscript and Bibliographical Supplement by Werner Paravicini and an Editorial Preface by Cecil H. Clough. Liverpool 2005.

Weightman, Christine: Margaret of York, Duchess of Burgundy, 1446–1503. Stroud 1989.

Willard, Charity Cannon: Isabel of Portugal, Patroness of Humanism? In: Franco Simone (Hg.): Miscellanea di studi e ricerche sul Quattrocento francese. Turin 1967, S. 517–544.

Zilverberg, Siegfried Boudewijn Johan: David van Bourgondië, Bisschop van Terwaan en van Utrecht ± 1427–1496. Groningen 1951.

8.3 Institutionen

Aerts, Erik (Hg.): De centrale overheidsinstellingen van de Habsburgse Nederlanden. (= Algemeen Rijksarchief en Rijksarchief in de provinciën, 72). Brüssel 1994.

Andt, Édouard: La Chambre des Comptes de Dijon à l'époque des ducs du Valois. Paris 1924.

Baks, Paul: Saksische heershappij in Friesland, 1498–1515. Dynastieke doelstellingen en politieke realiteit. In: Johan Frieswijk, Arend H. Huusen, Yme Berend Kuiper und Johan A. Mol (Hg.): Fryslân, staat en macht 1450–1650. Bijdragen aan het historisch congres te Leeuwarden van 3 tot 5 juni 1998. Hilversum 1999, S. 85–106.

Bartier, John: Légistes et gens de finance au XVe siècle. Les conseillers des duc de Bourgogne Philippe le Bon et Charles le Téméraire (= Mémoire de la Classe des Lettres de l'Académie Royale des Sciences, des Lettres et des Beaux-Arts de Belgique, Collection in-8°, sér. 2, 50, 2). Brüssel 1955, Registerband 1957.

Bepoix, Sylvie: Gestion et administration d'une principauté à la fin du Moyen Âge. Le comté de Bourgogne sous Jean sans Leur (= Burgundica, 23). Turnhout 2014.

Blockmans, Willem: De samensteling van de Staten van de Bourgondische landsheerlijkheden omstreeks 1464. In: Ancien Pays et Assemblées d'Etats / Standen en Landen 47, Brüssel 1968, S. 57–112.

Blockmans, Wim, und Maurice-A. Arnould (Hg.): Le privilège général et les privilèges régionaux de Marie de Bourgogne pour les Pays-Bas 1477 (= Standen en Landen, 80). Heule 1985.

Borchgrave, Christian de: Diplomaten en Diplomatie onder hertog Jan zonder Vrees (= Anciens pays et assemblées d'etats, 95). Kortrijk-Heule 1992.

Cauchies, Jean-Marie: La législation princière pour le Comté de Hainaut, ducs de Bourgogne et premiers Habsbourg (1427–1506). Contribution à l'étude des rapports entre gouvernants et gouvernés dans les Pays-Bas à l'aube des temps modernes (= Publications des Facultés Universitaires Saint-Louis, 24). Brüssel 1974.

Cockshaw, Pierre: Le personnel de la chancellerie de Bourgogne-Flandre sous les ducs de Bourgogne de la maison de Valois 1384–1477 (= Anciens pays et assemblées d'états, 79). Heule 1982.

Cockshaw, Pierre: Prosopographie des secrétaires de la cour de Bourgogne (= Instrumenta, 16). Ostfildern 2006.

Cools, Hans: Mannen met Macht. Edellieden en de moderne staat in de Bourgondisch-Habsburgse landen, 1475–1530. Zutphen 2001.

Damen, Mario: De staat van dienst. De gewestelijke ambtenaren van Holland en Zeeland in den Bourgondische periode 1425–1482 (= Hollandse studiën, 36). Hilversum 2000.

Haemers, Jelle: A Financial Revolution in Flanders? Public Debt, Representative Institutions, and Political Centralisation in the County of Flanders during the 1480s. In: Remi van Schaïk (Hg.): Economies, Public Finances, and the Impact of Institutional Changes in Interregional Perspective. The Low Countries and Neighbouring German Territories, 14th–17th Centuries (= Studies in European Urban History, 36). Tournhout 2015, S. 135–160.

Eekenrode, Marie van: Les états der Hainaut sous le règne de Philippe le Bon 1427–1467 (= Anciens Pays et Assemblées d'Etats, 107). Heule 2011.

Gilissen, Jean: Oprichting en evolutie van het Parlement/De Grote Raad van Mechelen. In: Concilium Magnum 1473–1973. Brüssel 1973, S. 11–24.

Gorissen, Pieter: De raadkamer van de hertog von Bourgondië te Maastricht 1473–1477 (= Publications de l'Université Lovanium de Léopoldville). Löwen/Paris 1959.

Kokken, Hendrik: Steden en Staten. Dagvaarten van steden en Staten van Holland onder Maria van Bourgondië en het eerste regentschap van Maximilian van oostenrijk 1477–1494 (= Hollandse Historische Reeks, 16). O.O. 1993.

Maris, A. Johanna: De raadkamers of hoven van Karel de Stoute in Gelre en Zutphen 1473–1477. In: Bijdragen en Mededelingen Gelre 56, 1957, S. 45–123.

Mireille, Jean: La Chambre des Comptes de Lille 1477–1667. L'institution et les hommes (= Mémoires et documents de l‹Ecole des chartes, 36). Paris 1992.

Jansma, Taeke Sjoerd: Raad en Rekenkamer tijdens hertog Philips van Bourgondië (= Bijdragen van het Instituut voor Middeleeuwse Geschiedenis der Rijksuniversiteit te Utrecht, 18). Utrecht 1932.

Nieuwenhuysen, Andrée van: Les finances du duc de Bourgogne Philippe le Hardi 1384–1404. Économie et politique (= Université Libre de Bruxelles, Faculté de Philosophie et Lettres, 90). Brüssel 1984.

Nieuwenhuysen, Andrée van: Les finances du duc de Bourgogne Philippe le Hardi 1384–1404. Le montant des ressources (= Académie Royale de Belgique, Mémoire de la Classe des Lettres, Collection in-8°, Sér. 2, 68, 3). Brüssel 1990.

Peteghem, Paul P.L.: De Raad van Vlaanderen en staatsvorming onder Karel V. 1515–1555. Een publiekrechtelijk onderzoek naar centralisatiestreven in de XVII Provinciën (= Rechtshistorische reeks van het Gerard Noodt Instituut, 15). Nimwegen 1990.

Prevenier, Walter: De Leden en de Staten van Vlaanderen 1384–1405 (= Verhandelingen van de Koninklijke Academie voor Wetenschappen, Letteren en Schone Kunsten van België, Klasse der Letteren, 43). Brüssel 1961.

Rauzier, Jean: Finances et gestion d'une principauté au XIVe siècle. Le duché de Bourgogne de Philippe le Hardi 1364–1384. Paris 1996.

Rompaey, Jan van: Het grafelijk baljuwsambt in Vlaanderen tijdens de Bourgondische periode (= Verhandelingen van de Koninklijke Academie voor Wetenschappen, Letteren en Schone Kunsten van België, Klasse der Letteren, 62). Brüssel 1967.

Rompaey, Jan van: De Grote Raad van de Hertogen van Boergondië en het Parlement van Mechelen (= Verhandelingen van de Koninklijke Academie voor Wetenschappen, Letteren en Schone Kunsten van België, Klasse der Letteren, 73). Brüssel 1973.

Schaïk, Remi W. van: Belasting, bevolking en bezit in Gelre en Zutphen 1350–1550 (= Middeleeuwse studies en bronnen, 6). Hilversum 1987.

Sicking, Louis: Zeemacht en onmacht. Maritieme politiek in de Nederlanden 1488–1558 (= Bijdragen tot de Nederlandse marinegeschiedenis, 7). Amsterdam 1998.

Smit, Johannes Gradus: Vorst en onderdaan. Studies over Holland en Zeeland in de late Middeleeuwen (= Miscellanea Neerlandica, 12). Löwen 1995.

Soens, Tim: De rentmeesters van de graaf van Vlaanderen. Beheer en beheerders van het grafelijk domein in de late middeleeuwen (= Verhandelingen van de Koninklijke Vlaamse Academie van België voor Wetenschappen en Kunsten, N.R., 9). Löwen 2000.

Stabel, Peter: For Mutual Benefit? Court and City in the Burgundian Low Countries. In: Steven Gunn und Antheun Janse (Hg.): The Court as a Stage. England and the Low Countries in the Later Middle Ages. Woodbridge 2006, S. 101–117.

Stein, Robert: Burgundian bureaucracy as a model for the Low Countries? The Chambres des Comptes and the Creation of an administrative unity. In: Robert Stein (Hg.): Powerbrokers in the Late Middle Ages (= Burgundica, 4). Turnhout 2001, S. 3–25.

Uyttebrouck, André: Le gouvernement du duché de Brabant au bas moyen âge 1356–1430. 2 Bde. (= Université Libre de Bruxelles, Faculté de Philosophie et Lettres, 59, 1–2). Brüssel 1975.

Uytven, Raymond van, und Willem Pieter Blockmans: Constitutions and their Application in the Netherlands during the Middle Ages. In: Revue Belge de Philologie et d'Histoire 47, 1969, S. 399–424.

Uytven, Raymond van, u. a. (Hg.): De gewestelijke en locale overheidsinstellingen in Brabant en Mechelen tot 1795 (= Algemeen Rijksarchief en Rijksarchief in de provinciën, Studia, 82). Brüssel 2000.

Veen, J.S. van, und A.P. Schilfgaarde: De Raden of Hoven van Karel de Stoute in Gelderland. In: Gelre. Bijdragen en Mededelingen 1933, S. 23–36.

Wellens, Robert: Les Etats généraux des Pays-Bas des origins à la fin du regne du Philippe le Beau, 1464–1506 (= Anciens Pays et Assemblées d'Etats, 64). Heule 1974.

Zoete, Antoine (†): De beden in het graafschap Vlaanderen onder de hertogen Jan zonder Vrees en Filips de Goede 1405–1467 (= Verhandelingen van de Koninklijke Academie voor Wetenschappen, Letteren en Schone Kunsten van Belgie, Klasse der Letteren, Jg. 56, 149). Brüssel 1994.

8.4 Hof, Hofkultur

Armstrong, C.A.J.: Had the Burgundian Government a Policy for the Nobility? In: C.A.J. Armstrong: England, France and Burgundy in the Fifteenth Century. London 1983, S. 213–236.

Blockmans, Wim, Till-Holger Borchert, Nele Gabriëls u. a. (Hg.): Staging at the Court of Burgundy. Proceedings of the Conference The Splendour of Burgundy, Bruges 12–14 May 2009. London 2013.

Boulton, D'Arcy Jonathan Dacre: The Knights of the Crown. The Monarchical Orders of Knighthood in Later Medieval Europe 1325–1500. Woodbridge 1987.

Caron, Marie-Thérèse, und Denis Clauzel (Hg.): Le Banquet de Faisan 1454. L'occident face au défi de l'Empire Ottoman. Actes du colloque Lille et Arras, 21–24 juin 1995 (= Collection »Histoire«). Arras 1997.

Caron, Marie-Thérèse: Les Vœux du Faisan. Noblesse en fête, esprit de croisade. Le manuscrit français 11594 de la Bibliothèque Nationale de France (= Burgundica, 7). Turnhout 2003.

Cazelles, Raymond (Hg.): Société politique, noblesse et couronne sous Jean le Bon et Charles V (= Mémoires et documents publiés par la Société de l'École des chartes, 28). Genf/Paris 1982.

Chevalier-de Gottal, Anne: Les Fêtes et les arts à la Cour de Brabant à l'aube du XVe siècle (= Kieler Werkstücke, Reihe D, 7). Frankfurt am Main u. a. 1996.

Clauzel, Denis, Charles Giry-Deloison und Christophe Leduc (Hg.): Arras et la diplomatie européenne XVe–XVIe siècles (= Collection Histoire). Arras 1999.

Cockshaw, Pierre: L'ordre de la Toison d'or, de Philippe le Bon à Philippe le Beau 1430–1505. Idéal ou réflet d'une société? Brüssel 1996.

Contamine, Philippe: Essai sur la place des »XII pairs« dans l'»ordo« de la royauté française à la fin du Moyen Âge. In: Claude Carozzi und Huguette Tariani-Carozzi (Hg.): Hiérarchies et services au Moyen Âge. Séminaire Société, Idéologie et Croyances au Moyen Âge. Aix-en-Provence 2001, S. 53–70.

Dünnebeil, Sonja, und Christine Ottner unter Mitarb. von Anne-Katrin Kunde (Hg.): Außenpolitisches Handeln im ausgehenden Mittelalter. Akteure und Ziele (= Forschungen zur Kaiser- und Papstgeschichte des Mittelalters, Beihefte zu J.F. Böhmer, Regesta Imperii, 27). Wien/Köln/Weimar 2007.

Dünnebeil, Sonja: Die Protokollbücher des Ordens vom Goldenen Vlies, 4 Teile, Bd. 1: Herzog Philipp der Gute 1430–1467. Mit den Aufzeichnungen des Wappenkönigs Toison d'Or, Regesten und dem Text der Ordensstatuten; Bd. 2: Das Ordensfest 1468 in Brügge unter Herzog Karl dem Kühnen: mit einem Regestenverzeichnis; Bd. 3: Das Ordensfest

1473 in Valenciennes unter Herzog Karl dem Kühnen. Mit einem Regestenverzeichnis; Bd. 4: Der Übergang an das Haus Habsburg, 1477 bis 1480. Vorwort Werner Paravicini (= Instrumenta, 9, 12, 17). Stuttgart 2002, 2003, 2009, 2016.

Eichberger, Dagmar: Leben mit Kunst – Wirken durch Kunst. Sammelwesen und Hofkunst unter Margarethe von Österreich, Regentin der Niederlande (= Burgundica, 5). Turnhout 2002.

Eichberger, Dagmar (Hg.): Women of Distinction. Margaret of York and Margaret of Austria. Ausstellungskatalog Mecheln, 17. Sept.–18. Dez. 2007. Löwen 2007.

Eichberger, Dagmar, Anne-Marie Legare und Wim Hüsken (Hg.): Women at the Burgundian Court. Presence and Influence (= Burgundica. 17). Turnhout 2010.

Eichberger, Dagmar: Instrumentalising Art for political Ends. Margaret of Austria, regente et gouvernante des pais bas de l'empereur. In: Eric Bousmar, Jonathan Dumondt, Alain Marchandisse und Bertrand Schnerb (Hg.): Femmes de pouvoir, femmes politiques durant les derniers siècles du Moyen Âge et au cours de la première Renaissance. Brüssel 2012, S. 571–584.

Gosman, Martin, Alasdair MacDonald und Arjo Vanderjagt (Hg.): Princes and Princely Cultur 1450–1650, 2 Bde. (= Brill's Studies in Intellectual History, 118, 1–2). Leiden/Boston 2003.

Gruben, Françoise de: Les chapitres de la Toison d'Or à l'époque bourguignonne 1430–1477 (= Medievalia Lovaniensia, Ser. 1, 23). Löwen 1997.

Hijum, Lisa Maria van: Grenzen aan Macht. Aspecten van politieke ideologie aan de hoven van Bourgondische en Bourgondisch-Habsburgse machthebbers tussen 1450 en 1555. Groningen 1999.

Janse, Antheun: Ridderschap in Holland. Portret van een adelijke elite in de late Middeleeuwen (= Adelsgeschiedenis, 1). Hilversum 2001.

Kruse, Holger: Hof, Amt und Gagen. Die täglichen Gagenlisten des burgundischen Hofes 1430–1467 und der erste Hofstaat Karls des Kühnen 1456 (= Pariser Historische Studien, 44). Bonn 1996.

Krynen, Jacques: Idéal du prince et pouvoir royal en France à la fin du moyen âge. Étude de la littérature politique du temps. Paris 1981.

Lecuppre-Desjardin, Elodie: Le Royaume inachevé des ducs de Bourgogne, XIVe–XVe siècles. Paris 2016.

Mareel, Samuel: Voor vorst en stad. Rederijkersliteratuur en vorstenfeest in Vlaanderen en Brabant 1432–1561. Amsterdam 2010.

Marti, Susan, Till-Holger Borchert und Gabriele Keck (Hg.): Karl der Kühne 1433–1477. Kunst, Krieg und Hofkultur. Katalog zur Ausstellung Historisches Museum Bern 25. April–24. Aug. 2008 und Bruggemuseum und Groeningemuseum Brügge 27. März–21. Juli 2009. Stuttgart 2008.

Melville, Gert: Rituelle Ostentation und pragmatische Inquisition. Zur Institutionalisierung des Ordens vom Goldenen Vlies. In: Heinz Duchhardt und Gert Melville (Hg.): Im Spannuungsfeld von Recht und Ritual. Soziale Kommunikation in Mittelalter und Früher Neuzeit (= Norm und Struktur, 7). Köln/Weimar/Wien 1997, S. 215–271.

Millán, José Martínez: Der Hof Karls V. Das Haus des Kaisers. In: Alfred Kohler, Barbara Haider und Christine Ottner unter Mitarbeit von Martina Fuchs (Hg.): Karl V. 1500–1555. Neue Perspektiven seiner Herrschaft in Europa und Übersee (= Zentraleuropa-Studien, 6). Wien 2002, S. 123–149.

Oschema, Klaus: Freundschaft und Nähe im spätmittelalterlichen Burgund. Studien zum Spannungsfeld von Emotion und Institution (= Norm und Struktur, 26). Köln/Weimar/Wien 2006.

Paravicini, Werner, in Zusammenarbeit mit Torsten Hiltmann und Frank Viltart (Hg.): La cour de Bourgogne et l'Europe. Le rayonnement et les limites d'un modèle culturel. Actes du colloque tenu à Paris le 9–11 octobre 2007 (= Beihefte der Francia, 73). Ostfildern 2013.

Paravicini, Werner: The Court of the Dukes of Burgundy – a Model for Europe? In: Ronald G. Asch und Adolf M. Birke (Hg.): Princes, Patronage and the Nobility. The Court at the Beginning of the Modern Age, c. 1450–1650 (= Studies of the German Historical Institute London). Oxford 1991, S. 69–102.

Paravicini, Werner: Expansion et integration. La noblesse des Pays-Bas àla cour de Philippe le Bon. In: Bijdragen en Mededelingen voor de Geschiedenis der Nederlanden 95, 1980, S. 298–314.

Paravicini, Werner: Soziale Schichtung und soziale Mobilität am Hof der Herzöge von Burgund. In: Francia 5, 1977, S. 127–182.

Paravicini, Werner: Menschen am Hof der Herzöge von Burgund. Gesammelte Aufsätze, hg. von Klaus Krüger. Stuttgart 2002.

Paravicini, Werner: Die Residenzen der Herzöge von Burgund 1363–1477. In: Hans Patze und Werner Paravicini (Hg.): Fürstliche Residenzen im spätmittelalterlichen Europa (= Vorträge und Forschungen, 36). Sigmaringen 1991, S. 207–263.

Paviot, Jacques (Hg.): Éléonore de Poitiers, Les honneurs de la cour. In: Annuaire-Bulletin de la Société de l'histoire de France 1996, S. 75–137.

Paviot, Jacques: Les »Honneurs de la cour« d'Éléonore de Poitiers. In: Geneviève Contamine und Philippe Contamine (Hg.): Autour de Marguerite d'Écosse. Reines, princesses et dames du XVe siècle (= Études d' histoire médiévale, 4). Paris 1999, S. 163–179.

Paviot, Jacques: Les marques de distance dans le »Honneurs de la cour« d'Aliénor de Poitiers. In: Werner Paravicini (Hg.): Zeremoniell und Raum. 4. Symposion der Residenzen-Kommission, 25.–27. September 1994 in Potsdam (= Residenzenforschung, 6). Sigmaringen 1996, S. 91–96.

Smedt, Raphaël de (Hg.): Les chevaliers de l'Ordre de la Toison d'or au XVe siècle. Notices bio-bibliographiques (= Kieler Werkstücke, Reihe D, 3). Frankfurt am Main/Bern u. a. 1994.

Stein, Robert: Politiek en historiografie. Het ontstaansmilieu van Brabantse kronieken in de eerste helft van de vijftiende eeuw (= Miscellanea Neerlandica, 10). Löwen 1994.

Sterchi, Bernhard: Über den Umgang mit Lob und Tadel. Normative Adelsliteratur und politische Kommunikation im burgundischen Hofadel, 1430–1506 (= Burgundica, 10). Turnhout 2005.

Tabri, Edward A.: Political Culture in the Early Northern Renaissance. The Court of Charles the Bold, Duke of Burgundy 1467–1477 (= Renaissance Studies, 7). Lewiston, N.Y./Queenston/Lampeter 2004.

Vale, Malcolm: The Princely Court. Medieval Courts and Culture in North-West Europe 1270–1380. Oxford u. a. 2001.

Vanderjagt, Arie Johan: Burgundian Political Ideas between Laurentius Pignon and Guillaume Hugonet. In: Fifteenth Century Studies 9, 1984, S. 197–213.

Vanderjagt, Arie Johan: Frans-bourgondische geleerde politici in de vijftiende eeuw. In: Theoretische geschiedenis 16, 1989, S. 403–419.

Vanderjagt, Arie Johan: Qui sa vertu anoblist. The concepts of ›noblesse‹ and ›chose publicque‹ in Burgundian political thought. Groningen 1981.

Verreycken, Quentin: Pour nous servir en l'armée. Le gouvernement et le pardon des gens de guerre sous Charles le Téméraire, duc de Bourgogne 1467–1477 (= Histoire, justice, sociétés). Löwen 2014. [Prostitution S. 176ff.]

Win, Paul de: De adel in het hertogdom Brabant in de vijftiende eeuw. Een terreinverkenning. In: Tijdschrift voor Geschiedenis 93, 1980, S. 391–409.

Win, Paul de: The Lesser Nobility of the Burgundian Nettherlands. In: Michael Jones (Hg.): Gentry and Lesser Nobility in Late Medieval Europe. Gloucester/New York 1986, S. 95–118.

8.5 Stadt, Bürgerkultur, Aufstände

Arnade, Peter: Realms of Ritual. Burgundian Ceremony and Civic Life in Late Medieval Ghent. Ithaca, N.Y./London 1996.

Boone, Marc, und Maarten Prak: Patricians and Burghers. The Great and the Little Tradition of Urban Revolt in the Low Countries. In: Karel Davids und Jan Lucassen (Hg.): A Miracle Mirrorred. The Dutch Republic in European Perspective. Cambridge 1995, S. 99–134.

Boone, Marc: A la recherche d'une modernité civique. La société urbaine des anciens Pays-Bas au bas Moyen Âge (= Collection Histoire). Brüssel 2010.

Braekevelt, Jonas, Frederik Buylaert, Jan Dumolyn und Jelle Haemers: The Politics of Factional Conflict in Late Medieval Flanders. In: Historical

Research. Bulletin of the Institute of Historical Research 85, 2012, S. 13–32.
Brand, Hanno: Over macht en overwicht. Stedelijke elites in Leiden 1420–1510 (= Studies in urban social, economic and political history of the medieval and modern Low Countries, 6). Löwen 1996.
Cohn, Samuel K.: Lust for Liberty. The Politics of Social Revolt in Medieval Europe, 1200–1425. Italy, France, and Flanders. Cambridge, Mass. 2005.
Dumolyn, Jan, und Jelle Haemers: Patterns of Urban Rebellion in Medieval Flanders. In: Journal of Medieval History 31, 2005, S. 361–399.
Favier, Jean: Paris au XVe siècle, 1380–1500. Paris 1974.
Gent, M.J. van: »Pertijelike Saken«. Hoeken en Kabeljauwen in het Bourgondisch-Oostenrijkse tijdperk (= Hollandse Historische Reeks, 22). O. O. 1994.
Kan, F.J.W.: Sleutels tot de macht. De ontwikkeling van het Leidse patriciaat tot 1420 (= Studies over Holland in de middeleeuwen, 2) Hilversum 1988.
Lambrechts, Pascale, und Jean-Pierre Sosson (Hg.): Les métiers au moyen âge. Aspects économiques et sociaux. Actes du colloque Louvain-la-Neuve, 7–9 octobre 1993 (= Publications de l'Institut d'Études Médiévales, 15). Louvain-la-Neuve 1994.
Lantschner, Patrick: The Logic of Political Conflict in Medieval Cities. Italy and the Southern Low Countries 1370–1440 (= Oxford historical monographs). Oxford 2015.
Lantschner, Patrick: Voices of the People in a City without Revolts. Lille in the Malte Middle Ages. In: Jan Dumolyn, Jelle Haemers, Hiolito Rafael Oliva Herrer und Vincent Challet (Hg.): The Voices of the People in Late Medieval Europe (= Studies in European Urban History, 33). Turnhout 2014, S. 73–88.
Lecuppre-Desjardin, Elodie: La ville des cérémonies. Essai sur la communication politique dans les ancien Pays-Bas bourguignons (= Studies in European urban history 1100–1800, 4). Turnhout 2004.
Lecuppre-Desjardin, Elodie, und Jelle Haemers: Conquérir et reconquérir l'espace urbain. Le triomphe de la collctivité sur l'individu dans le cadre de la révolte brugeoise de 1488. In: Chloé Deligne und Claire Billen (Hg.): Voisinages, coexistences, appropriations. Groupes sociaux et territoires urbains, Moyen Âge–16e siècle (= Studies in European urban history 1100–1800, 10). Turnhout 2007, S. 119–142.
Lowagie, Hannes: Met brieven aan de wet. Stedelijk briefverkeer in het laatmiddeleeuwse graafschap Vlaanderen (= Verhandelingen van de Maatschappij voor Geschiedenis en Oudheidkunde te Gent, 34). Gent 2012.
Marsilje, Jannis W. (Hg.): Bloedwraak, partijstrijd en pacificatie in laatmiddeleeuws Holland, c. 1390–1477 (= Cahiers Sociale geschiedenis, 7). Hilversum 1990.

Marsilje, Jannis W. (Hg.): Leiden tot 1574 (= R. C. J. van Maanen (Hg.): De geschiedenis van een Hollandse stad, deel 1). Leiden 2002.

Mosselmans, Nadia: Les villes face au prince. L'importance réelle de la cérémonie d'entrée solennelle sous le règne de Philippe le Bon. In: Villes et campagnes au Moyen Âge. Mélanges Georges Despy. Lüttich 1991, S. 533–548.

Nicholas, David: Town and Countryside. Social, Economic and Political Tensions in Fourteenth-Century Flanders (= Rijksuniversiteit te Gent. Werken uitgegeven door de Faculteit van de Letteren en Wijsbegeerte, 152). Brügge 1971.

Nys, Ludovic, und Alain Salamagne (Hg.): Valenciennes aux XIVe et XVe siècles. Art et histoire. Recueil d'études. Valenciennes 1996.

Pleij, Herman: De sneeuwpopen van 1511. Literatuur en stadscultuur tussen middeleeuwen en modern tijd (= Meulenhoff editie, 1018). Amsterdam /Löwen 1988.

Prevenier, Walter: La démographie de villes du comté de Flandre aux XIVe et XVe siècle. Etat de la question, essai d'interprétation. In: Revue du Nord 65, 1983, S. 255–275.

Soly, Hugo: Plechtige intochten in de steden der Zuidelijke Nederlanden tijden de overgang van Middeleeuwen naar Nieuwe Tijden. Communicatie, propaganda, spektakel. In: Tijdschrift voor Geschiedenis 97, 1984, S. 341–361.

Stabel, Peter: Dwarfs among Giants. The Flemish Urban Network in the Late Middle Ages (= Studies in Urban Social, Economic and Political History of the Medieval and Modern Low Countries, 8). Löwen/Apeldoorn 1997.

Stabel, Peter: De kleine stad in Vlaanderen. Bevolkingsdynamiek en economische functies van de kleine en secundaire stedelijke centra in het Gentse kwartier, 14de–16de eeuw Verhandelingen van de Koninklijke Academie voor Wetenschappen, Letteren en Schone Kunsten van Belgie, Klasse der Letteren, Jg. 57, 156). Brüssel 1995.

Stad in Vlaanderen. Cultuur en maatschappij 1477–1787. Koordninantion von Jan van der Stock. Brüssel 1991.

Stein, Robert: Selbstverständnis oder Identität? Städtische Geschichtsschreibung als Quelle für die Identitätsforschung. In: Hanno Brand, Pierre Monnet und Martial Staub (Hg.): Memoria, communitas, civitas. Mémoire et conscience urbaines en occident à la fin du Moyen Âge (= Beihefte der Francia, 55). Ostfildern 2003, S. 181–202.

Uytven, Raymond van: De geschiedenis van Mechelen. Van Heerlijkheid tot Stadsgewest. [Tielt] 1991.

Verhulst, Adriaan: The Rise of the Cities in North-West Europe (= Themes in International Urban History, 4). Cambridge 1999.

Brügge

Brown, Andrew: Civic Ceremony and Religion in Medieval Bruges, c. 1300–1520. Cambridge 2011.
Dumolyn, Jan: De Brugse opstand van 1436–1438 (= Standen en Landen / Anciens Pays et Assemblées d'Etats, 101). Heule 1997.
Dumolyn, Jan: population et structures professionelles à Bruges aux XIVe et XV siècles. In: Revue du Nord 329, 1999, S. 43–64.
Häpke, Rudolf: Brügges Entwicklung zum mittelalterlichen Weltmarkt (= Abhandlungen zur Verkehrs- und Seegeschichte, 1). Berlin 1908.
Haemers, Jelle, und Èlodie Lecuppre-Desjardin: Conquérir et reconquérir l'espace urbain. Le triomphe de la collectivité sur l'individu dans le cadre de la révolte brugeoise de 1488. In: Chloé Deligne und Claire Billen (Hg.): Voisinages, coexistences, appropriations. Groupes sociaux et territoires urbains, Moyen Âge–16e siècle (= Studies in European Urban History 1100–1800, 10). Turnhout 2007, S. 119–142.
Houtte, Jan A. van: De geschiedenis van Brugge. Tielt 1982.
Janssens, Albert: Macht en onmacht van de Brugse schepenbank in de periode 1477–1490. In: Handelingen van het Genootschap voor Geschiedenis 'Société d'Emulation de Bruges' 133, 1996, S. 5–45.
Leeuwen, Jan van: Balancing Tradition and Rites of Rebellion. The Ritual Transfer of Power in Bruges on 12 February 1488. In: Jan van Leeuwen (Hg.): Symbolic Communication in Late Medieval Towns. Löwen 2006, S. 65–81.
Leeuwen, Jan van: Rebels, Texts and Triumph. The Use of Written Documents during the Revolt of 1477 in Bruges. In: Petra Schulte, Marco Mostert und Irene van Renswoude (Hg.): Strategies of Wrtiting. Studies on Text and Trust in the Middle Ages (= Utrecht studies in medieval literacy, 13). Turnhout 2008, S. 301–324.
Maréchal, Jos[eph]: Europese aanwezigheid te Brugge. De vreemde kolonies (XIVde–XIXde eeuw). (= Vlaamse historische studies, 3). Brügge 1985.
Paravicini, Werner: Schuld und Sühne. Der Hansenmord von Sluis in Flandern anno 1436. In: Hans-Peter Baum, Rainer Leng und Joachim Schneider (Hg.): Wirtschaft – Gesellschaft – Mentalitäten im Mittelalter. FS Rolf Sprandel zum 75. Geb. Stuttgart 2006, S. 401–452.
Paviot, Jacques: Bruges 1300–1500 (= Collection mémoires, 79). Paris 2002.
Ryckaert, Marc, und André Vandewalle (Hg.): Brugge. De geschiedenis van een Europese stad. [Tielt] 1999.
Stabel, Peter: Bruges, plaque tournante du commerce hanséatique avec la France, XIVe–XVe siècles. In: Isabelle Richefort (Hg.): Les relations entre la France et les villes hanséatiques de Hambourg, Brême et Lübeck. Actes du colloque à Paris, 28–29 novembre 2002. Brüssel u. a. 2002, S. 97–111.

Uytven, Raymond van: Stages of Economic Decline. Late Medieval Bruges. In: Jean-Marie Duvosquel und Erik Thoen (Hg.): Peasants and Townsmen in Medieval Europe. Studia in honorem Adriaan Verhulst. Gent 1995, S. 259–269.

Vandewalle, André: De Brugse stadsmagistraat en de deelname van de ambachten aan het bestuur, 14de–15de eeuw. In: Prevenier, Walter, und Beatrijs Augustijn (Hg.): De Vlaamse instellingen tijdens het Ancien Régime. Recent onderzoek in nieuw perspectief. Symposium organiseed te Brugge, 18 mei 1998 (= Algemeen Rijksarchief en Rijksarchief in de provinciën, Studia, 111). Brüssel 1999, S. 27–40.

Vermeersch, Valentin (Hg.): Brügge und Europa. Antwerpen 1992.

Wellens, Robert: La révolte brugeoise de 1488. In: Handelingen van het Genootschap voor Geschiedenis 'Société d'Emulation de Bruges' 102, 1965, S. 5–52.

Gent

Boone, Marc: Geld en macht. De Gentse stadsfinanciën en de Bourgondische staatsvorming 1384–1453 (= Verhandelingen der Maatschappij voor Geschiedenis en Oudheidkunde te Gent, 15). Gent 1990.

Boone, Marc: Gent en de Bourgondische hertogen, ca. 1384–1453. Een sociaal-politieke studie van een staatsvormingsproces (= Verhandelingen van de Koninklijke Academie voor Wetenschappen, Letteren en Schone Kunsten, 133). Brüssel 1990.

Decavele, Johan (Hg.): Ghent. In Defence of a Rebellious City. History, Art, Culture. Antwerpen 1989.

Haemers, Jelle: De Gentse opstand 1449–1453. De strijd tussen rivaliserende netwerken om het stedelijke kapitaal (= Anciens Pays et Assemblées d'Etats, 105). Kortrijk 2004.

Trio, Paul: De Gentse broederschappen 1182–1580. Ontstaan, naamgeving, materiële uitrusting, structuur, opheffing en bronnen (= Verhandelingen der Maatschappij voor Geschiedenis en Oudheidkunde te Gent, 16). Gent 1990.

Trio, Paul: Volksreligie als Spiegel van een stedelijk samenleving. De broederschappen te Gent in de late middeleeuwen (= Symbolae, B 11). Löwen 1993.

8.6 Wirtschaftliche Entwicklung

Bavel, Bas van: Manors and markets. Economy and Society in the Low Countries 500–1600. Oxford u. a. 2010. [hierzu: Debate. In: Tijdschrift voor Sociale en Economische Geschiedenis 8, 2011, S. 61–138.

Boone, Marc, und Walter Prevenier (Hg.): La draperie ancienne des Pays-Bas. Débouchés et stratégies de survie, 14e–16e siècles. Actes du colloque, Gand 28 avril 1992 (= Studies in Urban Social, Economic and Political History of the Medieval and Modern Low Countries, 1). Löwen/Apeldoorn 1993.

Boone, Marc, und Walter Prevenier (Hg.): Finances publiques et finances privées au bas Moyen Âge. Actes du colloque, Gand 2–5 mai 1995 (= Studies in Urban Social, Economic and Political History of the Medieval and Modern Low Countries, 4). Löwen/Apeldoorn 1996.

Curtis, Daniel R.: Trends in Rural Social and Economic History of the Pre-Industrial Low Countries. Recent Themes and Ideas in Journals and Books of the Past Five Years 2007–1013. In: Bijdragen en Mededelingen voor de Geschiedenis der Nederlanden (Low Countries Historical Review) 128, 2013, H. 3, S. 60–95.

Dijkman, Jessica: Shaping medieval markets. The Organisation of Commodity Markets in Holland, ca. 1200–ca. 1450 (= Global economic history series, 8). Leiden/Boston 2011.

Gelderbloem, Oscar: Cities of commerce. The Institutional Foundations of International Trade in the Low Countries 1250–1650 (= The Princeton Economic History of the Western World). Princeton 2013.

Hoppenbrouwers, Peter C.M.: Een middeleuwse samenleving. Het Land van Heusden, ca. 1360–ca. 1515. 2 Bde. (= Historia agriculturae, 25; = A. A.G. Bijdragen, 32). Groningen 1992.

Houtte, Jan A. van: An Economic History of the Low Countries 800–1600. London 1977.

Houtte, Jan A. van: In: Wolfram Fischer u. a. (Hg.). Europäische Wirtschafts- und Sozialgeschichte im Mittelalter (= Handbuch der europäischen Wirtschafts- und Sozialgeschichte, 2). Stuttgart 1980.

Lambert, Bart: The City, the Duke and their Banker. The Rapondi Family and the Formation of the Burgundian State 1384–1430 (= Studies in European urban history [1100 – 1800], 7). Turnhout 2006.

Munro, John: An Economic Aspect of the Collapse of the Anglo-Burgundian Alliance 1428–1442. In: The English Historical Review 85, 1970, S. 225–244.

Murray, James M.: Bruges, cradle of capitalism 1280–1390. Cambridge 2005.

Prak, Maarten R. (Hg.): Craft Guilds in the Early Modern Low Countries. Work, Power and Representation. Aldershot 2006.

Roover, Raymond de: Money, Banking, and Credit in Medieval Bruges. Italian merchant-bankers, lombards and money-changers. A study in the origins of banking. Cambridge, Mass. 1948.

Spufford, Peter: Monetary Problems and Policies in the Burgundian Netherlands 1433–1496. Leiden 1970.

Spufford, Peter: Debasement of the Coinage and its Effects on Exchange Rates and the Economy in England in the 1540s, and in the Burgundian-Habsburg Netherlands in the 1480. In: John H. Munro (Hg.): Money in the Pre-Industrial World. Bullion, Debasement and Coin Substitutes (= Financial History, 20). London 2012, S. 63–86.

Stabel, Peter, Bruno Blondé und Anke Greve (Hg.): International Trade in the Low Countries, 14th–16th Centuries. Mechants, Organisations, Infrastructure. Proceedings of the International Conference Ghent/Antwerp, 12th–13th Jan. 1997 (= Studies in Urban Social, Economic and Political History of the Medieval and early Modern Low Countries, 10). Löwen 2000.

Weststrate, Job: In het kielzog van moderne markten. Handel en scheepvaart op de Rijn, Waal en Ijssel, ca. 1360–ca. 1560 (= Middeleeuwse studies en bronnen, 113). Hilversum 2008.

Zanden, Jan L. van: he Rise and Decline of Holland's Economy. Merchant Capitalism and the Labour Market. Manchester u. a. 1993.

Zuyderduyn, Jaco: Medieval Capital Markets. Markets for Rents between State Formation and Private Investment in Holland, 1300–1500. Leiden 2009.

8.7 Kirche allgemein, Luther in den Niederlanden

Bezzel, Irmgard: Erasmusdrucke des 16. Jahrhunderts in bayerischen Bibliotheken: ein bibliographisches Verzeichnis (= Hiersemanns bibliographische Handbücher, 1). Stuttgart 1979.

Blockmans, Wim: De politieke theorie van Erasmus en de praxis van zijn tijd. In: Jan Sperna Weiland (Hg.): Erasmus. De actualiteit van zijn denken. Abcoude 1986, S. 57–72. [auch deutsch Hamburg 1988]

Christman, Victoria: Undercover. The Claes vander Elst Conventicle. In: Dies.: Pragmatic Toleration. The Politics of Religious Heterodoxy in Early Reformation Antwerp 1515–1555 (= Changing Perspectives on Early Modern Europe, 17). Rochester, N.Y./Woodbridge 2015, S. 36–55.

Helmrath, Johannes: Das Basler Konzil 1431–1449. Forschungsstand und Probleme (= Kölner Historische Abhandlungen, 32). Köln/Wien 1987.

Jongkees, A.G.: Staat en kerk in Holland en Zeeland onder de bourgondische hertogen 1425–1477 (= Bijdragen van het Instituut voor middeleeuwse geschiedenis der Rijksuniversiteit te Utrecht, 21). Utrecht 1942.

Moeller, Bernd: Luther in Europa. Die Übersetzung seiner Schriften in nichtdeutsche Sprachen 1520–1546. In: Ders.: Luther-Rezeption. Kirchenhistorische Aufsätze zur Reformationsgeschichte, hg. von Johannes Schilling. Göttingen 2001, S. 42–56.

Führer, Jochen A.: Die kirchen- und antireformatorische Religionspolitik Kaiser Karls V. in den siebzehn Provinzen der Niederlande 1515–1555 (= Brill's series in church history, 23). Leiden 2004.

Schwanke, Johannes: Freier oder unfreier Wille? Die Kontroverse zwischen Luther und Erasmus von Rotterdam. In: Werner Zager (Hg.): Martin Luther und die Freiheit. Vorträge der Wormser Tagung, 19.–21. Juni 2009. Darmstadt 2010, S. 41–58.

Visser, Casper Christiaan Gerrit: Luther's geschriften in de Nederlanden tot 1546. Assen 1969.

Winterhager, Wilhelm E., und Christoph Galle: Wie breit war die Erasmus-Rezeption bis 1518/19? Zur sozialpsychologischen Wirkung des Humanismus vor der Reformation. Eine Problemskizze. In: Christoph Galle und Tobias Sarx (Hg.): Erasmus-Rezeption im 16. Jahrhunderts (= Kulturgeschichtliche Beiträge zum Mittelalter und zur frühen Neuzeit, 5). Frankfurt am Main u. a. 2012, S. 1–22.

9 Abbildungsverzeichnis

S. 41: Vorlage Wikipedia/Marco Zanoli
S. 86: Vorlage Wikipedia/Marco Zanoli
S. 153: Vorlage Wikipedia/Marco Zanoli
S. 181: Vorlage Wikipedia/Marco Zanoli

10 Register

10.1 Personenregister

A

Adolf van Egmond, Herzog von Geldern 132 f., 168 f., 172, 176, 219
Adolf von Kleve, Herr von Ravenstein 140, 195, 208
Adolf von Nassau 179
Agnes, Herzogin von Burgund 106
Albrecht Achilles von Brandenburg, Markgraf von Ansbach 146 f., 244
Albrecht I., Graf von Holland-Zeeland 42
Albrecht II., römisch-deutscher König 96 f.
Albrecht IV., Herzog von Oberbayern 165
Albrecht, Herzog von Sachsen 197–200, 202 f., 205–210, 212 f., 220 f.
Aleander, Hieronymus, Kanzler, Legat 238–240
Alexander der Große 233
Alkmaar, Willem van, Augustiner-Chorherr 237
Amadeus VIII., Graf von Savoyen 49
Anna, Ehefrau von Wilhelm III., Herzog von Sachsen 97
Anna, Herrin von Jever 251
Anne de Beaujeu, Regentin Frankreichs 189
Anne, Herzogin der Bretagne 203 f.
Anne, Schwester des burgundischen Herzogs 74, 189, 199, 203 f.
Anquetonville, Raoul d', Mörder Ludwig von Orléans' 51
Antoine de Croÿ, Rat Philipps des Guten 110 f.
Antoine Neuchâtel, Bischof von Toul 110 f., 150
Anton, Herzog von Brabant 51
Anton, Herzog von Burgund 56, 96, 114
Arnold van Egmond, Herzog von Geldern 132 f., 165, 176
Aubriot, Henri, Bailli von Dijon 34
Avesnes, Familie 19, 21

B

Baenst, Guy de, Bailli von Sluis 208
Bar, Henri de, Adliger 30
Balduin V., Graf von Flandern 21
Baudins, Pieter, Sekretär 99
Bautier, Robert-Henri, Historiker 14
Benedikt XIII., Papst 49, 53
Bernard VII., Graf von Armagnac 56 f., 65, 67

Bianca Maria Sforza, Ehefrau Maximilians I. 217, 221
Blockmans, Wim, Historiker 13 f., 254
Bonne de Luxembourg, Ehefrau Johanns II. des Guten 27
Bonne von Artois, Gräfin von Nevers, Auxerre u. a. m. 83
Boone, Marc, Historiker 14
Borselen, Frank van, zeeländischer Adliger 81
Bourchier, John, Regent 39
Bourgogne, Jean de, Graf von Nevers 16, 52, 121
Brandenburg, Markgraf von 244
Brederode , Gijsbrecht van, gewählter Bischof von Utrecht 203
Brederode, Gijsbrecht van, gewählter Bischof von Utrecht 108
Brederode, Reinoud, Träger des Ordens vom Goldenen Vlieses 108
Brimeu, Guy de, Statthalter 124, 168, 170
Bul, Jooris de, Sekretär 99
Buylaert, Fredrik, Historiker 15

C

Caesar 233
Calixtus III., Papst 107 f.
Calmette, Joseph, Historiker 13
Carondelet, Claude, Rat 234
Cauchies, Jean-Marie, Historiker 13
Charlotte, Tochter des Herzogs von Savoyen 111
Chevrot, Jean, Bischof von Tournai 111
Christian I., König von Dänemark 146
Claude, Tochter Ludwigs XII., König von Frankreich 223, 234

Clemens VII., Papst in Avignon 37, 43
Clemens VII., Papst in Rom 247
Clisson, Olivier de, Konnetabel 40
Clugny, Guillaume de, Rat 170
Coppenhole, Franz, Genter Radikaler 207
Coppenhole, Jan, Genter Radikaler 207
Corneille, illegitimer Sohn Philipps des Guten 101
Coustelier, Simon le, Abdecker, Anführer der Cabochiens 59

D

d'Anquetonville, Raoul, Mörder 51
Dadizeele, Jan van, Bailli von Gent 192
David, Bischof von Utrecht 107 f., 134, 185
de Croÿ, Familie 110 f., 113 f., 232 f.
Decavele, Johan, Historiker 14
Despenser, Henry, Bischof von Norwich 37 f., 44
Dietrich von Moers, Erzbischof von Köln 133, 141
Dietrich, Graf von Flandern 20, 141
Dircsz, Jan, Kanoniker 237
Doria, Andrea, Admiral 248
Dr. Georg Heßler, Jurist 171

E

Eck, Johannes, Theologe 236, 238
Eduard III., König von England 43
Eduard IV., König von England 130, 148 f., 174, 186

Egmond, Jan van, Statthalter 206
Egmond, Willem van, Statthalter Gelderns 18, 132, 134, 172, 206, 220, 251
Eleonore, Schwester Kaiser Karls V. 247, 249
Elisabeth von Görlitz, Ehefrau Albrecht von Österreichs 96 f.
Elisabeth von Bayern-Ingolstadt, Ehefrau König Karls VI. von Frankeich, Königin von Frankreich 40, 42 f., 49, 55 f., 60, 66–68, 71
Engelbert II., Graf von Nassau-Dillenburg 179, 223
Eugen IV., Papst 89

F

Ferdinand I., König, Kaiser 246
Ferdinand, der Katholische, König von Aragon-Kastilien 224, 227 f., 233, 242, 245 f.
Florisz, Adriaan, Erzieher 246
Florisz, Hadrian, Kardinal 232, 238, 246
Frank van Brederode, Hoeke 108, 203
Franz I., französischer König 223 f., 230, 233, 242, 244–249
Franz II., Herzog der Bretagne 130, 180, 189, 196, 199, 204
Friedrich I. von der Pfalz, Pfalzgraf bei Rhein 129, 141
Friedrich III., Kaiser 97, 107, 132, 135–138, 144, 146, 152, 170 f., 173, 175, 188, 193, 196, 204, 211, 215
Friedrich II., Kurfürst von Sachsen 239
Froissart, Jean, Chronist 40
Frundsberg, Georg von, Heerführer 246

G

Galeazzo Sforza, Herzog von Mailand 161
Gattinara, Mercurino Arborio, Großkanzler 243 f., 246
Georg von Baden, Bischof von Metz 151, 171
Georg, Herzog von Sachsen 210
Gerhard, Herzog von Jülich-Berg 143
Giselbert von Mons, Kanzler 21
Gistel, Jakob van, Parteigänger Maximilians 192
Gottfried I., Graf von Löwen 20
Graf von Gleichen 97
Griffart, Jean, Schuhmacher 50
Guillaume II. de Croÿ, Herr von Chièvres, Rat 232 f., 243

H

Hadrian V., Papst 232, 238, 246
Haemers, Jelle, Historiker 13
Hagenbach, Peter von, Landvogt des Elsass 129, 138
Heinrich IV., König von England 63 f.
Heinrich V., König von England 64, 68, 72–75, 79, 229
Heinrich VII., König von England 186 f., 189, 226, 234
Heinrich VIII., König von England 229, 245
Heinrich, Graf von Nassau-Breda 245
Henri de Bar, Herr von Pierrefort 30
Hermann IV. von Hessen, Erzbischof von Köln 141, 143 f.
Herter, Wilhelm, Hauptmann Straßburgs 159
Heßler, Georg, kaiserlicher Rat 179

Hoogstraten, Jakob von, Theologe 238
Houtte, Jan van, Historiker 14
Hugonet, Guillaume, Kanzler 137, 140, 167–170
Hugues Aubriot, Bailli von Dijon 34
Humphrey, Herzog von Gloucester, Bruder Kg. Heinrichs V. von England 79, 90

I

Innozenz VII., Papst 49
Isabella I., Königin von Kastilien 224
Isabella von Portugal, Tochter Johanns I., König von Portugal 83, 89, 94, 102, 110, 166 f., 224

J

Jacques de Croÿ, Lütticher Domherr 212
Jacques de Savoie, Graf von Romont und Herr des Waadtlands 157
Jakobäa (Jacqueline), Gräfin von Holland-Zeeland-Hennegau 55, 65, 77–81, 165, 254
Jan van Horn, Bischof von Lüttich 212–214
Janse, Antheun, Historiker 15
Jaquette, Witwe des Jean Griffart 50
Jason, Argonaut 84, 105
Jean de Fribourg, Militärbefehlshaber im Herzogtum Burgund 95
Jean de Melun, Graf von Tancarville 29, 74
Jean de Montagu 52
Jean III. de Vergy, Herr von Fouvent 48

Jeanne d'Arc, Heilige 85, 87 f., 170
Jeanne de Halewijn, Oberhofmeisterin 170
Johann II. der Gute, König von Frankreich 27–30, 32
Johann I., König von Portugal 21, 83
Johann IV., Herzog von Brabant 77–79, 81
Johann ohne Furcht, Herzog von Burgund 12, 27, 39, 42, 45–59, 61–69, 71, 73–75, 77, 90, 96, 106, 110, 116, 143, 150, 165, 254
Johann von Gent, Herzog von Lancaster 33
Johann, Herzog von Bedford 74 f., 82, 87
Johann, Herzog von Berry 27 f., 40, 44, 49–51, 53, 56 f., 124
Johann, Herzog von Kleve 143
Johann, Herzog von Lothringen 150
Johann, Herzog von Touraine 55
Johann, Herzog von Touraine, Dauphin 77
Johann III., Graf von Namur 76
Johann von Burgund, Graf von Étampes und Nevers 116, 165
Johann, Graf von Nevers 46
Johann von Bayern, Bischof-Elekt von Lüttich 53, 56, 78–80
Johann von Baden, Erzbischof von Trier 136, 171
Johanna von Kastilien-Aragon, Ehefrau Philipps des Schönen 29, 220, 223, 227 f.

K

Karl IV., Kaiser 31, 96
Karl V., Kaiser 24, 226, 240

Personenregister

Karl V., König von Frankreich 27 f., 31–33, 36, 39, 44, 210, 224, 230 f., 233–235, 239 f., 242–248, 251
Karl VI., König von Frankreich 36 f., 39 f., 42, 44 f., 52, 61, 73
Karl VII., König von Frankreich 66–69, 71–75, 87 f., 95, 101, 111–113
Karl VIII., König von Frankreich 189, 203–205, 209, 211, 214, 219, 221
Karl III., König von Navarra 56
Karl der Kühne, Herzog von Burgund 11 f., 27 f., 31–37, 39 f., 42 f., 45 f., 85, 92, 107, 110–115, 118, 120 f., 123–142, 148 f., 151 f., 154, 156 f., 159, 165 f., 168 f., 198, 215, 218, 220, 231, 252 f., 256–258
Karl, Herzog von der Guyenne 130
Karl, Herzog von Geldern (»Karl von Egmont«) 213, 217, 219–222, 225 f., 229, 256
Karl von Orléans, Herzog von Orléans und Dauphin 56–59
Katharina von Kleve, Ehefrau Herzog Arnolds von Geldern 132, 176, 179, 213
Katharina, Tochter Karls VI. von Frankreich 72 f.
Katharina, Tochter Johann ohne Furchts 62
Keythulle, Jean de la, Sekretär 51

L

Ladislaus, Herzog von Luxemburg 98
Lanchals, Pieter, Finanzrat 192
Latomus, Jakob, Professor 238
Lefèvre, Raoul, Autor 243

Leo X., Papst 238
Louis de Bourbon, Fürstbischof von Lüttich 117, 119, 125, 165, 210 f.
Louise von Frankreich, Tochter Franz I. 233, 242
Louise von Savoyen, Mutter Franz I., König von Frankreich 248
Ludovico Sforza, Herzog von Mailand 217
Ludwig VIII., König von Frankreich 20
Ludwig XI., König von Frankreich 111 f., 115–126, 128–130, 133, 146, 148 f., 151 f., 155, 161, 164–167, 172, 174 f., 177 f., 180, 182, 184, 211 f., 256
Ludwig XII., König von Frankreich 217, 221, 223, 225 f., 229
Ludwig von Guyenne, Dauphin Frankreichs 59
Ludwig von Anjou, Herzog von Burgund 27, 31, 39, 50 f., 62
Ludwig IX., Herzog von Niederbayern 165
Ludwig von Orléans, Bruder Karls VI. 42, 44 f., 48 f., 52, 69, 254, 256
Ludwig, Herzog von Bayern 56, 171
Ludwig von Male, Graf von Flandern 35, 38, 46
Ludwig von Nevers, Graf von Flandern 31
Luther, Martin, Reformator 235–240, 245

M

Marche, Olivier de la, Adliger, Autor 232

Margaretha von Bayern-Holland, Ehefrau Johann ohne Furchts 42, 46, 71, 77

Margarethe von Burgund, Tochter Philipps des Kühnen, Ehefrau Albrechts I. von Bayern-Holland, Mutter Jakobäas von Holland 42, 77, 81

Margarethe, Gräfin der Franche-Comté, Ehefrau Ludwig von Nevers 31 f.

Margarethe von Frankreich, Gräfin von Artois 35

Margarethe von Flandern, Ehefrau des Philippe de Rouvres und Ehefrau Philipps des Kühnen 32, 36, 46 f.

Margaretha von Navarra, Schwester Franz I. von Frankreich 247

Margarethe von Österreich, Schwester Philipps des Schönen, Regentin der Niederlande 183 f., 204, 214, 223, 226, 228 f., 232–234, 240, 242 f., 245 f., 248

Margaretha von York, Ehefrau Karls des Kühnen 124, 140, 164, 168, 170 f., 174, 178, 180, 186, 190, 200, 232

Maria von Burgund, Tochter Karls des Kühnen 12 f., 137, 150, 154, 164–172, 175, 180, 182, 210, 215, 217, 221, 230, 241, 253

Maria I. Tudor, Tochter Heinrichs VIII. von England 230

Markus von Baden, Mambour von Lüttich 117

Matthias Corvinus, König von Ungarn 203

Maximilian I., Erzherzog, König, Kaiser 12 f., 137, 154, 164, 170–179, 182–198, 201, 203 f., 207–221, 223, 225–228, 230, 233, 244, 251, 253

Michelle von Frankreich, Ehefrau Philipps des Guten 83

Montfoort, Jan van, Adliger 178

Moraw, Peter, Historiker 252

N

Neuchâtel, Thibaud IX., Marschall von Burgund 150

Neville, Richard, englischer Thronprätendent 130

Nielles, Jean de, Kanzler 59 f.

Nikolas, Herzog von Lothringen 150 f.

Nikolaus V., Papst 107

O

Otto IV., Herzog von Burgund 30

P

Paravicini, Werner, Historiker 14, 16

Perwez, Henri de, Regent Lüttichs 53 f.

Perwez, Thierry de, Bischof von Lüttich 53 f.

Petit, Jean, Theologe 52

Philibert II., Herzog von Savoyen 243

Philibert, Herzog von Savoyen 223, 228, 243

Philipp der Schöne, Erzherzog, König von Spanien 13, 175, 182–184, 187 f., 191, 202, 209, 215–224, 226 f., 231, 233 f., 242, 251, 258

Philipp II. Augustus, König von Frankreich 20

Philipp VI., König von Frankreich 28

Personenregister

Philipp von Burgund 175
Philipp von Saint-Pol 79, 81 f.
Philipp der Gute, Herzog von Burgund 12, 39, 46, 48, 64, 71, 73–81, 83, 85, 87–90, 93 f., 97–101, 107–114, 116–118, 120 f., 128, 139, 150, 165 f., 198, 215, 231, 234, 243, 252–255, 257
Philipp der Kühne, Herzog von Burgund 12, 27–29, 31–37, 39 f., 42–46, 73, 94, 98, 113 f., 118
Philipp, Herzog von Kleve-Ravenstein 192, 195, 198–200, 202, 205 f., 208, 212–214
Philipp, Herzog von Nevers 51, 62
Philipp, Graf von Flandern 20
Philipp, Graf von Saint-Pol 79, 82
Philipp, Graf von Charolais 20, 29, 46, 48, 64, 71, 185
Philipp, Herzog von Burgund-Flandern 75, 111
Philippe de Crèvecoeur, Kommandeur von Arras 167–169, 188
Philippe de Croÿ, Graf von Chimay 110, 167
Philippe de Rouvres, Adliger 27, 29–32
Plaine, Thomas de, Kanzler 238
Pius II., Papst 107
Prevenier, Walter, Historiker 13
Propst, Jakob, Augustiner-Chorherr 237

R

René II., Herzog von Lothringen 146, 151 f., 155 f., 161–163, 173
Richard II., König von England 38, 43
Richard III., englischer König 186 f.
Rivière, Rasse de la, Herr von Heers 117–119, 122, 130, 254
Robert II. von der Mark, Herr von Sedan 30, 245
Robert, Prinz von Frankreich 20
Rolin, Antoine, Sohn von Nicolas Rolin 110 f.
Rolin, Jehan, Sohn von Nicolas Rolin 110
Rolin, Nicolas, Kanzler 110 f., 163
Rovere, Julian de la, Kardinal 178
Rubempré, Jean de burgundischer Statthalter in Lothringen 152, 162
Ruprecht von der Pfalz, Pfalzgraf bei Rhein 141 f.

S

Santa Croce, Onofrius de, päpstlicher Legat 124
Saulx, Jean de, Kanzler 51
Schnerb, Bertrand, Historiker 13
Sersanders, Daniel, Dekan der großen Zunft Gents 99
Sichem, Eustachius, Professor 238
Sickingen, Franz von, Heerführer 245
Sigismund von Luxemburg, Kaiser 54, 58, 78, 96, 127–129, 155, 173
Sigismund, Herzog von Tirol 127–129, 155, 173, 203
Sornay, Jeanine, Historikerin 14
Stabel, Peter, Historiker 15
Steensel, Arie van, Historiker 15
Stein, Robert, Historiker 14

T

Thibaud IX. de Neuchâtel, Marschall von Burgund 150
Tilly, Charles, Soziologe 254 f.

U

Urban VI., Papst 37, 39, 43

V

Vailly, Jean de, Kanzler 60
Valentina Visconti, die Tochter des Herzogs Gian Galeazzo Visconti 42, 51, 55
Varsenare, Morisses van, Bürgermeister von Brügge 93
Vaughan, Richard, Historiker 12 f., 52, 89
Viefville, Pierre de, Kammerherr 51
Vinzenz, Graf von Moers 133
Virneburg 97
Visconti, Gian Galeazzo, Herzog von Visconti 42, 51, 55
Visconti, Valentina, Ehefrau Ludwig von Orléans' 42, 51, 55

W

Wenzel von Luxemburg, Kaiser 96, 251
Wiesflecker, Hermann, Historiker 13
Wilhelm Herzog von Jülich-Berg 143
Wilhelm Herzog von Jülich-Kleve 251
Wilhelm III., Herzog von Sachsen 97 f.
Wilhelm VI., Graf von Holland 77
Wilhelm von der Mark, Herr von Arenberg, Eber der Ardennen 165, 210–213, 245
Wilhelm, Graf von Holland-Zeeland-Hennegau 49, 55 f., 66
Wittelsbacher, Familie 42
Wittem, Hendrik van, Erzieher Karls V. 232
Wolsey, Thomas, Kardinal 230, 245

Y

Yolanda von Savoyen, Tante Nikolas, Herzog von Lothringen 151, 154, 158, 160 f.

Z

Zutphen, Hendrik van, Augustiner-Chorherr 237

10.2 Ortsregister

A

's-Gravenhage *siehe* Den Haag 18
Aachen 21, 125, 187 f., 194, 225, 239, 245
Aalst 20, 182
Abbeville 90, 167
Aire 65, 214
Alkmaar 207
Amiens 40, 42, 51, 90, 130, 149
Amsterdam 17 f., 218, 237
Antwerpen 17, 80, 102, 121, 140, 186, 190, 196, 209, 216 f., 236 f., 239 f.
Aolst *siehe* Aalst 20
Aragon 69, 150, 223 f., 227 f., 233, 242
Aragon-Kastilien 230
Ardennen 21, 125, 165, 211, 245
Armagnac 56 f.

Ortsregister

Arnheim 109, 179, 222, 225 f.
Arras 20, 24, 47, 58, 63 f., 83, 87, 89, 95, 110, 128, 167, 175, 184, 192, 196, 205
Artois 17, 20, 23, 26, 35, 40, 46 f., 50, 58, 61, 63–65, 67, 71, 74, 83, 89, 112, 167, 169, 177, 214, 216, 224, 228, 230, 233, 240, 246–249
Asti 246
Atrecht siehe Arras 20
Autun 24 f.
Auxerre 26, 59, 90, 214
Avallon 25
Avignon 34, 37, 43
Azincourt 64, 74, 77, 85

B

Barnet 130
Bar-sur-Seine 90, 214
Basel 96, 128 f., 138, 154 f., 162 f.
Bayern-Holland 254
Beaumont-sur-Oise 58
Beaune 25
Beaurevoir 88
Beauvais 131
Benavente 227
Beoosten-Schelde 19
Bergen 21
Bergen-op-Zoom 216
Bern 128, 154–161, 173
Besançon 48, 98, 138
Béthune 214, 216, 219
Bewesten-Schelde 19
Biervliet 100
Bordeaux 28, 33
Bosworth 187
Bouchain 183
Boulogne 89, 116, 247
Bourges 59, 68
Bouvignes 117 f.

Brabant 17 f., 20–22, 25 f., 36, 47, 49, 51, 54, 57, 77–79, 81–83, 96, 109, 111 f., 121, 132, 134, 140, 165, 169, 176, 185, 188, 200, 208, 212, 215, 228 f., 232, 251, 254
Bray-sur-Seine 69
Breda 221, 245
Breisach 129
Breisgau 129
Bretagne 33, 44, 113, 124, 180, 189, 192, 196, 199, 201, 203–205
Brie 30
Brügge 14 f., 17, 19 f., 33, 35–38, 48, 83 f., 90, 92–94, 100–102, 104, 109, 113, 120, 123 f., 139, 166, 173–175, 186, 188, 190–196, 200, 202 f., 208 f., 215 f., 218, 236
Brüssel 21, 45, 82, 109–112, 116, 121, 123 f., 127, 140, 170 f., 173, 186, 188, 200 f., 221, 223, 233 f., 236
Burgund 11 f., 17, 24–27, 29–31, 36, 38 f., 42 f., 46–48, 50, 54, 56, 58 f., 62–64, 66–71, 73–75, 78, 82, 89 f., 95 f., 105–108, 111, 113, 115–118, 120, 123 f., 126, 130, 133, 135 f., 138 f., 147–152, 154, 156 f., 159–161, 166, 169, 176, 180, 185, 210, 214, 219, 234, 246–248, 253 f.

C

Cadzand 207, 214
Calais 29, 31, 33, 37, 44, 64, 79, 90, 92, 189, 229 f., 245 f.
Cambrai 12, 23 f., 42, 46, 77, 175, 229, 236, 242, 247 f., 250
Cassel 174, 216
Champagne 30, 68, 87 f., 132, 245

Champmol 139
Charolais 26, 112, 214 f.
Chartres 55, 59, 66
Châtel-sur-Moselle 150
Châtillon-sur-Seine 25
Clermont 58
Colmar 155
Compiègne 55, 63, 65, 77, 87 f.
Condé 174 f.
Coucy 57
Courtrai *siehe* Kortrijk 103
Creil 58

D

Delft 80 f., 237
Den Haag 77, 81, 108
Dendermonde 35, 172, 175
Deutschland 18, 43, 107, 111, 234, 236, 238, 243, 252
Diedenhofen 98
Dieppe 95, 132
Dijon 25, 34, 48, 74, 95
Dinant 23, 117 f., 122, 126
Dixmuide 173
Domrémy 85
Douai 32, 58, 176
Doullens 167
Drenthe 109
Drodrecht 78, 237

E

Elsass 128 f., 150, 154, 156, 221
Ems 18
England 20, 30, 33, 38 f., 43, 48, 69, 73 f., 79, 89–91, 115, 127, 130, 161, 174, 186 f., 197, 199, 203 f., 214, 217, 229 f., 234, 245 f., 248
Enkhuizen 207
Erpel 143
Escaut siehe Schelde 17

F

Ferrette siehe Pfirt 129
Flandern 11–17, 19–21, 23–26, 29, 31–34, 36–40, 43, 46–48, 51, 58, 61 f., 64 f., 69, 71–76, 78 f., 81, 88–91, 99, 109 f., 112, 120, 134, 140, 164–167, 169, 172–176, 182, 184–188, 191, 194–196, 200–202, 205 f., 209, 216, 224, 228, 231, 233, 237, 242, 245–249
Franche-Comté 17, 24, 128, 167, 214, 240, 243, 246, 248
Frankfurt 146, 154, 171, 187, 201, 244
Frankreich 23 f., 27, 29 f., 32–34, 38, 40, 42 f., 52, 56 f., 59, 63–68, 70 f., 73–75, 77, 79, 82 f., 85, 87–91, 95, 98, 100, 104, 106 f., 110, 113, 116 f., 120, 124 f., 129, 132 f., 139, 142, 146, 148–151, 155, 161, 164–166, 169, 171, 175 f., 178 f., 182 f., 187, 189, 191, 196 f., 199, 201, 204, 212–215, 217, 219–221, 223–226, 229–231, 233, 242, 245–250
Franz, zweiter Sohn Maximilians I. und Marias 180
Freiburg i. Br. 129, 221
Freiburg i. Ü. 156, 158, 161
Friesland 18, 169, 205 f., 209 f., 250 f.
Friesland-bewesten-Lauwers 18
Fribourg siehe Freiburg i.Ü. 156

G

Geerardsbergen 91, 205, 207
Geldern 18, 22, 49, 109, 116, 132–135, 141, 143, 151 f., 165, 168, 175 f., 178 f., 209, 213, 217, 219–221, 225, 229, 251

Geldern-Zutphen 226, 251, 257
Genf 156, 160
Gent 14, 17, 20, 33–37, 39, 47, 71 f., 79 f., 91 f., 94, 98–100, 102–105, 109, 113, 120 f., 127, 140, 142, 166 f., 170–172, 176 f., 182, 185, 190–195, 200–202, 205, 207, 209, 216, 231, 236 f., 257
Genua 69, 104, 199, 246, 248 f.
Gien 57
Glarus 154
Gloucester 90
Gloucestershire 130
Gouda 80
Grammont siehe Geerardsbergen 205
Grandson 156 f., 159, 161
Groningen 18, 22, 210
Guinegate 177
Guines 247
Guînes 116

H

Haarlem 206 f.
Hagenau 225
Ham 58, 125
Harfleur 64
Heiliges Römisches Reich 23, 30 f., 54, 69, 72, 78, 104, 123, 128, 195, 235, 239, 244, 249, 256
Hennegau 17, 19, 21, 23, 25 f., 42, 46, 55, 77, 79–81, 95, 130 f., 134, 164, 167, 172, 175, 183, 185, 188, 190, 192, 228, 254
Hesdin 97, 214
Hespengau 17
Hessen 144, 172
Holland 15, 17–19, 77 f., 80 f., 108 f., 112 f., 124, 132, 134, 148, 165, 174, 176–179, 185, 188 f., 200, 202 f., 205–207, 209, 218, 220, 229, 237, 254
Holland-Zeeland 26, 42, 46, 55, 79, 81, 112, 134, 169
Holland-Zeeland-Hennegau 49, 54, 56, 66, 76 f., 81–83
Hoorn 206
Hülchrath 143
Huy 23, 119, 122

I

Italien 17, 42 f., 132, 209, 214, 221, 227, 233, 244, 246–248

J

Jougne 157
Jülich-Berg 221 f., 225

K

Kastilien 56, 69
Kastilien-Aragon 197, 199, 203 f., 214, 220
Kleve 106, 115, 132 f., 176, 199, 225
Kleve-Mark 221 f., 225
Köln 21, 116, 138, 140–145, 147, 171, 187, 193, 225, 238
Königswinter 143
Konstantinopel 104 f.
Kortrijks 37, 100, 102 f., 190, 195, 200

L

La Coruña 227
Languedoc 40, 67
Lausanne 156, 158
Lauwers 18
Le Crotoy 90
Le Quesnoy 167
Leiden 80, 179, 207, 217, 236 f.

Leie 24, 36
Lier (frz. Lierre) 220
Lille 23, 32, 38, 51, 80, 94, 101 f., 105, 173, 189, 230, 240
Limburg 17, 21 f., 122
Linz 143, 147
Loire 57, 85
Lombardei 246
London 30, 33, 90, 130, 180
Lothringen 57, 95, 116, 140, 149–152, 156, 161 f., 173, 178
– Nieder- 11, 20 f.
Löwen (frz. Louvain) 81 f., 105, 123, 171, 188, 194, 200 f., 215, 232, 236, 238 f.
Lüttich 17, 23, 26, 36, 49, 51, 53–56, 76, 78, 100, 116–127, 130, 132, 134, 142, 162, 165, 168, 170, 196 f., 201 f., 210–213, 236, 239, 254
Luxemburg 16 f., 21, 96–98, 112, 142, 152, 165, 169, 178, 183, 185, 201, 216, 228, 245, 257
Luzern 154, 173
Lyon 66, 156
Lys siehe Leie 24

M

Maas 17, 19, 23, 117, 132
Maaslande 168, 188, 211
Maastricht 17, 53 f., 117, 123, 126 f., 188, 212, 225
Mâcon 26, 90
Mailand 42, 161, 221, 225, 246 f., 249
Mecheln (frz. Malines) 21, 121, 139 f., 152, 160, 168, 174, 188, 190, 192, 196, 200 f., 205 f., 224, 227 f., 232, 234, 236, 254, 257
Melun 74
Metz 96, 151, 171
Middelburg 19

Mömpelgard 96
Mons 21, 79, 175
Mons-en-Vimeu 75
Montdidier 58, 62, 90, 116, 129, 131
Montenaken 54
Montereau 68, 72, 74
Montereau Faut-Yonne 68
Monthléry 115
Montils-lés-Tours 201 f., 213
Münster 251
Murten (frz. Morat) 156, 158–161

N

Namur 17, 21, 26, 76, 81, 112, 117, 119, 123, 149, 185, 196
Nancy 96, 151 f., 161–163
Navarra 56, 242
Nesle 50, 131
Neuchâtel 157
Neuss 116, 140, 142–148, 151 f., 159
Nevers 46 f., 121
Nidwalden 154
Nimwegen 109, 134, 179, 222, 226
Ninove 100
Normandie 27 f., 30, 40, 62, 64, 66, 68, 71, 74, 131
Noyers 214

O

Obwalden 154
Orchies 32, 173
Orléans 49 f., 59, 85, 222
Österreich 203
– Vorder- 203
Ostrom 21, 104
Othée 54 f.
Oudenaarde 35, 175
Overijssel 109, 237, 250

Ortsregister

P

Paris 28, 33 f., 40, 44, 46, 49–53, 55, 58 f., 61–63, 65–68, 72, 74–76, 82, 87 f., 95, 112, 115 f., 131, 139, 175, 184, 221, 224, 229
Payerne siehe Pfäffers 156
Péronne 90, 116, 167
Pfäffers 156
Pfirt 128
Phasis 105
Picquigny 130, 149
Pikardie 17, 40, 57 f., 62, 110, 130 f., 167, 174, 177, 245
Poeke 103
Poitiers 28, 30, 68
Ponthieu 90, 247
Pontoise 27, 68
Prisches 131

R

Reichskreis
– burgundischer 11, 251
Remagen 143
Rethel 47
Rhein 128 f., 132, 144, 146 f., 216, 225, 236
– Alter/Krummer 22
– Nieder- 198
– Ober- 96, 128, 142, 151, 154, 214
Rheinfelden 129
Rijnland 18
Roermond 213, 220, 226
Rom 37, 43, 49, 146, 247
Rouen 88, 132
Roussillon 150
Rouvres 46, 160
Roye 90, 116, 129, 131
Rupelmonde 101

S

Sablé 204
Sachsen 198, 221
Säckingen 129
Saint-Cloud 115
Saint-Nicolas-du-Port 163
Saint-Omer 20, 38, 121, 128, 172, 176, 189, 216
Saint-Pol 82, 106, 129, 131
Saint-Quentin 90, 129, 167, 188
Saint-Trond siehe Sint-Truiden 118, 212
Salins 24, 26
Saône 24
Savoyen 57, 87, 111, 113, 154, 156 f., 160 f., 228
Schelde 17, 19, 23, 35 f., 102, 227
Schendelbeke 103
Schlettstadt 155
Schwarzwald 129
Schwyz 154
Seine 64, 68, 115, 132
Semur 25
Senlis 58, 214, 219
Sens 56, 74
Sint-Truiden 118, 122, 215, 244
Sluis 83, 94, 188, 192, 195, 200–203, 205, 208
Soissons 57, 63
Solothurn 173
Somme 58, 90, 101, 107, 112, 114, 116, 130, 148 f.
Souleuvre 149
Spanien 223, 225 f., 232–234, 238, 242–244, 246
St. Vaast 89
Straßburg 129, 152, 154 f., 161

T

Terwaan *siehe* Thérouanne 167
Tewkesbury 130

Thérouanne 24, 108, 167, 176 f., 189, 230
Thionville *siehe* Diedenhofen 98
Tiel an der Waal 225 f.
Tirol 128, 200, 203
Tongern (frz. Tongres) 54
Toul 150, 162
Touraine 29
Tournai 23, 35, 43, 53, 102, 111, 172 f., 176, 229–231, 236, 245, 247
Tours 55, 66, 96
Trier 97, 132, 135–138, 140, 171
Troyes 66, 72–74, 78, 89

U

Ukkel (frz. Uccle) 21
Unkel 143
Uri 154
Utrecht 22 f., 80, 107–109, 112, 132, 134, 178 f., 185, 236, 250 f.

V

Valenciennes 173, 218
Valois 11
Vaudemont 161
Vaumarcus 157

Venedig 69, 104, 233
Venlo 179, 226, 251
Villafáfila 227

W

Waadland 155–158, 161
Waal 22
Waterland 18
Weser 18
West-Rozebeke 36 f.
Wijk bij Duurstede 22
Windesheim 237

Y

Yonne 68
Ypern 14, 20, 35–38, 48, 92, 94, 100, 104, 173, 191 f., 195, 200
Yverdun 156

Z

Zeeland 15, 19, 77 f., 81, 124
Zierikzee 19
Zons 141, 143
Zug 154
Zürich 154, 173
Zutphen 176, 226
Zwolle 237

Anuschka Tischer

Ludwig XIV.

2016. 243 Seiten,
26 Abb. Kart. € 29,-
ISBN 978-3-17-021892-5

auch als EBOOK

Kenntnis und Können

Wie kaum ein anderer Herrscher der Neuzeit hat Ludwig XIV. (1638-1715) seine Epoche geprägt. Diese Biographie blickt hinter die Maske der Macht, fragt nach der Persönlichkeit des Herrschers und den innovativen Zügen seiner Regierung. Als Kind wurde er als „Sonne" der bourbonischen Dynastie zum König „gemacht", der mit seinen Kriegen den Grundstein des modernen Frankreich legte. Im Innern schuf er die Fundamente neuzeitlicher Staatsverwaltung und wurde mit dem Bau von Schloss Versailles und durch sein Hofzeremoniell zum oft nachgeahmten Modell europäischer Kultur. Bis heute strahlt die öffentliche Person des Sonnenkönigs auf seinen Nachruhm ab. Diese äußerst lesbare Biographie beleuchtet Ludwig im Lichte aktueller Forschung neu.

Anuschka Tischer ist Inhaberin des Lehrstuhls für Neuere Geschichte an der Universität Würzburg.

Leseproben und weitere Informationen unter www.kohlhammer.de

Dieter Berg

Die Tudors

England und der Kontinent
im 16. Jahrhundert

2016. 277 Seiten,
12 Abb. Kart. € 32,–
ISBN 978-3-17-025670-5

auch als EBOOK

Kenntnis und Können

Kaum eine europäische Herrscherdynastie hat so schillernde, mitunter skandalträchtige Herrscherfiguren hervorgebracht wie die Tudors. Ob Heinrich VIII., Maria die Blutige oder die Virgin Queen Elisabeth – sie zählen zu den markantesten und eigenwilligsten Vertretern des englischen und europäischen Königtums. Das Buch vergegenwärtigt in eindrucksvollen Porträts die englischen Herrscher der Tudorfamilie seit dem Amtsantritt Heinrichs VII. bis hin zum Stewartkönig Jakob I., dem Nachfolger Elisabeths, und zeichnet ihre Bedeutung für die englische und kontinentaleuropäische Geschichte nach. Diese neue, äußerst lesbare Gesamtdarstellung entwirft neben dem königlichen Familien- ein Epochenbild, das neben Politik und Wirtschaft auch die Kunst, Literatur und Architektur umfasst; zudem wird das sich wandelnde Bild der Dynastie in Spiel- und Fernsehfilmen skizziert.

Professor Dr. Dieter Berg hatte bis zu seiner Entpflichtung den Lehrstuhl für Mittelalterliche Geschichte an der Leibniz-Universität Hannover inne.

Leseproben und weitere Informationen unter www.kohlhammer.de

W. Kohlhammer GmbH
70549 Stuttgart

Kohlhammer